Peter Schulz-Hageleit

Geschichtsbewusstsein und Zukunftssorge

AF125712

Geschichte und Psychologie

herausgegeben von
Prof. Dr. Peter Schulz-Hageleit

Band 12

Peter Schulz-Hageleit

Geschichtsbewusstsein und Zukunftssorge

Unbewusstheiten
im geschichtswissenschaftlichen
und geschichtsdidaktischen Diskurs

Geschichtsunterricht
als „historische Lebenskunde"

Centaurus Verlag & Media UG 2004

Prof. Dr. Peter Schulz-Hageleit ist seit 1980 Professor für Didaktik der Geschichte an der Technischen Universität Berlin.

Die Deutsche Bibliothek – CIP-Einheitsaufnahme

Bibliographische Information der Deutschen Bibliothek
Die Deutsche Bibliothek verzeichnet diese Publikation in der Deutschen Nationalbibliographie; detaillierte bibliographische Daten sind im Internet über http://dnb.ddb.de abrufbar.

ISBN 978-3-8255-0486-1   ISBN 978-3-86226-409-4 (eBook)
DOI 10.1007/978-3-86226-409-4

ISSN 0936-5338

Umschlaggestaltung: DTP-Studio, Antje Walter, Hinterzarten
Umschlagabbildung: Ebstorfer Weltkarte (erste Hälfte des 13. Jahrhunderts).
© AKG-Images, Berlin 2004.
Satz: Vorlage des Autors

Inhalt

Zur ersten Orientierung

Die bisherigen geschichtlichen Erfahrungen, vor allem die des vorigen Jahrhunderts, geben eher Anlass zu Skepsis und Sorge als zu Optimismus und Zuversicht. Das ist ein Grundgedanke dieses Buches, der in verschiedenen Varianten thematisiert und mit der Frage nach einem vernünftigen Umgang mit Geschichte verflochten wird. Das im Titel des Buches zum Ausdruck kommende Leitmotiv ist insofern neu, als Zukunftssorge in allen mir bekannten Veröffentlichungen über Geschichtsbewusstsein als „zentraler Kategorie der Geschichtsdidaktik" praktisch nicht vorkommt, obwohl Zukunft dem Programm nach inhärenter Bestandteil jeglichen Geschichtsbewusteins sein soll. Professionell konzentriert auf die besonderen Probleme des Forschens und Lehrens, die bei der Beschäftigung mit Vergangenheit gegeben sind, aber auch besorgt um ihr eigenes akademisches Profil, brechen Geschichtswissenschaft und Geschichtsdidaktik ihre Reflexionen eben dort ab, wo das „Prinzip Verantwortung" einsetzen müsste. Es ist, als wenn eine Wandergruppe von Geologen heftig über die Beschaffenheit des bisherigen Weges streitet und dabei außer Acht lässt, dass eben dieser Weg in einen Abgrund führen könnte, wenn man nicht aufpasst.

Geschichtswissenschaft und -didaktik sollen sich des Moralisierens enthalten, so hört man immer wieder, und gegen diesen Grundsatz wird auch hier prinzipiell nichts eingewandt. Doch was besagt das schon? Sollen wir mit dem „Moralisieren" auch ethische Vergewisserungen und Einsichten in den Sackgassen-Charakter mächtiger Geschichtstrends (Gewalt als Signum der Moderne) verächtlich beiseite schieben oder bagatellisieren? Manchmal scheint es so. Die in die Vergangenheit zurückprojizierte Zukunftssorge kommt als Suche nach gutem bzw. graduell besserem Leben zum Ausdruck, das realgeschichtlich entweder entworfen und verwirklicht oder aber verdrängt und zerstört wurde. „Gutes Leben" ist ein Leitbegriff der Philosophie seit Aristoteles, der auch geschichtlich, mit je verschiedenen Spezifizierungen, eine Orientierungsfunktion ausüben kann. Zum guten Leben gehören Gesundheit, medizinisch und sozial gesehen, Vertrauen und Beziehungsfähigkeit sowie Wahrheit bzw. Wahrhaftigkeit, um nur drei Komplexe von „Werten" anzutippen. Wahrheit und Wahrhaftigkeit bedeuten nicht zuletzt auch Kampf gegen die eigenen Verdrängungen, die bisher weder geschichtswissenschaftlich noch geschichtsdidaktisch so thematisiert wurden, wie es ihrer Bedeutung nach sein müsste. Auch auf diesen Mangel soll hier aufmerksam gemacht werden.

Mit dem Besorgtsein um gutes Leben (Zukunftssorge, Lebenssorge), das einerseits die Inhalte des geschichtlichen Lehrens und Lernens, andererseits aber auch die Lehrenden und Lernenden als Personen betrifft (Ebene der Objekte, Ebene der Subjekte), verlässt Geschichtsbewusstein als Denkorganisator die publizistisch gewohnten Pfade, und ich kann nur hoffen, dass diese Eigenwilligkeit auch registriert wird. Skepsis ist jedoch in dieser Hinsicht angebracht, weil alles, was nicht in den Mainstream der gängigen Geschichtsbewusstseinsartikulationen passte (u. a. Genderforschung und Friedensforschung) entweder verdrängt oder aber neutralisierend vereinnahmt wurde, so dass jede weitere Auseinandersetzung sich zu erübrigen schien.

Das Buch hat drei Teile. *Der erste Teil* fächert den hier ausgesprochenen Grundgedanken auf und setzt einige provozierende Akzente; die Forderung nach der Entwicklung von mehr „Schuldtoleranz" ist geschichtsdidaktisch bisher jedenfalls noch nicht formuliert worden. *Der zweite Teil* enthält Aufsätze, die vor allem das Wechselspiel von Erfahrungen und Verdrängungen thematisieren und überwiegend schon an anderer Stelle publiziert wurden. Die Dimension des Unbewussten ist dabei so etwas wie ein basso continuo der Argumentation. *Der dritte Teil* zielt auf die curriculare Praxis und schlägt vor, den üblichen Geschichtsunterricht bis etwa zur Klasse 8 zugunsten einer „historischen Lebenskunde" abzuschaffen und damit gleichzeitig eine Veränderung der Lehrerbildung ins Auge zu fassen.

Obwohl das Buch nicht in einem Stück von Anfang bis Ende neu geschrieben wurde und etliche Kapitel aufgrund ihrer besonderen Entstehung in sich selbständige Einheiten repräsentieren, wird das Ganze doch durch einen roten Faden zusammengehalten, der bei der Suche nach dem Ausgang des finsteren Vergangenheitslabyrinths gedanklich-innerlich entstanden ist und immer wieder neu entwickelt wurde. Die bewusst nicht eliminierten Wiederholungen einiger Kernargumente und -befunde (Problematik von Erfahrungen im transgenerationellen Lernprozess, Rolle von Historikern im NS und danach, „Durcharbeiten" der Geschichte u. a.) sind der besagten Kapitel-Selbständigkeit geschuldet; sie betonen darüber hinaus aber auch einige Fixpunkte im methodologisch-inhaltlichen Netzwerk des Autors.

Die redaktionelle Hauptarbeit an dem Buch fiel in die Zeit des Irak-Krieges (Frühjahr bis Herbst 2003: lügenhaft-propagandistische Vorbereitung, begleitet von weltweit-massenhaften Protesten; Durchführung in Form einer Exekution; unabsehbar abträgliche Folgen) – alles in allem eine „Erfahrung", die die kritische Stoßrichtung des Buches eher verstärkt als mildert.

Ich danke Maik Hager, Tutor am Institut für Gesellschaftswissenschaften und historisch-politische Bildung, für sorgfältiges Korrekturlesen und weitere wertvolle Hilfen wie z. B. Literaturrecherchen und Informationsbeschaffung per Internet.

Erster Teil

Geschichte als kollektiver Lernprozess?

Eine humanistische Hoffnung

I. Geschichtsbewusstsein und Zukunftssorge

1. Erfahrungen registrieren, reflektieren, aktivieren

Die deutsche Geschichte des vorigen Jahrhunderts war eine Kette von selbstverschuldeten Katastrophen, traumatischen Erfahrungen, massenhaften Verbrechen schlimmster Art, kollektiven Lebenslügen, Verdrängungen und Spaltungen, mit deren Auswirkungen wir uns bis heute abplagen müssen. Echte Highlights wie zum Beispiel die Öffnung der Berliner Mauer (November 1989) waren überaus selten, und sie wurden überdies schnell überschattet von den ans Tageslicht drängenden Missständen, die der Vergangenheit entquollen wie die Weltübel aus dem Fass der Pandora.[1] Wie soll und wie kann man sich „theoretisch" zu einer solchen Vergangenheit geschichtsdidaktisch verhalten?

Meine Antwort lautet: *Die Erfahrungen des 20. Jahrhunderts müssten als Gegenwarts- und Zukunftssorge zur Geltung kommen*, sowohl bei der Auswahl und Profilierung der Inhalte, als auch in den Kommunikationsformen und Beziehungsstrukturen, was genauer zu erläutern sein wird. Vorauszusetzen ist dabei, dass Erfahrungen (vor allem die problematischen, peinlichen, bedrückenden) nicht verdrängt, sondern durchgearbeitet und integriert werden, persönlich-individuell und kollektiv-institutionell. Reflektierte Erfahrungen sind eine wesentliche Dimension, wenn nicht überhaupt *die* Grundlage unseres Geschichtsbewusstseins – diese These wird in den folgenden Aufsätzen von verschiedenen Standpunkten aus begründet und erläutert.

Mit der Anbindung der Reflexionen an die „eigenen" Erfahrungen[2] tritt die unbestreitbare Tatsache in den Hintergrund, dass nicht nur die Deutschen, sondern auch andere Nationen und Ethnien massenhafte Verbrechen begangen haben. Unser Ausgangspunkt hier sind weder verallgemeinernde Deutungen der Gewalt als

---

[1] Zum Sinnbild der griechischen Mythologie: Um die Menschen zu bestrafen, weil Prometheus den Göttern das Feuer gestohlen hatte, sandte Zeus die von Hephaistos geschaffene verführerische Pandora mit einer verschlossenen Büchse auf die Erde zu Epimetheus, dem Bruder des Prometheus. Pandora öffnete die Büchse (in älteren Versionen: das Fass) und alle Übel der Welt flogen heraus und verbreiteten sich über die ganze Erde.

[2] Das „Eigene" in den Erfahrungen ist eine Mischung von persönlich-einmaligen und gesellschaftlich-kollektiven Faktoren (Generation, Tradition, Kohorte usw.), die empirisch von Fall zu Fall genauer zu bestimmen wären. Der Erfahrungshintergrund des Autors wird u. a. im VI. Kapitel skizziert.

„anthropologische Regressionen"[3] noch die globalisierte Perspektive auf Genozide und genozidale Tendenzen des 20. Jahrhunderts[4], sondern das, was vor der eigenen Haustür, ja sogar im eigenen Haus, real geschehen ist und weiterhin geschieht.

Zwischenbemerkung über die Wörter „Theorie" und „Praxis": Im modernen Sprachverständnis ist „Theorie" ein in sich stimmiges System von wissenschaftlichen Aussagen, die relativ „abstrakt" gehalten sind, so dass recht verschiedene konkrete Einzelheiten in einem Rahmen zusammengefasst werden können. Ein solches System wird im Folgenden nicht geboten. Ich gehe statt dessen auf den ursprünglichen Sinn des Wortes theoria zurück (wörtlich An- und Zuschauen, Betrachtung, Haltung; verwandt ist Theater [!], vgl. Kluge, *Etymologisches Wörterbuch*) und akzentuiere dementsprechend die Frage, wie wir zur Geschichte stehen, wie wir sie anschauen, empfinden, reflektieren. Eine Theorie der Geschichte selbst oder der Geschichtsdidaktik im Allgemeinen als „System" liegt also außerhalb der hier entwickelten Gedankenlinie.

Die mehr oder weniger bewusste Einstellung der Lehrenden zur Geschichte beeinflusst natürlich die Praxis ihres Unterrichts. Praxis kann gleichwohl nicht direkt aus der Theorie in dem hier umrissenen Verständnis abgeleitet werden, zumal wenn der theoretische Ausgangspunkt Erfahrungen sind. Jugendliche haben eben diese Erfahrungen ja nicht gemacht, und so muss dem Lernen eine eigene Dynamik und Würde zuerkannt werden, die unabhängig von den Erfahrungen der Lehrenden Geltung haben. Das heißt erstens: Nicht nur die Theorie wirkt auf die Praxis ein, sondern auch umgekehrt: Praxis beeinflusst Theorie. Das heißt zweitens: Theorie und Praxis sind *relativ* unabhängig voneinander.

Doch in der *relativen* Unabhängigkeit liegt auch die große Gefahr einer kompletten wechselseitigen Abkoppelung. Geschichtsdidaktik tendiert permanent dazu, entweder in abstrakte Höhen nach „oben" abzudriften oder aber sich „unten" in den Niederungen des Alltags zu verlieren, wo dann ein Arbeitsbogen nach dem anderen konzipiert wird, weil mehr und anderes angeblich nicht möglich ist. Entgegen diesem Auseinanderklaffen werbe ich hier für einen psychologisch-inneren Spannungsbogen, durch den Theorie und Praxis aufeinander bezogen sind, mal in größerer, mal in geringerer Distanz. Theorie und Praxis sind wie zwei gleichstarke Tennis-Spieler, die sich nicht besiegen, sondern den Ball lange im Spiel halten wollen.

Über historisch-politische Erfahrungen haben GeschichtsdidaktikerInnen bisher kaum nachgedacht, weder in geschichtlich-kollektiver noch in lebensgeschichtlich-individueller Hinsicht, von Selbsterfahrungen und ihrer Reflexion ganz zu schweigen. Wenn die Geschichtsdidaktik nicht kurzsichtig in die Zukunft stolpern will, müsste sie den Themenkomplex sowie den damit verbundenen Forschungs- und Gesprächsbedarf registrieren und reflektieren. Die folgenden Kapitel enthalten einige Denkanstöße in diese Richtung. Sie verdeutlichen auch, wie Erfahrungen „aktiviert" (das heißt in gesellschaftliches und didaktisches Handeln umgesetzt) werden könnten.

---

[3] Ausführlicher dazu (Literaturüberblick) Bialas 2003.
[4] Ausführlicher dazu (Literaturüberblick) Mazower 2003.

2. Der Zukunft eine Gasse[5]

Vor rund dreißig Jahren haben die Didaktiker Klaus Bergmann (1938–2002) und Hans-Jürgen Pandel ein Buch mit dem Titel *Geschichte und Zukunft* veröffentlicht, das in einigen Passagen verblüffende Parallelen zu der hier vertretenen Position ausweisen. Sie anerkennen dort die wegweisende Bedeutung von Erfahrungen für jegliches Geschichtsbewusstsein, fassen „Ideologiekritik als Reflexion der eigenen Lebensgeschichte" programmatisch ins Auge (S. 135 ff.), wollen also allgemeine Geschichte und individuelle Lebensgeschichte miteinander verbinden, thematisieren dabei die Bedeutung der Emotionen und des Unbewussten (was zur Konsequenz hat, dass Psychoanalyse in die Historie integriert wird!), um schließlich sogar die faktisch-politisch alsbald verworfenen Hessischen Rahmenrichtlinien als Weg zur Erreichung eben dieser Ziele zu würdigen.[6]

Während sich beide Autoren, dem allgemeinen gesellschaftlichen Trend folgend, von diesem Programm ziemlich konsequent verabschiedet haben, wird hier, dem Strom entgegenschwimmend, der Versuch unternommen, Zukunft als Dimension des Geschichtsbewusstseins nachhaltig bewusst zu machen und zu thematisieren. Wenn in anderen Publikationen vom Geschichtsbewusstsein die Rede ist, wird zwar auch Zukunft erwähnt; im Geschichtsbewusstsein konstituiere sich ja der Zusammenhang von Vergangenheit, Gegenwart und Zukunft, so wird immer wieder im Anschluss an Jeismanns bekannte Definition von 1980 (s. Literaturverzeichnis) formuliert. Inhaltlich bleibt die Zukunft aber, wie so manches andere auch, einfach ausgeblendet. Ich kenne keine geschichtsdidaktische Abhandlung, in der Zukünftiges inhaltlich in Erscheinung tritt, als Veränderung oder Reformprogramm, als Wunsch oder Vision, als politische Forderung usw., von Klagen über schlechte Schülerleistungen und fehlende Ressourcen im Bildungsbereich einmal abgesehen. Die Zukunft verschwindet hinter einer Milchglaswand von Gummibegriffen und Leerformeln, wie später noch genauer begründet wird.

Ein Grund für den Abbruch des damaligen Aufbruchs ist m. E. die schon erwähnte Abkoppelung der Theorie von der Praxis sowie der damit verbundene, sich fortschreibende Intellektualismus, der als „hohe Bewusstheit ohne Praxisbezug"

---

[5] Mit dem Ruf *Der Freiheit eine Gasse!* soll Arnold Winkelried 1386 in der Schlacht bei Sempach so viele feindliche Speere, wie er fassen konnte, auf den eigenen Leib gerichtet und so den Weg zum Sieg frei gemacht haben. – Das Motiv erscheint auch in deutschen Gedichten des frühen 19. Jahrhunderts (Theodor Körner u. a., vgl. Büchmann 1986, S. 149 f.). Als Aufforderung zum Selbstopfer ist das Motto, wie aus dem Folgenden zu ersehen ist, nicht zu verstehen.

[6] In den Hessischen Rahmenrichtlinien von 1972 wurde die Eigenständigkeit des Faches Geschichte aufgehoben, was zu heftigsten Protesten führte. Um Missverständnissen vorzubeugen, sei hier betont, dass ich das Fach Geschichte nicht auflösen, sondern aus unproduktiven Fachzwängen, die keine Sachzwänge sind, befreien will.

definiert werden kann.[7] Dabei ist mit Praxisbezug nicht nur der selbst erteilte Geschichtsunterricht gemeint, sondern allgemeiner die Lebenspraxis in ihren vielfältigen Erscheinungs- und Wirkungsformen: vom körperlich-sinnlichen Erleben über verändernde Gesprächserfahrungen und „szenisches Verstehen"[8] kommunikativer Alltagssituationen bis hin zur eingreifenden politisch-gesellschaftlichen Aktion, die unsere Psychostruktur in Bewegung bringt. Geschichtsdidaktiker haben eine heftige Abneigung gegen alles Spielerische im Geschichtsunterricht, und sie erheben diese innere Abwehrhaltung zum didaktischen Prinzip, was man üblicherweise als Rationalisieren bezeichnet. Wenn Didaktiker von Reflexivität oder Reflexion eigener Lebensgeschichte sprechen, meinen sie stets die Lebensgeschichte der Schülerinnen und Schüler, praktisch nie die des leibhaftigen Ich. Dementsprechend sollte Psychoanalyse als Hebel der Erkenntnis für und über andere eingesetzt werden, aber nicht als schwieriger Weg der Selbsterkenntnis. Das konnte und kann so nicht gelingen.

Ich maße mir hier nicht an, die damals ins Auge gefassten Ziele jetzt zu erreichen, plädiere aber dafür, sie aus der Verdrängung zu holen und erneut zu diskutieren. Eine andere Welt ist nötig und möglich![9] Wir sollten zumindest in unserem eigenen Bereich versuchen, die Abwehrfront gegen soziale Sensibilität ein Stück weit offen zu halten und Geschichte so zu unterrichten, dass sie der Zukunft und dem Leben dient (wie das zu verstehen ist, wird weiter unten genauer erläutert).

3. Gegenwarts- und Zukunftssorge als Frage(n) an die Geschichte

Im gesellschaftlich-politischen Alltag ergibt sich so etwas wie Gegenwarts- und Zukunftssorge weniger aus Geschichtsanalysen als vielmehr aus den unmittelbar gegebenen Problemkonstellationen und offenkundigen Missständen, als da sind, um nur einiges mit Stichworten anzudeuten: Verknappung der Erdressourcen und zunehmende Weltverseuchung (euphemistisch „Umweltverschmutzung" genannt); Terrorismus und Durchbrüche mörderisch-selbstmörderischer Gewalt; anwachsende Kluft zwischen Reich und Arm, sexuelle und rassistische Ausbeutung der Armen; Arbeitslosigkeit und epidemische Krankheiten (Aids), korrupte Politik, die nur noch an sich selbst denkt, usw. Wir brauchen die Vergangenheit eigentlich nicht, um Ge-

---

7   Görlich in Lorenzer 2002, S. 19. – Intellektualismus bzw. Intellektualisierung ist eine der Rationalisierung verwandte Form der Abwehr. Über *Formen und Inhalte institutioneller Abwehr* s. Kap. XVI, über Rationalisierung als Erkenntnis und Lernziel des Geschichtsunterricht (!) s. Kap. XVII. 3.3.

8   Das Konzept des szenischen Verstehens geht auf Alfred Lorenzer zurück, auf den sich Bergmann und Pandel damals ausdrücklich bezogen.

9   Ein unermüdlicher Mahner in dieser Hinsicht ist der Psychoanalytiker Horst-Eberhard Richter, vgl. Literaturverzeichnis.

genwartsprobleme zu registrieren und dementsprechend besorgt in die Zukunft zu blicken. Das geschichtliche Fundament der Gegenwarts- und Zukunftssorge ist damit jedoch nicht überflüssig, da die angedeuteten Übel ohne eine historische Dimensionierung kaum zu verstehen sind und fast automatisch die Frage aufwerfen, wie sie entstanden sind und sich bis zum heutigen Tage entwickelt haben. Die „Wurzel" eines Problems zu benennen, das ist ohne historische Recherchen nicht möglich. Parallel dazu wird die Vergangenheit, das liegt ebenfalls nahe, nach Lösungsmodellen und Alternativen befragt. Was ist schon versucht worden, was nicht? Wer und was hat die aktuelle Misere befördert, wer und was hat eher dazu beigetragen, sie einzudämmen? Geschichtsdidaktisch sind unsere Gegenwarts- und Zukunftssorgen Fragen an die Vergangenheit, unter denen Fragen an die von uns selbst fortgeführten Traditionen einen besonderen Platz einnehmen. Wie haben sich zum Beispiel LehrerInnen, WissenschaftlerInnen, SchülerInnen usw. früher verhalten? Inwiefern können wir uns heute an ihnen orientieren, inwiefern nicht? Ganz „unschuldig" ist gewiss keine Tradition.

4. Zukunftsaufgaben der Geschichtsdidaktik (I)

Was nun die Zusammenhänge angeht, in denen *Geschichtsbewusstsein* sich *als Gegenwarts- und Zukunftssorge* artikuliert (bzw. umgekehrt: Gegenwarts- und Zukunftssorge als Frage an die Geschichte zum Ausdruck kommt), so möchte ich hier mit einigen Stichworten nur die Richtung angeben, in der das Problem geschichtsdidaktisch weiter zu verfolgen wäre:

4.1 inhaltlich-normativ

Die inhaltlich-kognitive Seite der historisch fundierten Gegenwarts- und Zukunftssorge kommt u. a. als *Historische Friedensforschung* zur Geltung,[10] denn diese erforscht Chancen und Möglichkeiten des Friedens in Zeiten des Krieges und damit gleichzeitig massive Geschichtsverdrängungen. Bedenkenlose mithin „unbesorgte" Bellizisten wollen die jeweiligen Friedensmöglichkeiten weder vor noch nach dem Krieg wahr haben. So kommt es oft, sehr oft, zu kumulativen Verdrängungen über meh-

---

[10] Seit 1984 gibt es einen Arbeitskreis *Historische Friedensforschung*, der inzwischen rund 120 Mitglieder umfasst. Der Arbeitskreis veranstaltet Jahrestagungen, die in Jahrbüchern dokumentiert werden. Genauere Informationen sind im Internet zu finden unter: www.bicc.de/coop/afk abzurufen. Über *Friedensinitiativen in der Geschichte*, die relativ wenig bekannt, deswegen aber nicht weniger wichtig sind als die jeweiligen Kriegsvorbereitungen, informiert Karlheinz Lipp, 2002, in einem Sammelband (s. Literaturliste).

rere Generationen hinweg, wie u. a. an der Schuldfrage des Ersten Weltkrieges eindrücklich nachgewiesen werden könnte.

Zur Erinnerung. Im Versailler Friedensvertrag von 1919 wurde Deutschland die Alleinschuld an der Entfesselung des Ersten Weltkriegs aufgebürdet (§ 231, sog. „Kriegsschuldparagraph"). Dagegen erhob sich ein Sturm der Entrüstung und der intellektualisierten Abwehr, an dem deutsche Historiker maßgeblich beteiligt waren („Rache für Versailles"). Die Front der Abwehr hielt über mehrere Generationen, über den Zweiten Weltkrieg hinaus, bis der Hamburger Historiker Fritz Fischer (1908–1999) seine bahnbrechende Studie über Deutschlands *Griff nach der Weltmacht* vorlegte (1961) und abermals heftige emotionale Reaktionen auslöste, die sich nun aber auf ein Relativieren, Entschärfen, Aufrechnen usw. verlegten, da die Beweislast der Aktenbefunde erdrückend war. Inzwischen haben sich die Wogen geglättet, u. a. auch deswegen, weil die Historiker danach über neue Themen in heftigen Streit gerieten. Ob oder inwiefern diese Schuld- und Verdrängungsgeschichte strukturelle Veränderungen in der Historiker„zunft" bewirkt hat, müsste genauer untersucht werden. Ich bin diesbezüglich skeptisch, zumal auch die aktive Beteiligung deutscher Historiker am Nationalsozialismus erst zögernd auf äußeren Druck öffentlich thematisiert wurde.[11]

Diesen und anderen Geschichtsverdrängungen hätte die Geschichtsdidaktik verstärkte Aufmerksamkeit zuwenden müssen und auch zuwenden können.[12] Leider hat sie genau die entgegengesetzte Richtung eingeschlagen: Die Friedenserziehung, um bei diesem symptomatischen Beispiel zu bleiben, ist im Handbuch der Geschichtsdidaktik nicht nur nicht vertieft und erweitert, sondern ganz gestrichen worden,[13] als wenn es nach den letzten Kriegen keinen Anlass mehr gäbe, um Frieden besorgt zu sein. Dafür nimmt *Geschichtskultur* als „praktisch wirksame Artikulation des *Geschichtsbewusstseins* im Leben einer Gesellschaft" mit einem Kaleidoskop allgegenwärtiger kommerzialisierter Geschichtsphänomene (Film, Theater, Comic, Roman, Werbung, Denkmäler, Tourismus, Vereine, Gedenktage usw.) breiten Raum ein,[14] ohne dass dialektisch der „Sinn" (bzw. Unsinn) des betriebsamen *acting out* kritisch und klar genug zum Vorschein kommen würde. Die Sprache der Ge-

---

11 Das war 1998 auf dem 42. Historikertag in Frankfurt, vgl. dazu Schulze und Oexle 2000.

12 In den siebziger Jahren war sowohl die Geschichtswissenschaft als auch in ihrem Gefolge die Geschichtsdidaktik drauf und dran, die spezielle Dynamik von „Erfahrungen" mit Hilfe der Psychoanalyse genauer zu erforschen (Wehler 1971, Bergmann und Pandel 1975). Vor der dabei unausweichlichen Auseinandersetzung mit der eigenen Lebensgeschichte und ihren ideologischen Ablagerungen sind beide Wissenschaftsdisziplinen jedoch zurückgeschreckt.

13 Das von Bergmann u. a. hrsg. *Handbuch der Geschichtsdidaktik* ist mehrfach stark verändert worden. In den ersten zwei Auflagen (1979 und 1980) gab es noch keinen Artikel zur Verbindung von Friedenserziehung und Geschichtsdidaktik. Die dritte und vierte Auflage (1985) enthält dann Annnette Kuhns Artikel über *Didaktik der Friedenserziehung*, der aber (1997) in der fünften und letzten Auflage (mit mehreren anderen Artikeln) wieder gestrichen wurde.

14 Rüsen in Füßmann 1994, S. 5 (Hervorhebung P. S.-H.). Das *Handbuch der Geschichtsdidaktik*, 5. Auflage von 1997, enthält im VII. Teil 27 Artikel über die verschiedenen Teilbereiche der Geschichtskultur. Einleitung Heinrich Theodor Grütter S. 601–611.

schichtskultur-Autoren ist, so weit ihrem Initiator Jörn Rüsen folgen, entpersönlicht, erfahrungsarm und sozusagen „unbesorgt". Diese Tendenz wird in den hier vorgelegten Untersuchungen nicht fortgesetzt.

Es geht auch nicht einfach darum, Kriegsthemen durch Friedensthemen zu ersetzen; das ergäbe ein ziemlich unrealistisches Geschichtsbild. Vielmehr sollten wir versuchen, Stundenthemen und Lernziele im Spannungsfeld von Kriegsgeschichte(n) und Historischer Friedensforschung (bzw. Friedenserziehung) zu platzieren. In dieser Perspektive folgen wir nicht einfach dem Gang der kriegerischen Ereignisse, sondern unterbrechen diese wiederholt, um nach dem zur Zeit unterlegenen Friedenswillen Ausschau zu halten,[15] oder stoßen das Denken von vorn herein durch eine kritische Frage an. 1995, zwanzig Jahre nach der Eroberung Saigons durch die Vietcong, urteilte beispielsweise Robert Mac Namara, der damals Kriegsminister war: „We were wrong, terribly wrong."[16] Wenn man der Geschichte des Vietnam-Krieges diese späte Einsicht in den fürchterlichen Irrweg der Amerikaner als Motto voranstellt und die Frage anfügt, ob und inwiefern der Irrweg schon damals im Vollzug der Ereignisse hätte erkannt werden können, dann lösen sich die didaktischen Überlegungen über Inhaltsauswahl, Lernziele und verallgemeinernde Gegenwartsbezüge von der schicksalhaft-faktizistischen Ereigniskette und machen eingreifendem Denken Platz, durch das die Vergangenheit zur Frage an die Zukunft wird.

4.2 affektiv-sozial

Wo ausdrücklich eine Haltung des Besorgtseins angemahnt wird, da entsteht möglicherweise die Befürchtung, Geschichtsunterricht werde in entsprechenden Arrangements zum Lamentieren und Moralisieren neigen und dabei sowohl Sachlichkeit als auch Motivation unterbinden. Genau das sollte aber nicht eintreten, im Gegenteil: Lebenssorge, die janusköpfig nach vorn und zurück blickt, ist dialektisch zu beziehen ist auf *Lebenslust und -power*, andernfalls versinken wir, wovor vor allem Nietzsche warnte, in depressiven Nachdenklichkeiten, die vor allem der Jugend nicht zuzumuten sind, jedenfalls nicht als vorherrschender oder gar einziger Ein-

---

[15] Einige Schulbücher enthalten dazu Materialien, vgl. etwa zum Dreißigjährigen Krieg „Geschichtsbuch 2" im Verlag Cornelsen-Hirschgraben, das ausdrücklich die „zentralen Problemstellungen der modernen Friedensforschung und Friedenspädagogik" aufzugreifen beansprucht (Lehrerband, S. 164). Bis in die Unterrichtspraxis gelangen die entsprechenden Anregungen m. W. jedoch nur selten, es sei denn, der Lehrer oder die Lehrerin ist von sich aus an Historischer Friedensforschung interessiert.

[16] McNamara, deutsch, 1996, S. 14: „Wir haben uns geirrt, schrecklich geirrt." Im Westermann-Schulbuch *Anno* (4. Bd., S. 175) wird der Satz ebenfalls zitiert, jedoch in ereignisgeschichtlich neutralisierter Form, als kurzer Ausblick aus den siebziger Jahren in die „Zukunft" des Jahres 1995. Im Unterschied dazu wird hier empfohlen, der späten, verspäteten Einsicht eine erkenntnisleitende Hauptfunktion einzuräumen.

stellungsmodus. Ich habe das Denken in Begriffspaaren, in denen eine Spannung steckt (Lebenssorge und Lebenslust, Vernunft und Leidenschaft usw.) in anderen Argumentationszusammenhängen entwickelt,[17] nehme es aber auch für die vorliegende Publikation in Anspruch und bitte die Leserinnen und Leser, sich innerlich von vornherein dem entsprechend zu wappnen, das heißt: Die durch das Gewicht der Sorge einseitig absinkende innere Waage ist sozusagen mit Gegengewichten zu versehen, weil die wiederholte Konfrontation mit den Ungeheuerlichkeiten der Geschichte, mit Angst und Aggression auslösenden Unbewusstheiten sowie mit Traditionen der Schuld, in denen wir selbst stecken, kaum zu ertragen wäre, wenn es nicht den mentalen Ausgleich einer hoffnungsträchtigen „Biophilie" gäbe.[18] Die Lebensliebe und Lebenslust des Lehrenden müssen in der Gestaltung der Lehr-Lern-Beziehungen zu spüren sein, als Freude an Jugendlichkeit und Schülerleistungen, als Zukunftszuversicht in einer Haltung des „Trotz alledem", als Lust an methodischer Vielfalt, in der Spiel, Exkursion, direkte Begegnungen und ähnliche offene Unterrichtsformen einen festen Platz haben (auch darauf kommen wir im Folgenden noch zurück).

Erläuterung zur Denkfigur „Trotz alledem": „Trotz alledem" ist der Titel und das refrainartige Leitmotiv eines Gedichtes von Ferdinand Freiligrath (1810–1876), das geschrieben wurde, als die März-Revolution von 1848 nicht mehr recht vorankam und reaktionäre Kräfte sich immer mehr durchsetzten. Exemplarisch sei die fünfte Strophe zitiert: *Denn ob der Reichstag sich blamiert,/ professorhaft, trotz alledem!/ Und ob der Teufel uns regiert/ Trotz alledem und alledem/ trotz Dummheit, List und alledem!/ Wir wissen doch: Die Menschlichkeit behält den Sieg, trotz alledem!* Dieses Lied, zuweilen auch als *Trotzlied* zitiert, wurde in Arbeiterkreisen und in der Folk-Szene gerne und häufig gesungen. So trotzig-siegesgewiss wie Freiligrath wird heutzutage kaum noch jemand sein. Auf die hoffnungsvoll-emanzipatorische Tradition, die mit Freiligrath und seinem Lied zum Ausdruck kommt, wird man sich gleichwohl berufen können, auch und gerade im Zusammenhang mit Lebenssorge und Biophilie (zum vollständigen Text des Gedichtes im historischen Kontext siehe Freiligrath 1980 und Sievatts 1984, S. 154).

Jede Schulstunde, die Spaß gemacht hat, ist ein Gewinn fürs Leben und ein Punkt im Kampf gegen das Überhandnehmen von Resignation und Depression, die aus so vielen Quellen gespeist werden. Wenn Friede und Humanität, Lebenssinn und Lebensfreude Gegenstände des Unterrichts sind und wir in der Geschichte auch nach Belegen dafür suchen, dann darf der Unterricht selbst nicht inhuman und freudlos sein. Schülerinnen und Schüler merken recht genau, welche Lebensauffassung ein Lehrer oder eine Lehrerin sozusagen „verkörpert", und sie verinnerlichen die unausgesprochene Botschaft oder wehren sich instinktiv dagegen.

---

[17] Vgl. *Am Jungbrunnen* ..., 2002.

[18] Nach Erich Fromm steht „Biophilie", die Liebe zum Leben und zum Lebendigen, im Gegensatz zu „Nekrophilie" als Liebe zum Toten, Mechanischen, Destruktiven. Ausführlicher dazu Fromm 1981. bes. 3. Kapitel über *die Liebe zum Toten und die Liebe zum Lebendigen*.

Abb. 1: Demonstration gegen den drohenden Irak-Krieg (März 2003, London)

„Investiert in Hilfe, nicht in Krieg" – so lautete versachlicht die englische Inschrift in deutscher Übersetzung. Die Unmittelbarkeit des direkt-persönlichen Handelns und damit auch die Verantwortung des Einzelnen kommen in der Übersetzung leider nicht so deutlich zum Ausdruck wie im Original: Die Aufforderung *to care* – sich kümmern, sich sorgen – ist psychohistorisch etwas anderes als die anonymisierte „Hilfe". Das Verb *to kill* – *töten* mit seinen mannigfaltigen syntaktischen Anwendungen (Ich töte und ich werde töten, wir sollten töten usw.) weckt andere Assoziationen als das von den Personen abstrahierende Substantiv „der Krieg". – Das Peace-Logo wurde – Ironie der Geschichte! – aus Elementen der militärischen Zeichensprache (Flaggensignale) entwickelt (1958, Gerhard Holtom).

Damit die Sorge uns nicht überwältigt, müssen wir gegensteuern, u. a. auch mit Witz und Humor,[19] was meines Wissens bisher in keiner Didaktik Erwähnung gefunden hat: Warum nicht? Immer dieser tierische, pädagogische Ernst! Gewiss: Spiel, Lockerheit, Lachen usw. dürfen nicht zum Selbstzweck werden und das gesamte didaktische Denken bestimmen; im Übermaß angewandt dient Humor, wie uns die Psychoanalyse lehrt, der Abwehr unbequemer Einsichten, was auch für Laien durchaus einsichtig ist: man braucht nur an jene Alltagswitzbolde zu denken, denen alles zur ironischen Frotzelei oder zum Spott gerät, so dass ein ernsthaftes Gespräch

---

[19] Vgl. auch unten Abb. 16 und Kontext.

mit ihnen faktisch kaum möglich ist. Aber in dieses Extrem wird ja auch kein Unterricht verfallen. In Maßen und mit Augenmaß praktiziert stärkt die lustig-lustvolle
Interaktion zwischen Lehrenden und Lernenden die Fähigkeit zur Konfrontation
mit den Missständen der Welt im Allgemeinen und der eigenen Lebenswelt im Besonderen.

4.3 organisatorisch-materiell

Sorge als vorherrschende Einstellung der Lehrenden gilt im Alltag weniger den großen Weltproblemen als vielmehr den Organisations- und Disziplinproblemen in der
jeweiligen Schulklasse, dem Leistungs- und Zeitdruck („Ich muss meinen Stoff
schaffen...") sowie den gesundheitlichen Verschleißerscheinungen: Es gibt kaum
noch einen Lehrer, der die vom Gesetz vorgesehene Altersgrenze wirklich erreicht
und nicht vorher „angeschlagen" den Dienst quittieren muss. Diese und andere
Strukturbedingungen, die das Geschichtsbewusstsein beeinflussen, werden im Folgenden wegen anderer Akzentsetzungen nur marginal thematisiert. Das bedeutet
selbstverständlich nicht, dass sie faktisch nebensächlich oder unwichtig sind. Er-
schöpfte Lehrer, überfüllte Klassen, kein Geld für die Bildung (aber für Prestigeob-
jekte), rücksichtloses Aussortieren der Schwachen – diese und weitere Strukturfak-
toren haben aller Wahrscheinlichkeit nach keinen günstigen Einfluss auf die
Konstituierung eines Geschichtsbewusstseins der Zukunftssorge, wie es hier ins
Auge gefasst wird. Die in manchen Jugendlichen ablaufende innere Bestandsaufnahme lautet nicht selten: Wenn ich der Gesellschaft nichts bedeute, dann bedeutet
sie mir auch nichts ...

Der Psychoanalytiker John Bowlby vertrat die Auffassung, „dass im Menschen
der Keim einer angeborenen Moralität angelegt ist, der, wenn man ihm Gelegenheit
gibt, sich zu entwickeln, in der Persönlichkeit des Kindes die emotionale Grundlage
moralischen Verhaltens bildet. Diese ist eine Auffassung, die neben das Konzept
der Ur-Sünde, für das die Psychoanalyse des menschlichen Herzens viele Beweise
entdeckt, das *Konzept der Ur-Sorge um andere* oder der Ur-Güte stellt, das, unter günstigen Bedingungen, die Oberhand gewinnen wird. Es ist eine vorsichtig optimisti-
sche Auffassung von der menschlichen Natur; ich halte sie für gerechtfertigt."[20]
Dem entsprechend arbeitete er mit einer „Technik der freundlichen Intervention",
die abträgliche psychodynamische Abläufe unterbrechen soll, ohne den Patienten zu
kränken oder mehr zu belasten, als er zu verarbeiten im Stande ist.

Wir sind leider weit davon entfernt, dass diese Sichtweise vom psychoanalytischen Sprechzimmer auf die Praxis der Gesellschaft übergreift, im Gegenteil. „Amok-
läufer" und Selbstmordattentäter bedrohen den Schulfrieden. Was muss in einem

---

[20] Bowlby 1982, S. 29. Hervorhebungen P. S.-H.

Menschen, ja in einer ganzen Jugendkohorte vorgehen, wenn er bzw. sie das eigene Leben mutwillig vernichtet und dabei möglichst viele Menschen ohne jede Rücksicht auf ihren Status mit in den Tod reißt? Oder ist der Motivationszusammenhang umgekehrt, nämlich so, dass möglichst viele Menschen blindlings vernichtet werden sollen und dabei das eigene Leben, das schon keines mehr zu sein scheint, als Todeswaffe eingesetzt wird? Wir müssen nach den historisch-politisch akkumulierten Gründen für ein derartiges Handeln fragen, das nicht von Natur aus „nekrophil" ist, sondern u. a. das letzte Aufbäumen gegen *eine gesellschaftlich konditionierte bodenlose Verzweiflung* dokumentiert.[21] Wir müssen aber auch unmissverständlich klarstellen, dass mörderisch-selbstmörderischer Terror die mannigfaltigen Frustrationen nicht auflöst, die er bekämpft, und statt dessen beharrlich Möglichkeiten und Chancen des Friedens evozieren, der nicht als schwächliches Nachgeben, sondern als Quelle von Lebenskraft und -lust zu vergegenwärtigen ist.

Ein Hemmschuh bei der Entfaltung von mehr Lebendigkeit ist die enge, ja oft ängstliche Bindung der Geschichtsdidaktik an die Geschichtswissenschaft, die viele von uns wie eine unerreichbar große Schwester bzw. Mutter bewundern.[22] Dieser Satz – ich weiß – provoziert sofort den Vorwurf, ich wolle Geschichtsdidaktik zum unwissenschaftlichen Tanderadei degradieren. Doch das ist nicht der Fall. Selbstverständlich ist und bleibt die Geschichtswissenschaft unsere wichtigste Bezugsdisziplin. Eine Preisgabe der kognitiv-inneren Souveränität darf damit aber nicht verbunden sein. Historiker haben zu oft vorexerziert, wie man es nicht machen sollte, ich erinnere hier nur an ihre (erst auf äußeren Druck thematisierten!) Beteiligungen an der nationalsozialistischer Lebensraum-Ideologie sowie an den autoritär-rechthaberischen, polarisierenden Kommunikationsstil (Fischer-Kontroverse [1961] Historiker-Streit [1987], Goldhagen-Debatte [1996]), der den Erkenntnisfortschritt bisher eher blockiert als gefördert hat, und zwar nicht nur methodisch-formal, sondern auch inhaltlich.[23]

Die *Konferenz für Geschichtsdidaktik*, unser Berufsverband (oder realistisch und bescheidener ausgedrückt: das Forum zur Präsentation geschichtsdidaktischer Aktivitäten) sollte nicht den massenhaft besuchten Historikertagen nacheifern, sondern

---

[21] Auch den Selbstmordattentätern ist eine spezifische Verzweiflung eigen, die mit abgrundtiefem Hass verschmilzt, vgl. Reuter, *Mein Leben ist eine Waffe*, 2002.

[22] Bei der aufschauenden Bewunderung für einen bestimmten Historiker sollte man wohl eher vom Vater oder großen Bruder sprechen. Für den hier entwickelten Argumentationszusammenhang ist es aber sekundär, welche „Imagines" tatsächlich wirksam sind.

[23] Jedes Mal ging es um kollektives, verbrecherisch-schuldhaftes Verhalten, das vom inneren Selbstbild nicht akzeptiert werden konnte und daher mit verschiedenen scheinbar ganz rationalen Argumenten abgewehrt wurde. In der wachsenden Distanz zu den umstrittenen Ereignissen und ihren Deutungen sollte es möglich werden, personalisierte Vorwürfe zu unterlassen, um statt dessen das prinzipielle Problem unserer Einstellung zur Geschichte sachlich-wissenschaftlich zu thematisieren. Die Schwierigkeit, Schuldgefühle zu erkennen, zu ertragen und durchzuarbeiten (vgl. unten, 6. Abschnitt) dürfte dabei allerdings nicht außen vor bleiben.

einen eigenen Tagungs- und Kommunikationsstil entwickeln, der dem offenen Miteinander, der künstlerischen Präsentation und dem „workshop" mehr Raum lässt. Nur so kann das Leben und die Zukunft in die akademisch versteiften Traditionen einströmen.

5. Wachsamkeit gegenüber totalitären, fundamentalistischen Gefahren im eigenen „Lager" ist nötig

Ein sowohl ideengeschichtlich-allgemein als auch lebensgeschichtlich-persönlich besonders wichtiger Anstoß zur Formulierung des Konzepts kam, wie man sich denken kann, von Adornos bekannten und immer wieder zitierten Äußerungen über das Problem einer *Erziehung nach Auschwitz*, die folgendermaßen beginnen (S. 88):

> „Die Forderung, dass Auschwitz nicht noch einmal sei, ist die allererste an Erziehung. Sie geht so sehr jeglicher anderen voran, dass ich weder glaube, sie begründen zu müssen noch zu sollen. Ich kann nicht verstehen, dass man mit ihr bis heute so wenig sich abgegeben hat. Sie zu begründen wäre etwas Ungeheuerliches angesichts des Ungeheuerlichen, das sich zutrug. Dass man aber die Forderung, und was sie an Fragen aufwirft, so wenig sich bewusst macht, zeugt, dass das Ungeheuerliche nicht in die Menschen eingedrungen ist, Symptom dessen, dass die Möglichkeit der Wiederholung, was den Bewusstseins- und Unbewusstseinsstand der Menschen anlangt, fortbesteht. Jede Debatte über Erziehungsideale ist nichtig und gleichgültig diesem einen gegenüber, dass Auschwitz sich nicht wiederhole."

Man wird dieser bekannten Forderung möglicherweise entgegenhalten, dass die Gefahr einer Wiederholung von Auschwitz real längst nicht mehr existiert. Doch damit würde man weder Adorno gerecht werden[24] noch dem weiter ausgreifenden Begriff des Geschichtsbewusstseins *als* Gegenwarts- und Zukunftssorge, der vor allem den historisch-politischen Altlasten gilt (Lüge und Verdrängungen, Raubbau und Verseuchung der Erde, Kriegsmentalität, Ungerechtigkeiten usw.) und damit über die Gegenwart hinweg bis in die Zukunft reicht. Musste das so kommen? fragt man sich als kritisch mitdenkender und mitfühlender Geschichtsbetrachter beim Anblick der unerträglichen menschlichen Leiden, die jede Epoche zu beklagen hat. Wird das immer so weiter gehen?

Nach dem Holocaust als „Zivilisationsbruch", der seine Schatten in die Zukunft wirft, haben wir Deutschen auch die Teilung unserer Nation zu verkraften, und ich denke, dass auch der Integrationsprozess Anlass zu mancherlei Sorgen ist, und zwar für beide Seiten bzw. für alle, auch wenn faktisch die Hauptlast im Osten liegen geblieben ist. Darüber hinaus drängt sich die Frage auf, wie die *Erfahrung eines sozia-*

---

24 Adorno hatte weniger die *äußere* Realität als vielmehr den resistenten inneren „Bewusstseins- und Unbewusstseinsstand der Menschen" im Sinn und damit die Gefahr vor Augen, dass zukünftig noch ganz andere Ungeheuerlichkeiten ersonnen werden könnten.

listischen Totalitarismus ertragen und integriert werden kann. Üblicherweise verweist man bei dieser Frage auf den Osten und sagt, dass dort das Problem liege und dementsprechend auch dort zu bearbeiten ist. Sichtbarer Ausdruck dieser Einstellung ist die erstaunlich rasch ins Leben gerufene „Gauck-Behörde", die keine Entsprechung im Westen hat.[25] Um nicht missverstanden zu werden, betone ich: Selbstverständlich muss das in der DDR begangene Unrecht, so weit es überhaupt geht, gesühnt und die unsägliche Stasi-Spitzelei, die bis in enge Freundschafts- und Familienbeziehungen reichte, aufgedeckt werden. Das Problem dabei ist jedoch, dass damit die gesellschaftliche Wachsamkeit gegenüber dem Totalitarismus gleichsam absorbiert ist und ähnliche Verfehlungen sowie Gefahren in der eigenen (westlichen) Lebenswelt kaum noch registriert werden. Gewiss droht „uns" heute kein Totalitarismus in Form des Sozialismus/Kommunismus. An anderen Totalitarismus-Gefahren besteht leider jedoch kein Mangel! Ich nenne hier nur den schrankenlosen Egoismus von Parteien, Gruppen und Einzelpersonen, der das Denken an das Gemeinwohl unterminiert und den Raum des Politischen aushöhlt, so dass er zum Tummelplatz brachial eingebrachter Privatinteressen wird, die sich als das Allgemein-Wichtige in Szene setzen und mangels aufklärender Alternativen auch so vom Publikum verstanden werden.

Als Symptom sei die Besetzung der öffentlichen Kommunikation durch Werbeslogans genannt. Kurz bevor die allabendliche Tagesschau beginnt, werben die finanzstärksten Unternehmen bis zur letzten Sekunde für ihre Produkte. Als weiterer Beleg fällt jedem die Parteienkorruption mit ihren Bestechungs- und Schwarzgeldaffären ein. Wählermassen werden eingekauft und suggestiv manipuliert. Berlin, Deutschlands Hauptstadt, hat in diesen Jahren eine nicht mehr zu bewältigende Schuldenlast abzutragen, die durch finanzielle Machenschaften übelster Art entstanden sind, initiiert durch eben jene, die „unsere Demokratie" als Schild vor sich hertrugen. Demokratie als Selbstbedienungsladen.

Ich will das hier nicht weiter ausführen, sondern in Bezug auf die Leitlinie der hier entwickelten Argumentation nur sagen: Wenn die Erfahrungen des 20. Jahrhunderts als Gegenwarts- und Zukunftssorge zur Geltung kommen sollen, dann ist Demokratie-Verfall und Totalitarismus nicht (bzw. nicht nur) der Vergangenheit im Osten zuzuschreiben, sondern in seinen verschiedenen Ausprägungen vor der eigenen Haustür zu bekämpfen. Dementsprechend ist in umgekehrter Blickrichtung die Vergangenheit nach Widerständen gegen diesen Trend zu befragen, die es zum Glück auf beiden Seiten gab.

---

[25] Die Bestrafung von NS-Tätern lag nach 1945 zunächst in den Händen der Alliierten. Als groß angelegte „Entnazifizierung", die nach 1947 schrittweise den deutschen Behörden übertragen wurde, verfehlte sie jedoch ihr Ziel. Die erst 1958 ins Leben gerufene Zentrale Erfassungsstelle für NS-Verbrechen in Ludwigsburg war bei Weitem nicht so gut ausgestattet wie die Gauck-Behörde. Zur *Vergangenheitspolitik* s. Frei 1997 und Frevert 1999.

6. Geschichtsbewusstsein und Schuld(gefühl)toleranz

Im Geschichtsbewusstsein besonders schwer zu integrieren ist, wie schon mehrmals angedeutet, historisch-politische Schuld sowie Schuldgefühle, die oft unbewusst sind. Das bewusste Tragen (lat. *tolerare*) unserer Teilhabe an Schuld als („Schuldtoleranz" oder auch „Schuldgefühlstoleranz") sei die zentrale Utopie des europäischen Humanismus, argumentiert der Psychoanalytiker Hermann Beland in einem Aufsatz über die nach 1989 entstandenen politischen Irritationen. Die ursprüngliche Fassung dieser Utopie sieht er in den Seligpreisenden der Bergpredigt (Mt. 5, 3–12), in denen u. a. geschrieben stehe: Selig sind die Trauernden, die Freundlichen, die nach Gerechtigkeit Hungernden, die Frieden Schaffenden, die wegen Gerechtigkeit Verfolgten ... Beland erläutert:

> „Anstatt von Schuldgefühlstoleranz als europäischer Utopie könnte man entwicklungspsy-
> chologisch-psychoanalytisch ebenso gut von der Entwicklung der Fähigkeit mitzufühlen spre-
> chen, von der Verantwortungsfähigkeit, von der Entwicklung des historischen Bewusstseins,
> von der Symbolisierungsfunktion sowie von der Toleranz, Ambivalenzkonflikte auszuhalten
> und den Wiedergutmachungsbedürfnissen zu dienen. Alle aufgeführten Fähigkeiten beschrei-
> ben sowohl zusammen auftretende Teilelemente gelebter Humanität wie entwicklungspsy-
> chologische Erwerbungen. (...) Man hat Gründe anzunehmen, dass das in seiner Familie sich
> gut entwickelnde Baby im Alter von ¼–¾ Jahr diese psychische Funktionsebene grundsätz-
> lich erreicht hat – um sie von da an das ganze Leben hindurch täglich verlieren und wieder
> gewinnen zu können."[26]

Schuld- bzw. Schuldgefühltoleranz entwickeln – das ist keine didaktische Aufgabe im engeren Sinn, sondern allgemeiner eine jedem Menschen sowie der Gesellschaft insgesamt aufgegebene Leistung fortschreitender Humanisierung. Freilich haben das soziale Klima in der Schule sowie der LehrerInnen-Habitus durchaus Einfluss darauf, ob etwaige Verluste der entwicklungspsychologischen „Erwerbungen" gemildert und ausgeglichen oder aber vertieft und verstärkt werden. Leider werden ja, was wenig bekannt ist, auch „gute" Gefühle wie Mitgefühl, Friedensfähigkeit, Schuldtoleranz usw. verschüttet und verdrängt.[27] Besonders bei Männern ist das häufig zu beobachten. Im Militär trainieren sie im Namen sogenannter höherer Werte die Eliminierung prosozialer Gefühle gegenüber den jeweiligen Feinden. Auf die Bedeutung der strukturellen und institutionellen Bedingungen der Geschichtsbewusstseinsbildung sind wir schon eingegangen, so dass weitere Erläuterungen sich hier erübrigen.

---

[26] Beland 1993, S. 389.
[27] Darauf verweist u. a. mit Nachdruck Mentzos 1993, S. 109–114.

7. Emanzipatorisch-kumulatives Lernen konzipieren und praktizieren

Geschichtsbewusstsein als Gegenwarts- und Zukunftssorge ist in erster Linie eine Dimension des reifen erwachsenen Denkens und erst in zweiter Linie Maßstab für Unterrichtsplanung und operationalisierte Lernziele. Ich möchte hier ausdrücklich unterscheiden zwischen dem, was wir als erwachsene BürgerInnen (geschichts)politisch denken und machen (bzw. m. E. machen sollten), und dem, was im Unterricht zu geschehen hat. Wir sollten nicht mit unseren persönlichen Weltanschauungen (religiöse oder zivile Konfession, Zugehörigkeit zu Partei, Bürgerinitiative u. ä.) im Unterricht hausieren gehen. *Dass* und wie der/die Betreffende weltanschaulich verpflichtet und engagiert ist, das kriegen die SchülerInnen so oder so mit, und mehr ist nicht nötig. Ich wünsche mir die Geschichtsdidaktik und den Geschichtsunterricht als eine Containing- und Filterinstanz für die Horrordaten der Geschichte, die nicht pflichtgemäß auf die Lernenden abgeladen werden, sondern im Medium der Lehrperson strukturell und bei passenden Gelegenheiten so zu Geltung kommen, dass sie als Sekundärerfahrungen zukünftig wirksam werden. Man kann beispielsweise Tschernobyl (April/Mai 1986) als nacktes Datum nennen, das uns, die Mitteleuropäer nicht viel angeht, oder aber als Menetekel der Moderne behandeln, das an Grauenhaftigkeit auch in der Distanz kaum zu überbieten ist und damit dem technologischen Leichtsinn entgegen wirken könnte. Wie „intensiv" die jeweiligen „Begegnungen" sein können, das muss didaktisch-psychologisch von Fall zu Fall entschieden werden. Vor emotionalen Überforderungen der SchülerInnen ist zu warnen.

GeschichtsvermittlerInnen des hier skizzierten Profils stemmen sich dem allgemeinen Trend zur Verdrängung bedrückender Ereignisse und Entwicklungen (sowie ihren Ursachen) entgegen und tragen damit zur Humanisierung des Lebens bei, wenn auch oft – leider! – ohne sofort sichtbaren Erfolg. Sie hoffen auf ein emanzipatorisch-kumulatives Lernen der Generationen, verzichten aber auf Festlegungen und Gefolgschaften im Hier und Jetzt. Die Signale des geschichtsdidaktischen Mainstreams sind dagegen umgekehrt: Sie legen die Gegenwart fest und enthalten sich dabei gleichzeitig jeder Aussicht auf emanzipatorische „Systemveränderung" in der Zukunft, Abweichungen von dieser Linie bestätigen die hier aufgestellt These,[28] die bewusst zugespitzt und vereinfacht ist.

---

[28] Wer in den sechziger und siebziger Jahren als gefährlicher „Systemveränderer" barsch zurecht gewiesen wurde, wird heute gelegentlich (so von der Frankfurter Rundschau) als „Weltverbesserer" registriert. – Was die Ausnahmen angeht, so geht beispielsweise Wolfgang Hug in seinen Reflexionen über *Geschichte für die Zukunft* ebenfalls von „Grund-Sorgen" aus (S. 157), aus denen er als erste Inhaltskonsequenz *Geschichte als Warnsystem* (!) ableitet. Dieser Ansatz wird aber nicht konsequent weiter entwickelt, u. a. wegen fachimmanenter Bedenken gegenüber einer Verbindung mit dem Fach Politik.

Unsere Didaktiken sind voll von Angaben über das, was die Schülerinnen und Schüler alles lernen sollen, und zwar sofort. Ohne Gewalt leben, den Frieden lieben, den Mitmenschen achten, quellenkritisch denken, Rollenklischees aufbrechen, Ausländer respektieren, autonom handeln, Ideologien durchschauen, vernünftig argumentieren, Traditionen schätzen usw. usw. Wenig bis gar nichts von alledem ist jedoch auch täglich wirksame Erfahrung, die durch uns, die Erwachsenen, „verkörpert" und vertreten wird. In den Didaktiken werden hoch anspruchsvolle Ziele von oben aufgesetzt und gehandelt wie Ramschware auf dem Supermarkt: Der Anbieter legt immer noch eins drauf, um die Attraktivität seines Gesamtpakets zu erhöhen. Eine derartige Problemlösungsprojektionsdidaktik wird hier nicht weiter entwickelt. Die SchülerInnen sind nicht die Akteure dessen, was die Gesellschaft und wir selbst nicht geschafft haben. (Auf die Gefahr einer leer laufenden geschichtsdidaktischen Rhetorik kommen wir im XVI. Kapitel *Formen institutioneller Abwehr* noch einmal zurück.)

Geschichtsanalytische Vergewisserung. Die Abwehr undurchschauter Abhängigkeiten gehört zu den generationsspezifischen Verhaltensmodalitäten der „Kinder der Täter", die ihrer Geschichtshypothek entweder durch wütende Ausbrüche und Gegenidentifikationen (Syndrom der 68er) oder aber durch Vermeidung und Abwertung aller politisch-parteilichen Eindeutigkeiten („Einerseits und andererseits ...") auszuweichen suchten. Wer (von den Älteren) das als geschichtlich-lebensgeschichtliche „Erfahrung" registriert und reflektiert hat, wird sich weniger vor einer Wiederholung dieser Konstellation fürchten (zumal Alte und Junge inhaltlich heutzutage ganz andere Konflikte auszutragen haben), als vielmehr den Mangel an wegweisenden Signalen beklagen, die im Kampf der Sparzwänge und Gruppenegoismen einfach keine Chance haben. Erlösung im religiösen Sinn kann eine pragmatisch-humanistische Geschichtsdidaktik selbstverständlich nicht in Aussicht stellen, auch nicht unterschwellig, indirekt, zwischen den Zeilen. Die Chancen eines guten bzw. graduell besseres Leben, weltweit, können und sollen gleichwohl bewusst gemacht werden, nicht trotz sondern eben wegen der geschichtlichen Sackgassen, unter denen ich ideengeschichtlich nur die verhängnisvolle Verabsolutierung einer bestimmten Idee oder Lebensform (Gott, Klasse, Rasse, Nation, Geld) und realgeschichtlich-materiell die blind-egozentrische Vernichtung unserer Lebensressourcen nenne.

8. Bewusstes und Unbewusstes, Verstand und Gefühl

Aufklärende Geschichtsvermittlung, sei es in Schule, Hochschule/Universität oder anderswo, wendet sich an die *bewussten* Lern- und Erkenntnismöglichkeiten der Adressaten. *Unbewusstes* ist dagegen das Suchfeld psychoanalytischer Therapie. Wenn die Dimension des Unbewussten im Folgenden trotzdem immer wieder thematisiert und damit bewusst gemacht wird, so ist das einerseits der lebensgeschichtlich begründeten subjektiv-persönlichen Unruhe des Autors geschuldet („Was geht da in mir vor?"), andererseits aber auch mit der allgemeinere Geltung beanspruchenden Einsicht zu begründen, dass z. B. Verdrängungen in der Geschichte ein mächtiger Wirkfaktor sind, der trotz seiner allseits anerkannten Bedeutung faktisch noch nicht erforscht wurde, jedenfalls nicht mit der dafür notwendigen geschichtswissenschaftlichen und psychoanalytischen Doppelqualifikation, die es in Deutschland noch nicht gibt. Ich möchte hier nicht die früher der Philosophie zugeschriebene Bedeutung,[29] durch eine Überschätzung der Psychoanalyse ersetzen. Unterricht ist weder Psychoanalyse noch Gruppendynamik oder Selbsterfahrungstraining. Ganz zu eliminieren sind Psychoanalyse und introspektive Aufklärung dennoch nicht. Ein wichtiger Faktor ist z. B. die Selbstaufklärung des Lehrenden: Wer nie über sich selbst nachgedacht hat und damit seit seiner Jugend durchgekommen ist, kann für Unbewusstheiten auf der Sach- und Kommunikationsebene kein Verständnis entwickeln und wird dementsprechend „stur" im alten Stil weiter unterrichten. Nutzt der/die Lehrende Wissenschaft und Sachlichkeit zur Aufklärung oder im Dienste der Abwehr, ist eine Frage, die sich in diesem Zusammenhang häufig stellt, und meine Sorge ist, dass die zweite Variante einen unvernünftig großen Anteil in der professionellen Geschichtsvermittlung hat.

Wer die Wirkmacht von Unbewusstheiten in Geschichte und Lebensgeschichte anerkennen kann, wird erstens dieses Phänomen auf der Sachebene des Unterrichts immer wieder benennen (vgl. oben Verdrängungen) und zweitens bei der Gestaltung der Lehr-Lern-Beziehungen die, wenn ich mal so sagen darf, „inneren Antennen" für Unausgesprochenes, „geheimen Lehrplan", unterschwellige Botschaften, affektive Implikationen beim jeweiligen Thema usw. weit ausfahren und sich bei gegebenem Anlass nicht scheuen, von der inhaltlichen auf die kommunikative Ebene umzuschalten. Insbesondere dann, wenn Diskussionen mit besonderer Erregung geführt werden und gar nicht enden wollen, ist so ein „Hinterfragen" des Sachproblems geraten. Als Seminarleiter in Berlin, wo Ost und West aufeinanderprallen und personell gemischt auftreten, ohne dass man das äußerlich sofort wahrnehmen könnte, werde ich zum Beispiel immer wieder mit der latenten Bedeutung der früheren Zugehörigkeit zur DDR bzw. zur alten BRD konfrontiert. „Latent" heißt: Niemand bezieht sich in den hier gemeinten Diskussionen direkt auf frühere Erfahrungen des Lebens in einem der Teilstaaten, zumal authentische, eigene Erfahrungen mit zunehmendem zeitlichen Abstand kaum noch verfügbar sind. (Zwanzigjährige im Jahr 2003 müssten erinnernd in ihre Kleinkindzeit zurückkehren und könnten so allenfalls familiäre Gewohnheiten aber keine politischen Strukturen benennen.) Bei sorgfältigem Zuhören („innere Antennen") schimmern die der Sach-

---

[29] Nachdem Schmeidler (1925) drei Typen von Geschichtsschreibung charakterisiert hat (die künstlerische am Beispiel Jacob Burckhardt; die zweckgerichtete am Beispiel Ernst Troeltsch; die religiös fundierte am Beispiel Leopold von Ranke), entwirft er das Idealbild des philosophisch gebildeten Geschichtswissenschaftlers, der als „vollendete Vertreter des Faches" aber erst noch kommen müsse. Der Aufsatz dokumentiert recht deutlich das Bedürfnis nach Rettung aus Verwirrung und Erniedrigung durch einen charismatischen neuen Führer im Gewande des alle überragenden Philosophen. – Dagegen machen neuere Studien (Dori Laub 2003) darauf aufmerksam, dass heutige Historiker durch die Vernichtungsgewalt der Moderne emotional-kognitiv überfordert sind, „sprachlos" bleiben und so an der kollektiven Traumatisierung teilhaben.

diskussion zu Grunde liegenden affektiven Strukturen jedoch durch (z. B. als Kampf gegen die totale Entwertung auf östlicher Seite und als unempathische Selbstzufriedenheit auf westlicher Seite), und ich muss in einer solchen Situation entscheiden, ob ich das Unausgesprochene anspreche oder nicht. Mit Vorsicht angewandt kann dieses Verfahren auch in der Schule zur Anwendung kommen, sogar bei Grundschülern: Erfahrene Lehrerinnen merken ja schnell, wenn im Sozialgefüge etwas nicht stimmt und daher auf der Sachebene des Unterrichts nichts richtig gelingen will.

9. Vom „Umschreiben" der Geschichte – für eine „historische Ökologie"

Die nach dem 2. Weltkrieg als akademische Institution begründete Geschichtsdidaktik kommt in die Jahre. Nach der 1926–1928 geborenen „Flakhelfer-Generation"[30] und der Hitler-Jugend tritt nun allmählich auch die Generation derjenigen ab, die zur Zeit des Nationalsozialismus noch Kinder im Vorschulalter waren, wie u. a. der Autor der hier präsentierten Reflexionen, Jahrgang 1939. Wir haben viel erreicht, aber auch viel verfehlt. Verfehlt wurde vor allem die Überprüfung unseres Verhältnisses zur Geschichte, das immer noch (ähnlich wie *früher* das Verhältnis zur Natur) ausbeuterisch und anmaßend, männlich-militärisch, rücksichtslos und selbstherrlich ist. Geschichtswissenschaftlicher und Geschichtsdidaktiker unterliegen der narzisstischen Illusion, mit der richtigen Methode alles im Griff zu haben. Das Gegenteil ist richtig: Wir haben überhaupt nichts im Griff. Sicherlich hat die sich selbst überschätzende Einstellung inzwischen etliche Einbrüche hinnehmen müssen, nicht zuletzt durch die feministische Geschichtsforschung und die Einsicht in das konstruktivistische Element in jeglicher Geschichtsrekonstruktion. „Unsichere Geschichte" lautet beispielsweise der Titel einer in diesem Zusammenhang lesenswerten Abhandlung (Goertz 2001). Doch schon der Titel zeigt, wie wenig sich innerlich wirklich verändert hat. Die Geschichte ist weder unsicher noch sicher noch sonst irgend etwas von sich aus. Unsicher sind wir, die Geschichtsbetrachter, geworden, und es wäre in der Tat notwendig, dieser Unsicherheit wirklich auf den Grund zu gehen.[31]

---

[30] Ich benutze den Begriff *Flakhelfer* bzw. *Luftwaffenhelfer* (vgl. Rolf Schörken, geb. 1928, und seine empirische Untersuchung von 1985) zur Kennzeichnung einer Generation, ohne mit ihm wegen seiner maskulin-militärischen Fokussierung einverstanden zu sein. Haben die Mädchen und jungen Frauen dieser Zeit (man denke an etwa an Margarete Dörr, geb. 1928, und ihr wichtiges Werk über *Frauenerfahrungen im Zweiten Weltkrieg*) kein Generationsprofil? Sind sie geschichtslos? – Wegen der einseitigen Festschreibung ist Schörken inzwischen (2003) von dem Begriff *Flakhelfer-Generation* abgerückt, um für die Bezeichnung *die 45er* zu plädieren. Die damit zum Ausdruck kommende Spannung zwischen externer Zuschreibung und interner Selbstdefinition wäre einer geschichtsanalytischen Erörterung wert.

[31] Die Beschäftigung mit inneren Einstellungen zur Geschichte unter Einschluss möglicher Unbewusstheiten wird in den folgenden Aufsätzen als *Geschichtsanalyse* bezeichnet. Sie setzt eine

Doch das geschieht nicht. Es ist m. E. nicht nur an der Zeit, dass wir wegen neuer Erkenntnisse und Methoden die Geschichte „umschreiben", wie mit Rückgriff auf Goethe gerne gesagt wird.[32] Es ist auch Zeit, dass die Geschichte gleichsam uns umschreibt. Das ist jedenfalls meine Schlussfolgerung aus den Erfahrungen des 20. Jahrhunderts.

Zwischenüberlegung zur Frage: Wer oder was muss „sich ändern"? Ohne mental-strukturelle Selbstveränderung der Menschen, individuell und kollektiv, ist jede Gesellschaftsveränderung m. E. zum Scheitern verurteilt. Diese Selbstveränderung (Rücknahme von überhöhten Ansprüchen, Fehlersuche im eigenen Leben, Verantwortung für die Zukunft als verinnerlichte effektive Handlungsleitlinie usw.) tendiert nicht nur nach Null, sie ist darüber hinaus sogar ständig in Gefahr, in den Minusbereich überzugreifen (Zunahme von rücksichtsloser Gewalt usw.). Als „Umkehr" und Bekenntnis zum „neuen Menschen" im Glauben an Jesus ist die Selbstveränderung ursprünglich ein christliches Lebensmotiv, das jedoch ebenfalls zu Gunsten der Weltveränderung (Mission und Bekehrung anderer Menschen, oft mit Zwangsmaßnahmen, usw.) aufgegeben wurde. Ein typischer Appell zur Veränderung der Welt findet sich z. B. bei Eric Hobsbawm, der schreibt (1996, S. 720): „Es gibt nicht nur äußere, sondern gleichsam innere Anzeichen dafür, dass wir am Punkt einer historischen Krise angelangt sind. (...) Unsere Welt riskiert sowohl eine Explosion als auch eine Implosion. *Sie muss sich ändern.*" Da hat er recht. Die Frage ist aber: Wer oder was ist „die Welt"?- Die Dialektik von Selbstveränderung und Gesellschaftsveränderung thematisiert Peter Weiss in seinem Stück Hölderlin (1970), vgl. die instruktive Zusammenfassung bei Glaser 1999, S. 319. Zum (unterdrückten) Stellenwert der Selbstveränderung im Marxismus Schulz-Hageleit, Leben III, S. 163–165.

Was von den hier angesprochenen Erfahrungen wird ankommen, bleiben, fortwirken? Möglicherweise gar nichts. Diese Befürchtung ist der subjektive Faktor bei der Konstituierung des Themas „Geschichtsbewusstsein als Gegenwarts- und Zukunftssorge". Zum Glück ist die Argumentation nicht so singulär und persönlich, wie es manchmal den Anschein haben mag. Im *Funk-Kolleg Geschichte* des Fischer-Verlages, 1981, schrieb beispielsweise Karl-Georg Faber in der einleitenden Abhandlung über „Geschichte in unserer Gegenwart":

> „Zum Schluss dieser einführenden Betrachtung stehen fünf Thesen. Sie sollen deutlich machen, dass die Geschichte ebenso wie die Natur eine notwendige Quelle für das Überleben der Menschen ist und dass deshalb so etwas wie eine historische Ökologie als Lehre vom Verhältnis des Menschen zu seiner Vergangenheit ebenso notwendig und aktuell ist wie die auf die Natur bezogenen Umweltwissenschaften, die normalerweise mit dem Begriff Ökologie bezeichnet werden."[33]

---

psychoanalytisch-geschichtswissenschaftliche Doppelqualifikation voraus, die es bislang noch nicht gibt.

[32] Der Satz vom immer wieder notwendigen „Umschreiben der Geschichte" findet sich in Goethes *Geschichte der Farbenlehre* (Hamburger Ausgabe im Verlag Christian Wegner, Bd. 14, S. 96).

[33] Faber in Conze, Faber und Nitschke 1981, 1. Bd, S. 31. Es folgen die fünf angekündigten fünf Thesen, die auf unser „Schweigen von der Geschichte" eingehen und am Ende konsequent auch auf Verdrängungen eingehen.

Als verallgemeinerte Lehre „des" Menschen zu seiner Vergangenheit würde Fabers Ansatz allerdings wenig bringen; denn es gibt zu vielen Vergangenheiten und zu viele verschiedene Menschen, als dass dazu Verbindlich-Verbindendes ermittelt werden könnte. In der Ich-Perspektive „durchgearbeitet" bilden die jeweiligen Erfahrungen jedoch einen Fundus, der die Gesellschaft verändern könnte. Was unter „Durcharbeiten" der Vergangenheit im Unterschied zum „Aufarbeiten" zu verstehen ist, wird ebenfalls im Folgenden ausführlicher erläutert.

10. Zukunftsaufgaben der Geschichtsdidaktik (II)

Abschließend muss noch ein gewichtiges Problem benannt und der Lösungsweg zumindest angedeutet werden: Die in den Erfahrungen des vorigen Jahrhunderts begründete Zukunftssorge ist eine generationsspezifische und darüber hinaus sogar höchst persönlich-subjektive Lebenseinstellung, die nicht „übertragen" werden kann. Söhne und Töchter sowie Schülerinnen und Schüler haben ihre eigenen Probleme und Erfahrungen, und sie verstehen auf Grund der natürlichen lebensgeschichtlichen Differenzen nur mangelhaft, was den Erwachsenen auf Grund ihrer Erfahrungen so wichtig ist. Wie enttäuscht war so manch 68er von seinen Kindern, als diese überhaupt nicht daran dachten, das politische Engagement von früher fortzusetzen. Wie verschroben empfanden eben diese Kinder die Lebenseinstellung ihrer Eltern! Dass in den Diskontinuitäten trotzdem Traditionen entwickelt werden, soll damit nicht geleugnet werden. Einen direkten, intentional steuerbaren didaktischen Wirkungszusammenhang – und darum geht es hier – konstituieren diese Traditionen jedoch nicht.

Ich begegne dieser Problematik mit zwei Ideen (Begriffen), die in der didaktischen Diskussion m. W. bislang keine Rolle spielen und genauer ausgearbeitet werden müssten. Die erste Idee heißt: *Unterrichtskultur*. Die zweite Idee heißt: Geschichtsunterricht als *historische Lebenskunde*.

10.1 Unterrichts- und Gesprächskultur praktizieren

Es ist kennzeichnend für die Entwicklung der Geschichtsdidaktik, dass sie den Radius ihrer Interessen erweitert und im Zuge dieser Erweiterung die vielfältigen Erscheinungsformen von *Geschichtskultur* thematisiert hat, *Unterrichtskultur* dabei aber praktisch nicht erwähnt. Mit diesem Begriff ist hier vor allem die ästhetisch-strukturelle Seite der Lern-Lehr-Beziehungen gemeint, also die Gestaltung des Klassenraumes und des jeweiligen Lernprozesses sowie der dabei relevanten Materialien, Umgangsformen, Alltagsrituale und symbolische Inszenierungen, Ergebnispräsentationen, Sprache, Verhandlungsstil usw. Ich weiß nicht, woher es kommt, aber ich stelle es mit großer Sorge immer wieder fest: Diese (scheinbar nur) äußere Seite des

Unterrichts wird sträflich vernachlässigt, und ich denke, dass diese Vernachlässigung ihre Wirkungen im Selbstwert- und Geschichtsgefühl zeitigt. In meinen Lehrveranstaltungen geschieht es regelmäßig, dass mir Studierende zwei drei schlecht lesbare Fotokopien aus irgendwelchen Büchern als Kern ihrer Vorbereitung präsentieren und nicht recht verstehen, warum ich schon mit der äußeren Präsentation nicht einverstanden bin. Die Sprache ist oft schludrig, das Tafelbild unleserlich. Alles muss irgendwie schnell „erledigt" werden. Das ist eine (wahrscheinlich unbewusste) Nichtachtung der SchülerInnen, der eigenen Person und des Unterrichts überhaupt, vergleichbar der völligen Gleichgültigkeit gegenüber einer Kultur des Essens, die dazu führt, dass der oder die Betreffende (eher aber „der"!) sich nur noch in einer speckigen Frittenbude wohl fühlt und alles andere für bürgerlich-elitäre Afferei hält.

In der Ausbildung bräuchten wir eine konsequente Sprecherziehung; sie ist einer Verkopfung des Faches zum Opfer gefallen. Wir bräuchten dem entsprechend Didaktiker, die ihr eigenes Thema bei Tagungen nicht nölend vom Blatt ablesen, sondern die bekannte Einsicht beherzigen *Le style – c'est l'homme*.[34] Die Sorge um Jugend und Zukunft äußert sich nach der hier entwickelten Leitlinie (nicht nur, aber auch) als Kommunikations- und Verhandlungswürde, als Anstand und Wertschätzung der Menschen, mit denen wir zu tun haben, und der eigenen Person.

Schule kann nicht besser sein als unsere Gesellschaft im Allgemeinen. Wenn hier das Lügen und Bestechen, das Beleidigen und Taktieren (mit der Entschuldigung), der Showeffekt ohne Rücksicht auf seine menschlichen Folgen usw. gang und gäbe ist, dann wird man von der Schule nicht das sofortige Gegenteil erwarten dürfen. Auch die bombastischen Inszenierungen in der Öffentlichkeit (Schau-Wett-Kämpfe, Jubiläen, nächtliche Veranstaltungen usw.) tragen dazu bei, die Würde des Alltags, wenn ich mal so sagen darf, gering zu schätzen und dem entsprechend zu vernachlässigen. Dass diese Einschätzung nicht als Freibrief für das resignativ-bequeme Laufenlassen der als übel oder zumindest problematisch erkannten Tendenzen misszuverstehen ist („Man kann ja doch nichts machen..."), versteht sich hoffentlich von selbst.

In Stellungnahmen zur Didaktik der Humanistischen Lebenskunde habe ich des Öfteren die Bedeutung des Gesprächs und der Gesprächskultur betont, die im regulären Unterricht mit seinen Ergebniszwängen bei gleichzeitiger Überforderung aller Beteiligten nicht stark genug zur Geltung kommen könne. In der *Humanistischen Lebenskunde* kann der Erziehung zur Gesprächskultur die Hauptaufmerksamkeit gelten. Die Gestaltung der kommunikativen Dimension *ist* dann der relevante In-

---

[34] Nach Büchmann, *Geflügelte Worte*, ist dieser Aphorismus in etwas anderer Form (*Le style est l'homme même*) 1753 von Buffon (1707–1788) bei seiner Antrittsrede vor der Académie fançaise geprägt worden. Eine moderne Variante des Aphorismus ist der Satz *Das Medium ist die Botschaft*, der bedeutet, dass nicht der Inhalt, sondern das Mittel seiner Präsentation die eigentlichen Absichten des Vermittlers verrät.

halt. Im Fachunterricht haben wir wegen der vorgegebenen Inhaltsanforderungen
nicht dieselben Spiel- und Handlungsräume, doch ganz beiseite lassen sollten wir
die Binnenkultur des Unterrichts deswegen nicht.

10.2 „Lebenskunde" und Zukunftshoffnungen historisch-politisch fundieren

In dem Maße wie die Geschichtserfahrungen des vorigen Jahrhunderts Anlass zu
Gegenwarts- und Zukunftssorge sind, in dem Maße müssen wir auch versuchen,
das Fach Geschichte inhaltlich und kommunikativ dem nachdrängenden jugendlichen Leben zu öffnen, um so die Chancen eines transgenerationellen Lernens aus
Geschichte zu erhöhen. Dieser Versuch wird im dritten Teil des Buches als *historische Lebenskunde* erläutert und mit einigen Beispielen versehen. Wir überhören dabei
nicht die oft ausgesprochene Warnung vor der Indienstnahme des Geschichtlichen
durch politische Bedürfnisse der Gegenwart und ihre jeweiligen Machthaber. Zu
viel Missbrauch ist so schon getrieben worden. Auch das gehört ja zu unseren Geschichtserfahrungen! Geschichte hat einen speziellen Bildungswert, der verloren
ginge, wenn man sie nur noch über die Leisten von Gegenwartsbedürfnissen
schlüge. Doch das wird auch nicht geschehen. Geschichte curricular enttrümpeln,
ohne Geschichte als Orientierungsrahmen und Wohnort gleichzeitig zu zertrüm-
mern, das ist zumindest einen Versuch wert.

Die in der Kapitelüberschrift platzierte *humanistische Hoffnung* bildet dabei einen
Spannungsbogen, der vom unspektakulären Gelingen einzelner Unterrichtsstunden
oder auch nur -sequenzen bis zur machtvollen Entfaltung eines Weltgewissens
reicht, das dem weiteren Erstarken egomanischer Unvernunft Einhalt gebietet. An
realen Anhaltspunkten sowohl für die didaktisch eng begrenzten wie auch die weiter
reichenden Hoffnungen fehlt es nicht. Eine mittelfristige Hoffnung gilt hier den
Lehrerinnen und Lehrern sowie ihren AusbilderInnen,[35] von denen ich persönlich
hoffe, dass sie sich nicht weiter zweckdienlich funktionalisieren lassen, sondern
vielmehr gutes bzw. graduell besseres Leben sowohl politisch einfordern als auch
didaktisch-professionell antizipieren.

---

[35] LehrerInnen haben in der Geschichte entweder eine obrigkeitlich angepasste oder aber eine
kritisch-emanzipatorische Rolle gespielt (ich vereinfache abermals, damit die Problematik klar
hervortritt). Für die hier ins Auge gefasste kritisch-emanzipatorische Richtung nenne ich als
Einzelperson exemplarisch Adolf Diesterweg (1790–1866), der 1850 wegen seiner politischen
Haltung in den Ruhestand versetzt wurde, und als Gruppe den „Bund entschiedener Schulre-
former" (Paul Oestreich, Siegfried Kawerau, Fritz Karsen u. a.), der u. a. die Gesamtschule
forderte und damit eine Position vertrat, die schulpolitisch in Deutschland immer noch nicht
verwirklicht ist, obwohl ihre Effektivität international längst erwiesen ist.

II. Geschichte und Zukunft –
Weitere Standpunkte und Aussichten

(1) „Der Redner ...: Er versteht das Volk in seiner Trägheit mitzureißen und seine Zügellosigkeit zu mäßigen. Seine Befähigung bringt Schurken das Verderben und Unschuldigen die Rettung. Wer könnte glühender zu männlicher Bewährung mahnen, wer leidenschaftlicher zur Abkehr von Verfehlungen aufrufen, wer das Gesindel schärfer tadeln und die Guten schöner loben, wer als Ankläger die Begierde wirkungsvoller in die Schranken weisen und wer als Tröster die Betrübnis sanfter lindern? (36) Und *die Geschichte* vollends, die vom Gang der Zeiten Zeugnis gibt, das Licht der Wahrheit, die lebendige Erinnerung, *Lehrmeisterin des Lebens*, Künderin von alten Zeiten, durch welche Stimmen, wenn nicht die des Redners, gelangt sie zur Unsterblichkeit?"[1]
[Cicero, Über den Redner, zweites Buch.]

Kommentar: Über Ciceros Topos *Historia magistra vitae* gibt es mehrere tiefschürfende Abhandlungen, die bezeichnenderweise jedoch alle philologisch im Geschichtlichen verbleiben und die existenzielle Frage nach den Lehren der Geschichte für die Zukunft nicht wirklich stellen. Auch wird, entgegen dem ansonsten üblichen Kampfruf *Ad fontes – Zu den Quellen!*, der ursprüngliche Argumentationszusammenhang gar nicht thematisiert, in dem Cicero dem Redner als mahnendem, aufrüttelndem Geschichtsvermittler eine zentrale Rolle zuweist und damit auch den modernen Historiker inspirieren könnte, zumindest philologisch-historisch. Indem *historia magistra vitae* als Redewendung („topos") festgeschrieben wird, erübrigt sich eine inhaltliche Auseinandersetzung mit ihrem Anspruch.

(2) „Der Geist muss die Erinnerung an sein Durchleben der verschiedenen Erdenzeiten in seinen Besitz verwandeln. Was einst Jubel und Jammer war, muss nun Erkenntnis werden, wie eigentlich auch im Leben des Einzelnen. Damit erhält auch der Satz *Historia vitae magistra* einen höheren und zugleich beschnideneren Sinn. Wir wollen durch Erfahrung nicht sowohl klug (für ein andermal) als weise (für immer) werden."
[Jacob Burckhardt, Weltgeschichtliche Betrachtungen, Einleitung (1. Unsere Aufgabe). *Hinweis:* Wegen der programmatischen Betonung des Lernens durch Erfahrung wird Burckhardts oft zitierte Textstelle in folgenden Kapiteln aufgegriffen und kontextuell interpretiert: V 3.2 (*der reflexive Einbezug von Erfahrungen*) und XII.5 (*Können wir aus geschichtlichen Erfahrungen lernen?*).]

---

[1] Exemplarisch sei verwiesen auf Koselleck 1989, S. 38–66.

(3) „Die Grundtatsache, dass wir alle Menschen sind, berechtigt uns zu dieser Sorge um das Menschsein im Ganzen. Wir sind beseelt von dem leidenschaftlichen Drange, verbunden zu bleiben oder Verbindung wieder zu gewinnen mit den Menschen als Menschen. (...): Aber (...) wie ein Alp liegt auf uns die Vorstellung: Kommt in Amerika einst eine Diktatur im Stile Hitlers, so ist ein Ende, das für unabsehbare Zeiten hoffnungslos wäre. Wir in Deutschland konnten befreit werden von außen. Wenn einmal die Diktatur da ist, so ist eine Befreiung von innen heraus unmöglich. Wird die angelsächsische Welt wie früher wir von innen heraus diktatorisch erobert, dann gibt es kein außen mehr, dann gibt es keine Befreiung. (...) Uns kann wohl Sorge befallen wegen der Selbstsicherheit der Sieger."
[Karl Jaspers, Die Schuldfrage (1946), S. 73–75.]

(4) „Denn nach meiner Auffassung stoße ich, wenn ich mich mit der traumatischen Wirkung von Auschwitz auseinander setze, auf die Grundfragen der Lebensfähigkeit und kreativen Kraft des heutigen Menschen; das heißt, über Auschwitz nachdenkend, denke ich paradoxerweise vielleicht eher über die Zukunft nach als über die Vergangenheit."
[Imre Kertész, Schluss der Dankesrede zur Verleihung des Literatur-Nobelpreises 2002, abgedruckt u. a. in der Frankfurter Rundschau 9.12.2002, zu finden auch unter www.nobelprize.org.]

Abb. 2: Paul Klee, Angelus Novus.

(5) Walter Benjamin interpretierte das Bild *Angelus Novus* folgendermaßen: „Es gibt ein Bild von Klee, das Angelus Novus heißt. Ein Engel ist darauf dargestellt, der aussieht, als wäre er im Begriff, sich von etwas zu entfernen, worauf er starrt. Seine Augen sind weit aufgerissen, sein Mund steht offen und seine Flügel sind ausgespannt. Der Engel der Geschichte muss so aussehen. Er hat das Antlitz der Vergangenheit zugewendet. Wo eine Kette von Begebenheiten vor *uns* erscheint, da sieht *er* eine einzige Katastrophe, die unablässig Trümmer auf Trümmer häuft und sie ihm vor die Füße schleudert. Er möchte wohl verweilen, die Toten wecken und das Zerschlagene zusammenfügen. Aber ein Sturm weht vom Paradiese her, der sich in einen Flügeln verfangen hat und so stark ist, dass der Engel sie nicht mehr schließen kann. Dieser Sturm treibt ihn unaufhaltsam in die Zukunft, der er den Rücken kehrt, während der Trümmerhaufen vor ihm zum Himmel wächst. Das, was wir den Fortschritt nennen, ist dieser Sturm."[2].

(6) „Ich bin nicht skeptisch. Wir wissen viel. Aber ich denke nicht, dass wir heute am Ende des Weges sind. Ich sehe, was wir tun, nicht statisch, weil ich in Prozessen denke. Ich bin nicht am Ende. Das ist das, was viele Menschen sehr schwer finden, sich nämlich vorzustellen, dass nach ihrem Tode eine Welt da sein soll, auch eine Menschenwelt, die ganz anders ist als die gegenwärtige. Das ist für viele Menschen ein sehr unangenehmer Gedanke. *Wir haben heute im Grunde das Denken an eine Zukunft verloren.* Die meisten Menschen wollen nicht gerne über ihre Gegenwart hinaus, sie wollen nicht gerne als ein Glied in der Kette der Generationen stehen."
[Norbert Elias in einem Interview anlässlich seines 90-jährigen Geburtstages, Frankfurter Rundschau 22. Juni 1987 (Hervorhebung PSH).]

(7) „Ich versuchte, in meinen eigenen Erfahrungen einen Zugang zu finden, und musste schließlich feststellen, dass meine Erfahrungen mir keinen Ausweg zeigen konnten. Die Vergangenheit ist hier hilflos, das Vergangene hilft nicht weiter.
Tschernobyl ist der Abschied von der Vergangenheit.[3] Die Geschichte kennt einfach keine vergleichbaren Texte, wie sie jetzt durch das Schicksal der von Tschernobyl betroffenen Völker, der Ukrainer und Belorussen, geschrieben werden. Die Zeit für neue Fragen und neue Antworten ist gekommen. Tschernobyl ist nicht nur eine Katastrophe, es ist eine Grenze, ein Übergang von einer Welt in eine andere, Tschernobyl ist eine neue Philosophie, ist neues Weltempfinden. (...) Die Welt

---

2   Walter Benjamin, *Über den Begriff der Geschichte*, Text IX (Hervorhebungen im Original). Benjamins Text regt das Denken an, er ist aber vieldeutig und rätselhaft, wenn nicht sogar „okkult". Die Aussage wird deutlicher, wenn man den ideen- und lebensgeschichtlichen Kontext einbezieht (Scholem 1992).

3   Am 26. April 1986 explodierte in Tschernobyl (Ukraine) der Reaktorblock des dortigen Atomkraftwerks und verseuchte in einem Umkreis von fünfzig Kilometern Natur und zehntausende Menschen radioaktiv. Die Langzeitfolgen – nicht nur lokal – sind unübersehbar.

vor Tschernobyl und die Welt danach sind grundverschieden. Die alte Welt war geprägt von Vertrauen, vom Glauben an die Allmacht des Menschen. Dieser Glaube
ist dahin."
   [Swetlana Alexijewitsch in ihrer Dankesrede anlässlich der Verleihung des „Leipziger Buch-
   preises zur Europäischen Verständigung", zitiert nach Frankfurter Rundschau 28. 3. 1998. Anlass
   der Preisverleihung war Alexijewitschs Buch „Tschernobyl – Eine Chronik der Zukunft" (Berlin-
   Verlag 1997).]

(8) „History teaches us lessons to shape our perception of the past, and to aid in
charting our course for the future. If this is true, then the study of American history
must include an honest examination of the uncivilized institution of slavery and its
comprehensive context. We must continue to analyze the social and economic im-
pact of slavery with a view toward burying the sordidness of racism and sexism in
the ‚coffin' that gave Harriet Jacobs her life."
   [Myrlie Evers-Williams in ihrer Einleitung zu Harriet Jacobs *Incidents in the Life of a Slave Girl*.
   Mit „coffin" (Sarg) ist der finstere, enge Holzverschlag gemeint, in dem Harriet Jacobs sich sieben
   Jahre lang versteckte, um den Verfolgungen ihres „Masters" zu entgehen.]

(9) „Europa ist für mich ein Kontinent mit einer unglaublich reichen, kulturell be-
zaubernden Geschichte, die zugleich voller unmenschlicher Tat und Verbrechen ist.
Europa bietet die Perspektive, den Rahmen für ein sinnvolles Leben zu gestalten,
wenn wir es schaffen, Demokratie, Menschenrechte und Gerechtigkeit zu verwirklichen und Engstirnigkeit, Ängstlichkeit und Hartherzigkeit zu überwinden. (...) Wir
brauchen eine durchsichtige Verfassung, damit die Angst der Bürgerinnen und Bürger vor dem, was sie als ‚Moloch Europa' empfinden, schwinden kann."
   [Gesine Schwan, Präsidentin der Europa-Universität Viadrina (Frankfurt/Oder) anlässlich der
   feierlichen Erweiterung der Europaunion um 13 neue Mitgliedstaaten am 16.4.2003 (entnommen
   der Website der Europäischen Union in Deutschland zur EU-Erweiterung, www.mehreuropa.de).]

(10) „Dieses Jahrhundert wird eine Auseinandersetzung um den Widerspruch zwischen Bios und Kultur im Menschlichen bringen. Ich glaube nicht, dass der biologi-
sche Reduktionismus flächendeckend der Sieger sein wird. Da formieren sich Ge-
genbewegungen und Gegenströmungen. Und das ist gut so. (...) Wenn Gefahren
drohen, dann weniger aus einem gentechnischen Entwurf, sondern eher aus den
Neurowissenschaften, aus dem Verständnis des Bewusstseins, des Selbstbewusst-
seins und ihrer Maschinisierung sowie dem Anschluss des Gehirns an Computer
und der Vorspiegelung von Cyber-Welten. Diese Dinge halte ich in ihren Auswirkungen für bedrohlicher als die gentechnische Umkonstruktion des Menschen, die
nicht so weit reichen wird, dass sie das wirkliche Humanum berührt."
   [Jens Reich, Bioinformatiker an der Humboldt-Universität, in einem Interview, Frankfurter
   Rundschau 23.4.2003.]

Zweiter Teil

Erfahrenes und Verdrängtes

Abhandlungen zum Verhältnis von Geschichte und Lebensgeschichte

III. Sinnquellen des Unbewussten?
Der Beitrag der Psychoanalyse zum aufklärenden
geschichtlichen Denken

1. Sinnquellen des Unbewussten?

Der Ausdruck „Sinnquellen des Unbewussten" ist der Ideenskizze entnommen, die der Initiator dieser Tagung, Kollege Rüsen, Ende des vorigen Jahres verfasst und an potenzielle Interessenten verschickt hat.[1] Ich werde mein Thema in sieben Gedankenschritten behandeln und als erstes ein dickes Fragezeichen hinter die vermuteten und wahrscheinlich auch erhofften „Sinnquellen" setzen. Gibt es so etwas wie Sinn, der aus dem Unbewussten gleichsam hervorquillt?

Das Fragezeichen ist deswegen angezeigt, weil das Unbewusste nach allem, was darüber zu erfahren ist, tendenziell eher die Quelle von Triebansprüchen und großen Irrationalitäten als von Sinngebungen ist. Dem persönlichen Leben oder gar der ganzen Geschichte einen Sinn abringen oder verleihen, das ist alles in allem eher eine Bewusstseinsleistung und kein Produkt des Unbewussten, von Ausnahmen abgesehen, wie wir sie etwa von intuitiv arbeitenden Künstlern kennen, einmal abgesehen. Dementsprechend finden sich in der psychoanalytischen Literatur freudianischer Richtung, an der ich mich orientiere, nur wenige gelegentliche Hinweise auf Sinn, Sinngebung, Sinnbildung, Sinnhaftigkeit usw.,[2] es sei denn – und hier liegt der Ausgangspunkt meiner Ausführungen –, wir verstehen *Sinn als Synonym von Bedeutung*, die zu verstehen und zu erklären ist. Den Sinn scheinbar unsinniger Symptome aufzuklären, das gehört in der Tat zu den Hauptaufgaben psychoanalytischer Therapie.

Noch wichtiger ist es, die Bedeutung und den „Sinn" von Träumen zu entschlüsseln, die dem laienhaften Denken außerhalb der Psychoanalyse in der Regel

---

[1] Das Zentrum für interdisziplinäre Forschung Bielefeld hatte in Zusammenarbeit mit dem Kulturwissenschaftlichen Essen im Februar 1995 eine Tagung zum Thema „Geschichtsbewusstsein und Psychoanalyse" veranstaltet. Jörn Rüsen und Jürgen Straub haben 1998 einen Tagungsband unter dem Titel *Die dunkle Spur der Vergangenheit* herausgegeben, in den der hier abgedruckte Vortrag aus mir unbekannten Gründen aber nicht aufgenommen wurde.

[2] Die Zeitschrift Psyche hat für die Jahrgänge 1947 bis 1992 ein Gesamtregister erstellt (hrsg. von H. Kächele, P. Döring und B. Waldvogel), in dem das Wort „Sinn" mit seinen Komposita („Sinnfindung" usw.), verglichen mit anderen Standardbegriff der Psychoanalyse, nur marginal vertreten ist. Das ist m. E. repräsentativ für die Psychoanalyse nach Freud. Bei anderen Psychologie-Richtungen (vor allem Viktor Frankl) steht „Sinn" dagegen im Mittelpunkt des Denkens.

total unsinnig oder sinnlos erscheinen. Doch leider erfreuen sich Träume in unserer (scheinbar) „entzauberten Welt" (Max Weber), im Unterschied etwa zur Antike, keiner angemessenen Aufmerksamkeit, weder öffentlich noch privat. Welcher Historiker beschäftigt sich denn mit den Träumen anderer Personen oder gar mit seinen eigenen Träumen?[3] Und was könnten diese mit dem Sachgegenstand seiner wissenschaftlichen Untersuchungen zu tun haben?

Mein Fragezeichen als quasi erster Gedankenschritt behält trotz psychoanalytischer Aufklärungsarbeit seine Gültigkeit. Wenn wir die in der Historikerzunft vorherrschenden Trends als Maßstab nehmen, ist es gegenwärtig völlig ungewiss, inwieweit dem *Geschichtsbewusstsein* aus Träumen im Besonderen und dem *Unbewussten* im Allgemeinen Sinn zufließen könnte. Loths Metapher vom Historiker als Hebamme des Unbewussten mag ja insofern stimmen, als Historiker eigentlich immer Noch-nicht-Gewusstes oder -Gedachtes ins Licht der bewussten Präsentation bringen.[4] Indessen wissen wir alle nur zu genau, wieviel auf der anderen Seite bewusst vernachlässigt oder massiv verdrängt wird. Das betrifft nicht zuletzt die der Historikerzunft eigenen Verstrickungen.[5] Außerdem kommt es ja nicht darauf an, um im Bild zu bleiben: ein Kind auf die Welt zu bringen. Das Kind muss auch ernährt und gefördert werden. Wir müssen eine aktive Beziehung zu ihm aufbauen, auch wenn es nicht so hübsch und stark ist, wie wir es wünschen. In diesem Sinn ist die Historikerzunft keine glänzend begabte und erfolgreiche „Hebamme des Unbewussten".[6]

Doch kehren wir zum eigentlichen Thema zurück. Wie geht es nun weiter nach der kritischen Bestandsaufnahme und dem großen Fragezeichen? Unter den vielen

---

3 Als Ausnahme kann R. Koselleck in seinem Nachwort zu Beradt 1981 genannt werden. Kosellecks Text macht jedoch deutlich, wie weit die Geschichtswissenschaft von einer adäquaten Erfassung von Träumen entfernt ist. Koselleck spricht vom „sogenannten Unterbewussten", wo es „das Unbewusste" heißen müsste. Er weicht am Ende ins Allgemein-Anthropologische aus, anstatt das in den Träumen enthaltene Erkenntnispotential (z. B. Hitler als erotisches Wunschobjekt, S. 97 f.) weiter zu entschlüsseln.

4 Wilfried Loth, Leiter des Kulturwissenschaftlichen Instituts in Essen, hatte zur Eröffnung der Tagung eine kurze Rede gehalten, in der das Bild vom „Historiker als Hebamme des Unbewussten" geprägt wurde.

5 Verglichen mit den tradierten Geschichtsthemen (Königsherrschaft im Mittelalter, Bismarck, Weimarer Republik usw.) wurden die Beförderung des Nationalsozialismus durch Historiker und das dementsprechende Agieren nach 1945 nur marginal bearbeitet. Eine der wenigen Ausnahmen ist Schönwälder 1992. – Nachtrag 2003: Angestoßen durch externe Veröffentlichungen, kam das Verdrängte massiv erst 1998, auf dem 42. Historikertag in Frankfurt, zum Ausdruck, ohne die Abwehrfront deswegen generell aufzulösen. Vgl. dazu Schulze und Oexle 2000 sowie Hohls und Jarausch 2000.

6 Ein von Wehler 1971 hrsg. Büchlein zum Thema *Geschichte und Psychoanalyse*, das der eben entfalteten Metaphorik (der Historiker als Hebamme des Unbewussten) durchaus gerecht wird, wurde praktisch fallen gelassen und inhaltlich nicht mehr aufgegriffen. In der Geschichtsdidaktik vollzog sich parallel ein ähnlicher Vorgang.

Möglichkeiten, die es jetzt fraglos gibt, habe ich die persönlich-individuelle Selbst-vergewisserung ausgewählt. Ich überlege also im nächsten Gedankenschritt, wie es denn bei mir selbst war, dass mir aus dem Unbewussten Sinnbotschaften zukamen, die bis heute ihre Wirkungen zeitigen.

2. Persönliche Vergewisserung

Neuer Sinn im Sinn von vertiefter Bedeutung ergab sich für mich unter anderem dann, wenn mir die subjektiv-persönliche Komponente in objektiv-überpersönlichen historischen Themen deutlich wurde. Ein Beispiel: Das Thema meiner Wissen-schaftlichen Hausarbeit im Fach Romanistik hieß: „Das Heroen-Ideal des Biogra-phen Romain Rolland". Ich hatte das Thema selbstverständlich nicht selbst formu-liert, aber doch sinngemäß nahegelegt, und zwar dadurch, dass ich auf die Nachfrage des Professors nach meinen Studien- und Leseschwerpunkten mit dem Hinweis auf die sogenannten „heroischen Biographien" Romain Rollands geant-wortet hatte, ein Autor (1866–1944); der mich auch vorher schon, in meiner Zeit als Gymnasiast, intensiv beschäftigt hatte.

Bedarf es langer Beweisführung für die These, dass ich mit dem Thema nicht nur den außerhalb meiner selbst, also „objektiv" gegebenen Gegenstand als solchen behandelte, sondern indirekt auch erstens meine eigenen spätpubertären Helden-fantasien und zweitens die gleichsam darunter liegenden Kindheitserlebnisse, in den Heldentum und Heroismus real über die Identifikation mit den männlichen Er-wachsenen eine nicht zu unterschätzende Rolle spielten? Mit Sicherheit habe ich als Kind das Wort „Heroismus" oder „heroisch" usw. gehört. – Spätere Studien über die Nazizeit belehrten mich, wie oft in den Propagandasendungen der Nazis „der heroische Schicksalskampf des deutschen Volkes" oder ähnliches beschworen wur-de. Aber das alles blieb mir „natürlich" lange Zeit völlig unbewusst. Die Aufklärung erfolgte in sehr kleinen Schritten. Sie kann mit der Erhellung einzelner Puzzle-Teile oder Verbindungslinien in einem Gesamtbild verglichen werden, das in sich fertig und voller Zusammenhang war, von außen gesehen aber zerrissen und unvollstän-dig oder zusammenhanglos erschien.

Ein zweites, etwas allgemeineres Beispiel soll die autobiographische Selbst-Vergewisserung der aus dem Unbewussten kommenden Sinn-Erweiterungen ergän-zen. In den sechziger und siebziger Jahren, ja, im Grunde genommen bis in die Ge-genwart hinein, ist vor allem von „links" kritisiert worden, dass die Täter-Generation des Nationalsozialismus, also die etwa von 1900 bis 1915 Geborenen, im Grunde nichts zur Aufarbeitung der Vergangenheit beigetragen hätten. Ich habe das zur Kenntnis genommen und beiläufig stets zugestimmt, ohne jedoch zu mer-ken, welche ungeheure Bedeutung diese Tatsache für mich selbst hatte; denn meine Eltern (1905 wurde der Vater geboren, 1912 die Mutter) gehörten nicht nur dieser Generation an, sie waren darüber hinaus mehr oder weniger direkt an der unheilvollen Täterschaft beteiligt – und somit indirekt auch ich selbst, denn ein Kind identifiziert sich mit den Eltern und gestaltet sein Leben in der Übernahme elterlicher Handlungs- und Denkmuster.[7] Ich hatte das Nazitum meiner Eltern nicht verdrängt – das war angesichts der massiven Realitäten unmöglich –, aber doch verleugnet[8].

Irgendwann wurde mir dann plötzlich klar (scheinbar „plötzlich"; denn in Wirklichkeit gab es, wie schon angedeutet, ungezählte Vorbereitungs- und Zwischenstufen dieser Erkenntnis), dass eben hier eine wesentliche Lebensaufgabe für mich liege, nämlich das zu vollbringen, was die Eltern nicht schaffen konnten und wohl auch nicht schaffen wollten; die Vergangenheit „durchzuarbeiten" und so wenigstens im eigenen Wirkungskreis vor einer Wiederholung zu bewahren.[9]

Im ersten Beispiel ergab sich „Sinn" aus dem vertieften *Verstehen persönlicher Motivationsstrukturen*, das als innere Rede mit folgendem Satz zusammengefasst werden kann: „Ach so, deswegen fasziniert mich das Thema ..." Im zweiten Beispiel formte sich der schrittweise aus dem Unbewussten aufsteigende „Sinn" als eine über den Augenblick hinausgehende *Aufgabe*: In beiden Fällen bedurfte es psychoanalytisch-dialogischer Nach-Hilfe, um zu der Einsicht zu gelangen.

3. Unbewusstes bewusst machen und als Antriebsaggregat nutzen

Wer Sinnquellen des Unbewussten erschließen möchte, muss das Unbewusste (oder vorsichtiger: verschiedene „Unbewusstheiten", wie Mario Erdheim formulierte) als Wirkungsmacht ganz eigener Qualität zunächst einmal schlicht und einfach anerkennen, aber nicht nur in Form eines leider sehr häufigen und eher abwiegelnden Lippenbekenntnisses, sondern eben mit allen Konsequenzen, die eine wirkliche Um- und Neuorientierung, ein sogenannter Paradigmawechsel, erfordert. Das Unbewusste als Wirkungsmacht anerkennen: Das ist für PasychoanalytikerInnen eine Trivialität und Voraussetzung jeglicher Arbeit. In den Kreisen, die für mich beruf-

---

7   Um so wichtiger sind die mit der Adoleszenz einsetzende aktiv-kritische Auseinandersetzung mit den Eltern und eine entschiedene Distanzierung, durch die allein „Geschichtsbewusstsein" also auch kulturelle Neuerungen möglich werden; vgl. dazu Erdheim 1993. In dem bisher gültigen Begriff von „Geschichtsbewusstsein" ist diese aktiv-kritische Auseinandersetzuzng und Distanzierung weitgehend ausgeblendet.

8   Im Unterschied zur „Verdrängung", mit der ein Bewusstseinsinhalt „vergessen" wird, mithin aus dem Denken und Fühlen verschwindet (ohne dass dieses Verschwinden registriert wird), entzieht die „Verleugnung" dem Bewusstseinsinhalt seine Bedeutung, der damit trotz oder eben wegen seiner Brisanz gleichgültig wird.

9   Es erscheint zweckmäßig zu unterscheiden zwischen „Aufarbeiten" (Vergangenheitsaufklärung ohne Mitarbeit der eigentlichen Akteure) und „Durcharbeiten" (Vergangenheitsaufklärung in der Ich-Perspektive). Die beide Ansätze verbindende Methode wurde in anderen Texten des Autors versuchsweise als „Geschichtsanalyse" bezeichnet.

lich maßgeblich sind und in der Öffentlichkeit überhaupt, sieht das jedoch ganz anderes aus. Unter Historikern wird das Unbewusste zwar immer wieder mal erwähnt.[10] Aber die beiläufigen Feststellungen haben, wie schon angedeutet, keine weiteren Auswirkungen auf die Forschungsarbeit. Das müsste sich ändern, wenn bestimmte Stagnationen, auf die ich hier nicht näher eingehen kann, überwunden werden sollen. Sich auf Unbewusstheiten einlassen heißt, einen langen Prozess beginnen, der erstens nicht nur Sinnbotschaften enthüllt, sondern auch allerlei Schwer-Integrierbares, und zweitens in seinem Ausgang ziemlich ungewiss ist.

Diese schwer-integrierbaren Inhalte des Unbewussten, z. B. kindlich-narzisstische Allmachtfantasien, haben keinen Sinn,[11] aber wir können sie durch psychoanalytische Aufklärung oder vergleichbare Erkenntnisprozesse in ein bewusstes Sinn-System integrieren und dort als Warn- und Antriebsaggregat nutzen, vorausgesetzt, unser Ich ist stark und elastisch genug, um diese klobigen Sendboten aus dem Unbewussten zu integrieren. Das ist leider nur selten der Fall. Auch äußerlich stark und erfolgreich scheinende Menschen werden in der Regel recht schwach, wenn ihr Image und Selbstbild ins Wanken gerät. Kritik wird meistens heftig abgewehrt und nicht zur Vertiefung einer selbstkritischen Nachdenklichkeit verwendet. „Man muss doch sein Gesicht wahren und sich morgens im Spiegel ansehen können", sagte mir einmal im persönlichen Gespräch ein namhafter Vertreter jenes Ansatzes, der in der Geschichtsdidaktik das „Geschichtsbewusstsein" zur wichtigsten erkenntnisleitenden Kategorie erhoben hatte.

Ich habe mich bisher vorwiegend auf der Subjekt-Seite der Geschichte bewegt und überlegt, wie Ich und Wir, als Akteure und Deuter der Geschichte, Sinnquellen des Unbewussten erschließen bzw. Sinnblockaden wegräumen können. Die Frage ist aber auch: Wie sieht es auf der Objekt-Seite aus? Gibt es Sinnquellen (und Sinnblockaden), die in der Geschichte, außerhalb von uns selbst, verborgen sind und gleichsam darauf warten, von uns entdeckt zu werden?

---

[10] Exemplarisch sei Langewiesche 1992 erwähnt, der in einem material- und gedankenreichen Aufsatz über *Reich, Nation und Staat* vermutet, dass der Nationalismus für „viele Deutsche die ihnen selbst unbewusste Rückseite ihrer Europabegeisterung gewesen sein" mag (a. a. O., S. 342). Der Autor bestätigte mir auf eine briefliche Anfrage, dass es sich um einen eher beiläufigen Gedanken gehandelt habe. Beiläufige Hinweise auf Unbewusstes ohne systematische Vertiefung finden sich in der geschichtswissenschaftlichen Literatur in großer Anzahl.

[11] Es sei denn, wir verstehen „Sinn" sprachlich auch als notwendigen Baustein in einer Psychostruktur, die ihr Gleichgewicht zu wahren sucht und ohne diesen Baustein ins Wanken käme. Auch Krankheitssymptome (Fieber, Phobien usw.) haben in diesem Sinn einen „Sinn"; wenn wir sie als Signal eines tieferen Ursachenzusammenhanges zu deuten verstehen, was manchmal gelingt, oft aber auch nicht. – Nachtrag 2003: Nach Lorenzer 2002 gibt es zwei rivalisierende Sinnebenen, die bewusste und die unbewusste. Das Unbewusste konstituiert eine Sinnstruktur eigener Prägung, die weitgehend „sprachlos" ist, man denke etwa an die Bedeutung von Musik im Leben vieler Menschen.

4. Vom „Durcharbeiten" beschwerlicher Themen und Festhalten realitätsgerechter Lebenswünsche

Verdrängt wird bekanntlich nicht nur individuell, sondern auch kollektiv, nicht selten sogar von Amts wegen, in Form äußerer Unterdrückungen. Was den herrschenden Gruppen und Instanzen nicht gefällt, ist überall existenziell gefährdet, in Diktaturen selbstverständlich stärker als in Demokratien, aber auch hier haben alle Tendenzen, die dem vorherrschenden Narzissmus widersprechen, Schwierigkeiten mit dem Überleben, von Handlungskonsequenzen, die mit der jeweiligen Selbstaufklärung verbunden wären, ganz zu schweigen.

Irrwege, Verfehlungen, Misserfolge, Schandtaten, Korruption usw. – das sind beschwerliche Themen, sowohl auf der Ebene kollektiv-allgemeiner Geschichte als auch auf der Ebene individueller Lebensgeschichte. Aber es hilft nichts: Wir müssen die Themen durcharbeiten, andernfalls droht uns die Wiederkehr des Verdrängten und die Wiederholung dessen, was wir hinter uns lassen wollen. Kaum war der Zweite Weltkrieg beendet, und zwar nicht aus eigener Kraft von innen heraus, sondern durch die militärische Interventionsgewalt der Alliierten, da beschworen viele Deutsche schon das Ende der Nachkriegszeit, ohne dass es eine wirkliche innere Auseinandersetzung mit der unheilvollen Entwicklung gegeben hätte. So war es nach 1946 nach den Nürnberger Prozessen; 1949 mit der Gründung der Bundesrepublik und der DDR; 1968 mit Ausbruch der Studentenrevolte; 1989 mit der Maueröffnung – jedes Mal ohne wirklichen „Erfolg"; denn die Vergangenheit lässt sich als innere Wirkungsmacht nicht wunschgemäß zum Schweigen bringen.

Eben das, was tot geredet bzw. tot geschwiegen wird oder auf andere Weise im Mainstream der Geschichte unterzugehen droht, sollte m. E. Gegenstand einer aufklärenden Geschichtsschreibung sein, auch und gerade dann, wenn es nicht erbaulich ist und unseren Narzissmus kränkt, wenn es Täterschaften und Komplizenschaften enthüllt. Doch das ist nur eine Dimension auf der Objekt-Ebene, die unserer Aufmerksamkeit wert ist. Eine andere Dimension besteht in verpönten Lebensentwürfen und gescheiterten Gesellschaftsmodellen sowie Reflexionen darüber, warum sie – erstens – nicht zur Geltung kommen konnten und in wie weit – zweitens – ein neuer Anlauf unter neuen Voraussetzungen geboten erscheint. Vergessen wir nicht, dass zu den verdrängten Inhalten der Geschichte nicht nur Peinlichkeiten gehören, sondern auch menschliche Werte wie Solidarität und Freundschaft,[12] Glücks- und Sinnbedürfnisse,[13] Forderungen nach Humanisierung, Frieden usw. Ich

---

[12] Dass *die Verdrängung und Verschüttung des „Guten"* thematisiert wird, wie .z. B. bei Mentzos 1994, S. 109–114., ist in der psychoanalytischen Literatur wegen ihrer Ausrichtung auf die Verdrängung der Triebwünsche u. ä. eher eine Ausnahme.

[13] Das Verlangen nach Sinn ist in einer Zeit der großen Sinnverluste symptomatisch und kann zu recht gewaltsam-künstlichen Konstruktionen führen, wenn die personale Angst vor der Sinnlosigkeit nicht bewusst zum Thema gemacht, sondern rationalisiert und intellektuell gleichsam

möchte nicht wissen, wieviele Intellektuelle heute eine tiefe Enttäuschung im Herzen tragen – darüber, dass die Studentenbewegung so wenig gebracht hat. Dass Enttäuschungen, wenn sie nicht durchgearbeitet und „bewältigt" wurden, ein denkbar schlechter Ratgeber für abermalige geschichtlich-lebensgeschichtliche Emanzipationsversuche sind, bedarf sicherlich keiner längeren Begründung. Doch gerade darum ginge es: dass Lebens- und Veränderungswünsche, sowohl im Politischen wie auch im Persönlichen, nicht einfach preisgegeben werden, nur weil sie im ersten Anlauf „gescheitert" sind. Wer abrutscht darf noch mal, sagen die Berliner und meinten damit ursprünglich wohl ein auf dem Rummel praktiziertes Kraft- und Geschichtlichkeitsspiel. Bezogen auf unser Thema *Geschichtsbewusstsein und Psychoanalyse* heißt das: Nicht jedes „Scheitern" in der Geschichte – denken wir etwa an die März-Revolution in Deutschland – ist ein endgültiger Misserfolg, im Gegenteil: In mehreren Anläufen wird oft eben das gesellschaftliche Realität, was zuvor als Fantasie oder Abstrusität verlacht wurde. Diese Einsicht sollte auch unsere Einstellung zum gegenwärtigen Leben bestimmen. Jedenfalls liegt hier für mich Sinn in der tiefsten Bedeutung des Wortes: Es gibt m. E. keine Sinnbestimmung, die (für den agnostisch-atheistischen Humanisten, als der ich mich verstehe) tröstlicher wäre als so etwas wie „transzendierende Immanenz",[14] was bedeutet, dass man sich als Teil einer historisch-politischen oder ideengeschichtlichen Emanzipationsbewegung versteht, die weit über die eigenen Lebensgrenzen hinausreicht, ja im Grunde unendlich ist.

Zurück zur praktischen Schwierigkeit, im Unbewussten hier und jetzt „Sinnquellen" zu erschließen oder Sinnbarrieren wegzuräumen

5. „Gegenübertragung", Erkenntniswiderstand, Projektion

Eine Besonderheit der Psychoanalyse, die sie von anderen Psychologie-Richtungen unterscheidet, ist die zwischen Analytiker und Analysand hin und her gehende Dynamik von Übertragungen und Gegenübertragungen, die eine Art Leitfaden ins Dunkle der unerledigten Konflikte bilden. In der Übertragung trägt der Analysand dem Analytiker Kindheitskonstellationen an, in denen er gleichsam stecken geblieben ist. Der Analytiker antwortet mit Gegenübertragungen in dem Maße, wie er durch die Botschaften des Analysanden auf Konstellationen in sich selbst stößt, die nicht vollständig aufgeklärt sind. Können wir dieses Setting, das ich wegen der Zeit-

---

aus ihren lebensgeschichtlichen Angeln gehoben wird. Ob die im Zentralinstitut für interdisziplinäre Forschung arbeitende „Sinnbildungsgruppe" die persönliche Motivation ihrer Mitglieder schon einmal thematisiert hat, ist mir nicht bekannt.

14 Über „transzendierende Immanenz" als Sinnbestimmung des modernen Humanisten, der ohne Rückbindung an Religion und Kirche auszukommen sucht, gebe ich Auskunft in: *Leben in Deutschland* Bd.III, (1998) und in: *Am Jungebrunnen des Lebens – Eckwerte ...* (2002).

knappheit holzschnittartig auf wenige Züge konzentriert habe, auf die Beschäftigung mit Geschichte übertragen? Das ist aus mehreren Gründen schwierig und doch heuristisch reizvoll. Peter Gay sagte dazu:

> „Der deutsche Historiker, wie tapfer er sich auch bemüht, das ganze Bild klar und deutlich zu sehen und das Vergangene in der Vergangenheit in all seinem Vergangensein zu erblicken – er kann nicht umhin, von seinem Stoff emotional gefesselt und oft auf gelähmt zu sein. Er ist, mehr als die meisten anderen neutralen Historiker, der Gefahr ausgesetzt, die der Psychoanalytiker, ständig auf der Hut, dass seine Arbeit nicht von Gefühlen der Zuneigung oder Abneigung seitens des Analysanden verzerrt wird, Gegenübertragung nennt. *Die deutsche Geschichtsschreibung ist voller, meist ungeprüfter, Gegenübertragungen.*"[15]

So wie der Hass oder das Liebeswerben des Patienten gegenüber dem Arzt dessen Arbeitsfähigkeit mindern oder gar ganz außer Kraft setzen kann, so kann der Historiker durch Geschichte gleichsam schachmatt gesetzt werden, entweder durch ihre verführerischen Seiten, die den Narzissmus des Geschichtsbetrachters bestätigen, oder aber durch ihre Problemfülle und katastrophalen zivilisatorischen Fehlentwicklungen, die mit wachem Bewusstsein kaum zu ertragen sind und daher verleugnet werden müssten. Wir entdecken in der Geschichte häufig nur das, was wir entdecken wollen, und sind damit in Gefahr, von nicht-durchgearbeiteter Geschichte überwältigt zu werden. „Geschichtsanalyse" zu treiben in dem Sinn, dass die Vergangenheit erforscht und dabei gleichzeitig die Bedeutung dieser Vergangenheit für uns und in uns reflektiert wird, das wäre ein neuer geschichtswissenschaftlicher und geschichtsdidaktischer Weg, zu dem hier ein Tor aufgestoßen werden soll. Geschichte ist m. E. nicht nur im Archiv, sondern auch in uns selbst zu finden,[16] wobei *die Couch* als Metapher für den Einbezug des Unbewussten und nicht als real-existenzielle Notwendigkeit zu verstehen ist.

Doch nicht nur Historiker, die der Psychoanalyse skeptisch gegenüber stehen und Erfahrungen mit der „Geschichte in uns" nur ausnahmsweise thematisieren, sind in Gefahr, ihre Gegenwartsgefühle in die Geschichte zu projizieren. Auch alle anderen Geschichtsinteressenten und -vermittler, Psychoanalytiker eingeschlossen, müssen mit dementsprechenden Einschränkungen ihres Erkenntnispotentials rechnen. Der Gründer der Psychoanalyse, Sigmund Freud, liefert leider mehrere Beispiele für die Verformung der Geschichte durch undurchschaute Gegenwartserfahrungen. Sehen wir uns ein Beispiel an, das für den hier thematisierten Zusammenhang eine besondere Bedeutung hat. In seiner Schrift *Zeitgemäßes über Krieg und Tod* von 1915 schrieb er:

---

[15] Gay 1989, S. 12 (Hervorhebung P. S.-H).

[16] Die griffige Formel „Geschichte in uns" findet sich bei Müller-Hohagen, der auf der Bielefelder Tagung ebenfalls referiert hat. Er bezog sich dabei vor allem auf die verdeckte Weitergabe nazistischer Strukturen. Inzwischen sind weitere Studien erschienen, die sich mit dem Wirkungszusammenhang mehrerer Generationen befassen, exemplarisch sei erwähnt Neumann 1999.

„Gerade die Betonung des Gebotes: Du sollst nicht töten, macht uns sicher, dass wir von einer unendlich langen Generationsreihe von Mördern abstammen, denen die Mordlust, wie vielleicht noch uns selbst, im Blute lag. (...) So sind wir auch selbst, wenn man uns nach unseren unbewussten Wunschregungen beurteilt, wie die Urmenschen eine Rotte von Mördern. Es ist ein Glück, dass alle diese Wünsche nicht die Kraft besitzen, die ihnen die Menschen in Urzeiten noch zutrauten; in dem Kreuzfeuer der gegenseitigen Verwünschungen wäre die Menschheit längst zu Grunde gegangen, die besten und weisesten Männer darunter wie die schönsten und holdesten Frauen.(...) Der Krieg streift uns die späteren Kulturauflagerungen ab und lässt den Urmenschen in uns wieder zum Vorschein kommen. Er zwingt uns wieder, Helden zu sein, die an den eigenen Tod nicht glauben können; er bezeichnet uns die Fremden als Feinde, deren Tod man herbeiführen oder herbeiwünschen soll; er rät uns, uns über den Tod geliebter Menschen hinwegzusetzen."[17]

Der „Urmensch in uns" ist nicht nur bei Freud eine beliebte Denkfigur. Zu fragen ist aber, ob im Krieg oder bei anderen Gewalttätigkeiten wirklich „der Urmensch in uns" zu Geltung kommt oder ob nicht eher die eigene aktuelle Gewalttätigkeit mit dieser Denkfigur verschleiert werden soll. Was wissen wir eigentlich empirisch verlässlich über die Ur- und Frühmenschen? Waren sie „Mörder" in dem Sinn, wie wir heute Mord und Mörder definieren? Macht es Sinn, ihr Handeln mit einem Begriff zu beschreiben, der späteren Epochen entnommen ist? Machen wir die Urzeit (bzw. „die Wilden") nicht zum Projektionsfeld unserer eigenen Fantasien?

Deutliche Kritik an Freuds Geschichtsperspektiven hat u. a. Mario Erdheim geübt.[18] Er beginnt seine Kritik mit der berechtigten Feststellung, dass Freud seiner Zeit entsprechend ein ausgesprochen ethnozentristisches Weltbild hatte, dem zu Folge die europäische Kultur einen Höhepunkt der Geschichte darstellte und die „Wilden" eine frühere und niedere Entwicklungsstufe einnahmen. Mit dem Ersten Weltkrieg und mannigfaltigen ethnologischen Forschungen sei jedoch der „Ethnozentrismus der Europäer" ins Wanken geraten. Erdheim empfiehlt, *Totem und Tabu* nicht als realgeschichtliche Studie zu lesen (als solche sei sie wenig ergiebig und sogar irreführend), sondern erstens als Aussage über Freuds eigene Unbewusstheiten in jener Zeit und zweitens als Herausforderung für eine Deutung unserer Gegenwart, in der ja an mörderischen Ambitionen kein Mangel sei. „Diese Barbarisierung und Heroisierung der Urzeit scheint lediglich eine Art Widerstand gegen andersartige Erkenntnisse gewesen zu sein", schreibt Erdheim (ebd. S. 11), und sie ist es noch heute, können wir zusammenfassend anfügen.

Den Widerstand kann ich als eigene Erfahrung inzwischen bestätigen. Ich erinnere mich, wie mir vor etlichen Jahren die erstmalige Begegnung mit dem zitierten

---

[17] Freud, Zeitgemäßes ..., in: Studienausgabe Bd. IX., S. 56, 57 und 59.

[18] Erdheim, Einleitung zur Taschenbuch-Ausgabe von Freuds *Totem und Tabu* im Fischer-Verlag, 1991 (geschrieben 1912–1913). Auf Totem und Tabu bezog sich Freud ausdrücklich in *Zeitgemäßes über Krieg und Frieden*. Beide Schriften liegen zeitlich dicht beieinander.

Freud-Text und seiner Behauptung, „dass wir von einer unendlich langen Generationsreihe von Mördern abstammen", einen heftigen Stich ins Herz versetzt hatte. Der „Sinn" dieser Körperreaktion wurde mir erst später bewusst: Freuds Behauptung hatte mich an die SS-Mitgliedschaft meines Vaters erinnert. Sie hatte mir aber gleichzeitig auch einen Ausweg gezeigt, wie das eigentlich zentrale, schmerzend peinliche Thema, mit dem ich ja identifikatorisch verbunden war, übersprungen werden konnte. Die Steinzeit als das Geschichtlich-Archaische (bzw. das, was in der Fantasie dazu gemacht worden war) hatte sich dem Lebensgeschichtlich-Archaischen sozusagen als Versteck angedient und damit Aufklärung verhindert.

6. Zur Entwicklung von Bedeutungs- und Beziehungsstrukturen

Es müssen schon viele günstige Umstände zusammen kommen, dass die unbewusste Geschichte in uns zur Sinnquelle wird. Vielleicht ist das tendenziell in der Kunst so; ich kann das nicht beurteilen. In der Wissenschaft dürfte es nach allem, was hier an Argumenten erarbeitet wurde, eher so sein, dass nicht das Unbewusste als solches, sondern das Bewusstmachen von Unbewusstheiten Sinn generiert, und zwar dadurch, dass ein Netz von Bedeutungs- und Beziehungszusammenhängen entsteht bzw. weiter entwickelt, verstärkt und verfeinert wird. In den Verbindungen von Einzelerkenntnissen fängt sich, wenn ich mal so sagen darf, der ansonsten höchst flüchtige Lebenssinn. Der von Erdheim diagnostizierte spezielle „Widerstand" gegen bestimmte selbst- und gesellschaftskritische Erkenntnisse ist, als Beispiel genommen, interessante Erklärung und notwendige Aufklärung, aber noch kein vollgültiger „Sinn", der über das Gegebene hinausdrängt. Sinn konstituiert sich erst durch die bewusste Integration dieser Erkenntnis in unser Leben, das sich dadurch verändert. Die Wahrnehmung wird durch die „Einschaltung" dieses Moduls nach innen und nach außen aufmerksamer, die menschlichen, gesellschaftlichen Beziehungen intensivieren sich, Wahrheit, Authentizität und Würde als „Werte" klingen nicht mehr hohl, sondern auffordernd klangstark, was keineswegs heißt: harmonisch und einschläfernd. An einen „Widerstand" als isolierte Erkenntnis und intellktuell abgetrenntes Faktum kann Sinn schwerlich andocken. Widerstand als Element in einem Netz von Bedeutungen und Beziehungen ist dagegen sinnträchtig. Wir können der Sinnbildung in diesem Sinn bewusst voranhelfen. Davon soll im letzten Abschnitt die Rede sein.

7. Sinnbildung, Geschichtsbewusstsein, Kulturleistung

Ich habe in meinen bisherigen Ausführungen zwei Definitionen des Begriffs „Sinn" entwickelt: erstens als Erkenntnisvertiefung und -erweiterung durch bewussten Einbezug möglicher Unbewusstheiten, zweitens Sinn als Aufgabe und Lebensperspektive, in der möglichst wenig verdrängt und verleugnet wird. Diese zweite Bedeutung soll abschließend noch stärker ins Bewusstsein gehoben werden, nicht zuletzt deswegen, weil – wie eben schon angemerkt – die reine Erkenntnisvermehrung, ob sie nun der Psychoanalyse, Psychohistorie, Geschichtsanalyse, Geschichtswissenschaft oder anderen Instanzen zu verdanken ist, dem Fortschritt im Menschlich-Moralischen keineswegs automatisch dienlich ist. Doch eben dieser Fortschritt sollte für uns Deutsche in der 3. und bald 4. Generation nach Hitler das eigentlich Wichtige sein. Wie ethische Fragestellungen auf Geschichte bezogen werden können, ohne dass diese moralisch gleichsam vergewaltigt wird, ist ein zentrales Thema in meinem Arbeitsfeld, der Geschichtsdidaktik.

In einer Abhandlung über *das normale und das korrupte Über-Ich* sowie einigen *Vermutungen über das Wesen des nationalsozialistischen Über-Ich* forderte Judith S. Kestenberg mit unmissverständlicher Eindeutigkeit: „Es ist die Aufgabe der Lehrer, den Kindern auf liebevolle Weise beizubringen, was moralisch gut ist und was nicht."[19] Diese Entschiedenheit widerspricht der in der Geschichtsdidaktik vorherrschenden Methode des Einerseits-und-andererseits sowie dem geschichtswissenschaftlich obligatorischen Alles-Verstehen-Wollen, in dem immer die Gefahr des Alles-Verzeihen steckt. Kestenbergs Ausdruck „auf liebevolle Weise" bedeutet m. E. dass im Unterricht nicht vordergründig moralisiert, sondern kraft innere Überzeugungen und dementsprechender Vorbildhaftigkeit eine stabile ethische Grundlage vermittelt werden soll. Wesentlich in unserem Aufgabenfeld ist ja nicht nur das, *was* der Lehrer wissensmäßig lehrt und dann abfragt, als sondern auch das, was er selbst, als Persönlichkeit verkörpert, das heißt u. a. seine innere Haltung und die Art und Weise, *wie* er sich zu den Lernenden und zur Geschichte verhält.

Ich frage daher in diesem letzten Abschnitt: Was verkörpern wir? Welcher Lebens- und Geschichtssinn kommt in unserer Haltung und in unseren Handlungen zum Ausdruck? Was verstehen wir unter „Sinnquelle", wenn wir das Wort nicht nur als Redefloskel gelten lassen, sondern gleichsam körperlich ernst nehmen?

Die *Quelle als Metapher* verweist auf etwas Ursprüngliches, Reines, erfrischend Nährendes, das aus der Erdtiefe kommt. Durstige Wanderer konnten sich früher an kühlen Quellen „erquicken", wie es poetisch heißt. Das ist heute wegen der (euphemistisch „Umweltverschmutzung" genannten) Weltverseuchung real kaum noch möglich. Aber als Sehnsuchtsgrund ist uns „die Quelle" bis heute unverändert geblieben, und ich denke, dass diese Komponente bei der manchmal religiöse anmutenden Hochschätzung der geschichtswissenschaftlichen „Quellen" ihren (weitgehend unbewussten) Einfluss ausübt.

Das individuelle Leben nach der Entbindung aus dem Mutterleib beginnt an der Brust als einer Quelle von einzigartiger Bedeutung. Über den Sinn des Lebens und der Geschichte kann sich ein Säugling natürlich noch keine Gedanken machen, und

---

[19] Kestenberg 1995, S. 114.

Abb. 3: Renoir, Die Quelle.

Die professionelle Verpflichtung der HistorikerInnen auf „die Quelle" ist rational leicht zu erklären, zu verstehen und zu akzeptieren. Die Mitsprache von Unbewusstheiten bei der „libidinösen
Besetzung" der Quelle als Metapher muss deswegen nicht völlig ausgeschlossen werden. – Hier
zwei Visualisierungen des Themas, von Künstler-Männern gestaltet.

Abb. 4: Picasso, Die Quelle.

doch erfährt er die Zeit an der Brust (vorsprachlich und somit später weitgehend unbewusst) in dem Maße als „Sinnquelle", wie die Beziehung zur Mutter ihn beruhigt und befriedigt. In diesem Sinn ist Sinnbildung für mich, wie ebenfalls schon angedeutet wurde, fast sinngleich mit der Entfaltung kommunikativ-produktiver Beziehungen zum Leben und zur Geschichte, mit denen die Beziehung zur Mutter (daran anschließend natürlich auch die zum Vater) abgelöst werden.

Problematisch ist die Analogie und Argumentationskette insofern, als Geschichte im Unterschied zur Mutterbrust über weite Strecken nichts Angenehmes und Befriedigendes hat, sondern im Gegenteil Übelkeit und Abscheu erregt. Das geschichtliche Bewusstsein der absoluten und irreversiblen *Sinnlosigkeit von Auschwitz ertragen*, ohne dass dabei die eigene psycho-soziale Lebendigkeit versiegt: So etwa möchte ich Rüsens Metapher von den „Sinnquellen des Unbewussten" für mich deuten.

Im Lichte dieser Deutung erfährt auch unser *Geschichtsbewusstsein* eine neue Bewertung; neu insofern, als meine Berufsvereinigung, die Konferenz für Geschichtsdidaktik, seit Jahren einen eigenen Begriff von Geschichtsbewusstsein pflegt, in dem weder vom Unbewussten im Allgemeinen, noch von Sinnlosigkeiten im Besonderen Platz vorgesehen ist. Ich halte dagegen, dass Geschichtsbewusstsein von sich aus überhaupt keinen Sinn entfalten kann – oder vorsichtiger ausgedrückt: keinen vollständigen und existenziell tragfähigen Sinn. Abgekoppelt vom Unbewussten, durch das, wie wir sahen, sowohl Sinn aufsteigen als auch bewusste Sinnbildung in Frage gestellt werden kann, droht unser Geschichtsbewusstsein zu einem Koloss auf tönernen Füßen zu werden, nach außen glänzend, innerlich aber hohl und brüchig. Manchmal scheint es sogar, als wenn die rationalisierten Konstrukte, in denen nichts quellenmäßig fließt und strömt, vor allem dazu da ist, bestimmte Sendboten aus dem Unbewussten, etwa die eigenen Sinnlosigkeitsängste in der Erinnerung an Auschwitz sowie die damit verbundenen Schuldgefühle, von vornherein abzuwehren und für immer zu verbannen. Damit wird dann alles zugeschüttet, die Sinnquellen möglicher Solidarität, das freie authentische Gespräch, die gemeinsame Trauer über die Preisgabe der Humanität in der deutschen Geschichte u. a. m.[20]

Ich komme zum Schluss und möchte noch einmal auf Freud zurückgreifen. Freud verglich Kulturarbeit bekanntlich mit der Trockenlegung der Zuydersee.[21] Die Metapher ist in diesen Tagen bedrohlich aktuell und konkret geworden, denn

---

[20] Nachtrag 2003: Dass die Gefahr längst noch nicht vorüber ist (kann sie jemals vorüber sein?), belegen neuere Untersuchungen über *Nationalsozialismus und Holocaust im Familiengedächtnis*. Anstatt in eine realistische Auseinandersetzung mit den verbrecherischen Taten ihrer Großväter einzutreten, konstruieren die Enkel wahrheitswidrige Sinnzusammenhänge, in denen Familiengeschichte und Verbrechensgeschichte voneinander getrennt werden, vgl. im Einzelnen Welzer 2002 (a), besonders 3. Kapitel (S. 44–80): *Sinn machen – Wie die Geschichten sich auf ihrem Weg durch die Generationen verändern.*

[21] Freud, Neue Folge der Vorlesung zur Einführung in die Psychoanalyse, Bd. I, S. 516.

die Deiche der Kulturarbeit drohten im Ansturm elementarer Naturgewalten tatsächlich zu brechen.[22] Es ist nötig, die Deiche zu verstärken, auch und gerade dann, wenn keine unmittelbare Gefahr mehr besteht. Das meine ich konkret, aber auch metaphorisch im übertragenen Sinn des Wortes. Die „Deiche" verstärken, dazu trägt in unserem Aufgabenfeld sowohl die Historische Friedensforschung bei als auch allgemein ein Geschichtsbewusstsein, das die illusionäre, projektive Selbstrechtfertigung nicht braucht, das dem entsprechend Geschichtlich-Sinnloses erträgt und nach kulturellen Leistungen jenseits des schon Erreichten Ausschau hält.[23]

Der mögliche Beitrag der Psychoanalyse zum aufklärenden geschichtlichen Denken ist in genau diesem Sinn als Unterstützung der Bemühung um ein konfliktstarkes Geschichtsbewusstsein zu verstehen, das gegenwärtige Destruktivitäten weder in die Steinzeit projiziert noch als unausrottbare „Triebe" akzeptiert, sondern in der eigenen Lebenswelt und -erfahrung kritisiert. Geschichtsbewusstsein ohne Verbindung zum Unbewussten ist platt. Unbewusstes ohne bewusste Kulturleistung ist Chaos.

---

[22] Ende Januar/Anfang Februar 1995 traten in Westdeutschland und Westeuropa wegen starker Regenfälle die Flüsse über die Ufer und drohten in den Niederlanden die Deiche zu durchbrechen. Als die Tagung begann, war die Gefahr im Großen und Ganzen überstanden.

[23] Nachtrag 2003: Faktisch bewegt sich Europa politisch nach rechts, in Richtung Kriegsbereitschaft, kapitalistischer Egomanie und dementsprechender Auflösung erkämpfter Solidaritäten. Umso wichtiger ist die vor einigen Jahren entwickelte Gedankenlinie.

IV. Aufarbeitung der Vergangenheit

1. Der Begriff „Aufarbeitung" und seine Anwendungsbereiche

1959 wandte sich Theodor Adorno kritisch einer schon damals (in der alten BRD) üblichen Sprachwendung zu und fragte: „Was bedeutet: Aufarbeitung der Vergangenheit?" Seit dem gehört die entsprechende Forderung zum festen Aufgabenkatalog einer kritischen Geschichtsdidaktik, freilich ohne dass der Begriff – und das ist für die Beurteilung der Gesamtproblematik nicht unwesentlich – hier immer explizit Verwendung findet.[1]

Der Ruf nach einer Aufarbeitung der Vergangenheit war ursprünglich ausschließlich auf die Verbrechen des Nationalsozialismus bezogen, in die ungezählt viele Deutsche mehr oder weniger direkt verstrickt waren. Der Begriff kann jedoch auf die kritische Beschäftigung mit jeglicher Vergangenheit ausgedehnt werden, insofern diese aus persönlichen oder politisch-ideologischen Gründen der Verdrängung zu erliegen droht.

Wir fordern Aufarbeitung der Vergangenheit, wenn bestimmte historische Tatbestände von öffentlicher Bedeutung auf die eine oder andere Weise unangenehm sind und daher nicht so gründlich zur Sprache kommen, wie es ihrer Bedeutung nach geschehen müsste. Aufarbeitung der Vergangenheit ist Aufklärung mit einer spezifischen Zielrichtung, nämlich so, dass die an bestimmte Personen, Institutionen oder Traditionen gebundenen konkreten Verfehlungen deutlich ans Tageslicht kommen, auch oder gerade dann, wenn die Betroffenen es nicht wollen. So konnte beispielsweise erst nach und nach die Beteiligung der deutschen Wehrmacht an den Verbrechen der Nationalsozialisten nachgewiesen und insofern ein Stück bedrückender Vergangenheit „aufgearbeitet" werden.[2]

---

[1] Das von Klaus Bergmann u. a. hrsg. *Handbuch der Geschichtsdidaktik* (1. Aufl. 1979, unveränderte 4. Aufl. 1992) enthält zwar Artikel über Aufklärung, Politische Kultur, Gegenwarts- und Zukunftsbezogenheit, Friedenserziehung und ähnliche Begriffe, aber keinen Artikel über „Aufarbeitung der Vergangenheit", obwohl das Thema in den Texten durchaus angesprochen wird. Das scheint typisch für die Geschichtsdidaktik jener Jahre zu sein; denn auch andere Publikationen (meine eigenen eingeschlossen) klammern den Begriff aus. Die Vermeidung des Begriffs verweist auf die damalige Vermeidung (Verdrängung) des Sachverhalts.

[2] Die vom Hamburger Institut für Sozialforschung (Leitung: Jan Philipp Reemtsma) organisierte Wanderausstellung *Vernichtungskrieg – Verbrechen der Wehrmacht 1941 bis 1944* wurde von 1995 an in Deutschland und Österreich gezeigt, 1999 jedoch geschlossen und überarbeitet,

Gelegentlich wird nicht von Vergangenheitsaufarbeitung, sondern mit etwa derselben Intention von Vergangenheitsbewältigung gesprochen. Da dieser Begriff jedoch etwas in Aussicht stellt, was inhaltlich-logisch nie einzulösen ist – Vergangenheit lässt sich schlechterdings nicht „bewältigen" im Sinn einer endgültigen Erledigung –, sollte man ihn eher vermeiden. Ähnliche Vorbehalte sind allerdings auch gegenüber dem alltagssprachlichen Begriff „Aufarbeiten" anzumelden. Die erste von sechs Bedeutungen, die Wahrigs „Deutsches Wörterbuch" unter dem Stichwort „Aufarbeitung" verzeichnet, heißt zwar „Liegengebliebenes nacharbeiten, auf-, nachholen" und scheint damit der Aufgabe einer wenn auch verspäteten Beschäftigung mit der „liegengebliebenen" Vergangenheit Rechnung zu tragen. Der im Vordergrund stehende konkrete Sinn der zitierten Definition (z. B. die Beantwortung liegengebliebener Briefe nachholen) führt jedoch auf einen ähnlichen Irrweg wie der Begriff „Vergangenheitsbewältigung", weil er suggeriert, dass man mit dem Aufarbeiten über kurz oder lang an ein sicheres Ende gelangen könnte. Tatsache ist jedoch, dass wir mit dem Aufarbeiten unserer Vergangenheit nie ans Ende gelangen, schon weil jede Gegenwart neue Verdrängungen und damit auch neuen Aufarbeitungsbedarf hervorbringt.

Wenn der Begriff „Aufarbeitung" auf die „kritische Beschäftigung mit jeglicher Vergangenheit ausgedehnt" werden kann, da und insofern es immer etwas zu beschönigen, zu verharmlosen oder insgesamt zu verdrängen gibt, dann ist das nicht als rhetorische Floskel misszuverstehen, sondern als Prinzip ernstzunehmen und somit auch auf die Geschichte beider deutscher Staaten, BRD und DDR, zu beziehen, und nicht etwa nur auf die Geschichte der DDR, wie es üblicherweise nach 1989/90 geschieht. Entsprechendes gilt für die Geschichte weiterer Staaten. Exemplarisch seien hier genannt: Japan mit seiner menschenverachtenden Besatzungspolitik im Zweiten Weltkrieg; Frankreich und seine Kollaborateure, zu denen für einige Zeit auch der verstorbene französische Staatspräsident Mitterrand gehörte – ein für das national-elitäre Denken Frankreichs schwer integrierbarer Tatbestand; die Niederlande, die sich schwer mit ihrer Kolonialpolitik in Indonesien tun.

Die Hinweise sollen nicht von den eigenen (deutschen) Verfehlungen ablenken, sondern klarstellen, dass die Pflicht zur Aufarbeitung keine Grenzen hat.

Vergangenheitsaufarbeitung ist ein Wissenschaftsprinzip, das sich nicht politisch instrumentalisieren lassen darf, indem die Verfehlungen der Gegenseite aufgedeckt werden und die eigene Seite reingewaschen wird.

---

weil die Zuordnung einiger Bilder sich als falsch erwiesen hatte (Kritik u. a. vom polnischen Historiker Bogdan Musial) und die im Kreuzfeuer emotionalisierter Auseinandersetzungen stehende Präsentation dadurch zusätzlich in Misskredit geraten war. Die Wiedereröffnung 2001 zeigte jedoch ein im Ganzen unverändertes Bild und bestätigte damit die Notwendigkeit einer konfrontativen Auseinandersetzung mit diesem Kapitel deutscher Geschichte.

2. „Aufarbeiten" und „Durcharbeiten" – eine Begriffsdifferenzierung nach der Wende von 1989/90

Es ist sehr viel schwerer, die eigene Vergangenheit oder die eigenen Traditionslinien aufzuarbeiten, als eine Vergangenheit zu kritisieren, von der man selbst nicht (oder nicht mehr) direkt betroffen ist. Das gilt nicht nur für ein vergleichsweise naives Geschichtsdenken, wie es etwa bei Firmenjubiläen mit ihrem Hang zur Verklärung der Gründungs- und Erfolgsgeschichte bei gleichzeitiger Ausblendung aller Schattenseiten zum Ausdruck kommt, sondern auch für elaborierte historische Reflexionen, wie sie zu den Berufspflichten der Historiker und Historikerinnen gehören. Die Zahl der geschichtswissenschaftlichen Veröffentlichungen zur Verstrickung der Historiker-„Zunft" in den Nationalsozialismus ist ausgesprochen mager, wenn man sie vergleicht mit der Menge an geschichtswissenschaftlichen Publikationen, die zu anderen Themen erschienen sind. Das Problem dabei ist: Die Aufarbeitung fremder Vergangenheit bringt relativ wenig in Gang. Sie verändert weder die Akteure von damals, wenn sie noch leben, noch die Gesellschaft insgesamt.

Hingegen gerät durch die kritische Beschäftigung mit der eigenen Geschichte und ihren Traditionslinien viel in Bewegung. In dieser Bewegung liegt die Chance des Fortschritts, denken wir nur an das massenhafte Umbruchbegehren in der DDR Ende der Achtziger Jahre sowie an die zahllosen kritischen Rückblicke des Jahres 1995, in denen fast einhellig betont wurde, dass 1945 jetzt vor allem als „Befreiung" angesehen werde und nicht wie lange zuvor als demütigende Niederlage. Doch die Konstellationen sind leider selten ganz eindeutig. Das Bekenntnis zur „Befreiung" enthält beispielsweise die Gefahr, sich als Opfer zu präsentieren und die Täterschaft oder Mittäterschaft auszuklammern, und erübrigt daher keineswegs weitere Bemühungen um Aufarbeitung.

Um die besondere Qualität und Schwierigkeit einer Aufarbeitung der *eigenen* Vergangenheit ins Bewusstsein zu heben, erscheint es zweckmäßig, dafür einen besonderen Begriff einzusetzen. In Anlehnung an Sigmund Freud wurde für das Aufarbeiten der eigenen Geschichte neuerdings der Begriff „Durcharbeiten" in die Diskussion gebracht (vgl. vor allem Rauschenbach 1992). Freud bezog den Begriff „Durcharbeiten" auf die sogenannten „Widerstände" des Patienten, der sich im Gespräch mit dem Analytiker zu bestimmten Einsichten vorgearbeitet hat, dann aber, an einem vielleicht besonders heiklen Punkt, zögert oder gar zurückweicht. Hier gelte es, argumentiert Freud, die Konstellation in der Übertragung durchzuarbeiten, das Verdrängte bewusst zu machen und damit den Wiederholungszwang aufzulösen. Er schrieb:

„Dieses Durcharbeiten der Widerstände mag in der Praxis zu einer beschwerlichen Aufgabe für den Analysierten und zu einer Geduldsprobe für den Arzt werden. Es ist aber jenes Stück

Arbeit, welches die größte verändernde Wirkung auf den Patienten hat und das die analytische Behandlung von jeder Suggestionsbeeinflussung unterscheidet."[3]

Die Übertragung einer intimen therapeutischen Situation auf den öffentlichen Diskurs ist nicht ohne weiteres möglich, aber auch nicht absolut ausgeschlossen. Geschichte aufarbeiten bedeutet, überspitzt zusammengefasst, Vergangenheitsaufklärung ohne Mitarbeit der eigentlichen Akteure. Das Durcharbeiten von Geschichte setzt dagegen in der eigenen Erfahrung und Denktradition an. Es geht vom eigenen Tun aus. Es sucht sich der subjektiven lebensgeschichtlichen Komponenten im objektiv gegebenen historischen Thema bewusst zu werden und enthält sich des Vorwurfs an andere. Jeder kehre sozusagen zunächst einmal vor seiner eigenen Tür, und jeder ist hier in der Pflicht: Christen und Muslime mögen auf weitere Missions- und Herrschaftsansprüche verzichten und statt dessen die Schattenseiten ihrer Geschichte aufarbeiten. Entsprechendes gilt für Naturwissenschaftler und Techniker, deren Tun uns die Möglichkeit einer atomaren Selbstvernichtung beschert hat, sowie prinzipiell für alle Berufsgruppen und Traditionslinien mit je eigenen Inhalten.

3. Zur didaktischen Relevanz der Begriffe „Aufarbeiten" und „Durcharbeiten"

3.1 Indirekte Konsequenzen für die Unterrichtsführung

Die didaktische Relevanz der obigen Ausführungen ist zunächst und vor allem eine indirekte, und zwar in der Weise, dass der Unterricht sich in dem Maße strukturell ändert, wie der Lehrer oder die Lehrerin sich mit der Aufgabe des Auf- und Durcharbeitens ich-bewusst und introspektiv-nachdenklich beschäftigen konnte, ohne Erfolgszwang und Rechtfertigungsdruck. In der strukturellen Änderung werden nicht unbedingt und sofort neue Lernziele und -Inhalte gesetzt. Vielmehr werden die Räume für Reflexion und Diskussion auf Kosten stringenter Stoffvermittlung erweitert und Fragen oder „Einfälle" zugelassen, die scheinbar nicht zur Sache gehören. Vor allem dort ist ein Innehalten und Vertiefen in die Schuldproblematik nötig, wo die Irrwege der Geschichte an eigene Lebenserfahrungen rühren, in welcher Weise auch immer. Der deutsche Massenjubel für Hitler evoziert fast unausweichlich die Frage, inwieweit wir abermals durch autoritär-militaristisches Gebaren zu verführen wären. Der Kalte Krieg mit seinen wechselseitigen Verhetzungen vor allem in den fünfziger und sechziger Jahren ist mehr oder weniger bewusst mit dem heutigen Alltag verknüpft, da auch dieser seine Feindbilder zelebriert und Polarisierungen schafft, wo Versöhnung praktiziert werden sollte.

---

[3]   Sigmund Freud: *Erinnern, Wiederholen und Durcharbeiten* (1914), a. a. O., S. 215.

Wer Geschichte auf- oder gar durcharbeiten will, direkt etwa im freundschaftlichen Gespräch oder indirekt im Geschichtsunterricht, der muss die großenteils unvermeidbaren Befangenheiten der Vergangenheit überwinden und sich rückblickend kritisch von sich selbst distanzieren können. Das ist sehr viel schwerer getan als gesagt, denn oft sind die durch objektive Geschichte bewirkten subjektiven Verletzungen so heftig (denken wir etwa an die Erfahrung plötzlicher Entwertung bei politischen Umbrüchen, an „Abwicklungen" im Zuge von Sparmaßnahmen usw.), dass eine effektive Besinnung auf das, was früher mit eigenem Dazutun geschehen ist, gar nicht mehr stattfinden kann. Doch ein Verharren in der Opferrolle ist das Gegenteil von Auf- und Durcharbeiten. Entscheidend für die Langzeitwirkungen von Erziehung und Unterricht ist nicht das, was wir, dem Lehrplan folgend, lehren, sondern das, was wir als Persönlichkeiten sind und noch werden wollen.

3.2 Direkte Unterrichtsmöglichkeiten

Die didaktische Relevanz des gesellschaftstheoretischen Ansatzes beim „Aufarbeiten der Vergangenheit" erschöpft sich aber nicht in der prinzipiellen Haltung des Lehrers, der sich den Grundgedanken zu eigen gemacht hat. Es gibt durchaus direkte Möglichkeiten der Unterrichtsgestaltung, die auf eine Aufarbeitung der Vergangenheit zielen, u. a. Erkundungsprojekte, wie sie vom Schülerwettbewerb her bekannt sind,[4] aber auch bescheidenere Vorhaben, die den Rahmen des üblichen Unterrichts nicht sprengen, wie das Einladen und (mit Bedacht vorbereitete) Befragen von Zeitzeugen. Dabei kann es zweckmäßig sein, dass nicht nur die Opfer der Geschichte und ihre Leiden zur Sprache kommen, sondern auch jene Menschen, die zwischen den Fronten standen, das heißt in das System involviert waren, ohne sich mit ihm zu identifizieren, und in dieser Position vielen Menschen das Leben retten konnten, man denke etwa an den Film „Schindlers Liste". Das Auf- und Durcharbeiten der Geschichte vollzieht sich für die Schülerinnen und Schüler dann im Spiegel oder „Filter" von Menschen, die für kritische Retrospektiven besondere Fähigkeiten entwickelt haben[5] – denken wir z. B. an die diesbezüglichen Beiträge von Christa Wolf über Geschichte und Lebensgeschichte in der DDR. Wo geeignete Personen nicht verfügbar sind, können gut ausgewählte Texte aushelfen. Um die

---

[4] Der von der Körber-Stiftung organisierte „Schülerwettbewerb deutsche Geschichte" hat in vorbildlicher Weise Themen zur Debatte gestellt, die lange Zeit von Geschichtswissenschaft und Geschichtsdidaktik eher gemieden wurden: Alltag im Nationalsozialismus und Zweiten Weltkrieg, Nachkriegszeit und Vergangenheits„bewältigung", Ost-West-Geschichte(n) usw.

[5] Brigitte Dehne 1991, S. 613 ff., empfiehlt daher, besonders schwierige Geschichtsthemen (z. B. Holocaust) in der Perspektive von „Filterfiguren" zu bearbeiten, durch die sich die ansonsten schwer erträgliche Wucht der Ereignisse gleichsam bricht, ohne dass der notwendige kritische Impetus verloren geht.

Problematik nicht auf Nationalsozialismus und Ost-West-Konstellation zu fixieren, sei hier pauschal auf weitere Themen verwiesen, die der kritischen und selbstkritischen Betrachtung bedürfen: das rücksichtslos-selbstgefällige Gebaren von Siegern in der Geschichte,[6] der dementsprechende Mangel an Zuwendung, die den untergegangenen „schwächeren" Kulturen gilt,[7] der den alten „Nationalismus" ersetzende neue „Eurozentrismus" und die damit verbundene Nabelschau auf unsere „Identität" usw. Besonders illustrativ sind in diesem Zusammenhang jene Wissenschaftler, die in ihren jeweiligen Machtblöcken an der Entwicklung der Atombombe mitgearbeitet haben, dann aber mit Schrecken erkannten, welchem Herrn sie damit eigentlich dienten und so die Kehrtwendung zur aktiven Friedenspolitik (Distanzierung vom Früheren) vollzogen.[8]

Im Übrigen bedeutet „Aufarbeiten" von Vergangenheit vor allem im Geschichtsunterricht mehr als die Beschäftigung mit den Schattenseiten unserer Geschichte. Auch liegengebliebene und verdrängte Zukunftsvisionen sowie Lebensansprüche verdienen ein Bewusstmachen im Unterricht. Was war die Welt nach 1945 voll von Friedens- und Solidaritätswünschen! Wieviele Utopien kennt die Geschichte! Sollen sie als Spinnerei in Zukunft unbeachtet bleiben? Nein! Historische Visionen eines besseren Lebens können und sollen Inhalt des Unterrichts sein, der damit durcharbeitet, was angesichts der normativen Macht des Faktischen kaum noch jemand auszusprechen wagt. In diesem Sinn ist auch der Nürnberger Prozess zu bewerten, der nicht nur die Hauptkriegsverbrecher abzuurteilen hatte, sondern darüber hinaus auch ein warnendes Zeichen an alle Regierungen dieser Welt setzen wollte, nie wieder auch nur andeutungsweise das zu versuchen, was die Nationalsozialisten bis zum verbrecherischen Massenexzess praktiziert hatten.

3.3 Das besondere methodische Potenzial von Rollenspielen

Verdrängungen als Antrieb und Inhalt von Aufarbeitungsprozessen können ganz bewusst aufgerufen und in Szene gesetzt werden, sowohl in der Therapie[9] als auch

---

6   Dazu im Einzelnen Dieter Metzler in Schneider 1988.

7   Das ist ein Leitmotiv in Peter Weiss' fundamentaler Studie über *die Ästhetik des Widerstandes*.

8   Als Repräsentanten derartiger lebensgeschichtlicher Wandlungen seien der Deutsche Carl-Friedrich von Weizsäcker erwähnt, der sich als junger Wissenschaftler unter den Nationalsozialisten an den Vorbereitungen zur Entwicklung der Atombombe beteiligte, und der Sowjetrusse Andrej Sacharow, der sich vom Wasserstoffbombenhersteller zum Friedenskämpfer entwickelte.

9   Hier ist insbesondere auf die Arbeiten und Publikationen des Psychoanalytikers Tilman Moser zu verweisen, der die vergangene Wirklichkeit u. a. dadurch zu vergegenwärtigen sucht, dass er die Protagonisten von damals (oft die Eltern seiner Patienten) unsichtbar und doch konkret in Szene setzt, indem er die Patienten auffordert, so zu den Akteuren von damals zu sprechen, als wenn sie hier und jetzt wirklich anwesend wären.

in der Literatur[10] und im Schulunterricht, selbstverständlich mit je eigenen unüber-tragbaren Profilen. Ein Beispiel: Stellen wir uns eine typische Familienkonstellation der sechziger Jahre vor: Der Nationalsozialismus scheint längst der Vergangenheit anzugehören, doch unterschwellig sind alle Familienmitglieder mehr oder weniger intensiv weiter mit dem Thema beschäftigt: Die (damals) pubertären oder adoleszenten Kinder fragen sich, was der Vater während des NS und des Krieges getan und „erlebt" hat, doch dieser schweigt beharrlich, von bruchstückhaften Mitteilungen (über die in der didaktischen Planung vorab zu entscheiden wäre) abgesehen. Die Mutter wird befragt, doch sie solidarisiert sich mit ihrem Mann und weist die kritischen Anfragen mit Vorwänden zurück. Da platzt die Nachricht in das Szenario, dass in Frankfurt ein großer Prozess gegen die KZ-Schergen von Auschwitz eröffnet sei.[11] Nun scheint das Gespräch und die familiäre Konfrontation unausweichlich zu sein: Die Jugendlieben halten **mit** ihren Fragen nicht länger zurück, nachdem Auschwitz und der Auschwitz-Prozess zum Thema im Schulunterricht gemacht worden sind ...

Für die unterrichtspraktische Inszenierung einer derartigen Konstellation gibt es mehrere Varianten, die hier nicht im einzelnen dargelegt werden können. Möglich ist es u. a., mit präparierten Rollenbeschreibungen (Personenkarten) zu arbeiten, die von den Schülerinnen und Schülern in freiem Ermessen konkret gestaltet werden. Möglich ist es ferner, vorab formulierte Szenen zur Aufführung zu bringen. Wichtig ist es in jedem Fall, das „Spiel" nicht als Selbstzweck zu inszenieren, sondern als Anregung für vertiefende und integrierende Reflexionen zu nutzen, „integrierend" in dem Sinn, dass objektive Geschichte und subjektive Erfahrungen im Gespräch miteinander verbunden werden, was eine besonders sensible Gesprächsführung verlangt.

3.4 Zum Verhältnis von Aufarbeiten und Gedenken

Der 1996 erstmals durchgeführte Tag des nationalen Gedenkens für die Opfer des Holocaust (27.1.: Tag der Befreiung des KZ Auschwitz) wird die Lebenden an die

---

[10] Als Beispiel für eine lange Reihe von Theaterstücken, die sich so mit dem Nationalsozialismus beschäftigen, dass insbesondere das deutsche Publikum zum Nachdenken angehalten wird (mithin zum ersten Ansatz eines Auf- und Durcharbeitens), sei Heinar Kipphardts Dokumentarstück *Bruder Eichmann* genannt. Der 1962 in Israel hingerichtete Eichmann wird so dargestellt, dass er „normal" wie unseresgleichen wirkt und jedermanns Bruder sein könnte.

[11] Obwohl in der Presse ausführlich über die wichtigsten Phasen des Prozesses (20. Dezember 1963 bis 20. August 1965) berichtet wurde, kam es doch nicht zu der öffentlichen Unruhe, die angemessen gewesen wäre. Diese wurde erst 1979 durch den Fernseh-Film *Holocaust* ausgelöst, was bedeutet, dass zwischenzeitlich eine abermalige Verdrängung der Vergangenheitslast stattgefunden hatte. – Eine Dokumentation des Auschwitzprozesses bietet Hermann Langbein 1995.

größten Verbrechen erinnern, die je begangen wurden, Trauer für die Opfer bekunden und mahnen, dass der Rassenwahn, wenn er sich wieder zeigt, schon im Keim erstickt werden muss. Mit dieser Aufgabe kann der Gedenktag auch in Schulen ein geeigneter Anlass zum weiteren Aufarbeiten der Vergangenheit sein. Die didaktisch-politische Chance ist aber keine Garantie, dass es auch so kommt. Es besteht vielmehr die Gefahr, dass der Gedenktag zur Routine, ja zur lästigen Pflicht verkommt oder als Alibi-Veranstaltung eben das punktuell ableistet, was permanente Aufgabe für alle sein sollte. Wir, die Lehrenden der Geschichte, müssen uns unserer besonderen Verantwortung in diesem Punkt voll und ganz bewusst werden. Wir dürfen die jugendlichen nicht zur „Betroffenheit" angesichts von Untaten nötigen, die sie nicht begangen haben. Wir dürfen aber auch nicht klein beigeben, wenn die Stimmung für das Auf- und Durcharbeiten der Vergangenheit ungünstig erscheint.

4. Die Last der Vergangenheit und die Lust am Lernen (Schlussbemerkung)

Abschließend muss vor der Gefahr und dem naheliegenden Missverständnis gewarnt werden, dass der gesamte Geschichtsunterricht unter dem besonderen Aspekt des Auf- und Durcharbeitens der Vergangenheit zu sehen ist. Die lebendige und vielseitige Auseinandersetzung mit Geschichte, bei der es an Lernlust und Erkenntnisfreude nicht fehlen darf, bleibt auch im Aufarbeiten der Vergangenheit das übergeordnete Ziel. Wenn Friede und Humanität, Lebenssinn und Lebensfreude Ziele und Gegenstände des Unterrichts sind, darf der Unterricht selbst nicht sinnlos erscheinen und freudlos sein.

V. Erfahrung und Unterricht

1. „Erfahrung": Begriff und Strukturierung des Begriffsfeldes

In der heutigen Bedeutung des Wortes „Erfahrung" mit der typisch deutschen „-ung"-Endung wird ein Sachverhalt ins Abstrakt-Allgemeine gehoben und gleichzeitig psychologisiert, der im sprachgeschichtlichen Ursprung konkret-fassbare Inhalte hatte: Das aus dem Mittelhochdeutschen stammende Wort „erfahren" („ervarn", ahd. „irfaran") bedeutet: Ein Land er-fahren, durchreisen und so bestimmte Kenntnisse sammeln (s. Kluge, Etymologisches Wörterbuch). Wer als erfahren gelten wollte, musste „bewandert" sein. In romanischen und angelsächsischen Sprachbereich liegt der Bedeutungsschwerpunkt eher auf dem Aspekt der bei bestimmten Versuchen erzielten Einsicht („experience" von lat. „experiri" = erobern, versuchen, kennenlernen), die durch weitere Versuche „falsifiziert" oder „verifiziert" werden kann.

Bewusst inszeniertes Experiment und Erfahrung liegen dort also sprachgeschichtlich enger beieinander als bei uns. In jedem Fall spielt aber *das die Erfahrung machende Subjekt* (auch als kollektives „Wir") die maßgebliche Rolle. Das sollte auch bei einer geschichtsdidaktischen Annäherung an das mit „Erfahrung" überschriebene Feld mannigfaltiger Inhalte beachtet werden: Erfahrungen entstehen, wie immer man sie im Einzelnen definiert, in einem Mischfeld von eigenen Aktivitäten, sinnlich-körperlichen Wahrnehmungen *und reflexiver Verarbeitung*, die freilich recht verschieden verlaufen kann, je nach Ich-Stärke und sozialem Umfeld.

Im Allgemeinen wird in der pädagogischen und didaktischen Literatur nicht von „Erfahrungsunterricht" gesprochen,[1] sondern vorsichtiger und in der Sache auch treffender von „erfahrungsbezogenem Unterricht"[2] oder von dem Verhältnis zwischen Erfahrung *und* Unterricht bzw. von „Lernen und Erfahrung"[3]. Die Verbindung von Erfahrung und Unterricht zu einem Wort ist dennoch didaktisch legitim und leicht verständlich, wenn man sie zu weiteren Wortverbindungen mit vergleichbarem Inhalt in Beziehung setzt, etwa dem „Arbeitsunterricht" und dem „Erlebnisunterricht", die vor allem in Reformpädagogik der 20er Jahre ihre Geltung hatten, aber auch mit dem neuzeitlichen Konzept der „Erfahrungswissenschaften",

---

[1] „Erfahrungsunterricht" war der Titel dieses Beitrages in der Erstveröffentlichung von 1997.

[2] Ausführlicher dazu Jank 1986 mit zahlreichen Literaturhinweisen.

[3] Ausführlicher dazu Krüger und Lersch 1993, deren Argumentationen sich an der Theorie Klafkis orientieren.

die sich in vielfältiger Weise von den spekulativen Wissenschaften philosophischer oder theologischer Provinienz abgesetzt haben. Inhaltlich ist der Begriff „Erfahrungsunterricht" vor allem dann gerechtfertigt, wenn nicht nur menschliche Erfahrungen als curricular vorgegebene Inhalte, sondern auch die Erfahrungen der den Unterricht tragenden Subjekte (Lehrende, Lernende) einbezogen werden, was methodisch besonders schwer ist und daher auch selten praktiziert wird.

Die Unterscheidung zwischen Erfahrungen auf der *Objekt- oder Inhaltsebene* des Unterrichts und Erfahrungen auf der *Subjekt- oder Kommunikationsebene* des Unterrichts ist für eine erste Orientierung in dem komplizierten Begriffsfeld wichtig und sollte zur Vermeidung von Mißverständnissen vor Augen bleiben.

In der Geschichtswissenschaft ist „Erfahrung" kein „Grundbegriff", wenn man die von Brunner, Conze und Koselleck hrsg. Enzyklopädie als Maßstab zu Grunde legt. Menschliche Erfahrungen finden zwar allenthalben in geschichtswissenschaftlichen Argumentationen ihren Niederschlag; sie werden aber als ein eher philosophisches und psychologisch-soziologisches Forschungsfeld geschichtswissenschaftlich nicht systematisch untersucht (Entsprechendes gilt für geschichtsdidaktische Handbücher). Ausnahmen bestätigen die Regel.[4]

2. Zum Einbezug von Erfahrungen im Geschichtsunterricht

Wer Erfahrungen bewusst in die Unterrichtsgestaltung einbeziehen will, hat dafür vier Möglichkeiten, die unterrichtspraktisch meistens ineinander übergehen, unterrichtstheoretisch aber voneinander getrennt werden können. Wir unterscheiden:

1. Erfahrungen auf der *Objektseite* der Geschichte, die etwa als autobiographische Berichte überliefert sind, als Quellen genutzt und mit anderen Informationen verglichen werden können, so dass ein differenziertes Bild der Vergangenheit entsteht. Die Erfahrungen auf der *Subjektseite* des Unterrichts werden dabei nicht beachtet, zumindest nicht methodisch bewusst und ausdrücklich.

2. Erfahrungen der Geschichte im Allgemeinen als auch von Lebensgeschichten im besonderen, die mit den Schülern unter der Frage diskutiert werden, was daraus für sie selbst zu entnehmen sei. Die „Lehren der Vergangenheit" zu thematisieren,

---

[4] Eine Ausnahme haben Conze, Faber und Nitschke mit dem 1981 erschienen *Funk-Kolleg Geschichte* vorgelegt. Hier werden *Grundsituationen und elementare menschliche Erfahrungen* untersucht (Mann und Frau, Geburt und Tod usw.) und dabei indirekt auch pädagogisch-didaktische Anregungen vermittelt. Eine Reduktion geschichtlich-lebensgeschichtlicher Erfahrungen auf anthropologisch Grundsätzliches enthält jedoch die Gefahr, dass das Konflikthafte und Einmalig-Lebendige von Erfahrungen neutralisiert und damit seiner eigentlichen Antriebskraft beraubt wird. Einen Leitfaden für den „Erfahrungsunterricht" bietet dieser geschichtswissenschaftliche Ansatz jedenfalls nicht. – Der Bezug zwischen Erfahrung und Geschichte wird häufig auch unter dem Stichwort *Gegenwartsbezug* thematisiert, vgl. etwa Rohlfes in Schörken 1981.

das liegt insbesondere am Ende von Unterrichtseinheiten über geschichtliche Fehlentwicklungen nahe (z. B. Nationalsozialismus), das kann und sollte aber auch bei allen anderen Themen als Möglichkeit zumindest erwogen werden, weil jede Auswertung der Vergangenheit im Hinblick auf zukünftiges Handeln des Verhaltensrepertoire der Schülerinnen und Schüler indirekt erweitert und Geschichte somit einen praktischen Nutzen hat.

3. Lebensweltliche Erfahrungen (der Schülerinnen und Schüler), die wir als „Brücke" für den oft schwierigen Weg in die fremde Welt der Geschichte nutzen. Es ist beispielsweise schwierig, den „Zeitgeist" einer bestimmten Epoche in seiner strukturellen Eigenart zu verstehen, denken wir etwa an den Rückzug ins Unpolitisch-Beschauliche des Biedermeier und die Zukunftsgläubigkeit zum Ende des 19. Jahrhunderts. Hier gilt es, Elemente heutiger Alltagserfahrungen so ins Bewusstsein zu heben, dass das geschichtliche Fremde oder Befremdliche sich zumindest in Teilen entfremdet. Für den aktuellen Rückzug ins Unpolitische können die zahlreichen Nostalgie- und Schlagersendungen im Fernsehen genannt werden. Die Zukunftsgläubigkeit der Zeit um 1900 lebt in der Technik- und Markteroberungseuphorie der Gegenwart fort. Assoziative „Anknüpfungen" und Verknüpfungen sind eigentlich bei den meisten Themen möglich. Freilich ist darauf zu achten, dass die geschichtlich-lebensweltlichen Verknüpfungen nicht auf Analogie-Kurzschlüsse reduziert werden, sondern bleiben, was sie sind, nämlich Verständnishilfen.

4. Im Unterricht selbst neu induzierte Erfahrungen, die entweder beiläufig und gleichsam ungewollt entstehen[5] oder aber methodisch bewusst herbeigeführt werden, etwa durch entdeckendes und forschendes Lernen oder durch handelnden Nachvollzug historischer Problemkonstellationen und von daher verbessertes Verständnis für die Historie anbahnen sollen. Vor allem in der Unterstufe sollten die Möglichkeiten eines direkten Erfahrungsbezuges genutzt werden, indem beispielsweise die Mühe des jungsteinzeitlichen Kornmalens ohne Maschinen nicht nur über Texte gelehrt, sondern auch „am eigenen Leib" erlebt wird. Wie bei allen Erfahrungsbezügen ist auch hier vor Übertreibungen zu warnen, die so aussehen können,

---

[5] Die Schülerinnen und Schüler beschäftigen sich beispielsweise inhaltlich-„theoretisch" mit der Leitvorstellung von Demokratie und Mündigkeit, merken aber kommunikativ-„praktisch" mehr oder weniger deutlich, dass diese Leitvorstellung in ihrem Schulalltag eine nur untergeordnete Rolle spielt und oft sogar in ihr Gegenteil verkehrt wird. Der Widerspruch und die Spannung zwischen allgemein curricular definierten Lernzielen und faktisch-strukturellen Lernerfahrungen kann nicht prinzipiell aufgehoben, sondern nur graduell gemindert werden, indem die Konflikte nicht autoritär übergangen, sondern möglichst authentisch besprochen werden. Diese im Bereich des Erzieherischen und der Schulgemeinschaft liegende Erfahrungsdimension (vgl. auch Krüger und Lersch) hat freilich mit Unterricht im engeren Sinn nur noch indirekt zu tun und wird daher hier nicht weiter thematisiert. Auf einen der didaktischen Planung der Lehrenden entzogenen Lern- und Erfahrungsprozess kommen wir weiter unten, im Beitrag über *Erfahrungen, Sinn und Erzählung*, exemplarisch zurück.

dass im Unterricht nur noch gebastelt, gekocht und getöpfert wird und das eigentlich Geschichtliche dabei nicht mehr zum Ausdruck kommt.

Im Folgenden sollen die vier Typen eines verstärkten Einbezuges von Erfahrungen in dem Geschichtsunterricht genauer erläutert werden. Vereinfachend lässt sich
auch von der *inhaltlich-objektivierenden, inhaltlich-reflexiven, methodisch-assoziativen* und *der
medial-kreativen* Berücksichtigung von Erfahrung im Unterricht sprechen.

3. Erfahrungen im Geschichtsunterricht: Ziele, Inhalte, Methoden, Medien

3.1 Der inhaltlich-objektivierende Einbezug von Erfahrungen

Hier ist zunächst die vor allem von Lutz Niethammer im deutschen Sprachraum
etablierte „Oral history" zu nennen, die auch in der Schule ihren Platz gefunden hat,
wenn auch selbstverständlich in stark vereinfachter bzw. didaktisch adaptierter
Form.[6] Als Zeitzeugen befragt, berichten ältere Menschen über ihre Erlebnisse in
bestimmten historisch-politischen Situationen und liefern damit authentisches An-
schauungsmaterial über einen bestimmten Zeitabschnitt, der freilich, wenn kein ein-
seitiges Bild entstehen soll, auch noch auf andere Weise erschlossen werden muss.

Doch auch weiter zurückliegende Epochen, über die keine mündlichen Zeugnis-
se mehr eingeholt werden können, enthalten in Form von Autobiographien und
ähnlichen Quellen mannigfaltige „Erfahrungen", die im Unterricht verwendet werden können und geeignet sind, die vergangene Welt zu vergegenwärtigen. Bernd
Mütter (1991) hat am Beispiel des Themas „Industrialisierung" gezeigt, wie „Strukturgeschichte" (Wandel in den Produktionsverhältnissen) und „Erfahrungsgeschichte" (Lebensbericht eines Handwerksgesellen) unterrichtspraktisch ineinander greifen
können. Inwieweit der dabei erzielte retrospektive Kenntnis- und Erkenntnisgewinn
auch für heutige Lebenswelten Bedeutung haben kann (Gegenwartsbezug und Er-
fahrungstransfer), wird bei Mütter jedoch nur flüchtig angedeutet. Im Sinn der allgemeinen Einleitung zu diesem Buch ist es aber wünschenswert, Anregungspotenzial vergangener Erfahrungen für die Gegenwart didaktisch zu reflektieren und ggf.
auch zu thematisieren. Gewiss können frühere Erfahrungen nicht direkt „übertragen" oder angewandt werden.[7] Das schließt aber nicht aus, dass die geschicht-

---

[6] Aus der Fülle einschlägiger unterrichtspraktischer Erfahrungsberichte sei der Beitrag von
     Dehne 2003 exemplarisch herausgehoben. Mit Recht moniert die Autorin das gedankenlose
     Kopieren geschichtswissenschaftlicher Praktiken, die zwar formalisiert übernommen werden
     können, den spezifischen Lernbedürfnissen und Erkenntnismöglichkeiten der SchülerInnen
     jedoch nicht Rechnung tragen und daher didaktisch adaptiert werden müssen.
[7] Nachtrag 2003: Dieser Problemhinweis bedarf ausführlicherer Erörterung, auch und vor allem
     im Hinblick auf Nationen, Ethnien, Kontinente usw. Es ist beispielsweise offenkundig, dass

lichen Inhalte innerlich eine Wirkung entfalten bzw. entfalten sollten, ja, man kann sagen: Ohne derartige Wirkungen und Auswirkungen, die durch uns, die Lehrenden, zumindest indirekt zum Tragen kommen, wäre Geschichtsdidaktik ein loses Blatt auf dem Trümmerhaufen der Geschichte. Der Bezug zwischen geschichtlichen Erfahrungen und aktuellem Handeln soll daher im nächsten Abschnitt deutlicher hervorgehoben werden.

3.2 Aus Geschichte lernen: der reflexive Einbezug von Erfahrungen

In einer leider viel zu wenig beachteten Studie hat Jochen Hering (1985) dargelegt, wie geschichtliche Erfahrungen über das Medium der „authentischen Erzählung" mit heutigen Erfahrungen so in Beziehung gesetzt werden können, dass eine exklusive Konzentration auf eine an sich fremde Geschichte vermieden wird. Wir sind alle in Geschichten verstrickt, argumentiert Hering. Es könne daher nicht primär darum gehen, „objektive Wahrheiten" zu präsentieren und lernen zu lassen. Vielmehr sei es nötig, vom Standpunkt eigener Erfahrungen aus in einen Dialog mit früheren Erfahrungen einzutreten und zu überlegen, welche Bedeutung die „subjektive Wahrheit" des betreffenden durch die Erzählung vergegenwärtigten Menschen für mich persönlich hat bzw. für die Schülerinnen und Schüler, die zu durchaus eigenen Stellungnahmen immer zu ermutigen sind.

Einen besonderen Stellenwert haben in diesem Zusammenhang jene Lebensberichte, die nicht nur verschiedene Geschichten aneinander reihen, sondern darüber hinaus einen Sinneswandel dokumentieren, über den ein Nachdenken vom eigenen Standpunkt aus lohnt. Als Beispiel sei hier Hitlers Rüstungsminister Albert Speer genannt, einer der wenigen, die nach dem Ende der nazistischen Terrorherrschaft eine Sinnesänderung zu erkennen gegeben haben. Im Vorwort seiner Erinnerungen schreibt er:

„In der Beschreibung Hitlers, wie er mir und anderen entgegentrat, wird mancher sympathischer Zug sichtbar werden. Auch wird der Eindruck eines in vieler Hinsicht Befähigten und Hingegebenen entstehen. Aber je länger ich schrieb, desto mehr fühlte ich, dass es sich dabei um oberflächliche Eigenschaften handelte.

Denn solchen Eindrücken steht *eine unvergessliche Erfahrung* entgegen: der Nürnberger Prozess. Ich werde nie ein Dokument vergessen, das eine jüdische Familie zeigt, die in den Tod

---

Europa im Ganzen andere Erfahrungen gemacht hat als die Vereinigten Staaten, die gegenwärtig in einer unbelehrbaren Selbstverblendung ihre Vormachtstellung militärisch-aggressiv durchzusetzen bemüht sind und damit so lange fortfahren werden, bis eine Katastrophe dem Einhalt gebietet.

geht: der Mann mit seiner Frau und seinen Kindern auf dem Weg zum Sterben. Es steht mir noch heute vor Augen."[8]

Setzen wir voraus, dass die Schülerinnen und Schüler wissen, wer Albert Speer war und welche Aufgabe der Nürnberger Prozess zu bewältigen hatte, so ergibt sich fast zwangsläufig die Aufgabe zu klären, was der Ausdruck „eine unvergessliche Erfahrung" bedeutet und welche Konsequenzen diese Erfahrung im Einzelnen für den NS-Machthaber von einst hatte. Dabei gilt es, den Schock und seine Folgen nicht nur flüchtig zu erwähnen, sondern anschaulich zu vergegenwärtigen, mit bildhaften Beschreibungen der Veränderungen, die sich in den inneren Einstellungen und der äußeren Lebensführung ergaben. Sodann ist das Phänomen von Erfahrungen ganz allgemein ins Bewusstsein zu heben, unter Umständen mit Beispielen aus der Lebenswelt der Schülerinnen und Schüler (vgl. „assoziativer Einbezug" im folgenden Abschnitt). Zu fragen ist u. a., ob wir von Erfahrungen berichten können, die uns selbst oder einen anderen Menschen von Grund auf verändert oder zumindest in intensivstes Nachdenken versetzt haben? Oder ist eher das Gegenteil bekannt, dass trotz bestimmter Erfahrungen keine Veränderungen stattgefunden haben? Was besagen die Erfahrungen für die generelle Möglichkeit, aus Geschichte zu lernen?

Einen weiteren Beleg für das Lernen durch schockartige Erfahrungen bietet Günter Schabowski, einer der mächtigsten Männer in der ehemaligen DDR, der im Februar 1996 vor dem Berliner Landgericht erklärte:

„Ich habe öffentlich nicht nur einmal gesagt, dass keine Weltverbesserungsideologie es rechtfertigen könne, dass ihretwegen auch nur ein Mensch mit dem Leben bezahlen müsste. Das trifft für jeden Toten an der Mauer zu, der starb, weil er nicht willens war, unsere Zwangsbeglückung anzunehmen. – Ich wiederhole es: Gegenüber jedem dieser Toten fühle ich moralische Schuld. Dieses Gefühl der Schuld wird mich wohl für immer begleiten ..."[9]

Erfahrungsunterricht – das sei noch einmal betont – ist alles andere als moralische Belehrung. Es ginge also nicht darum, den Schülerinnen und Schülern Entrüstung oder Zustimmung zu bestimmten Haltungen abzuverlangen, sondern sie zum Nachdenken über geschichtliche Erfahrungen zu bringen, und zwar sowohl in Bezug auf Geschichte, wie sie uns entgegentritt („Objektebene"), wie auch in Bezug auf Geschichte, wie wir sie gegenwärtig mit der Frage nach Schuld und Versagen innerlich erleben („Subjektebene"). Erfahrungsunterricht ist eine Verwirklichung des oft beschworenen Grundsatzes, dass Geschichtsunterricht nur dort von Interesse sei, wo in der einen oder anderen Weise die eigene „Sache" – „tua res agitur" –

---

[8] Speer 1982, 15 (Hervorhebung S.-H.). – Ob bzw. inwiefern Sinneswandel und Erfahrungsprozess innerlich authentisch und nicht nur wegen der intendierten Wirkung äußerlich inszeniert waren, muss hier offen bleiben.

[9] Schabowski, zitiert nach Frankfurter Rundschau vom 28.2.1996.

zur Sprache kommt. Damit ist die Zielebene des Erfahrungsunterrichts auf den kleinsten gemeinsamen Nenner gebracht.

Wenn es um die Frage nach den Lehren der Geschichte geht, wird immer wieder Jacob Burckhardt (1818–1897) zitiert, der in seinen „Weltgeschichtlichen Betrachtungen" geschrieben hat:

> „Der Geist muss die Erinnerung an sein Durchleben der verschiedenen Erdenzeiten in seinen Besitz verwandeln. Was einst Jubel und Jammer war, muss nun Erkenntnis werden, wie eigentlich auch im Leben des Einzelnen. Damit erhält auch der Satz Historia vitae magistra einen höheren und zugleich bescheideneren Sinn. Wir wollen durch Erfahrung nicht sowohl klug (für ein andermal) als weise (für immer) werden."[10]

Mit die dem metaphysisch-utopischen Wunsch (Wir „wollen" und nicht etwa wir „können") überschreiten wir nicht nur den Rahmen des Erfahrungsunterrichts im eingangs definierten Sinn, sondern auch die Grundlagen lebensgeschichtlich-realpolitischer Erfahrungen überhaupt; denn gerade das vorige Jahrhundert mit seinen extremen Erfahrungen von massenhafter Vernichtung und irrational verblendeter Herrschsucht zeigt überdeutlich, dass ein kollektives Lernen aufgrund von Erfahrungen nicht oder nur in sehr bescheidenen Grenzen möglich ist. Auch müsste hier die Dimension des Unbewussten bewusst einbezogen (und im Idealfall auch psychoanalytisch aufgeklärt[11]) werden; denn was wir nach außen als Willen deklarieren, das ist höchstens die halbe Wahrheit, oft nicht mehr als ein „Lippenbekenntnis", wie es alltagssprachlich so treffend heißt. Die andere Hälfte der Wahrheit ist das Triebhafte, das Es, die Lust an allen möglichen „unvernünftigen" Lebensmodalitäten und -aktivitäten, die das Lernen aus Erfahrung einfach unterlaufen.

Trotzdem (aber auch eben deswegen) können wir mit Schülern die prinzipielle Frage nach dem menschheitsgeschichtlichen Fortschritt diskutieren und dabei auch Stellungnahmen zum „Prinzip Hoffnung" (Bloch) einholen. Das macht aber nur Sinn, wenn der Bezug zu tatsächlichen Erfahrungen nicht verlorengeht und der jeweilige Inhalt, der die Diskussion angestoßen hat, konkret vor Augen bleibt.

Leider ist die Geschichtsdidaktik diesbezüglich mit ihren Entwürfen meistens ähnlich allgemein und unverbindlich wie Jacob Burckhardts Zitat.[12] Das liegt allem

---

[10] Burckhardt 1963, S. 30 (Hervorhebung im Original). – Die auf Cicero zurückgehende Formel „Historia magistra vitae" ist immer wieder Gegenstand aktualisierender und präzisierender Reflexionen, vgl. etwa Keßler in Schörken 1981.

[11] Wie im ersten allgemeinen Teil des Buches betont wurde (I.7), wäre diese psychoanalytische Aufklärung weder Unterrichtsinhalt noch Lernsequenz, sondern persönliche Aufgabe der Lehrenden.

[12] Man überprüfe dazu beispielsweise anhand des Stichwortverzeichnisses jene Passagen in dem von Bergmann u. a. hrsg. *Handbuch für Geschichtsdidaktik*, in denen der Begriff „Erfahrung" vorkommt: Konkrete Inhalte, auf die sich die Erfahrungen beziehen, bleiben – von flüchtigen Andeutungen abgesehen – ausgespart. – Das erste Kapitel in dem von Becher und Bergmann

Anschein nach daran, dass die Geschichtsdidaktiker ihre eigenen geschichtlichen
Erfahrungen, vor allem die der Kindheit unter dem Nationalsozialismus, nicht intensiv genug durchgearbeitet haben. Es ist jedenfalls keine Studie bekannt, die ein
solches Durcharbeiten dokumentiert (vgl. auch letzten Abschnitt über den Transfer
von Erfahrungen in der Abfolge der Generationen).

3.3 Der assoziative Einbezug von Erfahrungen in den Geschichtsunterricht

Manche Geschichtsstunden beginnen damit, dass der Lehrer ein „Reizwort" an die
Tafel schreibt (z. B. „Gewalt" oder „Geld" usw.) und die Schüler auffordert zu sagen, was ihnen dazu einfällt. Mit dem eigentlichen Stundenthema im „Hinterkopf"
kann der Lehrer die Schüleräußerungen dann mehr oder weniger behutsam in die
gewünschte Richtung lenken, so dass das Gespräch von der Gewalt im „Erfahrungshorizont" der Schülerinnen und Schüler zur Französischen Revolution oder
von der aktuellen Bedeutung des Geldes zur Entstehung der ersten Bankhäuser in
der Frühzeit des Kapitalismus gelangt.[13] Doch was für den Stundenanfang geeignet
ist, kann auch den Stundenverlauf in seiner Binnenstruktur auflockern und bereichern. Lebensweltlich-assoziative Bezüge zum jeweiligen Stundenthema sind eigentlich immer gegeben, ob wir wollen oder nicht. Die Frage ist nur, ob und inwieweit diese Bezüge methodisch eingeplant werden und ausdrücklich ihren Platz
erhalten oder aber ausgeklammert bleiben sollen.

Die Beantwortung dieser Frage kann nicht auf der Grundlage eines „entweder-
oder" bzw. „alles oder nichts" erfolgen, sondern muss vielmehr im Kontext der
vorgegebenen Ziele und Bedingungen sowie aus der Situation heraus entschieden
werden, wie überhaupt die Lehrerin und der Lehrer, entsprechend der „gleich-
schwebenden Aufmerksamkeit" des Psychoanalytikers gegenüber seinen Patienten
nach Freud, eine Sensibilität dafür entwickeln müsste, wann und in welcher Weise
Geschichtsthemen auf die persönlichen Erfahrungen der Lernenden treffen und in
dieser gegenwartsbezogenen Perspektive nach Klärung verlangen.

---

hrsg. Sammelband über *Geschichte – Nutzen oder Nachteil für das Leben* ist dem Thema *Geschichte
als Erfahrung* gewidmet, aber es bleibt Schriftstellern wie Grass und Böll überlassen, als wenn
Geschichtswissenschaftler und -didaktiker keine eigenen historischen Erfahrungen hätten, die
der Reflexion wert wären.

13 Der heutzutage geläufig gebrauchte Begriff *Erfahrungshorizont* ist dem philosophischen Denken
Gadamers geschuldet, der das Prozesshafte und Dialogische jeder Erfahrung betont. Fruchtbar ist der Betriff vor allem wegen seiner Metaphorik: der *Horizont* als Grenze unseres Sehens
ist nichts Endgültiges, er verändert sich, je nach Standort und Sichtverhältnissen, die ebenfalls
wörtlich und metaphorisch zu verstehen sind.

3.4 Geschichte selbst erforschen und aktiv gestalten: Der kreative Einbezug von Erfahrungen in den Geschichtsunterricht

Wir werden als Lehrende im Geschichtsunterricht nicht nur mit schon vorhandenen Erfahrungen konfrontiert, sondern sind auch in der Lage, neue erkenntnisfördernde Erfahrungen in Gang zu bringen, indem wir die Schülerinnen und Schüler

a) von ihrem jeweiligen Qualifikationsniveau aus geschichtswissenschaftliche Forschungen betreiben und bestimmte Produkte erstellen lassen (Interviews mit Zeitzeugen, vgl. oben Dehne; Erkundungsprojekte nach Vorgaben des Wettbewerbs „Spuren suchen", u. a. m). Von Typ 1 des Erfahrungsbezuges unterscheidet sich dieser Ansatz in dem Maße, wie nicht nur die Inhalte maßgeblich sind, sondern darüber hinaus auch die kommunikativen Erfahrungen selbst bewusst gemacht werden, u. a. als Ansatz zum Begreifen der Schwierigkeiten, mit denen die historische Wahrheitsfindung zu tun hat.

b) nach Maßgabe der jeweiligen Organisationsmöglichkeiten Simulationsexperimente zur historischen Problemkonstellationen durchführen (Schreiben mit einer Gänsefeder; Waschen auf alten Rubbelbrettern, Leben ohne elektrisches Licht, uns sei's nur für eine halbe Stunde, u. a. m.)

c) bekannte Tatsachen und Tatsachenzusammenhänge mit künstlerischen Mitteln (szenische Gestaltungen, Video-Produktion u. a. m.) zu vergegenwärtigen und zu verdeutlichen suchen.[14]

Nach langem Zögern finden die genannten Ansätze, die auch unter dem Begriff „Handlungsorientierung" zusammengefasst werden, inzwischen auch in Schulbüchern und Lehrplänen ihren Platz. Vor allem an Projekttagen wird der übliche Fachunterricht zugunsten von wissenschaftspropädeutischen Erkundungen oder ästhetisch-künstlerischen Produktionen aufgehoben, die den Schülerinnen und Schülern meistens einen sonst nicht erreichbaren Motivations-, Erkenntnis- und Erfahrungewinn vermitteln. Dieser sollte freilich nicht gegen entsprechende Lernprozesse im regulären Unterricht ausgespielt werden, weil beide Organisationsformen sich ergänzen und nicht ausschließen.

4. Erfahrungen und Verdrängungen im Transfer der Generationen: Kollektivbiographien integrativ erforschen

Zum Abschluss sei noch auf einen Tatbestand verwiesen, der geschichtswissenschaftlich wie geschichtsdidaktisch bisher nicht bearbeitet wurde, obwohl er als be-

---

[14] In diesem Bereich hat der Verfasser dieses Artikels die meisten Anregungen veröffentlicht, vgl. Literaturliste. In der Publikation von 1982 (2. Auflage 1995) , S. 10 ff., wurden *Belehrungsunterricht* und *Erfahrungsunterricht* zur schärferen Profilierung der Problematik antithetisch einander gegenübergestellt.

sondere Form der *Tradition* einen genuin historischen Kern hat. Gemeint ist einerseits die mehr oder weniger bewusste Weitergabe von Erfahrungen von einer Generation zur nächsten und übernächsten, andererseits aber auch die transgenerationelle Stilllegung von Erfahrungen, die als *Verdrängung* in der Fachliteratur zuweilen kurz erwähnt, ansonsten aber nicht weiter thematisiert wird. Als Beispiel für die vergleichsweise transparente und produktive Nutzung spezifischer Erfahrungen zum Wohl der nachfolgenden Generationen sei hier die Beendigung von historisch-politischen „Erbfeindschaften" (z. B. Deutschland-Frankreich) wie überhaupt die friedliche Einigung Europas erwähnt, die ja eine lange theoretische Vorlaufzeit hatte, bevor sie nach dem zweiten Weltkrieg politisch-praktisch in die Wege geleitet wurde.[15] Man wende hier, bitte schön, nicht sofort ein, dass damit weder der Konkurrenzkampf zwischen den Staaten noch überhaupt das Freund-Feind-Denken aus der Welt geschafft seien; das behaupte ich ja nicht. Ich gebe hier nur zu bedenken, dass ein Teilsieg der Vernunft und der demokratischen Verständigung, wenn er denn früher möglich war, auch zukünftig möglich sein wird. Die realpolitischen Chancen dieser Erfahrung zu mehren, das sollte jedenfalls hauptamtlich zum geschichtsdidaktischen Ethos gehören, das allen Einzelfragen vorgeordnet ist.

Belege für nicht-bearbeitete Erfahrungen bzw. Verdrängungen finden sich nach wie vor in der Psychohistorie des Nationalsozialismus, der in seiner ganzen Wahrheit kollektiv bisher nicht akzeptiert werden konnte und daher immer neue Relativierungen oder gar Heldenstorys induziert.[16]

Für unser Leben und Überleben im Sinn der eingangs erwähnten „historischen Ökologie" ist es m. E. unerlässlich, die transgenerationelle Wirkungsgeschichte von Erfahrungen genauer zu erforschen. Auch dadurch würden „wir" sicherlich nicht „weise für immer" werden, aber einige von uns vielleicht doch klüger und humaner für ein andermal.

Für die Interaktion zwischen den Generationen auf dem Feld der historisch-politischen Bildung ist dreierlei festzuhalten:

• Was Lehrerinnen und Lehrer an schwierigen Erfahrungen nicht in der Ich-Perspektive für sich reflektieren und „bewältigen", das können sie auch nicht an die Schülerinnen und Schüler weitergeben. Für Geschichtswissenschaft und Geschichtsdidaktik gilt Entsprechendes.

• Lehrende und Lehrplangestalter sollten immer wieder über den Unterschied zwischen ihren eigenen generations- und kohortenspezifischen Erfahrungen auf der einen Seite und den Erfahrungen der Kinder und Jugendlichen auf der anderen Seite nachdenken, damit unproduktive Vermischungen vermieden werden. Leider ist es oft so, dass die Erwachsenen ihre Erfahrungen projektiv-unreflektiert in den

---

15 Als Beispiel außerhalb Europas sei die mit vielen Opfern errungene Abschaffung des rassistischen Apartheid-Regimes in Südafrika genannt, die sozialpolitisch allerdings noch zu vollenden ist.

16 Ausführlicher dazu neuerdings Welzer 2002 (a).

Unterricht hineintragen, so dass der jungen Generation eine Bürde aufgeladen wird, die älteren Pflichten entstammt. Daraus resultiert dann eine Didaktik des erhobenen Zeigefingers, die keinen Fortschritt, sondern eher Unwillen oder aber unreflektierte Gefolgschaft erzeugt.

• Andererseits kann es geradezu geboten sein, auf bestimmte Erfahrungen der eigenen Vergangenheit zu verweisen und diese dialogisch der Reflexion zu öffnen, da und insofern die Schülerinnen und Schüler bestimmte Gegenwartsprobleme aufgrund ihrer eigenen begrenzten Erfahrung gar nicht verstehen können.

Neben spezifischen Generationserfahrungen üben selbstverständlich die kollektiven Zugehörigkeiten einen großen Einfluss aus. Das jugendliche Mitglied einer christlichen Gemeinde hat einen anderen Geschichtshintergrund als das jugendliche Mitglied einer jüdischen Gemeinde, was generationsspezifische „Schnittmengen" natürlich nicht ausschließt. Entsprechendes gilt für Afrikaner und Afrikanerinnen, AmerikanerInnen und JapanerInnen, Gottgläubige und Materialisten usw. Jede „Kollektivbiographie" verfügt über produktive Erfahrungsschätze und leidet gleichzeitig unter ihren jeweiligen Verdrängungen.[17] Die Modernisierung des Geschichtsunterricht müsste u. a. bei den neuen multiethnischen Konstellationen und der Globalisierung des Lernens ansetzen.[18]

---

[17] In der Geschichte der Intellektuellen, die ja als Bezugsgruppe des Autors besonders wichtig ist, finden sich sowohl beispielhafte Widerstandshaltungen gegen Unrecht und Obskurantismus als auch beschämend opportunistisches Paktieren mit der Inhumanität. Entsprechendes gilt für praktisch alle „Kollektivbiographien": Kirche, Parteien, Verbände, Männer/Frauen, LehrerInnen usw. Jeder setze bei der eigenen Tradition an.

[18] Diesbezügliche Ansätze bieten Alavi 1998 und Körber 2001 sowie die Vorschläge für eine „Historische Lebenskunde" im dritten Teils dieses Buches.

VI. Die Kinder der Täter.
Vom Trauma des Jahres 1945 zur Wiedergewinnung einer humanen Lebensorientierung

1. Generations- und Kohortenzugehörigkeit[1] – einige autobiographische Angaben

Wenn mich damals, vor nunmehr bald vierzig, Jahren, als ich Gymnasiast war, jemand gefragt hätte, warum ich mich für Geschichte interessiere und Geschichte studieren wolle, hätte ich die allerlei plausible Gründe angegeben, nur nicht die wichtigste Tatsache, die mir erst sehr viel später Schritt für Schritt bewusst wurde, die Tatsache des lebensgeschichtlichen Involviertseins in die Nazizeit, die 1945, als ich mein siebtes Lebensjahr begann, äußerlich beendet wurde, innerlich und undurchschaut aber weiter rumorte, bis ins reife Erwachsenenalter hinein.

Ich bin das Kind von Nazi-Eltern. Meine Mutter war noch nach dem Krieg so uneinsichtig und gedankenlos, dass sie bei einem bestimmten Pausenzeichen des Rundfunks rhythmisch intonierte: „Bei den Nazis war's schön." Mein Vater war aus freiwilligem Entschluss der Waffen-SS beigetreten. Er ist dort karrieremäßig zwar nicht weit gekommen (aus bemerkenswerten Gründen, die ich an anderer Stelle benannt habe) und nach Auskunft der Zentralen Ermittlungsstelle in Ludwigsburg auch als Täter nicht namentlich bekannt geworden.[2] Das ändert aber nichts an der Tatsache, dass er, wie der Nürnberger Prozess 1946 urteilte, einer verbrecherischen Organisation angehört hat und nach dem Krieg mit empfindlicher Strafe zu rechnen hatte.

Was ich hier geläufig berichte, war lange Zeit tabu, stillgelegt, sozusagen in mir eingefroren. Die gefühlsmäßige Verbindung zu den Erfahrungen der frühen Kindheit, aber auch zu den zeitgeschichtlichen Inhalten, die ich mir während des Ge-

---

[1] Während der von der Tagungsleitung vorgegebene Begriff „Generation" nach Mannheim und Bude einen „Erfahrungszusammenhang von Gleichaltrigen" ins Bewusstsein hebt und damit eine chronologisch-„horizontale" Orientierung betont, soll der von mir bewusst hinzugefügte soziologische Begriff „Kohorte" die „vertikale" Verankerung in besonderen, schicht- und gruppenspezifischen Lebensumständen verdeutlichen, die auch im Konzept von Kollektivbiographien erkenntnisleitend sind.

[2] Nachtrag 2003: Auch ein privat erteilter und finanzierter Forschungsauftrag an die Firma *facts and files* (für ähnliche Aufgaben sehr zu empfehlen!) führte zu keinem Ergebnis.

schichtsstudiums vergegenwärtigte, waren lahmgelegt. Den Holocaust-Prozess von 1963–1965 beachtete ich überhaupt nicht, obwohl in den Medien relativ ausführlich über ihn berichtet wurde. Dabei hatten wir selbst längere Zeit in der Nähe eines anderen deutschen Konzentrationslagers auf polnischem Boden gelebt, in Lodz, einer polnischen Stadt, die von den Nazis in Litzmannstadt umbenannt worden war. So perfekt war die fakto- und psychologische Abtrennung der Vergangenheit, dass ich das „Litzmannstadt" meiner Kindheit, über das die Eltern gelegentlich die eine oder andere Bemerkung fallen ließen, mit dem polnischen Lodz und seinem von Hitlers Henkern eingerichteten Getto überhaupt nicht in Verbindung brachte und auch keinen Anlass sah, dazu genauere Informationen einzuholen.

Die schizoide Spaltung bei gleichzeitiger partieller Lähmung im Gefühlsleben scheint mir typisch für die Kinder der Täter zu sein, „Täter" hier in einem sehr weiten Sinn verstanden, also auch unter Einschluss der Mittäter, Schreibtischtäter, Mitläufer, Sympathisanten usw. In dem Maße, wie sich die Kinder mit ihren Eltern identifiziert hatten, die Jungen natürlich mit den Vätern als Helden und Siegern, kam es 1945 zu einer schockartigen Implosion des narzisstischen Verblendungszusammenhanges mit weitreichenden Folgen für die anschließende psychosoziale Entwicklung.

Wir lebten zum Ende des Krieges in einem Nonnenkloster in Bayern, wohin wir – meine Mutter, meine Schwester und ich – aus Berlin „evakuiert" worden waren. Ich war stolz auf meinen Vater, prahlte wohl zuweilen mit ihm und kündigte im Kreise von Spielkameraden an, dass ich später, wenn ich groß sei, auch zur SS gehen werde. Eines Tages riss mich die Mutter völlig unvermutet an sich und schärfte mir ein, ich dürfe niemandem mehr sagen, dass der Vater der SS angehöre, auf keinen Fall und unter gar keinen Umständen. Warum nicht? Es gab keine Erklärung. Was eben noch unumstößlich richtig erschien und verherrlicht wurde, galt plötzlich nicht mehr. Viele Kinder, nicht nur die der Täter, emotional allein gelassen, verloren Orientierung, Sicherheit und Vertrauen. Sie wussten nicht mehr, was richtig und was falsch, was vorne und hinten ist.[3]

Neben der lebensweltlichen Desorientierung ist der Einbruch von übermäßigen Schuldängsten in das Leben der Kinder zur Charakterisierung ihrer traumatischen Störung in Betracht zu ziehen. Das siegreiche Vordringen der Alliierten, die Besetzung des Landes und die existenzielle Konfrontation mit den neuen Machthabern, von denen die Täter Strafe zu erwarten hatten, ließ in den Kindern die Angst entstehen, etwas fürchterlich falsch gemacht zu haben und für große Schuld bestraft zu werden. Die soziale Kohorte, in die ich mich selbst einordne, hatte nicht nur mit

---

[3] Die Desorientierung ergriff selbstverständlich nicht nur Kinder und Jugendliche, sondern auch viele Erwachsene, und zwar sowohl ideell als auch materiell-konkret; denn manche Städte waren so zerbombt, dass man die eigene Straße nicht mehr wiederfand, vgl. etwa Korn 1979, S. 7 f.

„unbewusst entlehnten Schuldgefühlen" zu tun,[4] sondern auch mit einer enormen Aufblähung der im Komplex kindlicher Aggressionen entstandenen direkten Schuldgefühle und Straferwartungen, in denen der Ödipus-Komplex keine humanisierende Wirkung mehr entfalten konnte. Nehmen wir an, ein Kind ist unbewusst mit bösen Wünschen gegenüber den Eltern beschäftigt. Es ist wütend und überlegt, mehr oder weniger bewusst, was den Eltern alles passieren könnte. Da fährt ein wie vom Wunsch angetriebener Jeep mit Besatzungssoldaten vor und verhaftet den Vater oder die Mutter oder gar beide. Wenn das nicht aufgeklärt und durchgearbeitet wird, etwa im psychoanalytischen Gespräch, bleibt der Kern eines Schuldkomplexes erhalten, in dem Lebensgeschichtlich-Inneres und Geschichtlich-Äußeres in besonders unglücklicher Weise miteinander verquickt sind. Doch das ist nicht alles.

Unerträglich und damit traumatisierend waren 1945 viele Vorgänge vor allem deswegen, weil sie von Todesdrohungen und Todeserlebnissen verschiedenen Ausmaßes und Inhalts begleitet wurden. Zu nennen sind hier in erster Linie die durch Kriegsereignisse ausgelösten Todesängste: verschüttete Luftschutzkeller in den Städten nach Bombenangriffen, Tieffliegerangriffe aus heiterem Himmel auf dem Lande, totale Erschöpfung auf der Flucht usw. Für die Kinder der Täter kam jedoch noch etwas anderes dazu, etwas Besonderes, das meines Wissens bisher nirgends seiner Bedeutung entsprechend zum Thema gemacht worden ist, weder in geschichtswissenschaftlichen noch in psychoanalytischen Studien: die Angst vor dem Tod durch die Hand der eigenen Eltern, die dann eine reale Grundlage hatte, wenn die Eltern von übermäßiger Angst ergriffen wurden, in der Zukunft keinerlei Chance mehr sahen und überlegten, ob sie der offenbar unausweichlichen Katastrophe mit Gift oder Pistole vorgreifen sollten. Als bekanntestes Beispiel für einen vollzogenen Familien-Selbstmord kann hier Joseph Goebbels genannt werden, Hitlers Propaganda-Minister, der seine sechs Kinder mit Hilfe von SS-Ärzten erst betäuben und dann vergiften ließ, um schließlich auch seine Frau und sich selbst umzubringen. Doch das ist nur ein herausgehobener Einzelfall, dem unzählig weitere Fälle hinzuzurechnen sind.[5]

Was bei den einen vollzogen wurde, blieb bei anderen unausgeführter Plan oder diffus erwogene Möglichkeit. Dass die stillschweigende Annullierung des Mord-Selbstmord-Vorhabens den Kindern, die das mehr oder weniger deutlich registrier-

---

[4] Das „unbewusst entlehnte Schuldgefühl" ist Gegenstand profunder psychoanalytischer Studien, die auf Freud zurückgreifen können, vgl. etwa Vogt 1995 und Vogt/Vogt 1997.

[5] An *einzelnen* Belegen (im Archiv des Verfassers) ist kein Mangel; eine *Gesamtdarstellung* des Themas fehlt jedoch. – Auch in dem von Tilman Moser zu Beginn der Tagung vorgetragenen Fallbeispiel kommt ein SS-Mann vor, der drohte, seine eigene Familie ins KZ zu bringen, wenn diese etwa den „Feindsender" hörte. „Dem Einmarsch der Alliierten ins Reich ging eine Selbstmordwelle voraus. Tausende von Deutschen suchten aus Angst oder Verzweiflung den Tod", so fasst ein ZEIT-Artikel anlässlich der fünfzigjährigen Wiederkehr des 8. Mai 1945 den Tatbestand zusammen (Foedrowitz 1995), leider ohne die Quellen der einzelnen Befunde zu nennen.

ten (und ich weiß in dem Fall genau, wovon ich rede), keine wirkliche Erleichterung bescherte, sondern eher eine lebenslange Beeinträchtigung ihres Lebensvertrauens, ist wohl ohne lange psychoanalytische Verdeutlichung einsichtig. Ist denn die Todesdrohung nun aufgehoben? So könnte man den aus diesem Lebenszusammenhang entstammenden unbewussten Gedanken zusammenfassen, den ich, von mir ausgehend, auch bei anderen Kindern der Täter vermute.

Psychohistorisch ist die existenzielle Bedrohung in der *besonderen* geschichtlich-lebensgeschichtlichen Situation auf die von Judith Kestenberg vermutete *generelle* Bereitschaft nationalsozialistischer Eltern zu beziehen, ihre eigenen Kinder auf dem Altar des Rassenwahns zu opfern, wie überhaupt die maßgeblichen Akteure des Nationalsozialismus dazu neigten, das ganze Land dem Untergang preiszugeben, nachdem sich die Verwirklichung ihrer Wahn- und Machtfantasien – ein Glück! müssen wir heute sagen – als unmöglich erwiesen hatte.

2. Einmaliges Trauma oder kumulativ schockierende Wirkung von Einzeleinsichten?

Ich habe die Traumatisierung einiger Täter-Kinder mit einem bestimmten Datum verbunden, dem Kriegsende. Historisch-genetisch ist es aber fraglich, ob es sich um einen einmaligen kurzen Vorgang oder eher um eine längere Abfolge von Ereignissen und Teileinsichten handelt, die kumulativ schockierende Wirkungen zeitigten. Auch ist der Schock selbstverständlich nicht genau auf den 8. Mai 1945 zu datieren, sondern je nach Bedeutsamkeit des lebensgeschichtlichen Fokus' auf recht verschiedene Daten. Ich denke, dass hier je nach Lebenslauf verschiedene Konstellationen in Erwägung zu ziehen sind.

Das Denkmodell einer schlagartig eröffneten Wahrheit, die für die Täter-Kinder unerträglich und insofern auch nicht zu integrieren war, und die Vorstellung einer Stück für Stück zu Tage tretenden Familiengeschichte des Horrors, deren pathogene Folgen nicht selten bis heute fortdauern, widersprechen sich nicht, sondern ergänzen einander. Das gilt auch für den kollektiv-nationalen Zusammenhang, in dem die millionenfache Täterschaft von Deutschen, wenn sie ohne Verklausulierungen ins öffentliche Bewusstsein gehoben wird, immer wieder, bis heute, eine Phalanx von heftigster Abwehr zu Stande bringt, als wenn in dem vorgehaltenen Spiegel nichts Tatsächliches, sondern Fantasie-Obszönitäten zum Vorschein kommen würden. Im Zusammenhang des Kollektiven könnte man eine Analyse der deutschen Kritik am Goldhagen-Buch vornehmen (Schoeps 1996, Rolf und Barbara Vogt 1997), die den Fall bezeichnenderweise zu erledigen bemüht war, bevor das Buch überhaupt auf Deutsch erschienen und dem Normalleser zugänglich war. Ähnliches gilt für die Opposition gegen die Wehrmacht-Ausstellung, die deutlich dokumentiert, dass es nicht einfach um historische Tatsachen, sondern um höchst persönliche Loyalitäten und Identitäten ging. Dankbarkeit solle man gegenüber der

Generation zeigen, die unser Land gegen die Russen verteidigt und dann in so schwieriger Zeit wieder aufgebaut hätten, hieß es beispielsweise.[6]

Abb. 5: Protest gegen die Wehrmachausstellung

Doch ich will hier nicht ins Wissenschaftlich-Systematische oder Didaktische übergehen, sondern auf der Ebene des Individuell-Prozesshaften bleiben, für das Horst Krüger mit einem Buch *Das zerbrochene Haus – Eine Jugend in Deutschland* interessante Informationen anbietet.

Krüger, 1919 geboren, beschreibt die Traumatisierungen seiner Kindheit durch ein emotionslos-steriles Elternhaus, das er bewusst als Metapher für Deutschland

---

[6] Zur Gesamtthematik s. auch Wirth 1997 mit Editorial und Basis-Artikel.

versteht. Im Unterschied zu mir war er zur Zeit des Auschwitz-Prozesses alt und reif genug, um die Konfrontationen mit Deutschland *und mit sich selbst* noch einmal zu wagen. Ich sage „noch einmal", weil der Auschwitzprozess auch für ihn keine plötzlich-erstmalige Einsicht war, sondern so etwas wie eine Durchgangsstation in einer längeren Entwicklungsgeschichte, die lange vor 1963 begonnen hatte und lange über das Prozessende von 1965 hinausging.[7] Das Buch schrieb sich, kommentiert er später, gleichsam von hinten nach vorn. Mit der realgeschichtlichen Konfrontation „schob sich langsam der eigene Erinnerungsstoff hoch." Doch auch das allmählich entstehende Gesamtbild ist dann keineswegs immer sicher; es wird von vielen Deutschen abermals fragmentiert und entschärft und liefert so, in Verbindung mit neuen unausweichlichen Geschichtslasten, Stoff für unendliche Analysen.

Kehren wir nach dieser methodologischen Zwischenüberlegung zur Verschränkung von einmaligen Schlüsselereignissen und prozesshaften Veränderungen zur historischen Chronologie zurück.

3. Die Nachkriegszeit: Schuldgefühl und Double-bind-Konstellation

Eine wesentliche Nachwirkung des Umbruchs von 1945 war nach meinen Recherchen die exzessive Double-bind-Situation, in die viele Täter-Kinder gestoßen und strukturell gewaltsam eingebunden wurden. „Werde ein Demokrat! Aber wehe dir, wenn du einer wirst!" so etwa lautete die unerfüllbare Doppelbotschaft. Wie immer es man unter diesen Umständen anstellte – es war falsch. Es war falsch, wirklich demokratisch zu werden, es war aber auch falsch, manifest nazistisch zu bleiben. Was tun? Welcher Stimme konnte man sich anvertrauen? Vergegenwärtigen wir uns die politisch-äußeren Bedingungen des Lebens nach 1945: Die Umorientierung zur parlamentarischen Demokratie (im Westen) bzw. zur „Volksdemokratie" (im Osten) war eher eine von außen durch die Alliierten auferlegte Notwendigkeit denn eine Sache der von Reue und Schrecken getragenen authentischen inneren Einsicht. Die Sieger machten aus ihren Umerziehungsprogrammen überhaupt keinen Hehl, im Gegenteil, und so steckte im Bekenntnis zur jeweiligen Demokratie die Chance des Überlebens, ja vielleicht sogar die Möglichkeit zu neuem Aufstieg. Es wäre durchaus einer gesonderten Studie wert zu untersuchen, wie wendig sich viele Deutsche den neuen Lebensbedingungen anpassten, ihr Selbst-Objekt Hitler preisgaben und sich den neuen Machthabern andienten. Dass die Demokratie sich damit zum authentischen Bedürfnis und zur inneren Lebensform entfaltete, wird man gleichwohl nicht sagen können. In dem Maße, wie vor allem die Kinder der NS-Täter und

---

[7] Das Buch wurde 1964/65 geschrieben, 1966 publiziert und zehn Jahre später mit einem Nachwort versehen, auf das ich mich im Folgenden beziehe.

der NS-Sympathisanten ihre identifikatorische Bindung an die Eltern nicht aufgeben konnten (und dieses Aufgabe gelang nach der schockartigen Unterbrechung des Lebenslaufs in der zweiten Generation und der weitgehenden Veränderungsunfähigkeit in der ersten Generation nur äußerst selten), in diesem Maße persistierten auch die alten meistens unausgesprochenen Botschaften, die da etwa hießen „Lass dir nicht einfallen, das neue Gesellschaftssystem für besser zu halten als das alte, in dem du geboren bist...."

Eine andere Konfiguration derselben Zerreißspannung war die übermäßige Ambivalenz der Täter-Kinder ihren Eltern gegenüber, die einerseits heftig geliebt, ja im wahren Sinn des Wortes „vergöttert", andererseits aber auch abgrundtief gehasst wurden. Ich denke dabei vor allem an die Studentenrebellion der sechziger Jahre, die natürlich nicht nur als Generationenkonflikt interpretiert werden kann, die aber doch wesentliche Elemente der nicht durchgearbeiteten deutschen Geschichte enthielt, ohne eine Minderung der Konfliktspannung erreichen zu können. Das Problem bestand unter anderem in der unbewussten Identifikation mit den Eltern, die durch politisch-äußere Aktivität nicht zu überwinden war. Ein Symptom für unterschwellig fortwirkende Traditionen ist der stramme Nationalismus, den heute etliche Linke von damals zur Schau tragen. Ich denke nicht, dass sich diese Personen wirklich verändert haben. Vielmehr kommt jetzt zum Vorschein, was vorher, dem Zeitgeist gehorchend, verborgen war.

Als bekanntes und tragisch zu nennendes Beispiel für eine Art unproduktiver Sackgassen-Aktivität möchte ich den Lebenslauf des Radikal-68ers Bernward Vesper nennen, Sohn des prominenten NS-Schriftstellers Will Vesper, der 1882 bis 1962, mithin an die achtzig Jahre voll gelebt hat, während sein Sohn, 1938 geboren, an den Destruktivitäten der Geschichte zerbrach und im Alter von nur 33 Jahren Selbstmord beging. Bernward Vesper hat seinen Vater geliebt und gehasst. Es gelang ihm nicht, den Bannkreis der nationalsozialistisch-familiären Lebenswelt zu durchbrechen. Auch die Mutter bot ihm keine Hilfe, oder sagen wir besser: das Mütterliche im Sinn der Möglichkeit einer regressiven Regeneration der Lebenskräfte blieb in Bernward unterentwickelt. Seine unter dem Titel *Die Reise* zusammengefassten autobiographischen Aufzeichnungen sind für die geschichtsanalytische Aufarbeitung der Nachkriegszeit von großer Bedeutung und gleichzeitig ein bewegendes *document humain*, trotz oder gerade wegen seiner verzehrenden Hassausbrüche gegen die bürgerliche Welt, die nach 1945 erst einmal so tat, als wäre nichts geschehen.

Bei der Suche nach einen Ausdruck für eigene frühere Befindlichkeiten (von denen ich freilich annahm, dass sie auch etwas Allgemeines enthalten, und diese Annahme erscheint mir im Rückblick wichtig als Antriebsfaktor für das Durcharbeiten der Geschichte) ist mir ein Bild aus dem Jahr 1981 aufgefallen, das den Titel *die Schuld* trägt. Im Blickpunkt steht eine rötlich eingefärbte wie gehäutet aussehende Person, die eine Trommel schlägt. Ist die Person jung? Ist sie alt? Man kann nichts dazu sagen. Ihre Augen starren aufgerissen ins Leere nach vorn. Hitler verstand sich

Abb. 6: Hubertus Giebe: Die Schuld (1981)

in den ersten Jahren bekanntlich als Trommler der Bewegung, und er erscheint auf dem Bild nach meiner Interpretation mit zertrümmertem Schädel auf dem Kopf stehend unmittelbar über dem Trommler, ebenfalls mit weit aufgerissenen Augen. Obwohl der Trommler auf dem Bild alles andere als menschlich-gesund aussieht, erscheint er doch im Vergleich zu seiner Umgebung, die vorwiegend in Grau- und Schwarztönen gehalten ist und aus lauter Fragmenten besteht, als etwas relativ Intaktes. Deutliche und vollständige Konturen hat nur noch eine andere Person, der schwarze Mann hinter dem Trommler, groß und wuchtig, mit rot umrandetem Mund, der Dracula gehören könnte. Der schwarze Mann steht da, in unmittelbarer

Nähe zum kleinen Trommler, hat aber keinerlei Kontakt zu ihm, starrt über ihn
hinweg, wie auch die fragmentarisch hinter dem schwarzen Mann angedeutete Frau
keine Beziehung zu den Personen hat, sondern mit maskenhaft starrem Gesicht
seitlich quer aus dem Bild herausschaut. Das Verbindend-Menschliche ist mit der
Zersplitterung der Lebenswelt eliminiert, und für den Trommler gibt es kein Zurück, offensichtlich aber auch kein Vorwärts in eine bessere Zukunft.

Übermäßig von der Geschichte belastet, fühlten viele Kinder der Täter sich nach
meinen Beobachtungen als Opfer einer unheilvollen Entwicklung, der nicht zu ent-
kommen war. Das bewirkte auf der einen Seite regressive Wünsche, die sich als
Aussage in der ersten Person folgendermaßen zusammenfassen lassen: „Ich möchte
zurück in die Aufstiegs- und Siegeseuphorie der ersten Jahre. Ich möchte bewundert
werden und als Garant einer machtvollen Zukunft angesehen werden." Doch die
Regression war versperrt, für etliche jedenfalls, denn von der anderen Seite drückte
mit Macht das schlecht Gewissen und die politische Einsicht dagegen, die etwa besagten: „Ich darf auf gar keinen Fall zurück in die Aufstiegs- und Siegeseuphorie der
ersten Jahre. Ich kann gar nicht bewundert werden, denn ich bin ja nichts mehr
wert. Ich bin kein Garant für die Zukunft, sondern ein Makel der Geschichte, den
man besser nicht beachten sollte."

Die *subjektiven* Konflikte der Täter-Kinder einschließlich ihres Opfer- und
Schmerzgefühls sind anzuerkennen, therapeutisch zu bearbeiten und so weit wie
möglich zu integrieren, aber doch sorgfältig von einer *objektivierenden* Betrachtung
der Geschichte zu trennen, wie auch die heftige narzisstische Verletzung der Täter-
Kinder nicht dazu verleiten darf, dieses Trauma, wenn es denn eins ist, mit der kumulativen Traumatisierung der Holocaust-Überlebenden gleichzusetzen. Es kann
für uns nicht darum gehen, politisch-vordergründige Versöhnung zelebrieren zu
wollen. Vielmehr scheint es (mir) geboten, in Respekt den Abstand und die Differenz zu wahren und vom eigenen Standpunkt aus Aufklärung zu betreiben. Ich kehre damit zu meinem Berufsfeld im engeren Sinn zurück, zur Geschichte und zur
Frage, wie Geschichte gelernt und gelehrt werden sollte. Damit gehe ich gleichzeitig
– nach Reflexionen über den Begriff „Generation" und „Unbewusstes" – auf das
dritte Stichwort der Tagung ein: „politische Kultur".

4. Die Aufgabe (1):
Gesprächskultur – Gewissensbildung – Wiedergutmachung

Die generations- und kohortenspezifische Lebensaufgabe für die Kinder der
Täter ist nach diesen Befunden m. E. relativ leicht zu benennen: Sie lautet: Rückgewinnung und Festigung einer humanen Orientierung ohne erneute Verdrängung.
Während die positive Zielbestimmung im ersten Halbsatz mannigfaltige Unterstützung in Theorie und Praxis erfährt, lässt die Verwirklichung des zweitens Halbsat-
zes „ohne erneute Verdrängung" zu wünschen übrig, zumal die Aufhebung des

ersten Verdrängungsschubes vor allem der fünfziger Jahre nur wenigen wirklich gelungen ist. Rückgewinnung einer humanen Orientierung sollte unter anderem heißen (ich formuliere allgemein, was ich mir selbst vor allem beruflich vorgenommen habe), dass die zweite Generation ihren Beitrag zur Entfaltung einer *Gesprächskultur* verstärkt, war doch ihr eigenes Leben lange Zeit schädlich-repressiv von Schweigen, Verschweigen und Ausweichen bestimmt. Mehr und intensiver miteinander sprechen, ohne Rechthabeabsichten und Siegeswünsche, das scheint mir sowohl für das private wie auch das beruflich-politische Leben ein gutes Vorhaben zu sein, zumal die Gesprächs*un*kultur nicht nur aus der Vergangenheit kommt, sondern auch in der Gegenwart, gefördert durch den Show-Rummel der Medien, bedrohlich um sich greift. Mehr und intensiver miteinander sprechen ist auch eine primäre didaktische Aufgabe, die sowohl in der Schule als auch in den Universitäten bei der Ausbildung ihre Relevanz und je besondere Schwierigkeiten enthält.

In dem Zusammenhang ist das sogenannte fragend-entwickelnde Unterrichtsgespräch, in dem der Lehrer oder die Lehrerin so lange kurzschrittige Fragen stellt, bis genau die Antwort fällt, die er oder sie von Anfang an im Hinterkopf hat, als vorherrschende Kommunikationsform zurückzuweisen. Selbstverständlich kann es im Unterricht auch einen durch Impulsfragen gelenkten Erkenntnisprozess geben, aber eben nicht andauernd und ausschließlich. Die sogenannte Mausefallen-Induktion[8] ist ein Symptom für die Zwanghaftigkeit in den Kommunikationsstrukturen unserer Schulen. Ob „Pisa" etwas daran ändern wird, ist keineswegs sicher.

Rückgewinnung einer humanen Orientierung heißt ferner, dass mit der Aneignung neuen Wissens das *Gewissen* nicht wieder lahm gelegt, sondern im Gegenteil entschieden zur Mitsprache aktiviert wird, ohne dabei in ein vordergründiges Moralisieren zu verfallen, mit dem andere belastet und man selbst entlastet wird. Auch das ist schwerer getan als gesagt, obwohl das Zusammenspiel von Wissen und Gewissen, scientia und conscientia, ideengeschichtlich eine jahrhundertlange Tradition hat und daher eigentlich selbstverständlich sein sollte. Beland bezeichnet in einem Aufsatz, dem ich wesentliche Denkanstöße verdanke, „*Schuldtoleranz*" als zentrale europäische Utopie mit sowohl individueller als auch kollektiver Bedeutung. Schuld und Schuldgefühle werden bekanntlich besonders heftig abgewehrt,[9] doch eben deswegen hat die zweite Generation hier eine wichtige vermittelnde Aufgabe: Lebensgeschichtlich in den größten Schuldkomplex der Geschichte involviert, ohne selbst Täter geworden zu sein, kann die zweite Generation das Ihre durcharbeiten und so vor einer unverdauten Weitergabe an die nächste Generation bewahren. „Tolerare" heißt nicht nur erdulden, ertragen, sondern auch einfach tragen, und so ist es nicht nur zu „ertragen", sondern wirklich zu „tragen", wenn etwa der israelische Staatspräsident Ezer Weizmann im Deutschen Bundestag unter anderem sagte:

---

[8] Der Lehrer ist die Mausefalle, die zuschnappt, wenn die SchülerInnen aus der Reserve gelockt wurden und den gewünschten Schritt zum ausgelegten Köder getan haben – was dann in der Fachsprache „Motivation" genannt wird.

[9] Vgl. unten Abb. 17 und Kontext.

„Als Präsident des Staates Israel kann ich über sie (die Kindes seines Volkes und
Opfer des Holocaust, S-H) trauern und ihrer gedenken, aber ich kann *nicht* in ihrem
Namen *vergeben*." Diesem Nicht-Vergeben-Können (und seinen Beweggründen) voll
bewusst und kritisch-empathisch standhalten zu können, ohne Wenn und Aber, das
erobert den Kindern der Täter und vielleicht auch deren Kindern ein Stück Le-
benswürde zurück, die durch das schmählich Verhalten der ersten Generation ein-
gebüßt wurde.

Mit Schuldtoleranz wäre – drittens – eine Vertiefung und Dynamisierung des
Geschichtsbewusstseins verbunden, das zwar geschichtsdidaktisch-akademisch breit
ausgefächert und elaboriert wurde, das aber im Ganzen, angesichts der Dynamik,
die es wegen der Bewusstseinsinhalte doch hätte haben müssen, merkwürdig do-
mestiziert und betont ausgeglichen in Erscheinung trat, als es in den siebziger Jahren im bewussten Gegenzug zu den Emanzipationsansprüchen der Studentenbewegung erneut begründet und den GeschichtslehrerInnen ins Stammbuch geschrieben
wurde. Nach dem Krieg hieß es noch aus berufenem Munde, dass das vom Nationalsozialismus „vergiftete Geschichtsbewusstsein" wieder gereinigt werden müsse.[10]
Die Metapher der Reinigung erinnert zwar selbst noch an den nationalsozialistischen Sprachgebrauch.[11] Das sollte aber nicht die Einsicht blockieren, dass es so
etwas wie eine Seelenvergiftung wirklich gegeben hat, insbesondere bei den Kindern
und Jugendlichen, die ja dem rassistisch-ideologischen Ansturm, der als Aufruf zu
heldischer Größe und deutschem Edelmut auf sie eindrang, schwerlich standhalten
konnten.[12] Bei den mir bekannten Theoretikern des Geschichtsbewusstseins ist weder von einer derartigen Vergiftung oder vergleichbaren Erfahrungen noch von der
Notwendigkeit einer Bewusstseinsumwälzung die Rede. Vielmehr wird Geschichtsbewusstsein als, wie es formelhaft immer wieder heißt, Verbindung von Vergangenheit, Gegenwart und Zukunft beschworen und damit eben das eingebunden, was
überwunden werden sollte. Es fehlt der Bruch und die nachträglich eingreifende
Umstrukturierung des Ganzen, die überhaupt Voraussetzung für Geschichtsbewusstsein ist, wie Mario Erdheim das in lesenswerten Arbeiten begründet hat.

Wer den Bruch auf der Subjektseite als Notwendigkeit und Schwierigkeit registriert hat, wird höchst behutsam mit Begriffen wie „historische Sinnbildung" und

---

[10] Geiler 1945, erneut abgedruckt 1995. Vgl. auch Thomas Mann, der schon im Januar 1942 die
       Deutschen in seiner Rundfunkansprache aufforderte (a. a. O., S. 51): „Nicht *siegen* müsst ihr,
       denn das könnt ihr nicht. Ihr müsst euch *reinigen*." Ein ganzes Kapitel widmet Karl Jaspers
       dem Thema *Unsere Reinigung*, in: *Die Schuldfrage* (1946).

[11] Hier liegt ein grundsätzliches Problem vor; denn unzählig viele Begriffe, die an sich „harmlos"
       und sachlich zu verwenden sind, wurden mit sozialpathologischen Inhalten gefüllt, man denke
       etwa an „Lebensraum", „Weltanschauung", „Gemeinschaft" (in ihrer irrationalen Aufblähung
       zur „Volksgemeinschaft"). Auch „Reinigung" oder „Säuberung" ist ja nicht von vornherein
       von Übel.

[12] Das Gefühl, durch die verbrecherischen Taten der Eltern „innerlich vergiftet" zu sein, thema-
       tisiert auch Christian Schneider 1998 im Kontext von „Schuld als Generationenproblem".

„narrative Kompetenz" umgehen, die in der geschichtsdidaktischen Diskussion hoch im Kurs stehen, ja die Diskussion programmatisch bestimmen. Auschwitz und die Täterschaft von Deutschen haben keinen Sinn, der einfach so erzählt werden könnte. Wenn das Durcharbeiten der Geschichte voran kommt, kann vielleicht der Kampf gegen die Verdrängung „erzählt" werden, und das macht durchaus Sinn. Sinnbildung als Geschichtskitt, der den Bruch überdeckt, macht hingegen keinen Sinn. Die Geschichtsdidaktiker sehen Auschwitz zwar als Zivilisations- und Epochenbruch, der Gegenstand detaillierter Forschungen sein kann und sein muss. Sie übersehen aber weitgehend, so weit mir bekannt ist, dass oder inwiefern die Brüche auf der Sachebene mit den Brüchen in den Subjekten korrelieren, die Geschichte von heute aus betrachten. Mit anderen Worten: Bevor wir neuen Sinn entwerfen, muss die Sinnentleerung der Geschichte in uns selbst bewusst gemacht, ausgehalten („toleriert") und dialogisch bearbeitet werden, andernfalls entstehen Theoriebastionen, die vor allem der Abwehr eigener Sinnlosigkeitsängste dienen.

Eine überzeugende, praktische Realisierung dessen, was ich hier relativ abstrakt ins Auge gefasst habe, ist die von Hilde Schramm und anderen Frauen ins Leben gerufene „Stiftung Zurückgeben", die auf die massenhaften Bereicherungen von Deutschen an dem Besitztum vertriebener oder ermordeter Juden aufmerksam macht und dazu auffordert, das zu Unrecht Erworbene schlicht und einfach zurückzugeben oder auf andere Weise einen Ausgleich zu schaffen.[13]

Als Tochter des Rüstungsministers Albert Speer ist Hilde Schramm in den Besitz eines dubiosen Erbes gelangt, zu dem unter anderem wertvolle Bilder aus dem 19. Jahrhundert gehörten. Diese Bilder wurden, wie sie berichtet, in den dreißiger Jahren „billig" auf dem Kunstmarkt „erworben", mit anderen Worten: einem in Lebensnot geratenen Juden für einen Spottpreis weggenommen. Hilde Schramm wollte dieses Erbe nicht antreten und zahlte ihren Erbanteil in die von ihr mitbegründete Stiftung ein, die fortan jüdische Frauen und bestimmte Projekte unterstützen soll. Von „Wiedergutmachung" wollen die Initiatorinnen ausdrücklich nicht sprechen; denn was wir, die Deutschen, damals getan haben, hat unermessliches Leid verursacht und lässt sich nicht einfach „wieder gutmachen". Aber der Begriff der Kapitelüberschrift ist auch nicht in einem vordergründigen monetär-politischen

---

[13] Es gibt bisher nur wenige Presseberichte über diese Initiative, vgl. die tageszeitung 24.8.93; DIE ZEIT 17.9.95; Frankfurter Rundschau 11.12.95; tip Nr. 16/96 und zuletzt Frankfurter Rundschau 29.7.2002 in der Rubrik „Die Weltverbesserer". – Natürlich waren es nicht nur Einzelpersonen, sondern auch Institutionen wie z.B. staatliche Museen, die sich an der Ausplünderung jüdischer Besitztümer beteiligten, vgl. zur wissenschaftlichen Erforschung dieser Vorgänge Kingreen 2000 und Friedenberger 2001. – Wer in den letzten Jahren aufmerksam die Zeitung gelesen hat, wird gelegentlich Berichte von rückkehrenden Juden gelesen haben, die mit ihren Ansprüchen auf Rückerstattung des enteigneten Eigentums auf größte Schwierigkeiten stießen, vgl. exemplarisch Müller-Münch 1999.

Sinn zu verstehen, sondern als inneres Bedürfnis, das etliche Kinder der Täter antreibt. Aber: Wie viele sind das eigentlich?

Dass die Re-Humanisierung auch bei gutem Willen nicht unbedingt glatt gehen muss, weil sie mit mancherlei Fallstricken versehen ist, wurde am Anfang dieses Abschnitts schon angedeutet. Gefahr droht vor allem von der Seite unseres Narzissmus, der auch dem schon zitierten Horst Krüger im Rückblick auf seine autobiographischen Studien aufgefallen ist. Er diagnostizierte eine „geheime Lust am Exhibitionistischen" und einen „Hang zum Selbstgenuss", dem er nicht noch einmal nachgeben würde. In der Tat: Wir müssen aufpassen, dass wir nicht einfach aus der Pose der Kriegshelden in die Pose von Sozialhelden schlüpfen.

5. Die Aufgabe (2):
„Geschichtstoleranz" und „Geschichtsanalyse"

Im vorigen Abschnitt wurde „Schuldtoleranz" als Utopie für ein sich wandelndes Europa in Aussicht genommen. Meines Erachtens kann diese Schuldtoleranz auch generalisiert als „Geschichtstoleranz" verstanden werden, denn die europäische Geschichte ist voll von Hekatomben, die willentlich von uns Europäern angerichtet wurden und somit als Schuldlast konfrontativ-erinnernd zu ertragen sind, wenn nicht neue Verblendungen das Geschichtsbewusstsein verdunkeln sollen. Das heißt nicht, dass Lebensfreude und Erfolgsstolz (u. a. auf Demokratie und Menschenrechte) eliminiert werden sollen. Geschichtstoleranz ist keine unablässige Selbstanklage, aber eben auch keine einäugige Selbstgerechtigkeit, die ein Lernen aus Geschichte verhindern würde.[14] Ich will das anhand einer fast alltäglichen Konfliktsituation konkretisieren. Teilnehmer und Teilnehmerinnen meiner Seminare berichten immer wieder mit Empörung, dass ihnen im Ausland die Untaten ihrer Großeltern- und Urgroßeltern-Generation vorgehalten und sie mit diesen „in einen Topf" geworfen werden („Ihr Deutschen..."). Das sei ungerecht, sachlich unhaltbar und somit unerträglich; dagegen müsse man sich doch zur Wehr setzen. Richtig! Trotzdem werbe ich in dieser Situation sozusagen für die besagte „Geschichtstoleranz" und versuche damit gleichzeitig, den Ärger vor dem Umkippen zu bewahren. Mit „Umkippen" ist die Verkehrung der historischen Situation in ihr mentalitätsgeschichtliches Gegenteil gemeint, dergestalt dass wir es von vornherein ablehnen, immer wieder mit dem Holocaust konfrontiert zu werden und in einer Gegenbewegung Auschwitz denjenigen zum Vorwurf machen, die es erlitten haben oder in der Nachfolge der Opfer stehen.

---

[14] Vgl. ganz ähnlich: Wirth 1997, S. 22: „Das Verbrechen teilen wie die Idee der Freiheit, der Brüderlichkeit".

Zur Geschichtstoleranz gehört also das historisch rückblickende, gedanklich-emotionale Aushalten der Konfrontation mit den im deutschen Namen verübten Massenverbrechen, die nicht dadurch geringer werden, dass es auch andere Verbrechen ähnlicher Art gibt. Geschichtstoleranz in diesem Sinn ist weit mehr als passiv-ohnmächtiges Erdulden einer übermächtigen Vergangenheit; sie impliziert die aktive Einmischung gegenüber jenen, die zu schwach und von daher auch zu arrogant sind, um der Wahrheit ins Gesicht blicken zu können.[15] Die nach der Vereinigung von BRD und DDR reklamierte „Normalität" ist nur ein Indiz dafür, dass Geschichts*in*toleranz wieder massiv im Vormarsch ist. Gegen Geschichtsintoleranz und Schlussstrich-Ideologie haben insbesondere die Kinder der Täter geltend zu machen, dass die willkürliche Beendigung des Durcharbeitens von Geschichte die Gefahr eines unwillkürlichen Anfangs neuer Verirrungen enthält. Zu beenden ist nicht die Beschäftigung mit der Last der Geschichte, sondern die Illusion einer Gnade der späten Geburt und das Spiel mit dem Gedanken an neue triumphale Größe, die unter anderem von den Autoren der „selbstbewussten Nation" (Schwilk und Schacht 1994) beschworen wird.[16]

„Geschichtsanalyse" ist die kognitiv-intellektuelle Bearbeitung unserer Verhältnisse zur Geschichte einschließlich ihrer Verdrängungen und als solche eine notwendige Stütze, aber auch „Kontrolle" des schuldbewussten Involviertseins in Geschichte. Sie thematisiert die Verflechtungen von individuellen – auch persönlich-eigenen – Lebenserfahrungen und allgemeineren Geschichtsströmungen und fragt, *wie* dieses Zusammenspiel erzählt und reflektiert wird. Geschichtsanalyse als Versuch der Entschlüsselung individueller und kollektiver Unbewusstheiten ist mein Versuch, das Trauma von 1945 durch wissenschaftliche Konzeptionierung zu überwinden.[17]

Ich mache hier Schluss, bin aber nicht am Ende: Geschichtstoleranz und Geschichtsanalyse, als Tragen, Ertragen und Durcharbeiten unserer Vergangenheiten, ist nie am Ende, sondern praktisch immer am Anfang.

---

[15] Nachtrag 2003: Auch in öffentlichen Bekenntnissen (Martin Walser, Jürgen Möllemann) wurde die Haltung des „Ich kann und will es nicht mehr hören" immer wieder zur Schau gestellt und mit Beifall bekräftigt. Aufgabe der Geschichtsdidaktik bleibt es, die geschichtsethisch bewusste Reflexion vor diesem wohlfeilen Populismus zu schützen.

[16] Nachtrag 2003: Dass der Begriff „Geschichtstoleranz" konsensfähig ist und akzeptiert wird, erscheint mir inzwischen jedoch unwahrscheinlich; denn das Wort suggeriert allzu leicht eine bis zur Gleichgültigkeit gehende Großzügigkeit gegenüber dem, was früher geschah. Tolerant sein heißt ja oft, über „kleine" Fehler hinwegsehen, Abweichungen durchgehen lassen usw. Die „Toleranz" der Verkehrspolizei bei Geschwindigkeitskontrollen beträgt m.W. ein Zehntel der zugelassenen Höchstgeschwindigkeit.

[17] Inwieweit sich *Geschichtsanalyse* von anderen Ansätzen ähnlichen Ansprüchen unterscheidet oder mit diesen verbunden ist – zu nennen ist hier stichwortartig nur die *Psychohistorie* von Demause, Lorenzers *Kulturanalyse* und die *Ethnopsychoanalyse* Parins und Erdheims –, das zu erörtern gehört nicht in den engeren Rahmen dieses Aufsatzes und bleibt daher außen vor.

VII. Erfahrungen, Sinn und Erzählung

1. Gute und schlechte Erfahrungen

Wenn man assoziativ zusammentrüge, was jedem so zum Stichwort „Erfahrungen"
einfiele, kämen wohl sehr verschiedene Inhalte zur Sprache: gute Erfahrungen, die
unseren Lebensoptimismus stärken, und schlechte Erfahrungen, die ihn zu zerstö-
ren drohen; scheinbar unscheinbare Vorkommnisse sowie Strukturen des Alltags
und Berufslebens, aber auch spektakuläre historisch-politische Erschütterungen des
vorigen Jahrhunderts, die bis heute nicht bewältigt sind. Ich werde versuchen, etwas
Ordnung in das komplexe und geschichtsdidaktisch bisher kaum beachtete Problemfeld zu bringen, und beginne meine Überlegungen mit einem Bericht (bzw. einer
Erzählung) über eine durchaus positive Erfahrung, die den Schülerinnen und Schülern einer 6. Klasse sowie einer Referendarin und ihrer Ausbilderin vor einigen Jahren zuteil wurde. Positive Erfahrungen lassen sich relativ leicht erzählen. Ihr „Sinn"
ist evident; denn er erweitert auf angenehme Weise den Horizont des Welt- und
Selbstverstehens. Linda Hofmannsthal beginnt ihre in der ersten Person verfasste
Erzählung folgendermaßen:

2. Erfahrungen im Geschichtsunterricht – initiiert durch Schüler-Initiativen

„Als wir, die Referendarin und ich, in die Klasse kamen (Geschichte, 6. Stunde), saßen die
Kinder spukhaft ruhig auf ihren Plätzen. Kein Wörtchen war zu hören, nicht einmal ein verle-
genes Kichern. Schon vor der Tür hätte uns die Mäuschenstille stutzig machen müssen. Es
war so, als befände sich nicht ein einziger von den 34 Elfjährigen im Raum. Irgend etwas war
los.

Kaum hatte die Referendarin das Pult erreicht, die Tasche abgesetzt und ihr Lächeln aufgesetzt, da drehten sich die 34 Schüler, die eben noch alle starr nach vorne geguckt hatten, wie
ein Mann mit einer zügigen Bewegung um und zeigten der Lehrerin den Rücken. Ich verließ
sofort meinen Platz hinten in der Ecke und eilte nach vorn zu der Referendarin. Aus einer der
vorangegangenen Stunden wusste ich, dass sie unerklärliche Schülerreaktionen zunächst auf
sich bezog, auf einen offenen Knopf an ihrer Bluse oder eine andere Nachlässigkeit an ihrer
Kleidung. Ich kenne solche Fantasien selbst aus früherer Erfahrung, sie behindern einen insofern, als sie die Aufmerksamkeit fieberhaft auf die eigene Person richten, anstatt auf die Schüler; aber sie lösen sich auf, wenn man zu zweit ist.

,Wie verhält man sich in solchen Situationen?' flüsterte die Referendarin mir zu, als ob ,sol-
che Situationen' zum Routinealltag eines Lehrers gehörten und dafür Vorschriften existierten.

Wir drehten uns auch erst einmal mit dem Rücken zur Klasse, so dass ein Blickkontakt jetzt nur möglich gewesen wäre, hätten wir alle unsere Augen am Hinterkopf gehabt, und warteten ab. (...)

Wir nahmen gerade die römische Geschichte durch, waren bei den Punischen Kriegen angelangt und würden in der nächsten Woche die Sozialpolitik der Gracchen behandeln: wie konnten wir das Aufbegehren dieser engagierten Brüder glaubhaft veranschaulichen, wenn wir uns selber in diesem Augenblick wie Nero aufführten, d. h. durch Drohung oder eine geschicktere Machtausübung eine (wie auch immer motivierte) ‚Massenbewegung' rücksichtslos unterdrückten?! Da ich die Stundenvorbereitung der Referendarin im Kopf hatte, hatte ich keine andere Idee, als den Schülern, wie wenn wir Römer und Karthager wären, nach einer Weile ein feierliches Ultimatum zu stellen:

‚Wir warten noch fünf Minuten auf ein Verhandlungsangebot. Bitte, schickt eine Delegation. Sonst eröffnen wir den Krieg.'

Aber nichts rührte sich."

Wer die Story nicht kennt, wird wissen wollen, wie sie zu Ende ging. Um es kurz zu machen: Nach einer halben Stunde, also noch vor Ende der regulären Unterrichtszeit, als sich unter den Schülern schon ein nervöses leises Wispern ausbreitete, drehten sich die beiden Lehrerinnen wieder zur Klasse um und erklärten sowohl den Krieg als auch den Unterricht für beendet. „Die Schüler sprangen auf und jubelten." Sie hatten, wie sich gleich noch herausstellte, Streik verabredet.

Ich bin relativ ausführlich auf die ungewöhnliche Situation eingegangen, weil sie mit großer Eindringlichkeit veranschaulicht, was unter „Erfahrungsunterricht" zu verstehen ist. Erfahrungsunterricht ist der Gegenbegriff zu Belehrungsunterricht. Im Allgemeinen ist es nicht zweckmäßig, Erfahrung und Unterricht zu einem Wort zusammenzuziehen; denn es handelt sich um Formen und Inhalte menschlichen Lernens, die strukturell sehr verschieden und daher nicht ohne Weiteres miteinander zu verbinden sind. Im vorliegenden Fall ist die Verzahnung jedoch so eng, dass man gar nicht sagen könnte, was Erfahrung und was Unterricht war. Die Schüler hatten aus eigener Kraft heraus, aber auch dank der beherzten und so umsichtigen Mentorin erleben dürfen, welche Kraft in einer kollektiv-solidarischen Protestbewegung stecken kann. Sie hatten sich durchgesetzt, ohne Schaden anzurichten oder selbst Schaden zu erleiden – welch wichtige Erfahrung! Sie hatten darüber hinaus ihr Verständnis für die Schwierigkeiten effektiven Protests auf dem dornigen und ganz anders strukturierten Feld der Politik verbessern können.

Aber auch die Lehrerinnen haben profitiert. Besonders wichtig erscheint mir der Gewinn, den die Mentorin für sich verbuchen konnte; denn sie hatte identifikatorisch nachgeholt, was ihr in der eigenen Kindheit real verwehrt worden war. Sie schreibt im Rückblick: „Die Schüler der 6a hatten sich bei ihrem ‚Streik' so verhalten, wie ich mich vor dreißig Jahren wohl auch einmal gerne mit meiner damaligen Klasse verhalten hätte. Ich holte in ihrer gegenwärtigen Aktion selbst ein Versäumnis der Vergangenheit nach."

Dieses Zulassen und Nachholen von Erfahrungen ist in Lehr-Lern-Beziehungen fundamental wichtig, ja oft konstitutiv, leider aber recht selten. Zumindest wird es nur selten so bewusst registriert wie im vorliegenden Fall. Wir sollten das Ganze deswegen aber nicht als kuriose Ausnahme abwerten, sondern als Anstoß zum Nachdenken nutzen. Die Hauptfragen lauten, erst einmal allgemein formuliert: Welche Erfahrungen kommen durch das Handeln der Geschichte lehrenden und lernenden Subjekte zustande? Ist im gängigen didaktischen Begriff der „Handlungsorientierung" ein eigenständiges authentisches Handeln der Schülerinnen und Schüler überhaupt vorgesehen? Wie oft kommt es eigentlich vor, dass wir als Lehrende mit unserem Wissens- und Erfahrungsvorsprung auf die Initiativen der Schülerinnen und Schüler eingehen? Sind wir bereit und fähig, uns auf Erfahrungsprozesse einzulassen, deren Ausgang ungewiss ist?

3. Erfahrungen im Geschichtsunterricht – initiiert durch didaktisches Handeln der Lehrenden

Kehren wir zurück auf das sicherere Gebiet eines Unterrichts, der durch unser didaktisches Handeln strukturiert wird, so ergeben sich mehrere Möglichkeiten, Erfahrungen verstärkt zu berücksichtigen. Ich habe oben (im V. Aufsatz über „Erfahrung und Unterricht") vier Typen des Erfahrungseinbezuges charakterisiert und möchte hier, exemplarisch argumentierend, nur auf einen dieser vier Typen genauer eingehen. Es handelt sich um *die verstärkte Reflexivität bei bestimmten Unterrichtsthemen,* die jedoch nicht wie ein Gegenwartsschwänzchen der Geschichte anzufügen ist, sondern im Gegenteil von Anfang an die Präsentation der Inhalte und dann den gesamten Unterrichtsverlauf beeinflusst, ohne dass Geschichte zur Magd von Aktualitäten degradiert wird.

Reflexivität heißt Rückbezug des in der Geschichte Erkannten auf die eigene Person und Gegenwart wie auch umgekehrt: Einbringen der persönlichen und politischen Erfahrung in Rekonstruktion und Deutung der Vergangenheit. Ohne ein Bewusstmachen dieses Wechselprozesses zwischen Subjekt und Objekt, zwischen uns und Geschichte, ist historisches Lernen in Gefahr, zur Ideologie oder zum substanzlosen Leerlauf zu verkommen. Das wird zwar seit Langem so gesehen und dementsprechend theoretisch-didaktisch eingefordert, selten aber konsequent praktiziert.

Ein konsequentes Praktizieren würde sich u. a. an der Sprache des Unterrichts zeigen. In dem Maße wie Lehrende und Lernende nach der Klärung des historischen Sachverhalts bereit und fähig sind, ihre eigenen Erfahrungen einzubringen und dementsprechend eindeutig „Ich" zu sagen, in dem Maß verwirklicht sich authentische Reflexivität, die natürlich nicht vom Himmel fällt, sondern ermutigt, behutsam gefördert und entwickelt und nicht zuletzt vom Lehrer selbst praktiziert werden muss.

Ich habe als Student noch lernen müssen, dass man weder wissenschaftlich noch pädagogisch in der ersten Person Singular zu reden habe; denn es ginge ja immer um übergeordnete Prinzipien, die zu vertreten seien.[1] Das ist sicherlich nicht total falsch, aber als Sprachvorschrift und Denkgewohnheit, die bis ins Unbewusste geht, doch höchst problematisch, zumal dann, wenn der Wissenschaftsduktus von einer totalitären Ideologie überlagert und so seines Sinns beraubt wurde. „Du bist nichts, dein Volk ist alles", lehrten und praktizierten bekanntlich die Nationalsozialisten, und es wäre von Interesse einmal nachzuforschen, ob und auf welche Weise dieser Slogan bei der konsequenten Domestizierung des Ich seinen Einfluss auch später noch ausgeübt hat. Didaktisch sollten wir uns jedenfalls so oder so davon freimachen.

Nicht alle Themen sind gleich gut geeignet, um mit aktuellen Erfahrungen sprachlich in der ersten Person verbunden zu werden. Ungeeignet sind beispielsweise Verfassungsstrukturen und Wirtschaftssysteme, bei denen wir methodisch mit Veranschaulichungen und Verständnisbrücken arbeiten müssen, aber im Grunde nicht auf Lebenserfahrungen zurückgreifen können. Geeigneter sind Themen der Sozial-, Mentalitäts- und Kulturgeschichte sowie zeittypische Bilder, die zum Symbol verdichtet sind und über die historische Faktizität hinausweisen.

Als Beispiel möchte ich die auf je verschiedene Weise praktizierte Steuer- und Abgabeverweigerung nennen, die in zahlreichen historischen Konfliktsituationen eine große Rolle spielte, denken wir an den Bauernkrieg von 1525, an die Anlässe der Französischen Revolution und die Revolution von 1848, an Gandhis Protest gegen das Salzmonopol der Engländer und das Engagement vieler Christen gegen die Absurdität der immer höher anwachsenden Militärausgaben in den achtziger Jahren unter dem Motto „Schwerter zu Pflugscharen". Besondere Erwähnung verdient die sogenannte „Boston-Tea-Party" von 1773, weil sie erstens von großer Bedeutung für die Loslösung der Amerikanischen Kolonien vom englischen Mutterland ist und zweites anschaulich, ja spannend unterrichtet werden kann. Wir erinnern uns, dass die englischen Siedler in Amerika sich durch die Steuergesetzgebung ungerecht behandelt fühlten und Bostoner Bürger aus Protest gegen die Teesteuer, als Indianer verkleidet, die im Hafen liegenden Schiffe der Ostindienkompagnie geentert und die Teeladung kurzerhand ins Wasser geworfen hatten.

Mit unseren eigenen Erfahrungen hat das auf verschiedenen Ebenen etwas zu tun. Schülerinnen und Schüler zahlen noch keine Steuern, aber sie wissen aus verschiedenen Alltagssituationen, was Steuern sind und haben darüber hinaus eigene Erfahrungen mit Abgaben, die als gerecht und „normal" oder aber als ungerecht empfunden werden. Die eben aufgestellten Parkuhren mit Gebührenforderungen, die es in sich haben, können als aktueller Impuls fungieren, ebenso die Autobahn-Maut, Schulgeld oder Studiengebühren und was dergleichen mehr ist. Auch müssen

---

[1] Die geschichtswissenschaftlichen LehrerInnen konnten sich dabei auf Ranke berufen, der bekanntlich gesagt hatte: „Ich wünschte mein Selbst gleichsam auszulöschen und nur die Dinge reden, die mächtigen Kräfte erscheinen zu lassen ..." (Vorrede zum 5. Buch seiner *Englischen Geschichte, vornehmlich im 17. Jahrhundert*, 1860).

wir damit rechnen, wenn sich das Gespräch offen und vertrauensvoll entfaltet, dass Zwangsabgaben unter den Jugendlichen selbst zur Sprache kommen: Stärkere erpressen Jüngere, beanspruchen Hoheit und „Schutzgeld", der Mafia durchaus ähnlich. Wo derartige Vorkommnisse und Strukturen nicht direkt angesprochen werden können oder angesprochen werden sollen, da helfen inhaltlich passende Zeitungsnotizen oder ähnliches, das Eigene zumindest indirekt einzubringen. Im *Spiegel* lesen wir zum Beispiel:

> „Der Großteil der Kriminalität spielt sich auf den Schulhöfen und auf dem Heimweg ab. 80 Prozent der Hamburger Schüler, so rechnen die Experten, sind schon einmal erpresst worden.
> Raub und Erpressung drehen sich um die kleinen Glitzerdinge des Schülerlebens, die manche im Überfluss haben, die anderen wohl nie bekommen werden: teure Turnschuhe, der Rucksack, der leider etwas mehr trendy ist als der eigene, die coole Jacke mit dem Markennahmen groß auf dem Rücken. An manchen Schulen zeugt es schon von Schwäche, nicht Mitglied einer Kindergang zu sein.
> Neulich entschuldigte sich der Hamburger Murat, 13, fürs Nichterscheinen im Unterricht. ‚Ich war so müde, die haben mich so lange bei der Kripo behalten.'
> Dass die ihn dabehalten, kommt öfter vor. Zuletzt fiel er auf, weil er eine scharfe 7.65er Browning bei sich hatte, als er vom 14-jährigen Stefan Geld verlangte. Die Waffe, sagt Murat, habe er aber nicht gebraucht. Als Stefan vorgab, kein Geld bei sich zu haben, ging's auch so: ‚Ich habe ihm ein paar geknallt und ihn hochgeschickt zum Geldholen.'"[2]

Ich kann mir vorstellen, dass meine Empfehlungen, derartige Vorstöße ins Privatleben und in die Aktualität zu wagen, Ärger und Angst auslösen; denn erstens, so kann man sagen, hat ein solcher Erfahrungsbezug nur noch wenig und indirekt mit Geschichte zu tun und zweitens sind Verlauf und Ergebnisse solcher Unterrichtssequenzen dermaßen ungewiss, dass man doch besser die Finger davon lassen sollte. Ungewissheit wird von unserer ergebnisorientierten Lernzieldidaktik in der Tat ebenso wenig toleriert wie das Wandern in der Wüste ohne sichere Führung. *Doch wer Erfahrungen einbeziehen will, der muss sich ein Stück weit auf Ungewissheiten einlassen können.* „Erfahren" ist eben kein touristischer Nachvollzug eines festgelegten, abgezäunten Wanderweges, der keinerlei Risiko mehr enthält.

Das gilt prinzipiell nicht nur für das Einbringen von Erfahrungen auf der Inhalts- und Objektebene des Unterrichts, sondern ebenso für Erfahrungen, die durch unser Handeln auf der Subjektebene des Unterrichts entstehen und vom Lehrer bewusst

---

2 *Der Spiegel*, 6.4.1998, S. 128. Heftthema: *Die kleinen Monster.* – Es versteht sich hoffentlich von selbst, dass die in einem Rechtsstaat parlamentarisch beschlossenen Steuern, Willkürerhebungen in der Geschichte, mafiose Erpressungen, Räuberei unter Kindern u. a. m. *inhaltlich nicht gleichzusetzen* sind. Das Zitat sollte lediglich verdeutlichen, dass in einem erfahrungsorientierten Geschichtsunterricht assoziative Verbindungen einzukalkulieren sind, die in einem wissenschaftsorientierten in der Regel nicht zur Debatte stehen. Die Aufgabe eines lebendigen Geschichtsunterrichts besteht u. a. darin, eine Balance zwischen assoziativer Gedankenflucht und lähmender Fixierung auf den historisch-„objektiven" Sachverhalt zu finden.

ins Auge gefasst werden, denken wir an Projekte und entdeckenden Unterricht, an Inszenierungen von Geschichte, an Beteiligungen am Schülerwettbewerb der Körber-Stiftung und ähnliche Ansätze forschenden Lernens, aber auch an scheinbar unscheinbare Alltags- und Mentalitäts*erfahrungen*, die bei ausgewählten Themen mit der Alltags- und Mentalitäts*geschichte* in Verbindung gebracht werden können.

Ich empfehle beispielsweise, in der dunklen Jahreszeit, wenn der Geschichtsunterricht in den Morgenstunden liegt, einfach mal das Licht abzuschalten und eine Weile lang im Dämmerlicht über die für uns selbstverständliche Einrichtung des elektrischen Lichts, über die Erfindung der Glühbirne und das sogenannte finstere Mittelalter zu reden. Die „kleine" eigene Erfahrung im Sinnlichen ist durchaus geeignet, von hier aus authentische Fragen an die Geschichte zu richten, etwa diese: Welche Bedeutung hatten früher die natürlichen Lichtquellen (Sonne, Mond, Sterne) für die Gestaltung des Alltags? Was müssten wir neu lernen, wenn wir kein elektrisches Licht mehr hätten? Welche künstlichen Licht- und Wärmequellen gab es?

Entsprechendes gilt für die Erfahrung der Zeit, die uns heute durch den Rhythmus der Verkehrsampeln, das Klingeln in der Schule nach jeweils 45 Minuten, die Acht-Uhr-Tagesschau und den automatisierten Blick auf die Armbanduhr als Gefühlsgitter gleichsam in Fleisch und Blut übergegangen ist. Was muss das für ein Leben gewesen sein, als es noch keine Uhren gab! Auch die tägliche Kommunikationsstruktur kann bewusst gemacht werden und dann als Selbsterfahrung die geschichtliche Erkenntnis bereichern.

Ein anderes direktes Einbringen von Erfahrung auf der Subjekt-Ebene bestünde darin, dass der Lehrer einmal vom ununterbrochenen Reden und Fragen zum Schweigen und Zuhören überginge oder wenn die ganze Klasse einschließlich des Lehrers sich meditativ schweigend einem Thema zuwendete, anstatt es in Windeseile, wie doch so häufig, didaktisch-scholastisch zu zerstückeln.

Das vom Lehrer provozierte Aufkommen einer Erfahrung mit dem Schweigen im Hier und Jetzt des Unterrichts wäre kein Selbstzweck, sondern *Brücke zum Verständnis der Vergangenheit*, in der das Schweigen eine viel größere Rolle spielt, als wir im ersten Kontakt mit dem Thema anzunehmen bereit sind. Auf der Ebene des Historisch-Faktischen fällt uns vielleicht sogleich das Schweigegebot der Kartäuser und Trappisten ein, und es wäre sicherlich nicht verfehlt, es bei der Gelegenheit zu besprechen. Doch damit wäre nur die Eingangspforte zu einem ausgedehnten und höchst komplexen Problembereich erreicht. Vom Schweigen her lässt sich ein Grundproblem der auf schriftliche Quellen fixierten Geschichtsschreibung erschließen; denn wesentliche Dimensionen der Mentalitäts- und Kulturgeschichte sind sprachlich nicht direkt überliefert.[3] Vom Schweigen her können wir uns dem

---

[3] „Eine der härtesten Schwierigkeiten, an denen sich die Mentalitätsgeschichte gestoßen hat – wir erwähnten es anlässlich R. Mandrous Buch über das Ende des Hexenverfolgung – ist das des Schweigens, das sich über weite Bereiche der Vergangenheit breitet...", betont Ulrich Raulff in Jüttemann 1996, S. 162.

Hauptproblem der deutschen Geschichte im 20. Jahrhundert zuwenden, dem Holocaust; denn er ist umhüllt vom vierfachen Schweigen der Sinnlosigkeit, des Schreckens, der Scham und der Schuld,[4] das sehr schwer zu ertragen ist und daher von immer neuem Bewältigungsgetöse überdeckt wird. Vom Schweigen her können wir unserer eigenen Mitte näherkommen; denn was uns wirklich bewegt, das ist nicht auf Zuruf und mit leichter Zunge zu bekennen.

Dass Subjekt-Erfahrungen extensiv nicht andauernd, sondern nur bei bestimmten Themen und in besonderen Unterrichtssituationen eingebracht werden können, versteht sich hoffentlich von selbst. Es geht hier nicht darum, Geschichtsunterricht völlig umzugestalten, sondern eine Dimension, die bislang im Grunde überhaupt keine Bedeutung hat, verstärkt zur Geltung zu bringen. Freilich: Was ich hier vortrage, steht in kräftigem Widerspruch zur Grundstruktur des Geschichtsunterrichts, so wie er von verschiedenen maßgeblichen Instanzen vorgezeichnet wird. In dem Maße, wie wir die Chronologie der äußeren Ereignisgeschichte zur Leitlinie des Unterrichts machen, verkümmert der Erfahrungsbezug zur kaum noch spürbaren Beiläufigkeit.

Ein didaktisches Nachdenken über eine Verstärkung der Erfahrungsorientierung beginnt mit der Umformulierung der vorgegebenen Themen, die der meistens naiv übernommenen Wissenschaftssystematik zu entziehen sind. In erfahrungsorientierter Perspektive wird aus dem Thema „Jerusalem und das mittelalterliche Weltbild" eine Frage, nämlich: „Wo liegt *meine* Mitte?" Goebbels' Aufruf zum „totalen Krieg" am 18.2.1943 im Sportpalast heißt in erfahrungsbezogener Perspektive, die stets das Subjektive in einer allgemeiner geltenden Problemorientierung heraushebt: „Massensuggestion und Kollektivzwang – Wie verführbar bin ich selbst?" Oder auch: „Kriegsgeschrei und Lust an der Gewalt – Welche Erfahrungen habe ich damit?" Ein derartiges Anheben der historischen Faktizität in die eigene Erfahrung kann nicht methodisch stringent vorgeschrieben werden. Es kommt hier letztlich auf die Persönlichkeit der Lehrenden, auf die Lebendigkeit ihres eigenen Verhältnisses zur Geschichte und die dementsprechende Fähigkeit, Geschichte, Lebensgeschichte und Erfahrung miteinander in Verbindung zu bringen, und zwar nicht sofort in pädagogisierender Manier, sondern zunächst einmal für sich selbst.

4. Erfahrung als Dimension geschichtsdidaktischen Denkens

Die hiermit eingeforderte Reflexivität, die als kognitiv-emotionale Pendelbewegung zwischen uns heute und Menschen von früher zusammengefasst werden kann,

---

[4] Die Denkfigur des „vierfachen Schweigens" übernehme ich aus einem Essay der ungarisch-amerikanischen Philosophin Agnes Heller, 1993. – Jüngere Historiker berichteten auf dem 42. Historikertag, dass sie versucht hätten, mit ihren akademischen Lehrern über den NS und die damaligen Verstrickungen zu diskutieren – vergeblich.

wird geschichtsdidaktisch nicht so gewürdigt, wie es ihrer Bedeutung angemessen wäre, ja, es hat manchmal den Anschein, als wenn Geschichtsdidaktiker um Erfahrungen einen großen Bogen schlagen, und zwar vor allem dann, wenn es um eigene Erfahrungen geht, die in der ersten Person zu thematisieren wären. Als Symptom für diese Konstellation sei eine ansonsten zweifellos verdienstvolle Publikation zitiert, die – herausgegeben von Becher und Bergmann – Nietzsches berühmter Frage nach dem Verhältnis von Nutzen und Nachteil der Historie für das Leben gewidmet ist. Hier geht es selbstverständlich auch um Erfahrungen, doch bezeichnenderweise werden diese nicht von geschichtswissenschaftlichen oder geschichtsdidaktischen Profis zur Sprache gebracht, sondern von Schriftstellern, die mit Geschichte in ganz anderer Weise umgehen als wir. Haben wir keine Erfahrungen, die zu besprechen sind und die, mehr oder weniger bewusst, das Bindemittel all unserer Theorie liefern?

Mein Eindruck ist – aber ich kann das hier nur als These vortragen und muss die Beweisführung im einzelnen späteren Untersuchungen überlassen-, dass wir Erfahrungen in ihrer Vielfalt geschichtsdidaktisch-reflexiv vor allem deswegen nicht einbringen, weil *die* große Erfahrung der deutschen Geschichte, das Trauma der Einsicht in die national-kollektive Täterschaft während des NS, bisher nicht problemadäquat bearbeitet werden konnte und daher tief verdrängt werden musste. Auch der in der Geschichtsdidaktik geradezu emphatisch aufs Tapet gehobene Leitbegriff des Geschichtsbewusstseins hat mit seiner Betonung der Vergewisserung und des Ausgleichs nach allen Seiten hin nicht unwesentlich dazu beigetragen, dass die so wichtige aber auch schmerzhafte Seite des eigenen lebensgeschichtlichen Involviertseins in den Nationalsozialismus nicht weiter zum Vorschein kam. Und involviert waren wir in Kindheit und Jugend doch alle auf die eine oder andere Weise, wir Geschichtsdidaktiker und Geschichtsdidaktikerinnen, die wir in den vergangenen Jahrzehnten das Sagen gehabt haben und zum Teil immer noch haben.

Eins ist sicher: Was wir an Erfahrungen nicht selbstkritisch reflektieren, geht als Last an die nächste Generation über und als Haltung der unreflektierten Abwehr in den Geschichtsunterricht ein. Erfahrungen verstärkt integrieren und thematisieren – das sollte daher in das geschichtsdidaktische Zukunftsprogramm aufgenommen werden, aber nicht nur für den Objektbereich des Historisch-Faktischen und des Redens *über* etwas, sondern auch, ja sogar vorrangig, für den Subjektbereich der Bedeutungen, die Themen und Inhalte der Geschichte *in und für uns selbst* haben. Ich ermutige die Studentinnen und Studenten meiner Lehrveranstaltungen seit etlichen Jahren, nicht nur darüber nachzudenken, welche Bedeutung ein geschichtlicher Sachverhalt gemäß Klafkis didaktischer Analyse für die Schülerinnen und Schüler hat oder haben könnte und sollte, sondern darüber hinaus introspektiv vorzugehen und die Bedeutungsfrage auch an die eigene Lebensgeschichte zu richten. Es ist erstaunlich, was dabei zur Sprache kommt.

Nachtrag (1) 2003: Neben dem tiefen Unbehagen gegenüber der verbrecherischen deutschen Vergangenheit, die sich nicht wie andere Themen intellektuell-selbstsicher didaktisieren lässt, hat der kommunikativ-soziale Erfahrungsmangel im Umgang mit Schülerinnen und Schülern offenbar einen großen Einfluss auf den weit verbreiteten abgehobenen geschichtsdidaktischen Argumentationsstil. Mit dieser Problemkonstellation habe auch, ich, der Autor, hier zu kämpfen; denn es ist etliche Jahre her, dass ich selbst zuletzt vor einer Schulklasse gestanden habe. Gewiss: Geschichtsdidaktik ist mehr als Theorie und Reflexion schulischer Praxis. Geschichtsdidaktik als Erforschung des Geschichtsbewusstseins – hier stimme ich mit Jeismann durchaus überein – tangiert die ganze Gesellschaft und damit dem Umgang mit Geschichte, der sich auf vielfache Weise öffentlich artikuliert. Ohne eigene Unterrichtserfahrungen, die ja in der Abfolge ganz verschiedener Schülergenerationen einem beängstigend raschen Wandel unterliegen, verflacht jedoch jede Fachdidaktik unausweichlich zum Schattenspiel. Die eingangs referierte Story entstammt typischerweise nicht dem Kreis der Universitätsdidaktiker und -didaktikerinnen, sondern der sogenannten „zweiten Phase" der Lehrerbildung.

Um das Problem mit einem Vergleich zu illustrieren (wohl wissend, dass alle Vergleiche hinken): Kein Fußballverein wird einen Trainer einstellen, der keine eigene Erfahrungen mit Fußball hat. Die eigene Spielerfahrung ist unabdingbar wichtig, um die je eigene Dynamik des Spiels verstehen und dem entsprechend besser lenken zu können. Als älterer Mensch muss der Trainer selbst nicht mehr aktiv sein, jedenfalls nicht in demselben Maß wie die jüngeren Spieler. Aber er muss auf Grund eigener früherer Erfahrungen „von innen her" verstehen, worum es aktuell geht, und seinerseits so agieren, dass die Spieler ihn verstehen.

Dass die universitäre Geschichtsdidaktik, so wie sie heute an vielen Orten institutionalisiert ist, eine Fehlkonstruktion ist, will ich damit nicht sagen. Dass sie einer Selbstkorrektur bedarf, die dem „Erfahrungsraum Schule" mit seinen speziellen Herausforderungen gerecht wird, ist m.E. jedoch evident. Geschichtsdidaktik als Reflexion und Erzählung eigener Lehrerfahrungen und damit auch eigenen Lebenssinns – diese Dimension müsste in Zukunft verstärkt zu ihrem Recht kommen.

5. Erfahrungen in der Geschichte als Thema der Geschichtswissenschaft

Der Einbezug von Erfahrungen in den Geschichtsunterricht ist u.a. deswegen so schwer, weil uns die Geschichtswissenschaft bisher dabei weitgehend im Stich lässt.[5] „Erfahrung" ist kein geschichtlicher Grundbegriff, wenn wir die Enzyklopädie von Conze und Brunner als Maßstab nehmen. An Erfahrungen kommen wir in der Tat eher mithilfe psychologischer Analysen heran, doch zu diesen sind Historiker in der Regel weder bereit noch fähig; es mangelt schlicht und einfach an entsprechenden Qualifikationen, oft aber auch an der menschlichen Stärke, den katastrophalen

---

[5]   Ausnahmen bestätigen die Regel, vgl. etwa: Reinhart Koselleck 1995, S. 349 ff. über „*Erfahrungsraum" und „Erwartungshorizont" – zwei historische Kategorien*. Die Ausnahme bestätigt die Regel allerdings auch insofern, als die zentrale historische Erfahrung des vorigen Jahrhunderts als Inhalt von Koselleck nicht thematisiert wird (!).

Fehlentwicklungen in der eigenen Zunfttradition entschlossen ins Auge zu sehen und dabei lernen zu wollen.[6]
Dass beim 42. Deutschen Historikertag, mithin mehr als 50 Jahre nach Kriegsende, eine Sektion über „Deutsche Historiker im Nationalsozialismus" angeboten wurde und die Veranstalter annahmen, dass diese „auf großes Interesse stoßen dürfte",[7] zeigt nur, wie viel auf diesem Gebiet noch nachzuholen ist. Ich sage das nicht, um anzuklagen oder ideologisch motivierte Pauschalurteile über „die" deutschen Historiker zu bestätigen, sondern um zu verdeutlichen, wie viel Forschungs- und Entwicklungsaufgaben noch vor uns liegen. Doch die Sache ist kompliziert und hat sozusagen mehrere Haken. Erfahrungen weiterzugeben und auszutauschen, das schien Walter Benjamin schon nach dem 1. Weltkrieg nicht mehr möglich, und in ähnlicher Weise hat sich nach dem 2. Weltkrieg mehrmals Theodor Adorno geäußert.

„Schon das vorige Mal (das heißt: im Ersten Weltkrieg, P. S.-H.) machte die Unangemessenheit des Leibes an die Materialschlacht eigentliche Erfahrungen unmöglich. Keiner hätte davon erzählen können, wie noch von den Schlachten des Artilleriegenerals Bonaparte erzählt werden konnte. Das lange Intervall zwischen den Kriegsmemoiren und dem Friedensschluss ist nicht zufällig: es legt Zeugnis ab von der mühsamen Rekonstruktion der Erinnerung, der in all jenen Büchern etwas Ohnmächtiges und selbst Unechtes gesellt bleibt, gleichgültig, durch welche Schrecken die Berichtenden hindurchgingen. Der Zweite Krieg aber ist der Erfahrung schon so völlig entzogen wie der Gang der Maschine den Regungen des Körpers, der erst in Krankheitszuständen jenem sich anähnelt. So wenig der Krieg Kontinuität, Geschichte, das ,epische' Element enthält, sondern gewissermaßen in jeder Phase von vorn anfängt, so wenig wird er ein stetiges und unbewusst aufbewahrtes Erinnerungsbild hinterlassen. Überall, mit jeder Explosion, hat er den Reizschutz durchbrochen, unter dem Erfahrung, die Dauer zwischen heilsamen Vergessen und heilsamen Erinnern sich bildet."[8]

Das Problem ist: Wir, die Menschen im Allgemeinen, fassen nicht mehr, was wir anzurichten imstande sind. Die Fähigkeit zur Erfahrung als Lern- und Veränderungsprozess ist überfordert. Der Mensch scheint hoffnungslos „antiquiert" vergli-

---

[6] Die Aufarbeitung der Verstrickungen, in die deutsche Historiker während des Nationalsozialismus geraten sind, lässt immer noch zu wünschen übrig. Aus der diesbezüglich relevanten Literatur sei exemplarisch verwiesen auf die Kontroverse über den Historiker Karl-Dietrich Erdmann, die durch eine Publikation von Martin Kröger und Roland Thimme ausgelöst wurde, vgl. im Einzelnen GWU, Hefte 4, 7–8 und 12/ 1997 (s. Jäckel, Kröger und Schulze im Literaturverzeichnis). Für Kröger und Thimme war die Auseinandersetzung damit offenbar noch nicht erledigt, denn sie haben 1998 weitere Belege und Argumente vorgelegt.

[7] Zitiert aus dem Rundschreiben, das am 15. Juni 1998 von der Organisationsleitung (gez. Marie-Luise Recker) an die Teilnehmer verschickt wurde. – In der Tat war die Sektion völlig überfüllt, so dass die Vorträge von einem großen Hörsaal in einen anderen großen Hörsaal übertragen werden mussten.

[8] Adorno, *Minima moralia*, 33. Essay (a. a. O., S. 63). Adorno hat sich verschiedentlich mit dem Zusammenspiel von Erfahrung und Denken beschäftigt und sah die Aufgabe der Philosophie unter anderem darin, Erfahrungen zuzulassen, aber nicht naiv bei ihnen stehenzubleiben.

chen mit den von ihm selbst geschaffenen Monstern, denken wir nur an die Atombombe und die Unmöglichkeit, diese global desaströse Erfindung ungeschehen zu
machen.[9] Doch genau hier, bei den total veränderten Realitäten und der gleichsam
hinterherhinkenden Erfahrung, haben wir geschichtswissenschaftlich anzusetzen,
indem beispielsweise empirisch-sachlich untersucht und aufgezeigt wird, wie Menschen in früheren Zeiten mit Umbrüchen, neuen Weltbildern, ungewohnten Lebensformen, revolutionären Technologien usw., aber auch mit Fehlentwicklungen
und Niederlagen zurechtkamen. Mit anderen Worten: Welche kollektiven historisch-politischen Erfahrungen konnten gesellschaftlich produktiv integriert werden?
Welche wurden hingegen desintegrierend abgewehrt?

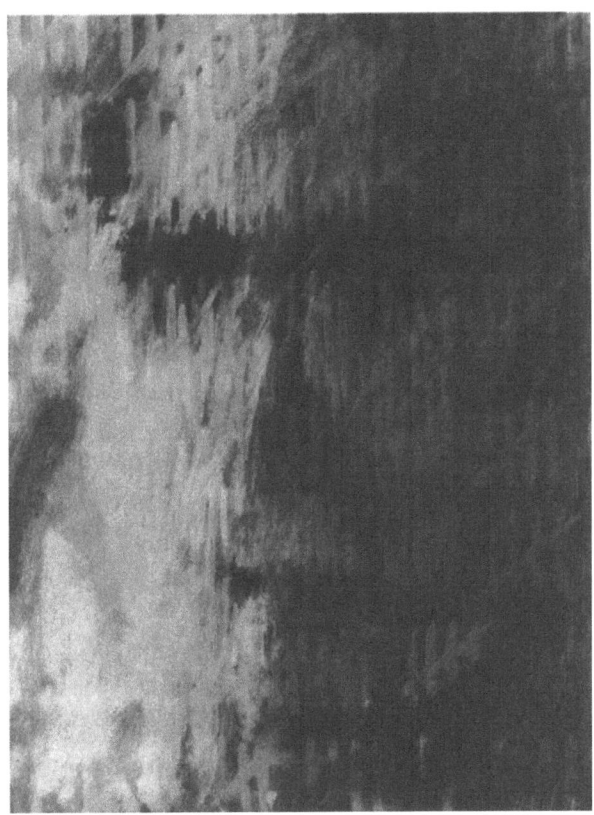

Abb. 7: Youval Yariv: Erfahrungen (1994).

---

[9] *Die Antiquiertheit des Menschen* mit seiner mentalen Ausstattung im Vergleich zu seinen technischen Zerstörungspotenzialen ist ein Leitmotiv bei Günther Anders, vgl. seine Arbeiten von
1985 und 1986.

Wir müssen nur an die eben schon angesprochene deutsche Geschichte nach dem Ersten Weltkrieg denken, um zu einer ersten Idee über die Schwierigkeiten gesellschaftlicher Lern- und Erfahrungsprozesse zu gelangen, die geschichtswissenschaftlich genauer erforscht werden sollten. Auf diese Weise wäre m. E. auch ein *Lernen aus und durch Geschichte* möglich, das allerdings nicht direkt als unmittelbare Anwendung, sondern eher indirekt, als kumulativ-transgenerationeller Veränderungsprozess zu denken ist. Angesichts der Wirkungsgeschichte des Nürnberger Prozesses mit der heutigen Aussicht auf ein weltweit eingreifendes Gericht gegen Menschheitsverbrechen dürfte dieser geschichtswissenschaftlich zu stimulierende Lern- und Erfahrungsprozess doch keine pure Chimäre mehr sein!

6. Sinnlosigkeiten, Ängste und nicht-erzählbare Geschichte (Nachtrag [2] 2003)

Nach diesen Recherchen und Reflexionen wird es niemanden wundern, wenn ich hier noch einmal zur kritischen Vorsicht gegenüber einer Didaktik der Sinnbildung und der Erzählung rate, wie sie in unübersehbar vielen Publikationen vertreten wird. Wenn Kinder nach einer Unterrichtssequenz etwas besser *verstehen* als vor der Unterrichtssequenz, z. B. den Zusammenhang von Unterversorgung und gesellschaftlichen Unruhe oder den Verwendungszweck eines alten landwirtschaftlichen Arbeitsgerätes usw., und wenn dieses *Verstehen als Sinnbildung* bezeichnet wird, dann ist dagegen selbstverständlich nichts zu sagen. Entsprechendes gilt für die Erzählung, die nur zustande kommt, wenn Sinnzusammenhänge erkannt und verstanden wurden. Drei Probleme müssten darüber hinaus aber beachtet und thematisiert werden.

• Die Vergangenheit ist übervoll mit historisch-politischen Torheiten und Sinnlosigkeiten.[10] Stellt das die Didaktik der Sinnbildung nicht in Frage?

• Sinnbildung ist in vielen Fällen ein hochgradig konstruktives Geschäft, das auch vor Realitätsverdrehungen nicht Halt macht.[11] Kommt es bei Sinnzuschreibungen nicht auf den spezifischen Inhalt und den Deutungszusammenhang an, der zu hinterfragen ist?

• Viele Geschehnisse und Erfahrungen entziehen sich der kursorischen Erzählung, weil sie, wie schon angedeutet, Sprache und Verarbeitungsmöglichkeiten

---

[10] Exemplarisch sei verwiesen auf Tuchmann 1991. Dass sich nicht nur Regierungen und Politiker, sondern auch Wähler und Volksmassen „töricht" verhalten und Unsinniges bzw. Sinnlosigkeiten initiieren, bedarf wohl keiner langen Begründung.

[11] Exemplarisch sei verwiesen auf Welzer 2002(a), bes. 3. Kapitel über *Sinn machen*. Sowohl die NS-Täter als auch ihre Kinder und Kindeskinder neigen dazu, die Taten „subjektiv in einen sinnhaften Zusammenhang partikularer Rationalität und Moralität" einzuordnen.

der Menschen überfordern.[12] Was bedeutet das für das Lernziel „narrative Kompetenz"?

Vielleicht wird hier eingewandt, dass geschichtsdidaktische „Sinnbildung" und „narrative Kompetenz" nicht so hoch angesetzt seien. Es gehe nicht um Sinnlosigkeiten in der Weltgeschichte und auch nicht um Traumatisierungen von Menschen, sondern um erzählbare Sinneinheiten auf dem jeweiligen Verständnisniveau von Schülerinnen und Schülern. So könne beispielsweise die Geschichte eines Gebäudes oder der Tagesablauf eines Arbeiters im 19. Jahrhundert erzählt werden und den Sinnhorizont der Lernenden auf die Weise erweitern. Einverstanden! Damit wäre aber auch klar, dass wesentliche Dimensionen der Sinn- und Erzählproblematik unberücksichtigt bleiben, theoretisch wie praktisch, inhaltlich und kommunikativ; denn: In jedem Klassenzimmer sind verschwiegene Ängste gegenwärtig, besonders in Kriegszeiten, auch wenn das Kriegsgeschehen selbst weit weg ist. Auch sachlich vermittelte, scheinbar ganz „harmlose" Themen (wie z. B. Heimat und Migration, Religion und Atheismus, Sexualität und Gesellschaft) aktualisieren nicht überwundene Trennungsschmerzen, Identitätskonflikte sowie Ängste vor Sinnlosigkeit und Orientierungsverlust.[13] Werfen wir nur einen kurzen Blick auf das letzte Bild mit der Bezeichnung „Erfahrungen": Was und wie könnte denn dieser Mensch erzählen? Welchen Sinn haben seine Erfahrungen? Hätte Geschichtsunterricht des üblichen Zuschnitts überhaupt einen Sinn für ihn? Schulunterricht ist keine Therapie, gewiss. Das Nachdenken über unser Lehren und Lernen, insbesondere im Bereich des Geschichtlichen, darf die tiefer sitzenden kollektiven und individuellen Erfahrungen als Dimension des Bedingungsfeldes dennoch nicht ausblenden.

7. Erfahrungen als Antriebspotenzial für Entwürfe einer besseren Zukunft

Erfahrungen fördern und bereichern das menschliche Leben, sofern sie unsere Lern- und Entwicklungsfähigkeiten nicht überfordern. Wo der Reizschutz durchbrochen und die seelischen Kräfte der inneren Verarbeitung überwältigt werden, da werden Erfahrungen jedoch zur Last und zur Qual, oft lebenslang. Das betrifft in erster Linie die Opfer der Geschichte, aber auf eigene Weise auch die Täter sowie deren Kinder und Kindeskinder, die ein familiär gleichsam bereinigtes Selbstbild

---

[12] Ergänzend sei verwiesen auf Heft 9/10 2000 der Zeitschrift *Psyche* zum Rahmenthema *Trauma, Gewalt und kollektives Gedächtnis*. Das Trauma als Nicht-Erzählbares fungiert in der betroffenen Psyche wie ein „leerer Kreis" oder ein „schwarzes Loch".

[13] In diesem Zusammenhang, aber auch im Hinblick auf den nächsten Abschnitt, ist auf die kleine Schrift des Theologen Paul Tillich (1886–1965), *Der Mut zu Sein*, zu verweisen; die den weltgeschichtlichen Epochen (Europas) verschiedene Ängste zuschreibt und der neuesten Zeit vor allem *Angst vor der Sinnlosigkeit* attestiert.

brauchen und daher die ganze, ungeteilte Wahrheit nicht an sich heranlassen. Doch genau darum muss es gehen, nicht als Überwältigung der Lernenden, sondern als Lernprozess der ganzen Gesellschaft, motiviert durch Intellektuelle und gesellschaftliche Multiplikatoren, zu denen auch wir GeschichtsdidaktikerInnen zählen.

Erfahrungen – auch die ganz üblen – machen „Sinn", wenn sie reflektiert und integriert wurden, wenn sie erzählt und „hinterfragt" werden können und wenn sie sich selbst im Hinblick auf Wahrung und Mehrung der Humanität zu transzendieren wissen. Gewiss ist der „Lebensstrom" des Humanen oft aus der alltäglichen Erfahrung verschwunden.[14] Aber er versiegt ja nie ganz; er fließt ja weiter, wenn auch oft nur unterirdisch-spärlich. Daran halten wir uns.[15] Die so entstehende „Erzählung" ist mehr als verbalisierte Story. Sie ist ein innerer roter Faden, der unsere Gegenwart mit der Vergangenheit verbindet und in eine humanistisch gestärkte Zukunft führt. Mit der Integration von Erfahrung, Sinn und Erzählung entstehen Textzusammenhänge, die nichts gemein haben mit Rechtfertigungsmythen, Ablenkungsstorys, Ideologie-Predigten und Lückenberichten. „Narrative Kompetenz", dieses geschichtsdidaktisch so emphatisch gehandelt Globalziel historischen Lernens, bedeutet in dem hier entworfenen Kontext weniger etwas Intellektuell-Instrumentelles als vielmehr innere Einstimmung in die sich selbst transzendierende Erzählung der menschlichen Niederlagen und Selbstbehauptungen.

Geschichtsdidaktik ohne Hoffnung, Vision oder Utopie ist wie Steinchen-Sammeln in einer Kiesgrube. Das „Schicksal" von Erfahrungen sollte beim Lehren und Lernen und Erforschen der Geschichte inhaltlich (Objektebene) und kommunikativ (Subjektebene), theoretisch-kognitiv wie auch authentisch-praktisch verstärkt berücksichtigt werden.

---

[14] Sich als „einen Teil des großen Lebensstromes zu empfinden" gehört zu den Leitideen Betrand Russells (1978, Zitat S. 171). – Hannah Arendt, 1992, spricht philosophisch-versachlicht nicht von „Lebensstrom", sondern von „Lebensprozess", meint aber tendenziell dasselbe, vgl. etwa S. 97 über die „Seligkeit des schier Lebendigen teilhaftig zu werden" und das stille „Vertrauen, dass, wer in Mühe und Arbeit sein Teil getan hat, ein Teil der Natur bleibt in Kindern und Kindeskindern."

[15] Das „wir" in diesem Satz ist rhetorisch-appellativ. Es müsste nach den hier vertretenen kommunikativen Grundsätzen genauer heißen „Daran halte *ich* mich" und als Frage dialogisiert werden: „Hältst *du* dich auch daran?" Vgl. ferner unten X. Kapitel über *unterirdische Geschichte*.

VIII. Emanzipation und Geschichtsbewusstsein.
Anregungen für die Wiederaufnahme und Fortsetzung einer Diskussion

1. Die sechziger Jahre

Die sechziger Jahre unseres Jahrhunderts waren eine Zeit des Aufbegehrens gegen gesellschaftspolitische Stagnationen, eine Zeit des stürmischen Einforderns von Freiheiten, die angeblich längst verwirklicht waren, eine Zeit des vorwiegend jugendlichen Protests gegen das selbstgefällig-protzige „Establishment" der Eltern-Generation mit ihren unbearbeiteten Verstrickungen im Nationalsozialismus. Das gilt in je eigener Weise für den Westen wir für den Osten, weltweit. Es genügt, stichwortartig an die Antikriegs-Vietnam-Demonstrationen und den Prager Frühling mit Höhepunkten im Jahr 1968 zu erinnern, um die Umbruchspannung von damals zu vergegenwärtigen, die Reformbegeisterung auf der einen Seite und Veränderungsangst auf der anderen Seite erzeugte. Freilich: für die später Geborenen, etwa die Studentinnen und Studenten von heute, ist das schon nostalgisch verklärte Geschichte, die kaum noch zu verstehen ist.

Die Turbulenzen der Zeit erfassten auch die Geschichtsdidaktik in der alten Bundesrepublik. Ideengeschichtlich vorbereitet durch die „Kritische Theorie", die ja bei der ideologischen Vergewisserung der Studentenbewegung als Katalysator aber auch zur schärfer sich abgrenzenden Definition der eigenen Sache eine große Rolle spielte, begannen etliche Didaktikerinnen und Didaktiker das geschichtliche Denken aus den nationalstaatlichen und staatsloyalen Traditionen zu lösen, um es stärker mit gesellschaftspolitisch emanzipatorischen Zielen zu verbinden. *Emanzipation* – so lautete das Schlagwort und „Richtziel" jener Tendenzen, die von Annette Kuhn nicht nur maßgeblich beeinflusst, sondern geradezu angeführt wurden; denn es gab außer ihrem Ansatz und einem orthodoxen Marxismus (der aber im Westen nur marginale Zustimmung fand) in der Lehre kein Modell alternativen geschichtsdidaktischen Denkens. Kuhns *Einführung in die Didaktik der Geschichte*, erschienen 1974, Ausgangspunkt und Basis ungezählter Publikationen, Seminararbeiten und Konferenzdiskussionen, war auch für mich eine Herausforderung,[1] und sie ist es im

---

[1] In der ersten Auflage meiner im Druck erschienenen Dissertation (Thema: Denkerziehung im Geschichtsunterricht; Verlagstitel: *Wie lehrt man Geschichte heute?* Heidelberg 1973) kam Annette Kuhn noch nicht vor. In der zweiten stark erweiterten Auflage von 1977 konnte ich dagegen

Grunde bis heute geblieben. Hier liegt der Ausgangs- und Kernpunkt der folgenden Überlegungen, die Annette Kuhn gewidmet sind, die aber nicht den Anspruch erheben, ihr Werk umfassend würdigen zu können; denn nach den beruflich-persönlichen Begegnungen der siebziger Jahre haben wir uns aus den Augen verloren und sind verschiedene Wege gegangen.

2. „Emanzipation" – didaktischer Anspruch und schulische Wirklichkeit

Im Begriff Emanzipation steckt Befreiungsgeschichte und Befreiungsbegehren. Emanzipation ist historische Erinnerung,[2] aber auch politische und persönliche Mahnung. Emanzipation schafft Unruhe, denn sie ruft nach Veränderungen. Lesen wir einige Angaben zum Begriff der Emanzipation, wie Kuhn ihn definierte:

> „Emanzipation ist kein abstrakt definierbarer Normbegriff. Sie ist vielmehr Teil des historisch-dialektischen Prozesses und verwirklicht sich entsprechend im historisch-kritischen Lernprozess selbst (Hinweis auf Hilligen). Unter diesen erkenntnis- und geschichtstheoretischen Prämissen definiert sich Emanzipation als ,die Befreiung des Subjekts... aus Bedingungen, die seine Rationalität und das mit ihr verbundene Handeln beschränken' (Mollenhauer). Kritische Geschichtserkenntnis spielt bei diesem Emanzipationsprozess eine entscheidende Rolle; denn im historisch-kritischen Prozess können Irrationalität, scheinbare Naturhaftigkeit und Schicksalhaftigkeit unbegriffener Fakten zu einem gewissen Teil zugunsten einer rationalen Orientierungshilfe aufgelöst werden. An Stelle resignativer Konformitäten, das unvermeidbare Resultat eines noch durch den Geschichtsunterricht befestigten Geschichtsfatalismus, gewinnt der Schüler die Möglichkeit, gesellschaftliche Realität zu durchschauen und durch einen Prozess der historischen und der Selbstreflexion an ihrer rationalen Gestaltung in Übereinstimmung mit anderen mitzuwirken.
> Emanzipation hängt demnach eng mit dem Sozialisationsprozess und den Mitbestimmungsforderungen einer demokratischen Gesellschaft zusammen."[3]

Festzuhalten an diesem kleinen Textausschnitt ist vor allem die Aussage, dass Emanzipation nicht als „abstrakt definierter Normbegriff", sondern als „Prozess" zu verstehen ist, in dem auch die Selbstreflexion eine maßgebliche Bedeutung hat. Dass man bestimmte Ziele nicht ein für alle Male endgültig und vor allem nicht so-

---

feststellen, dass es zwischen dem nunmehr weithin bekannten Ansatz von Annette Kuhn (Einführung 1974) und meiner als Kapitel neu angefügten Didaktik der Gegenwartsbezüge „mannigfaltige Übereinstimmung" gebe (S. 131). Eine Herausforderung war für mich vor allem Kuhns theoretisch-konzeptioneller Anspruch, dem ich damals aber weder ganz folgen noch etwas anderes entgegensetzen konnte.

2 Zur Geschichte des Begriffs „Emanzipation": Karl Martin Grass und Reinhart Koselleck, in: Otto Brunner u. a. (Hrsg.), 2. Bd., S. 153–197.

3 Kuhn 1974, S. 65 f.

fort erreichen könne, sondern gleichsam konstant auf dem Weg zu diesen Zielen sei
und weitere Anstrengungen vollbringen müsse, um nicht vom Weg abzukommen,
diese Einsicht ist in späteren Jahren mit noch mehr Nachdruck vertreten und theoretisch wie praktisch integriert worden, man denke nur an das Schlagwort „Der
Prozess ist das Ziel", aber auch an den in den siebziger und achtziger Jahren mäch-
tig erstarkenden Feminismus, der Emanzipation par excellence einforderte und vo-
rantrieb, und zwar etwa so, wie Annette Kuhn es geschichtsdidaktisch gewollt hat:
als Selbstreflexion bei gleichzeitiger Analyse der gesellschaftlichen Realität, als Konfrontation der eigenen bewusstgewordenen Erfahrung mit historischen Konstellationen, als solidarisches Handeln „in Übereinstimmung mit anderen" usw.

Ist derartiges schon in der Schule umzusetzen, noch dazu unabhängig von der
Geschlechterthematik? Hier stoßen wir auf ein Problem der Emanzipationsdidaktik:
Die konstruktiv-modellierende Annahme eines Schülers, der in die Lage versetzt
werden kann, „gesellschaftliche Realität zu durchschauen und durch einen Prozess
der historischen und der Selbstreflexion an ihrer rationalen Gestaltung in Übereinstimmung mit anderen mitzuwirken", ist weder empirisch zu halten noch pädagogisch einfach zu legitimieren, denn sie entzieht den Lehr-Lern-Beziehungen ihre
spezifische Lebendigkeit und unterwirft die Lernenden einem projektiven Wunsch-
denken, in dem ihre Individualität und eigene Lebenserfahrung entgegen der theo-
retischen Vorgabe im Grunde nicht mehr vorkommt. Das ist alsbald kritisiert worden,[4] sollte heute aber nicht mehr Gegenstand weiterer Diskussionen sein; denn die
Frage ist ja nicht (bzw. nicht mehr): Welche einzelnen Bestandteile der Emanzipationsdidaktik passen nicht gut zusammen?, sondern vielmehr: Was ist vom Emanzipationsanspruch heute noch grundsätzlich zu halten? Kann er aufgegriffen und
zeitgemäß mit neuen Inhalten gefüllt werden? Wie verhält sich Emanzipation als
Leitidee zur „Kategorie Geschichtsbewusstsein", mit der die Geschichtsdidaktik
den umstürzlerischen Aspirationen der 60er und 70er Jahre entschieden entgegen-
getreten ist und heute immer noch für konservativen Ausgleich sorgt?

3. „Geschichtsbewusstsein" als Verschwörung des Schweigens

Im Vergleich zur Unruhe, die gleichsam im Begriff Emanzipation steckt, hat der
Begriff Geschichtsbewusstsein in der Form, wie er konzipiert wurde,[5] etwas Statisches und
Ausgleichendes. Es passt sozusagen alles rein, ohne wehzutun. Sehen wir uns zur
Verdeutlichung dieser These vergleichend einige Begriffsbildungen an, mit denen
ebenfalls ein „-bewusstsein" positiv oder negativ zum Ausdruck gebracht werden

---

4   Vor allem durch Jochen Hering 1985, S. 92 ff. Das Buch ist jedoch leider nicht rezipiert wor-
    den; es passte nicht in den mainstream des geschichtsdidaktischen Diskurses.
5   Das Grundlagendokument für alle weiteren Darlegungen lieferte nach verschiedenen Vorar-
    beiten Karl-Ernst Jeismann, in: Süssmuth (Hrsg.),1980: S. 179–222.

soll: Der Angeklagte habe überhaupt kein *Unrechtsbewusstsein* entwickelt, heißt es beispielsweise in einschlägigen Berichten. Mit dem Begriff *Umweltbewusstsein* betonen
wir die Notwendigkeit, die Natur zu schonen, und tadeln entsprechendes Fehlver-
halten. Das christliche *Sündenbewusstsein* artikuliert die Annahme einer prinzipiellen
Fehlerhaftigkeit des Menschen im Angesicht Gottes. Die Studentenbewegung be-
scheinigte dem Bürgertum rundweg ein „*falsches Bewusstsein*" und konnte sich dabei
auf Karl Marx berufen, der betont hatte, dass ein Bewusstsein als geistige Größe für
sich genommen gar nicht gedacht werden könne, da es immer durch gesellschaftlich
materielle Lebensbedingung vorstrukturiert sei („das Sein bestimmt das Bewusstsein"). Auf die Notwendigkeit eines verstärkten *Cholesterin-Bewusstseins* weisen Ge-
sundheitsbroschüren und Margarine-Werbungen hin. Man sieht an allen Beispielen:
Es geht um Gefahren, Mangelerscheinungen, Konflikte und um ein Programm, mit
dem die jeweiligen Gefahren überwunden werden können. Am schärfsten kommt
das Konflikthafte und Kämpferisch-Programmatische der Komposita mit -bewusst-
sein im Begriff *Klassenbewusstsein* zum Ausdruck, der zwar heute publizistisch keine
große Rolle mehr spielt, der aber inhaltlich keineswegs überholt ist, da ein Bewusstsein für die sich verschärfenden Gegensätze zwischen Reich und Arm durchaus
vorhanden und im Wachsen begriffen ist. Heute wird eher ein Bewusstsein für
Menschenrechte (und entsprechende Verletzungen) reklamiert.

Von Gefahren und Konflikten sowie einer dementsprechenden Programmatik
des zu verändernden Denkens und Handelns ist in der „Kategorie Geschichtsbewusstsein" nichts oder nur marginal wenig zu entdecken, ja, man darf heute, nachdem die geschichtswissenschaftliche Selbsterforschung ein gewaltiges Stück voran-
gekommen ist,[6] die These wagen und gut begründen, dass ein Zweck der
„Kategorie Geschichtsbewusstsein" eben darin bestand, den wichtigsten Konflikt
zu neutralisieren und zu verdrängen, nämlich: den Konflikt mit dem Nationalsozialismus, der in unseren akademischen Vätern unausgesprochen noch höchst lebendig
war und in dieser Form, als unerledigtes Problem, an die nächste Generation wei-
tergereicht wurde.

Die problematische transgenerationelle Weitergabe wird besonders deutlich,
wenn etwa Jeismann den Begriff Geschichtsbewusstsein genauer bestimmt und sich
dabei auf Schieder beruft.[7] Theodor Schieder war, wie wir heute wissen, als Historiker und Akteur tief in den Nationalsozialismus verstrickt,[8] hat aber nie darüber ge-

---

[6] Es war vor allem der 42. deutsche Historikertag im September 1998, der nach langem (zu
    langem) Zögern die kritische Beschäftigung der Historiker mit ihrer eigenen Vergangenheit
    thematisierte und damit für Schlagzeilen sorgte. Exemplarisch sei hingewiesen auf die Eröff-
    nungsrede des Vorsitzenden Johannes Fried, abgedruckt u. a. in: Zeitschrift für Geschichts-
    wissenschaft 10/1998.

[7] Jeismann, in: Süssmuth 1980, S. 220.

[8] Exemplarisch sei verwiesen auf Schieders Denkschrift von 1939, die eine „Entjudung Rest-
    polens" vorsah, vgl. den Wortlaut bei Ebbinghaus und Roth in „1999" (Zeitschrift für Sozial-

sprochen, auch nicht im engeren Kreise der Familie oder nächsten Vertrauten.[9] Angesichts dieser Konstellation ist es wohl nicht verfehlt zu fragen: Was ist von einem Geschichtsbewusstsein zu halten, in dem genau jene Teile inhaltlich stillgelegt sind, die als Konfliktstoff und Problem das Bewusstsein (im oben umschriebenen Sinn) konstituieren? Welchen kategorialen Wert hat eine „Kategorie" Geschichtsbewusstsein, die aus massiver Verdrängung erwachsen ist?

Gewiss, daran besteht kein Zweifel: Der Nationalsozialismus wurde nachträglich verurteilt und als Unheil beklagt. Aber er wurde nicht so „durchgearbeitet",[10] wie es seiner lebensgeschichtlich-subjektiven und geschichtlich-objektiven Bedeutung angemessen gewesen wäre. Das gilt, wohl bemerkt, nicht nur für die damaligen Akteure, die Großväter und Väter des Geschehens (von heute aus gesehen), sondern ebenso für die Söhne, Töchter und Enkel, für die 1930, 1940 und 1950 Geborenen, die sich in die Verschwörung des Schweigens transgenerationell einbinden ließen und damit ihrerseits genug Anlass zum kritischen Durcharbeiten ihrer Geschichte haben, zumal neue Lasten, etwa die des Kalten Krieges, dazukamen.

4. Wer soll und kann denn „Unbewusstes bewusst machen"?

Man kann nicht sagen, dass die Emanzipationsdidaktik das im vorigen Abschnitt umrissene Problem grundsätzlich besser „gelöst" hätte als die Apologeten des neutralisierten Geschichtsbewusstseins. Vergessen wir nicht: Egal, welche Denkrichtung in den 60er und 70er Jahren eingeschlagen wurde: Die in den 30er Jahren Geborenen haben ihre ganze Kindheit und größte Teile ihrer Jugend im Nationalsozialismus verbracht. Ihr Denken und Fühlen war also durch und durch von den Erfahrungen dieser Zeit bestimmt, die irgendwie integriert werden mussten und doch nicht zu verwerten waren. Mit der Last der Vergangenheit hatten also alle mehr oder weniger bewusst zu tun. Was den einen durch Entschärfung des Geschichtsbewusstseins gelang, versuchten die anderen durch projektive Übertragung der ganzen Schuldproblematik von den deutschen Vätern und Müttern auf die Amerikaner und ihren Vietnam-Krieg. Und doch: Es gab und gibt feine Unterschiede.

Kuhns Texte von damals sind zwar in ähnlicher Weise allgemein und ausweichend wie etwa Jeismanns Texte, doch sie enthalten etliche Anhaltspunkte, an die wir heute anknüpfen können, und darum geht es. Unter anderem räumte Kuhn die

---

geschichte des 20. und 21. Jahrhundert) 7 (1992), H. 1. – Das Problem im ideologischen Kontext analysiert und kommentiert: Götz Aly 1997, S. 159 f. und 169 ff.

[9] Das erklärte auf dem 42. Historikertag vor aller Öffentlichkeit Wolfgang Schieder, der Sohn von Theodor Schieder, mit bewundernswertem Mut zur Konfrontation mit dem Problem.

[10] Der von Sigmund Freud geprägte Begriff „Durcharbeiten" passt in dem hier thematisierten Zusammenhang besser als der üblicherweise verwandte Begriff „Aufarbeiten", weil er die Arbeit des Subjekts an sich selbst betont.

Möglichkeit ein, dass *Unbewusstes bewusst gemacht* werden könne, und das ist, wenn man sich wirklich darauf einlässt, auch heute noch eine revolutionäre Aussicht![11] Lesen wir einen diesbezüglichen Abschnitt in Kuhns Texten. Über die „Hypothesenbildung" als ersten Unterrichtsschritt heißt es:

> „Hypothesenbildung ist demnach auch keine nur kognitive Leistung. In sie geht vielmehr das Bedürfnis des Schülers mit ein, sich von einem Leidensdruck seiner eigenen Erfahrungs- und Erlebniswelt zu befreien. Denn in der Artikulation konkreter Erfahrungen repressiver Verhältnisse persönlicher und gesellschaftlicher Natur wird auch Unbewusstes bewusst gemacht. Damit wird auch der Praxisbezug der Hypothesenbildung angedeutet; denn die Reflexion dieses Bewusstwerdens ist praktisch folgenreich. ‚In der Selbstreflexion gelangt eine Erkenntnis um der Erkenntnis willen mit dem Interesse an Mündigkeit zur Deckung' (Habermas). Dem Vollzug der Reflexion liegt ein emanzipatorisches Erkenntnisinteresse zu Grunde."[12]

Dass die Schülerinnen und Schüler mit einem derartigen Ansinnen völlig überfordert und überschätzt werden und damit auch in Gefahr geraten, vom Lehrer ungeduldig manipuliert zu werden, diese Kritik ist schon formuliert worden. Ich möchte sie jetzt ein Schritt weitertreiben, ohne jedoch Kuhns Gedankenspur dabei völlig preiszugeben. Im Gegenteil: Durch meine Interpretation gewinnt der kleine Text ein Aussageprofil, das zur weiteren Auseinandersetzungen auffordert. Meine Interpretation als weiterführender Denkanstoß besteht einfach darin, dass ich sage: Dieser Text (wie unendlich viele andere Texte, die Objektivität beanspruchen) kann auch als Ich-Aussage gelesen werden. Ersetzen wir das Wort „Schüler" durch das Personalpronomen „Ich", und wir stehen im Eingangstor einer spannenden Diskussion. Es würde dann etwa heißen:

> Hypothesenbildung ist demnach keine nur kognitive Leistung. In sie geht vielmehr *mein* Bedürfnis mit ein, *mich* von einem Leidensdruck *meiner* eigenen Erfahrungs- und Erlebniswelt zu befreien. Denn in der Artikulation konkreter Erfahrungen repressiver Verhältnisse persönlicher und gesellschaftlicher Natur wird auch Unbewusstes bewusst gemacht... *Ich* denke nach, weil *ich* mich emanzipieren will ...

Eine Lebenserfahrung haben die um 1935 geborenen Geschichtsbewusstseinsapologeten sowie Emanzipationsdidaktiker mit Sicherheit gemeinsam: Sie haben damals systematisch verlernt, „Ich" zu sagen und eigene Bedürfnisse zu artikulieren. Das ist ihnen schon in der Wiege ausgetrieben worden.[13] Frauen haben diesbezüglich wohl noch schwerere Lasten abzutragen als Männer, die ja gesellschaftlich gera-

---

[11] Ich habe etliche Jahre später abermals versucht, diesem Gedanken Geltung zu verschaffen – ohne nennenswerte Resonanz in der geschichtsdidaktischen Zunft, die sich der Einsicht, dass ein Geschichtsbewusstsein ohne Thematisierung des Unbewussten wie ein Fisch auf dem Trocknen sei, konsequent und energisch verweigerte.

[12] Kuhn, Einführung, S. 61.

[13] Ausführlicher dazu Chamberlain 1998.

dezu aufgefordert werden, sich aktiv und ich-bewusst einzumischen, während dasselbe Verhalten bei Frauen eher Irritationen hervorruft. (Auf diese besondere Komponente der Emanzipationsproblematik will ich hier jedoch nicht weiter eingehen.)

Auch andere Sätze in der *Einführung* provozieren gedankenspielerisch die Frage, inwiefern die Autorin sich selbst meint, wenn sie von den Schülern spricht.

„An Konfliktfällen des Alltags, an der Erfahrung nicht durchschaubarer Repressionen, am gesellschaftlich verursachten Leidensdruck, die für den einzelnen Schüler erfahrbar, aber nicht aufklärbar sind, nimmt der Unterricht seinen Ausgang. In diesem Sinne muss methodisch die Möglichkeit der Reflexion der Schülerinteressen an Mündigkeit eröffnet werden. Erst wenn die Schüler das benennen können, was ihnen fehlt, kann die an ihre eigenen emanzipatorischen Defizite anknüpfende Rekonstruktion der Vergangenheit, d. h. der geschichtliche Stoff, mehr sein als unverbindlicher Schulstoff."[14]

Geht es nur um die Schüler? Können wir selbst sofort und genau benennen, was uns fehlt? Haben wir alle Repressionen durchschaut; alle Erfahrungen aufgeklärt? Fragen über Fragen!

Wenn wir das Ich des Autors oder der Autorin in geschichtsdidaktischen Texten sichtbar machen, und sei's nur hypothetisch wie hier (eine authentische Thematisierung bedürfte des direkten Gesprächs und kann jetzt daher nur in Aussicht gestellt, nicht aber wirklich praktiziert werden), entstehen neue Fragen, und in die oft so hermetisch und trocken wirkenden Denksysteme zieht Lebendigkeit ein: Was ist *mir* denn vom „Leidensdruck meiner eigenen Erfahrungs- und Erlebniswelt" bewusst? Was kann ich davon mitteilen? *Wenn das bei mir so und so ist: Wie ist es dann bei den Schülerinnen und Schülern?* Was weiß ich eigentlich über deren Erfahrungs- und Erlebniswelt? Ist es denk- und vielleicht sogar planbar, die verschiedenen Erfahrungs- und Erlebniswelten miteinander in Verbindung zu bringen? Wie mache ich das methodisch?

5. Emanzipation als Erfahrung und Prozess

Geschichtsbewusstsein als „Kategorie", die über lebensgeschichtliche Erfahrungen gleichsam erhaben ist, und Emanzipation als „oberstes Lernziel", das den Schülerinnen und Schülern prozessual aufgegeben ist, als wenn es die Lehrerinnen und Lehrer längst erreicht hätten: Das ist die doppelte Schieflage, die wir in einem erneuten Diskussionsprozess revidieren und überwinden können. Dabei ist die Aufmerksamkeit unterrichtspraktisch in erster Linie auf die Auswahl und Akzentuierung der Unterrichtsinhalte zu richten, die so zu erfolgen hat, dass es allen

---

[14] Kuhn, Einführung, S. 29.

Beteiligten, den Lehrenden und Lernenden, möglich wird, eine möglichst *authentische Beziehung zum Thema* herzustellen. Sich als Subjekt authentisch zum „Objekt" (Inhalt, Thema, Medium) äußern heißt zunächst einfach: Ich-Sätze formulieren, die sowohl Gedanken und Bewertungen (kognitive Ebene) als auch Gefühle (affektive Ebene) enthalten können. (Wie das praktisch zu gestalten ist, wurde in anderen Publikationen dargelegt, so dass ich mich hier auf diese Andeutung beschränken kann.[15])

Um den Ansatz „authentisch" (das heißt von mir selbst ausgehend) an dem hier erörterten Probleminhalt noch einmal zu verdeutlichen: *Mein* Geschichtsbewusstsein ist seit etlichen Jahren eng bezogen auf die früher unverstandene Erfahrung einer Kindheit im Nationalsozialismus und auf die Probleme ihrer Bearbeitung in subjektiver und objektivierender Hinsicht. Aber ich kann das selbstverständlich nicht oder nur bedingt verallgemeinern und vor allem nicht auf die Jugend von heute übertragen. Die haben ganz andere Probleme. Und diese Einsicht ist auf zahlreiche andere Lebensbereiche zu erweitern. Frauen haben m. E. aufgrund ihrer Sozialisationserfahrung tendenziell ein anderes Geschichtsbewusstsein als Männer. Entsprechendes gilt für Ostdeutsche und Westdeutsche, für Afrikaner und Europäer usw. In dem Maße wie spezifische historisch-politische Erfahrungen nicht thematisiert und dialogisiert werden (und zwar, wie oben schon entworfen, ausgehend von der ersten Person), entsteht die Gefahr von Abwehr und Verdrängung des eigentlich Wichtigen.

Mit Emanzipation können und sollten wir ähnlich umgehen. Was weiß ich denn von den Befreiungsschwierigkeiten und Unterwerfungsbereitschaften meiner Studentinnen und Studenten, Schülerinnen und Schüler? Wie ist meine eigene Einstellung zu dem gegebenen Thema? Es genügt nicht, Emanzipation *auch* als Prozess in Aussicht zu stellen. Solange die Zielebene sich in unserem Denken hoch über die alltägliche Praxis erhebt und die Lehrenden sich in der Pflicht sehen, die Schülerinnen und Schüler dorthin, ins gelobte Land zu führen, solange können Chance und Möglichkeit von Emanzipations- und Freiheitserfahrungen gar nicht recht ins Bewusstsein kommen.

Welche Inhalte eröffnen die Chance, dass zwischen der historischen Objektwelt und der subjektiven Erlebniswelt so etwas wie eine Schnittmenge entsteht, die das Gespräch nach beiden Seiten hin ermöglicht? Das ist die erste didaktisch-methodische Frage, die sich ergibt, wenn wir den Emanzipationsanspruch aufrechterhalten, ohne die Lernenden und die Lerninhalte künstlich dorthin zu biegen, wo sie unserer Interpretation nach sein müssten.

---

15 Auf dem schon erwähnten 42. deutschen Historikertag wurde auch eine von Hartmut Voit (Dresden) geleitete Sektion mit dem Rahmenthema „Reflexive Annäherungen an Geschichte" angeboten. Die Referate von Brigitte Dehne (veröffentlicht in GEP 1998) und Birgit Wenzel (veröffentlicht in GWU 2000) enthielten etliche Anregungen zur Unterrichtspraxis. Hans-Jürgen Pandel bezeichnete den Ansatz in einem Diskussionsbeitrag als „zweite Berliner Schule".

Emanzipation ist pädagogisch-didaktisch überhaupt nur zugänglich, wenn sie erfahren wird, am eigenen Leib (als gutes Körpergefühl), im persönlichen „Träumen
nach vorn", als Stunde der Ermutigung für die Zukunft hin, im Gespräch ohne moralisierende Rechthaberei usw. Der trostlosen Aussicht auf Arbeitslosigkeit nach
Schulabschluss widerstehen, indem die verbleibenden Spielräume der Lebenslust
besetzt und Techniken der sozialen Behauptung erprobt werden – das *ist* Emanzipation in der jetzt möglichen Form. Erst wenn im eigenen Innern eine Resonanz
für das Abstraktum „Emanzipation" entstanden ist, hat auch das kognitiv-
inhaltliche Lernen eine Erfolgschance.

Annette Kuhn hat viel von dem, was hier eingefordert und empfohlen wurde,
programmatisch entworfen, und es ist zu bedauern, dass wir damals den angefange-
nen Weg nicht konsequenter fortgesetzt haben. Auch die mit der Emanzipationsdidaktik eng verbundene Friedenserziehung verweist auf diesen Weg. Frieden als politisches Ziel muss heute nicht prinzipiell anders als vor fünfundzwanzig oder
hundert Jahren ins öffentliche Bewusstsein gebracht und dort gegen offene oder
heimliche Militaristen verteidigt werden. Dass zu diesem Lernprozess das persönliche Involviertsein gehört (und sei's als Mangelerfahrung, die vom Unbewussten ins
Bewusste übergeht), hat Kuhn betont, wenn sie u. a. sagte:

„Das Lernziel Frieden ist ebenso wenig wie das Lernziel Emanzipation selbst normativ be-
stimmbar; es gewinnt erst an Hand der konkreten Entscheidungssituation im historisch-
kritischen und kommunikativen Lernprozess seine Gültigkeit."[16]

Geschichtsbewusstsein *oder* Emanzipation? Nein, Geschichtsbewusstsein *und* E-
manzipation! Beide Begriffe haben ihre Würde, die von zeitbedingten Schlacken zu
befreien ist. Die eigentliche Vitalität und didaktische Leuchtkraft dieser Begriffe
kommt im Medium je besonderer reflektierter und durchgearbeiteter *Erfahrungen* zur
Geltung, die das Dissoziative der Nachkriegszeit überwinden und dabei gleichzeitig
das konstituieren, was unsere Zukunft braucht: emanzipatorisches Geschichtsbewusstsein.

---

[16] Kuhn, Einführung, S. 75.

IX. Verdrängungen in der Geschichte – kein Thema für die Geschichtswissenschaft?

„Der Mensch hat wirklich viel zu tun, wenn er sein eigenes Positive bis ans Ende durchführen will.
Glücklicherweise bleibt uns zuletzt die Überzeugung, dass gar vieles nebeneinander bestehen kann und
muss, was sich gerne wechselseitig verdrängen möchte: der Weltgeist ist toleranter als man denkt. "
Goethe in einem Brief vom 12. Mai 1826 an Reinhard.[1]

„... denn wie das Wasser, das durch ein Schiff verdrängt wird, gleich hinter ihm wieder
zusammenstürzt, so schließt sich auch der Irrtum, wenn vorzügliche Geister ihn beiseite gedrängt
und sich Platz gemacht haben, hinter ihnen sehr geschwind wieder naturgemäß zusammen. "
Goethe, Dichtung und Wahrheit, III. Teil, 15. Buch.

1. Zur „Theorie" der Verdrängung

1.1 Begriff und Begriffsfeld

Wie unzählig viele Wörter in unserer Sprache hat das Wort „Verdrängung" zwei Geltungsbereiche:[2] Zum einen bezeichnet Verdrängung im konkreten Sinn des Wortes einen materiellen, physikalischen oder politischen Vorgang, wie er sich u. a. abspielt
*   in der Natur (z. B. Wasserverdrängung),
*   in der Wirtschaft (z. B. Verdrängungswettbewerb),
*   in der Sprachgeschichte (viele Wörter werden „verdrängt" und durch andere ersetzt, z. B. „beiten" durch „warten", vgl. Osman 1997),
*   bei der Landnahme in früheren Zeiten (Die Angelsachsen verdrängten die einheimische Bevölkerung, heißt es etwa in geschichtlichen Darstellungen).
Zum anderen ist unter Verdrängung im abstrakten, bildlich-metaphorischen Sinn ein eher geistiger und kulturhistorischer Prozess zu verstehen, der in der Regel auch beobachtet werden kann, der aber nicht immer so eindeutig zu erfassen ist wie die Verdrängung in der ersten Wortbedeutung. Wir sagen etwa: Das Gefühl verdrängt den Verstand, eine Ideenrichtung die andere. Homers Epen wurden im frühen Mittelalter durch die Aeneis des Vergil verdrängt, heißt es beispielsweise in einer Einleitung zur *Ilias*.[3]

---

[1] Zitiert nach Gerlach und Herrmann 1956, S. 347 f.
[2] Vgl. zum Folgenden Grimm 1984, Bd. 25, Spalte 240 f.
[3] Dorminger 1960, S. 7.

Vor rund hundert Jahren kam eine dritte Bedeutungsvariante hinzu, die zunächst nur in einem speziellen medizinisch-klinischen Bereich Geltung hatte,[4] von dort aus jedoch auf psychohistorische Vorgänge im Allgemeinen übertragen wurde und so in der Alltagssprache Eingang fand. Verdrängung in diesem Sinn bedeutet Unterdrückung von schwer erträglichen Gedanken und Empfindungen, Verschweigen und „Vergessen" von peinlichen Vorgängen, Übergehen von Fehlern und Fehlentwicklungen, Abwehr von Wahrnehmungen, Impulsen und Einsichten, die Unlust bereiten, usw. (Dass Verdrängung auch ein Element gesunden Lebens ist, wird dabei meistens übersehen.[5]) In den folgenden Überlegungen wird es vor allem um die Frage gehen, ob (und wenn ja: wie) Verdrängungen in diesem dritten Sinn des Wortes geschichtswissenschaftlich erschlossen werden können. *Dass* es historische Prozesse gibt, die den Charakter kollektiver Verdrängung haben, wird meines Wissens von keinem Historiker prinzipiell bestritten. Ziemlich unklar ist aber, *wie* man beim Erforschen derartiger Verdrängungen methodisch vorgehen könnte. Eine einfache Lösung kann auch hier nicht geboten werden. Vielmehr ist es Ziel dieses Aufsatzes, vorhandene Lösungsansätze im Überblick darzustellen und damit gleichzeitig die Fortsetzung einer Diskussion anzuregen, die abgebrochen wurde, bevor sie überhaupt richtig begonnen hatte.[6]

Hilfreich und nützlich für eine geschichtswissenschaftlich-methodologische Annäherung an das Thema ist die ausdrückliche Unterscheidung zwischen der Verdrängung als psychohistorischem *Prozess* und dem Verdrängten als *Inhalt,* der aus dem Bewusstsein verschwinden soll. Der Verdrängungsprozess kann in der Regel nur indirekt erschlossen werden. Er ist ja nicht aktenkundig und damit auch nicht mit den üblichen Mitteln nachzuweisen. Auch psychoanalytische Fallstudien helfen nur bedingt weiter, zumal es immer problematisch ist, inwiefern sie verallgemeinert werden können.[7]

---

4 Ausführlicher dazu Laplanche und Pontalis 1986 (7. Auflage), Stichwort *Verdrängung* S. 582 ff. mit zahlreichen Verweisen auf die Werke von Sigmund Freud.

5 Wer gar nichts verdrängen kann, wird psychisch krank. Das Verdrängen hat oft eine Schutzfunktion, z. B. bei traumatisierenden Erlebnissen. Viele Wahrnehmungen und Einsichten sind eben wegen ihrer Unerträglichkeit erst in großem zeitlichen Abstand möglich; das wird unter anderem in der Geschichte der Verarbeitung des Nationalsozialismus deutlich, die sich über mehrere Generationen erstreckt und im Grunde auch heute noch nicht abgeschlossen ist. Außerdem ist Verdrängung als eine relativ reife Form der Abwehr anzusehen, im Unterschied etwa zur Spaltung oder groben Verschiebung.

6 Wissenschaftssystematisch geht es um die interdisziplinäre Verknüpfung von Geschichtswissenschaft und Psychologie (bzw. Psychoanalyse), die in Westdeutschland eine kurze Hochzeit Ende der sechziger und Anfang der siebziger Jahre feiern konnte (vgl. etwa Wehler 1971), dann aber nicht weiter ausgebaut wurde, von gelegentlichen und sehr heterogenen Ansätzen einmal abgesehen. Eine neuere kritische Bestandsaufnahme bietet Krovoza 2003.

7 Vgl. z. B. Eckstaedt 1989.

Dagegen kann mit relativer Klarheit das rekonstruiert oder zumindest hypothetisch, heuristisch benannt werden, *was* der Verdrängung unterlag. Auch die Akteure (Personen und Personengruppen), die die Verdrängung durch bewusstes interessegeleitetes Handeln vorantreiben, können – und hier wird Geschichtswissenschaft vornehmlich ansetzen – ermittelt werden. Doch damit ist nicht der Verdrängungsprozess als Ganzes erfasst.

Auf der Inhaltsebene ist zu beachten, dass nicht nur Schandtaten verdrängt werden (prototypisches Beispiel: der Holocaust), sondern auch Enttäuschungen und Niederlagen, Verdienste und Erfolge von Gegnern, Visionen von einer besseren Welt, Solidaritäts- und Friedensbedürfnisse, Erfahrungen des Verlusts und der Trennung u. a. m. Verdrängungen mit verschiedenen Inhalten und Verlaufsformen, eingebunden in je besondere psychohistorische und realgeschichtliche Vernetzungen, hat es zu allen Zeiten gegeben, und es würde die Geschichtsschreibung m. E. beträchtlich bereichern, wenn sie diese vermehrt benennen und in ihrer kollektiven Psychodynamik intensiver erforschen würde. Dem Zusammenspiel von realgeschichtlich-äußeren Faktoren (Verdrängung in den ersten zwei Wortbedeutungen) und psychohistorisch-inneren Prozessen (Verdrängung in der dritten Wortbedeutung) ist dabei besondere Aufmerksamkeit zu widmen. Die ebenso extensive wie intensive Beschäftigung mit Verdrängungen von NS-Untaten ist wichtig, aber sie sollte einer *grundsätzlichen* methodologischen und inhaltlichen Thematisierung der Problematik nicht im Wege stehen.

Nützlich und zweckmäßig, ja sogar sachnotwendig ist ferner die allen Einzeluntersuchungen vorgeschaltete Unterscheidung zwischen Verdrängungen auf der *Objektebene* (vergangenes *Geschehen*, oft als „Historie" bezeichnet) und Verdrängungen auf der *Subjektebene* (Darstellung und Deutung des Geschehens durch bestimmte Personen als *Geschichte*, nicht zuletzt auch in der Ich- bzw. Wir-Perspektive); denn mit der diagnostisch-retrospektiven Feststellung bestimmter Verdrängungen in der Vergangenheit (auf der Objektebene) ist keineswegs gesichert, dass der Geschichtsinterpret nicht seinerseits neue Verdrängungen in Gang setzt. Ohne methodologisch gesicherte Wachsamkeit gegenüber Zunftzwängen und ähnlichen Mechanismen kommen alte Verdrängungen in neuen Gewändern immer wieder zur Geltung, wie im Einzelnen nachzuweisen sein wird.

1.2 Verdrängen und Vergessen

Im Unterschied zum Vergessen, das Energien freisetzt und so der Konzentration auf die Aufgaben der Gegenwart dient,[8] verstärkt Verdrängen die Altlasten der Ge-

---

[8] Wer das für die Bewältigung des Lebens im Hier und Jetzt so wichtige Vergessen thematisiert, zitiert früher oder später Nietzsches zweite *Unzeitgemäße Betrachtung* von 1874, die dem Thema *Vom Nutzen und Nachteil der Historie für das Leben* gewidmet war und grundlegend ist. Darauf

schichte und behindert so die Entfaltung produktiver gesellschaftlicher Kräfte. Wo ein gedeihliches Vergessen aufhört und ein verderbliches Verdrängen anfängt, kann nicht immer trennscharf diagnostiziert werden. Die Unterschiede treten jedoch deutlich hervor, wenn man den *Maßstab der Relevanz* für die persönliche *Integrität des Individuums* und die politische *Integrität einer Gesellschaft* oder Gesellschaftsklasse anlegt. Wo eine solche Relevanz auch im herrschaftsfreien und selbstkritischen Diskurs nicht oder nicht mehr festgestellt werden kann, kann auch nicht von „Verdrängen", sondern nur von Vergessen gesprochen werden. Niemand wird beispielsweise sagen, dass unsere Gesellschaft die Phlogiston-Theorie des 17./18. Jahrhunderts „verdrängt"; denn sie ist schlicht und einfach nicht mehr relevant, kann daher dem Spezialinteresse der Wissenschaftshistoriker überlassen bleiben und ansonsten vergessen werden. Hingegen ist der in derselben Zeit wachsende Anspruch der philosophischen Aufklärung, verbunden mit dem Bemühen des Bürgertums, sich von der kirchlichen Vormundschaft zu befreien, immer noch relevant, und es bedarf keines besonderen Scharfblicks, um zu erkennen, aus welcher Richtung verschiedene Verdrängungsversuche kamen und immer noch kommen. (Ich erinnere hier nur an den „Kruzifixstreit" unserer Jahre und die klerikalen Anstrengungen, Religion in den Schulen als Wahlpflichtfach auch dort wieder einzuführen, wo sie nach dem hart erkämpften Prinzip der Trennung von Kirche und Staat abgeschafft oder einer freiwilligen Teilnahme anheim gestellt worden war.)

Ein Vergessen ergibt sich unwillkürlich, unter anderem deswegen, weil die Speicherkapazitäten des individuellen wie auch des kollektiven Gedächtnisses begrenzt sind. Vergessen ist „normal". Das Verdrängen wird dagegen intentional angetrieben, auch wenn die jeweilige Intention nicht immer voll bewusst und erkenntlich ist. Vergessen *ist* integrativ, denn es stellt Kohärenz her und ermöglicht das Erzählen von Geschichte und Geschichten. Im Übermaß des Memorierens gäbe es keinen „roten Faden" mehr, und die Erzählung verlöre sich in tausend zusammenhanglosen Details. Dagegen *täuscht Verdrängen Kohärenz vor* und versucht, diese gewaltsam herzustellen, indem Störendes unterdrückt wird, obwohl es elementar wichtig ist. Wird ein Verdrängtes benannt, bewusstgemacht und „durchgearbeitet", verliert es seine energiebindende Konflikthaftigkeit und macht damit anderen Lebensthemen Platz; es kann mithin „vergessen" werden. Das dauert freilich, wenn es denn gelingt, in persönlichen Therapien oft viele Jahre und in politischen Entwicklungen mehrere Generationen. Umgekehrt gilt: Was verdrängt wird, kann vorübergehend tatsächlich unbeachtet bleiben, letztlich aber nicht wirklich vergessen werden.

Setzen wir mit der genaueren Erörterung des Themas bei einer Publikation an, die einen Verdrängungsinhalt präzis benennt und damit die in der Überschrift dieses

---

kommen wir unten noch einmal zurück. Aus der Fülle der Publikationen, die sich ausdrücklich auf Nietzsche beziehen, sei exemplarisch herausgehoben: Smith und Emrich 1996. – Ein kenntnisreiche und stilistisch elegante Kulturgeschichte des Vergessens hat Weinrich 2000 geschrieben.

Aufsatzes geäußerte Frage zu verneinen scheint. Es handelt sich um die Bochumer Dissertation von Ulrich Heinemann aus dem Jahre 1981, die unter dem Titel *Die verdrängte Niederlage – Politische Öffentlichkeit und Kriegsschuldfrage in der Weimarer Republik* erschienen ist.

2. Die Weimarer Republik – Was wurde verdrängt?

Dass die militärische Niederlage Deutschlands im Ersten Weltkrieg von der Bevölkerung und vor allem von den Führungsschichten mehrheitlich nicht akzeptiert und innerlich nicht verarbeitet wurde, wird hier als unstrittig vorausgesetzt. Schlagwörter wie „Im Felde unbesiegt", „Dolchstoßlegende", „Novemberverbrecher", „Rache für Versailles"[9] usw. sowie die gesamte Agitation vor allem von rechts rufen uns in Erinnerung, dass von einer politischen und massenpsychologischen Akzeptanz der Niederlage, zu der auch die Einsicht in die Unmöglichkeit einer baldigen Revision gehört hätte, keine Rede sein kann.

Kann man deswegen auch sagen, wie Heinemann mit dem Titel seines Buches vorgibt, dass die Niederlage „verdrängt" wurde oder (im engeren Sinn des Wortes) sogar gänzlich unbewusst war? Sicherlich nicht! Niemand stritt ab, dass Deutschland den Krieg faktisch verloren habe. Angesichts der erdrückenden Fülle von Tatsachen und Erfahrungen aller Art, die jeden Bürger täglich mit der Niederlage konfrontierten (Waffenstillstand und Friedensverhandlungen, Rückkehr der Frontsoldaten und Versenkung der eigenen Kriegsflotte, Gebietsabtretungen, Reparationszahlungen, Ruhrbesetzung usw.), war es schlechterdings nicht möglich, die Tatsache der Niederlage aus dem Bewusstsein zu verbannen. Sicherlich konnte man den Schmerz der kollektiven Kränkung emotional auf mannigfaltige Weise lindern, die Bedeutung der Niederlage gleichsam entschärfen und mit der Hoffnung auf bessere Zeiten Gegengewichte schaffen. Derartige Mechanismen erfüllen aber nicht den Tatbestand der Verdrängung im eingangs definierten Wortsinn, man würde hier wie in vielen anderen Fällen eher von „Verleugnungen" sprechen.

Wenn etwas nach dem Ersten Weltkrieg in Deutschland kollektiv abgestritten und verdrängt wurde, dann war es nicht die Niederlage als solche, sondern (und Heinemanns Buch liefert dafür die besten Belege): *die Kriegsschuld*. Die Quellen- und Beweislage ist in dieser Beziehung eindeutig, Ausnahmen bestätigen die Regel. Ru-

---

[9] Das Versailler „Diktat" mit seiner einseitigen Schuldzuweisung (Artikel 231) und der damit verbundenen Verletzung der nationalen Ehre erfüllt den Tatbestand einer kollektiven narzisstischen Kränkung, die historisch-politisch und ideengeschichtlich relativ häufig vorkommt. Zum Sachverhalt, unabhängig von dem hier thematisierten Zusammenhang, siehe Freud über Kopernikus, Darwin und sich selbst, in: *Vorlesungen zur Einführung in die Psychoanalyse* (1915–1917), Teil III, 18. Vorlesung, a. a. O., S. 283 f. Zur allgemeinen realgeschichtlichen Empörung über Versailles vgl. Krüger 1986, S. 9 ff.

fen wir uns als exemplarisch-typische Äußerung in Erinnerung, was Brockdorff-Rantzau, der deutsche Delegationsleiter in Versailles, beim Empfang des Vertragsentwurfs am 7. Mai erklärte:

> „Meine Herren! Wir sind tief durchdrungen von der erhabenen Aufgabe, die uns mit Ihnen zusammengeführt hat: der Welt rasch einen dauernden Frieden zu geben. Wir täuschen uns nicht über den Umfang der Niederlage, den Grad unserer Ohnmacht. Wir wissen, dass die Gewalt der deutschen Waffen gebrochen ist; wir kennen die Wucht des Hasses, die uns hier entgegentritt, und wir haben die leidenschaftliche Forderung gehört, dass die Sieger uns zugleich als Überwundene zahlen lassen und als Schuldige bestrafen.
>
> Es wird von uns verlangt, dass wir uns als die allein Schuldigen am Krieg bekennen; ein solches Bekenntnis wäre in meinem Munde eine Lüge. Wir sind fern davon, jede Verantwortung dafür, dass es zu diesem Weltkrieg kam, und dass er so geführt wurde, von Deutschland abzuwälzen. Die Haltung der früheren deutschen Regierung auf den Haager Friedenskonferenzen, ihre Handlungen und Unterlassungen in den tragischen zwölf Julitagen mögen zu dem Unheil beigetragen haben, aber wir bestreiten nachdrücklich, dass Deutschland, dessen Volk überzeugt war, einen Verteidigungskrieg zu führen, allein mit der Schuld belastet sei...“[10]

Bemerkenswert an dieser Äußerung wie an allen weiteren Auseinandersetzungen über das Thema ist die Tatsache, dass das Wort „Schuld" oder „Kriegsschuld" in dem als besonders empörend empfundenen Artikel 231 überhaupt nicht vorkommt. Hier wird lediglich festgestellt (und Deutschland soll es anerkennen), „dass Deutschland und seine Verbündeten als Urheber für alle Verluste und Schäden verantwortlich sind, die die alliierten und assoziierten Regierungen ihre Staatsangehörigen infolge des ihnen durch den Angriff Deutschlands und seine Verbündeten aufgezwungenen Krieges erlitten haben."

Sachlich mag es kein großer Unterschied sein, ob man „als Urheber für alle Verluste und Schäden verantwortlich" gemacht wird oder ob man „als der allein Schuldige am Krieg" dasteht. Inhaltlich-emotional ist die Differenz jedoch erheblich. Wie das Zitat zeigt, war Brockdorff-Rantzau bereit, über *Verantwortung* zu reden, die *Schuld* am Krieg aber wies er leidenschaftlich zurück.[11] Mit anderen Worten: Verdrängt wurde die eigene schuldhafte Täterschaft als moralisch-ethische Seite der Problemkonstellation, während die politisch-rechtliche Dimension des Ganzen durchaus bewusstseinsfähig war. Vom Inhalt her müsste Heinemanns Untersu-

---

[10] Zitiert nach: *Geschichte in Quellen*, 6. Bd., S. 127.

[11] Die Zurückweisung der deutschen Kriegsschuld erfuhr dann durch deutsche Historiker, die angeblich nur an der Wahrheit interessiert waren, eine mächtige und langfristig wirksame Unterstützung, die durch beträchtliche Zuwendungen aus dem Auswärtigen Amt finanziert wurde, vgl. exemplarisch die von Alfred von Wegerer geleitete *Monatsschrift für internationale Aufklärung, Die Kriegsschuldfrage*, hrsg. von der Zentralstelle für die Erforschung von Kriegsursachen. Apodiktisch formulierte z. B. Hans Delbrück, ebd. 1925, S. 1: „Wir haben doch die Wahrheit auf unserer Seite ...".

chung demnach einen anderen Titel haben, nämlich: *Die verdrängte Kriegsschuld – Niederlage und politische Öffentlichkeit.* Mit der faktischen Titelwahl, die eine Verdrängung bei der Niederlage und nicht bei der Kriegsschuld diagnostizierte, verstärkte der Autor genau das, was er mildern oder gar aufheben wollte: die Verdrängung.

Das Missverständnis hätte vermieden werden können, wenn der Autor sich die Mühe einer problembewussten, methodologischen Erörterung des sinngebenden Partizips „verdrängt" im Buchtitel gemacht hätte; doch so etwas sucht man im Text vergeblich. Der Autor ging offenbar von der selbstverständlichen und daher dem kritischen Denken auch nicht zugänglichen Vorstellung aus, dass das Verb „verdrängen" ebenso unmissverständlich klar wäre wie etwa die Verben essen, trinken und wohnen – eine fatale, leider weit verbreitete Fehleinschätzung!

3. Schuld als Thema in Geschichtswissenschaft, Politologie und Theologie

Aber – so könnte man hier einwenden, und so wurde eingewandt-: Ist denn „Schuld" überhaupt ein genuin geschichtswissenschaftliches Thema? Sollten Schuld-Erörterungen nicht der Theologie überlassen bleiben? Hat sich Geschichtswissenschaft nicht eher mit Kausalzusammenhängen zu beschäftigen, die zu erklären und zu deuten, nicht aber zu „richten" sind?[12] Hierzu ist folgendes festzustellen:
1. Sicherlich gehört es nicht zu den vornehmsten Aufgaben der Geschichtswissenschaft, bestimmte Akteure der Geschichte moralisierend einfach abzuurteilen. Aber das ist ja mit der Forderung nach Einbezug von Schuld und Verantwortung in den Prozess des Erklärens und Deutens auch gar nicht gemeint. Gemeint ist, dass Schuld und Verantwortung nicht abgespalten und verdrängt, sondern als Dimension der Problemkonstellation integriert werden, und zwar vor allem dann, wenn es um die eigene Tradition geht. Damit tut sich die Geschichtswissenschaft bis heute

---

[12] Zur Erinnerung: Ranke schrieb in der Vorrede zu seinen *Geschichten der romanischen und germanischen Völker* von 1824: „Man hat der Historie das Amt, die Vergangenheit zu richten, die Mitwelt vom Nutzen zukünftiger Jahre zu belehren, beigemessen; so hoher Ämter unterwindet sich gegenwärtiger Versuch nicht: er will bloß zeigen, wie es eigentlich gewesen ist." Darauf beriefen sich mehr oder weniger direkt alle konservativ-bürgerlichen Historiker der Weimarer Republik wie etwa Moritz Ritter (1920) und Walter Otto (1932), der seine Argumentation mit dem Satz beschließt (S. 515 f.): „Zudem ist Richten gar nicht die höchste Aufgabe der Geschichte, sondern Deuten und Erklären." – Dass mit der Fixierung auf Ranke historiographische Alternativen grundsätzlich verdrängt wurden (und zwar in allen Wortbedeutungen, materiell und ideell, bewusst und unbewusst), ist ein weites Thema, das einer gesonderten Bearbeitung bedürfte. Umrisse der verdrängten Alternative finden sich bei Hans Schleier, 1988, in seiner Abhandlung über Karl Lamprecht (1856–1915), der originale Texte von Lamprecht angefügt wurden.

schwer. Dagegen scheint die Politologie dem Thema gegenüber aufgeschlossener zu sein.[13]

2. Wer die Schulddiskussion mit der Begründung ausgrenzt, sie könne nicht wissenschaftlich geführt werden, schüttet methodologisch sozusagen das Kind mit dem Bade aus; denn es ist ja evident (und wurde auch prinzipiell nie bestritten), dass Schuld historisch als Gegenstand von Verhandlungen mannigfaltigster Art in der Weltgeschichte *tatsächlich* vorhanden ist,[14] und zwar nicht nur nebenbei und gleichsam zwischen den Zeilen, sondern massiv und augenfällig, von Anfang an.[15] Schuld-Tatsachen konstituieren eine Inhaltsqualität in Geschichte und Lebensgeschichte, die zugegebenermaßen schwerer zu definieren ist als eindeutige Kausalitäten (wie etwa das Attentat von Sarajewo), die aber deswegen nicht als wissenschaftsungeeignet ausgegrenzt werden dürfen. Die ethische Kategorie der Schuld zu übersehen und statt ihrer nur von politischer Verantwortung zu sprechen, nimmt dem Problem seine eigentümliche Schärfe, trägt damit zur Verdrängung bei und ist auch angesichts der Erfahrung mit politischer Manipulation durch Sprache abzulehnen.[16]

3. Die Ausgliederung der Schuld als wissenschaftlich akzeptables Thema erweist sich vor allem in Rückblick als Verdrängungsversuch, denn es genügte ein vergleichsweise geringfügiger Anlass, nämlich Fischers Buch über den *Griff nach der Weltmacht* von 1961, um die ganze Brisanz der unbewältigten Thematik wieder zum Vorschein kommen zu lassen. Fischer widmete der Frage nach der Kriegsschuld in direkter Argumentation nur wenige Seiten.[17] Doch in Verbindung mit der erdrückenden Fülle von Belegen für die Hauptthese, dass „die deutsche Reichsführung

---

[13] Vgl. z. B. Schwan 1997. Mit ihrer normativen Orientierung am Christentum und einer dementsprechenden Gedankenführung bleibt Schwans Ertrag für eine wissenschaftliche Erforschung von Schuld und Verdrängung jedoch begrenzt.

[14] Mit seinen imperialistischen Ansprüchen gegenüber Karthago habe das antike Rom faktisch „Schuld" an den punischen Kriegen, argumentiert beispielsweise Walter Otto 1932, der damit gleichzeitig dem Schuldvorwurf gegen Deutschland zu begegnen sucht: Deutschland habe sich etwa so wie das bedrohte Karthago verhalten.

[15] Nach biblisch-christlicher Weltanschauung beginnt die Menschheitsgeschichte mit dem Leugnen (Verdrängen) von Schuld: Adam, von Gott zur Rede gestellt, schiebt die Schuld am Übertreten des Verbots, die Früchte am Baum der Erkenntnis zu kosten, auf Eva; diese verweist auf die Schlange, und so geht es mit den Nachkommen immer weiter, man denke nur an Kain, der seinen Bruder Abel erschlägt. Niemand steht für seine „Sünden" ein. Daß dann nach christlicher Auffassung Gottes Sohn durch seinen Opfertod die menschheitsgeschichtliche Schuld ablöst, ist ein weiteres Entlastungsmanöver menschlichen Geistes, das durchaus zum Thema „Verdrängungen in der Geschichte" gehört.

[16] Wenn ein Politiker heutzutage von „Verantwortung" spricht, meint er fast immer Machtausübung. Wenn von den BürgerInnen eine stärkere „Selbstverantwortung" gefordert wird, ist damit die Übernahme von Kosten für Arztbesuche u. ä. gemeint. Kritik an „wohlklingenden Termini" wie Frieden, Sicherheit, Verantwortung, Verteidigung usw., die allesamt dazu dienen, die Realität zu verschleiern, äußert u. a. Wette 1993.

[17] Fischer 1967, Nachdruck 1984, S. 82–86 *Um die Schuld am Weltkrieg.*

den entscheidenden Teil der historischen Verantwortung für den Ausbruch des allgemeinen Krieges" (S. 82) trage, wirkten seine eher lakonisch-sachlichen Ausführungen wie ein Funke im Pulverfass. *Die Fischer-Kontroverse kann psychoanalytisch als „Wiederkehr des Verdrängten" interpretiert werden.* Inzwischen ist die Frage nach der Schuld am Ersten Weltkrieg von anderen Schuldfragen überlagert, auf die wir noch eingehen werden. Die problematische Grundkonstellation – Abwehr und Verdrängung des eigenen schuldhaften Verhaltens bei gleichzeitiger Einsicht in die Relevanz des Themas – ist jedoch geblieben und muss uns daher weiterhin beschäftigen.

Terminologisch sollte der ins Auge gefasste Erkenntnis- und Forschungsprozess nicht als „Aufarbeitung", sondern in Anlehnung an psychoanalytische Denkformen als „Durcharbeiten der Vergangenheit" bezeichnet werden.[18] *Aufarbeitung* ist, pointiert formuliert, Vergangenheitsaufklärung ohne Mitarbeit der eigentlichen Akteure. *Durcharbeiten* von Geschichte setzt dagegen in der eigenen Erfahrung und Tradition an. Durcharbeiten systematisiert, was Adorno als „Wendung aufs Subjekt" gefordert hat.[19]

4. Zweierlei Verdrängung

4.1 Verdrängung als Dimension der Kulturgeschichte

Nachdem mit der Kriegsschuld ein Beispiel für Verdrängungs*inhalte* erörtert worden ist, erscheint es zweckmäßig, genauer zu bestimmen, wie ein Verdrängungs*prozess* verläuft, auch wenn die Beweiskette – das wurde schon angedeutet – stellenweise an Sicherheit zu wünschen übrig lässt. Ein Verdrängungsprozess beginnt in der Regel oder zumindest oft damit, dass bestimmte Wahrnehmungen, die man machen könnte, gar nicht erst voll registriert werden, wenn sie unangenehm sind und so innere Belastungen oder Konflikte mit sich bringen könnten. Während Ästhetisch-Angenehmes, Narzisstisch-Bestätigendes, Erotisch-Reizvolles usw. mit Lust ausgiebig betrachtet wird, wendet sich der Blick fast instinktiv ab, wenn wir uns „peinlich berührt" fühlen, etwa durch Hässlichkeiten und Elend oder andere Realitäten, die nicht ins gewohnte Welt- und Selbstbild passen. Zu den störenden Realitäten müssen auch die Wünsche und Fantasien im eigenen Innern gerechnet werden, die sich einer historiographisch exakten Erfassung besonders hartnäckig entziehen. Die eigene Aggressivität wird in der Regel nicht oder nur in reduzierter Form wahrge-

---

[18] Sigmund Freud bezog den Begriff „Durcharbeiten" auf die sogenannten „Widerstände" des Analysanden bei besonders schwierigen Einsichten, vgl. seine Schrift von 1914.

[19] Statt Belehrungen auf der Objektebene fordert Adorno 1959 (1972) Prozesse der Aufklärung und des Bewusstmachens im Medium der eigenen Person, aber nicht nur gelegentlich-individuell, sondern kollektiv-strukturell, gleichsam als kulturelle Gewohnheit.

nommen. Ähnliches gilt für sexuelle Wünsche, vor allem dann, wenn sie im scharfen Widerspruch zu gesellschaftlichen Normen stehen. Was machen wir mit jenen inneren und äußeren Realitäten, die schwer zu integrieren sind?

Bevor die Verdrängung als misslingender Lösungsversuch dargestellt wird, muss mit Nachdruck festgestellt werden, dass im Verdrängungsprozess auch positiv-konstruktive Energien entbunden werden können, die Freud als „Sublimierung" zusammengefasst hat.[20] Wer außerhalb der psychoanalytischen Theorie handfeste historische Beispiele für Sublimierungsprozesse sucht, lese etwa Peter Gays voluminöses Werk über den *Kult der Gewalt* im 19. Jahrhundert, eine Abhandlung über *Aggression im bürgerlichen Zeitalter*. Gay beginnt seine Studie mit farbigen Schilderungen des studentischen Duellierens und fasst seine Deutung in der Überschrift „Mensur – die geliebte Narbe" zusammen. Die Mensur ist für ihn ein eindrucksvoller Versuch, die Lust am Töten in einen gesellschaftlich sanktionierten Blutrausch zu verwandeln und die in der Regel nicht lebensbedrohliche Verwundung als Glorifizierung archaisch-kriegerischen Heldentums bei gleichzeitiger Entschärfung des Vorgangs zu begreifen. Die Argumentation korreliert mit Norbert Elias' Ausführungen über den *Prozess der Zivilisation*, weicht aber insofern von diesen ab, als Peter Gay keine kontinuierliche, generelle Verwandlung der Gesellschaft, sondern nur die Möglichkeit einer stets ungesicherten *Umwandlung von roher Gewalt in „konstruktive Aggressivität"* angenommen wird. Während die Blutrünstigkeit bei der Mensur noch offenkundig ist, verschwindet sie bei anderen kulturellen Aktivitäten völlig, um erträglichen, ja sogar wohltuenden Wirklichkeitsbezügen Platz zu machen.

Gay bemüht für seine Argumentation eine Fülle literarischer Belege, unter anderem den bis heute beliebten Zeichner und Dichter Wilhelm Busch (1832–1908), der es geschafft habe, offenkundige Gewaltimpulse in Lachen zu verwandeln.[21] Andere Ansätze in derselben Richtung waren die Sittenpredigt, der Tierschutz und der Sport. Im Ganzen ist die „Sublimierung" der Aggressivität im 19. Jahrhundert bekanntlich jedoch nicht gelungen (vom 20. ganz zu schweigen). Gay schließt seine Ausführungen mit einem *Epilog* über den Beginn des Ersten Weltkriegs, in dem es u. a. heißt:

„Der 4. August bedeutet das Ende der großen Kompromisse, die das ganze 19. Jahrhundert hindurch dafür gesorgt hatten, dass die Gegensätze zwischen den Nationen unter Kontrolle blieben. (...)
Der Krieg brachte ein unerwartetes Potenzial an Hassgefühlen zum Vorschein. (...) Der Krieg entfesselte aggressive Impulse, deren sich die Menschen in friedlicheren Zeiten nicht bewusst waren und vermutlich geschämt hätten. Angefeuert durch geschickte Propagandisten, die das Verlangen nach Aggression als hochsinniges Streben drapierten, kamen sich die Kriegsbegeisterten dabei keineswegs als Unmenschen vor. (...) Keine Frage, dass der 4. August

---

[20] Die kulturnotwendige Verdrängung von Aggression zugunsten konstruktiver Aktivitäten ist ein Hauptthema in Freuds Abhandlung über *das Unbehagen in der Kultur* von 1930. Ausführlicher zum Begriff *Sublimierung* Laplanche und Pontalis.
[21] Gay 1996, S. 506–524.

1914 die schwerwiegendste Niederlage war, die der bürgerlichen Welt in unseren Zeiten bei-
gebracht wurde. *Aber schicksalhaft vorherbestimmt war diese Niederlage nicht.* (...)
Tatsächlich ist die Geschichte des 19. Jahrhunderts reich an Fällen, in denen es dem Bürgertum gelang, im Interesse einer lebenswerten, zivilisierten Kultur aggressive Impulse abzu-
schwächen oder zu sublimieren. Seinem Bemühen, der Aggressivität Herr zu werden, sei's
durch Liebe, Humor oder Strafen, sei's durch eine Humanisierung des menschlichen Lebens –
diesem Bemühen war nur ein partieller Erfolg beschieden. Die Kultivierung des Hasses blieb
stets ein zweischneidiges Unterfangen; wie bereits bemerkt, dämpfte sie die Aggressivität und
verstärkte sie gleichzeitig. Wenn man bedenkt, wie problematisch die Beschaffenheit des
menschlichen Selbst ist, wie sehr es unter der *Drohung zerreißender Konflikte in seinem Innern steht,*
wäre es auch utopisch gewesen, mehr zu erwarten."[22]

Verdrängung als *Chance* konstruktiver Lebens- und Kulturleistung: Das muss ins
Bewusstsein gehoben werden, wenn das Thema angemessen bearbeitet werden soll.
Andernfalls gerät die „Geschichtsanalyse"[23] zur Vorwurfs- und Anklagehaltung, die
in der Geschichtswissenschaft nichts zu suchen hat. – Doch nun zur Verdrängung
als misslingendem Versuch, mit störenden Realitäten fertig zu werden.

4.2 Verdrängungen als Dimension misslingenden Lebens in Geschichte und Lebensgeschichte

Am Anfang der Verdrängung stehen oft, so hieß es eben, Wahrnehmungen, die
nicht voll registriert werden, da und insofern sie auf die eine oder andere Weise unangenehm sind. Wenn viele Deutsche nach dem 2. Weltkrieg mit subjektivistischer
Selbstsicherheit behaupteten, sie hätten vom Holocaust „nichts gewusst", dann
dürfte das u. a. an diesem Wegsehen und Nicht-Hinhören gelegen haben, das dem
Verdrängen gleichsam als Starthilfe und Schmieröl gedient hat. In realhistorischer
Interpretation stellt sich der Sachverhalt, untersucht anhand bayrischer Gerichtsak-
ten und ähnlicher Quellen, folgendermaßen dar:

„Im Herbst 1941 begannen die Judentransporte. Zwischen 1941 und 1944 wurden etwa 8500
Juden aus Bayern nach dem Osten deportiert. Es hat den Anschein, dass die Bevölkerung die
Transporte *fast nicht wahrgenommen* hat. Die Nürnberger Bevölkerung soll den ersten Juden-
transport von Nürnberg nach dem Osten am 15. November 1941 ‚zustimmend zur Kenntnis'

---

[22] Ebd., S. 639 – 654, Hervorhebungen P. S.-H.

[23] Da der Begriff *Psychohistorie* einseitig besetzt ist (vor allem durch die Arbeiten des Amerikaners
Demause) und in dieser Form von den meisten Historikern aus guten Gründen abgelehnt
wird, zieht der Verfasser für die hier entworfenen Perspektiven das Wort *Geschichtsanalyse* vor.
Psychohistorie untersucht Verdrängungen und verwandte Themen auf der Objektebene. Geschichtsanalyse umfasst ergänzend auch die Subjektebene, was methodisch bedeutet, dass
Übertragungen und sogenannte Gegenübertragungen dem wissenschaftlichen Diskurs zugänglich sein müssten.

genommen haben. Das sind die einzigen Passagen im gesamten Berichtsmaterial, die Reaktionen der Bevölkerung auf die Judentransporte erwähnen. Auch in den Sondergerichtsakten sind solche Reaktionen nicht festgehalten. Die Regierungspräsidenten erwähnen nur sachlich, kalt und kommentarlos die Abtransporte. Das Fehlen registrierter Reaktionen auf die Judentransporte in unserem Quellenmaterial stellt sicherlich kein groteskes Zerrbild einer in Wirklichkeit ganz anders gearteten Volksmeinung und der allgemeinen Haltung der Bevölkerung gegenüber den Deportationen dar. Nicht nur Einschüchterung, sondern auch Indifferenz gegenüber der aus der Gesellschaft ausgeschalteten kleinen jüdischen Rest-Minderheit erklärt viel von der *geringen Anteilnahme der Bevölkerung* an den Deportierten.“[24]

Verdrängung in der Form von „Indifferenz“ – so können wir das Verhalten der Bevölkerung kennzeichnen. Doch mit dieser Feststellung über Tatsachen auf der Objektebene ist das Problem nicht vollständig erfasst. Die Verdrängung in der Geschichte reproduziert sich nämlich in der Sprache des Geschichtsbetrachters und -interpreten, wenn er tautologisch „geringe Anteilnahme“ an den Deportationen mit Indifferenz erklärt, auf tiefergehende Erklärungen verzichtet und wenige Sätze nach dem zitierten Absatz betont, dass man angesichts der sich verschärfenden Kriegslage vollauf mit eigenen Sorgen beschäftigt gewesen sei und daher auf flüchtige Eindrücke, Gerüchte und ähnliches gar nicht habe achten können. Immerhin: „das Schweigen der Quellen“ (S. 340) ist ihm auffällig. Doch was bedeutet das Schweigen der Quellen, das der Interpret wiederholt und nicht überwindet? Hier kommen wir ohne dialogische Kooperation und Interdisziplinarität unter Einschluss der Psychoanalyse nicht weiter. Eine Vermutung kann immerhin geäußert werden: Im Verstummen der Quellen steckt ein Verstummen des Gewissens und der Scham, damals *und* heute, auf je eigene Weise.[25]

Kontinuität und „Entwicklung“ von Verdrängungen, die mit reduzierten Wahrnehmungen beginnen, können über mehrere Generationen verfolgt, aber auch anhand einer einzelnen Lebensgeschichte aufgezeigt werden. Besonders lehrreich ist in dieser Hinsicht ist die Biographie von Hitlers Rüstungsminister Albert Speer,[26] der nach 1945 die politische Verantwortung für die NS-Untaten auf sich nahm, ja geradezu bekennerhaft als Schuld thematisierte, bis zum Lebensende aber leugnete, von der Judenvernichtung in ihrem ganzen Ausmaß gewusst zu haben, *und vielleicht sogar selber glaubte, was er sagte* (das würde der Verdrängung in ihrer klinischen Definition entsprechen).

Eine Biographin konfrontierte Speer mit Dokumenten über offizielle Versammlungen, die eindeutig belegen, dass er über die ungeheuren Vorgänge informiert sein *musste*. Bei der Versammlung der Reichs- und Gauleiter in Posen am 6. Oktober 1943

---

[24] Kershaw in Broszat und Fröhlich, Bd. II, München 1979, S. 338. Hervorhebungen P. S.-H.
[25] Vgl. auch Faber 1981, S. 31 f. mit fünf Thesen über die Gründe unseres *Schweigens von der Geschichte*; die letzte These lautet (S. 32): „Wir schweigen von der Geschichte, weil wir eine Vergangenheit verdrängen, in die wir als einzelne oder als Volk schuldhaft verstrickt sind.“
[26] Sereny 1995; Vander Vat 1997.

machte Himmler, um nur ein Beispiel zu nennen, unmissverständliche Ausführungen über den Völkermord, und es *scheint* erwiesen, dass Speer bei dieser Versammlung anwesend war. Speer konnte jedoch immer neue Nachweise für seine Unwissenheit einbringen, und so bleibt ein Rest von Unsicherheit bezüglich der Frage, ob er (a) schon damals bestimmte Konfrontationen vermieden hat und daher wirklich nicht viel wusste, oder ob er (b) das Wichtigste durchaus erfahren, aber eben verdrängt hat, oder ob er (c) das Wichtigste durchaus gewusst und behalten, dieses Wissen aber planmäßig-bewusst und überaus geschickt verborgen hat. Sereny kommt zu dem Schluss, dass Speer mit einer Lebenslüge gelebt habe und nur aufgrund dieser Lebenslüge, zu der viel Verdrängung gehört, überhaupt weiterleben konnte.

Lebenslügen sind ein individuelles, aber auch kollektives transgenerationelles Problem, das insbesondere nach dem Beitritt der DDR zur BRD von verschiedenen Seiten für beide Teile Deutschlands angesprochen,[27] dann aber nicht weiter thematisiert wurde. Können „Lebenslügen" zum Thema geschichtswissenschaftlicher Forschung werden?

5. Zur „Tradition" von Verdrängungen

Verdrängungen werden tradiert oder transferiert, sie haben ihre „Geschichte", die allerdings nicht immer sichtbar verläuft, sondern häufig gleichsam „unterirdisch"[28] und daher auch nicht wie eine Chronik erzählt werden kann. Mit dem Hinweis auf die Fischer-Kontroverse, bei der zum Vorschein kam, was mehr als zwei Generationen stillgelegt war und nicht mehr zu existieren schien, ist die Eigentümlichkeit von Verdrängungsgeschichten schon angedeutet worden.

Mit der Wiederaufnahme der hauptsächlichen Schuld bzw. Verantwortung am Ersten Weltkrieg als Thema, das man zu früh als erledigt ansah, haben wir es allerdings mit einer relativ einfachen Verlaufsstruktur zu tun, die sich im Übrigen auch bei zahlreichen anderen Themen feststellen lässt.[29] Verdrängung als unterirdische,

---

[27] Habermas 1992; Reich 1992.

[28] Den Ausdruck „unterirdische Geschichte" übernehme ich von Horkheimer und Adorno 1996, S. 246, ohne jedoch die Eingrenzung auf das „Schicksal der durch Zivilisation verdrängten und entstellten menschlichen Instinkte und Leidenschaften" zu übernehmen. Verdrängt und „unterirdisch" ist sehr viel mehr als das, vgl. X. Kapitel.

[29] Auffällig ist in den letzten Jahren beispielsweise die Wiederkehr des Nationalen, das lange Zeit höchstens marginale Bedeutung hatte. Langewiesche 1992, S. 342, vermutet zutreffend, dass „Nationalismus ... für viele Deutsche die ihnen selbst unbewusste Rückseite ihrer Europabegeisterung gewesen sei", geht aber – wie leider üblich – auf diese Rückseite nicht weiter ein. Im Unterschied dazu argumentiert Geulen 2002 mit psychoanalytische Deutungsmodellen („Vaterkomplexe durchbrechen", „Wiederkehr des Verdrängten") und schafft damit einen Ansatz zur Beantwortung der Frage, warum Europa vom Prinzip der Nation nicht loskommt, „obwohl es sich als dessen Überwindung begreift".

unbewusste Weitergabe eines Inhalts von einer Generation zur anderen, unter Umständen sogar in Sprüngen über Generationen hinweg, ist leider in den meisten Fällen viel komplizierter als im Fall der Kriegsschulddiskussion der zwanziger und sechziger Jahre. Wir haben es nämlich, um zunächst noch beim Motiv der Schuld zu bleiben, nicht nur mit der *faktisch existenten*, völkerrechtlich und geschichtswissenschaftlich fassbaren *Schuld* zu tun, sondern darüber hinaus auch mit *diffusen Schuldgefühlen*, die schon in der ersten Generation unbewusst sein können, eben weil sie abgewehrt, verneint und verdrängt werden. Diese unerledigten und unerkannten Schuldgefühle bieten sich der nachfolgenden Generation gleichsam zur Übernahme oder „Entlehnung" an. In der Generation der Kinder der Holocaust-Täter gibt es dafür eine Fülle von Einzelbelegen: Wer um das Jahr 1939 geboren ist, hat nichts „verbrochen", was späterhin als eigene Schuld mündig zu verantworten wäre, und wird trotzdem von Schuldgefühlen geplagt, die sich in merkwürdigen Verhaltensstrukturen äußern.

In der Psychoanalyse ist das „unbewusst entlehnte Schuldgefühl", ausgehend von Freud, ein durch viele Fallbeispiele dokumentiertes, ziemlich klar definiertes Störungssyndrom. In der Geschichtswissenschaft spielt es bislang keinerlei Rolle, und es kann hier die Vermutung geäußert werden, dass die Idee der Weitergabe eines Unbewussten (mithin Unbekannten und urkundlich Nicht-Existenten) in ein anderes Unbewusstes hinein höchstes Befremden auslöst und als Thema rundweg abgelehnt wird, weil es eher der Mythologie hinduistischer Seelenwanderung als einer geschichtswissenschaftlich-seriösen Forschung entsprungen zu sein scheint.

Dass es nützlich wäre, sich gerade bei dieser Thematik interdisziplinär dem Diskurs mit der Psychoanalyse zu öffnen, ist unter anderem an der jüngsten Debatte über das Goldhagen-Buch zu erkennen, deren Heftigkeit ohne die Annahme eines unbewussten entlehnten Schuldgefühls schlechthin nicht zu verstehen ist. Ich kann das hier nicht im einzelnen argumentativ aufschlüsseln; das ergäbe einen gesonderten umfangreichen Aufsatz. Eine gründliche Darstellung der Problematik wird von anderer Seite angeboten und hier zur Lektüre empfohlen.[30]

Entlehnungen in der transgenerationellen Dynamik von Verdrängungen beschränken sich selbstverständlich nicht auf das spezielle Gebiet unbearbeiteter Schuldgefühle, die im übrigen nicht nur in Deutschland wegen des Holocaust, sondern auch in den USA wegen Hiroshima und in anderen Ländern wegen weiterer Untaten nachzuweisen sind.[31] Es werden auch andere Psychosyndrome entlehnt, bewahrt und im Kern unverändert transferiert, unter anderem Angst und, damit eng verbunden: Aggression. *Angst im Abendland*, nicht zuletzt in der Form von apokalyptischer Untergangsangst, ist ein Thema, das vergleichsweise gut erforscht ist.[32]

---

[30] Vogt und Vogt 1997.
[31] Die Verdrängung der Hiroshima-Untat in den USA thematisiert Lifton 1994.
[32] Exemplarisch sei verwiesen auf Cohn 1997. Über „Endzeitphantasien" in psychoanalytischer Sicht Lifton 1994.

Aus der Fülle der Literatur verdient das Werk von Delumeau besonders Erwähnung, weil der Autor als einer der ganz wenigen die objektivierten Recherchen (Objektebene) gleichzeitig als ein Durcharbeiten seiner eigenen Ängste verstand (Subjektebene), was Schule machen müsste, wenn wir geschichtswissenschaftlich mit der Bearbeitung von Verdrängungen vorankommen wollen. Zusammenfassend schrieb Delumeau: „Die Abschnitte dieses Werkes spiegeln in einer Art Übertragung meinen eigenen Weg wider: meine ersten Ängste, die schwierigen Anstrengungen, mich an die Angst zu gewöhnen, meine jugendlichen Betrachtungen über das Ende und schließlich eine geduldige Suche nach Ruhe und Zufriedenheit im Akzeptieren des Todes."[33]

Sich der eigenen Ängste in der Beschäftigung mit Geschichte bewusst werden und sie damit vor einer unbewussten Weitergabe an die nächste Generation bewahren heißt nicht, dass diese Ängste einfach überwunden oder ausgelöscht werden können. Es heißt, dass wir mit ihnen leben und ihre irrationalen Übertreibungen von den Realitätsdimensionen unterscheiden lernen. Eben dadurch können sie gemindert und die skrupellosen politischen Geschäfte mit der Angst entlarvt werden.

Was die Aggression betrifft, die politisch oft als scheinbar vernünftiges, mithin „rationalisiertes" Expansions- und Herrschaftsstreben in Erscheinung tritt, so ist in Ergänzung der bisher erarbeiteten Befunde u. a. zu fragen, ob die 1945 äußerlich gewaltsam zerschlagene und dann innerlich verdrängte Vision einer deutschen Weltherrschaft wirklich verschwunden ist oder ob sie, verkleidet in mancherlei humanitären Gewändern, nicht doch in verschiedenen Zusammenhängen fortdauert.[34]

Ansatzpunkte für die transgenerationelle Weitergabe von Verdrängungen bieten ferner individuelle und familiäre Fallstudien, die mit neuen Fragestellungen erneut durchgesehen werden müssten,[35] so wie alte scheinbar vollständig erschlossene

---

[33] Delumeau 1989, S. 45 f. Ergänzend sei erwähnt das mit vielen farbigen Bildern versehene Buch von Duby 1996.

[34] Wette 1993 analysiert die Vorstöße der Bundeswehrführung in die „neue Normalität", die man auch als „imperialistisches Programm" bezeichnen könne. Man habe es mit der „Wiederaufnahme des Strebens nach einer deutschen ‚Weltmachtrolle' (zu tun), das von der Reichsgründung bis 1945 die zentrale Orientierung der deutschen Machteliten darstellte", und dürfe sich durch ein neues Vokabular nicht täuschen lassen.

[35] Als Beispiel sei die Familiengeschichte der Bassermanns erwähnt, die Lothar Gall erforscht und 1989 publiziert hat. Galls Studie kann als Geschichte einer transgenerationellen Verdrängung gelesen werden. Verdrängt wurden (und das thematisiert Gall ausführlich) die Ideale und Ziele, mit denen das Bürgertum in der Geschichte angetreten war. Freilich spricht Gall nicht von „Verdrängung", sondern etwa vom historischen Wandel und sehr häufig vom „Scheitern" der „Idee einer klassenlosen Bürgergesellschaft", man vgl. die Einleitung, S. 272 f., 283, 306 f., 316, 326, 330, 333 ff., 410, 646 f. Dass es sich um eine Verdrängung handelt, die der Autor historisch-diagnostisch feststellt, ohne sie kritisch-reflexiv durcharbeiten zu wollen, ist schon am dem Hebbel-Zitat zu sehen, das Gall seinem Werk wie ein historiographisches Credo voranstellt: „Das Ideal. Es gibt keins, als die verschwundene Realität der Vergangenheit." Das Zitat erscheint dann noch einmal im Kontext S. 357.

Quellenbestände stets einer Revision zu unterziehen sind, wenn veränderte Perspektiven eingebracht werden, man denke nur an die durch Frauen- und Geschlechtergeschichte bewirkten Diskussionen über das bis dahin Verdrängte.

6. Für eine Kompetenzerweiterung im geschichtswissenschaftlichen Lernen, Lehren und Forschen

Wenn die geschichtswissenschaftliche Untersuchung von Verdrängungen in der Geschichte bisher eher als Desiderat denn als Tradition dargestellt wurde, so war das insofern einseitig, als die Geschichte der Geschichtsschreibung insgesamt als Kampf für die Aufhebung von (zum Teil freilich selbstverschuldeten) Verdrängungen verstanden werden kann. Die Erweiterung des Spektrums relevanter Themenbereiche und Forschungsmethoden, die Korrektur und Vertiefung unseres Wissens von Ereigniszusammenhängen, der kritische Diskurs über Deutungsansätze usw. waren und sind stets verbunden mit dem Bewusstwerden von Inhalten oder Inhaltsdimensionen, die bis dahin unbeachtet, unbewusst oder auch aktiv verdrängt waren. Ein Blick in die vorliegende Zeitschrift genügt,[36] um diese Leistungsqualität der Geschichtswissenschaft im Allgemeinen zu verdeutlichen.[37] Das Problem besteht gleichwohl darin, dass die gleichsam routinemäßige Arbeit an der Überwindung von Verdrängungen die Verdrängungen als solche, als besonderen Gegenstandsbereich, gar nicht bewusst registriert und analysiert und daher auch nicht methodologisch-planvoll vorangetrieben werden kann.

Das lässt sich trefflich an einer neueren Studie über *Vergangenheitspolitik* exemplifizieren,[38] in der der Autor einräumt, dass zum Thema auch „individual -und sozialpsychische Aspekte" gehören, „die mit den Mitteln des Historikers schwer auszuloten und gleichwohl nicht zu ignorieren sind – liegt es doch auf der Hand, dass sie im Blick auf die Vergangenheit eine besondere Rolle spielten" (S. 12). Einen Versuch, dieser Schwierigkeit Herr zu werden, unternimmt Frei jedoch in falscher Zurückhaltung leider nicht, jedenfalls nicht mit einer dem Problem angemessenen

---

[36] Gemeint war die *Zeitschrift für Geschichtswissenschaft*, in der der vorliegende Aufsatz zuerst abgedruckt wurde.

[37] Exemplarisch sei herausgehoben Heil 1997, der beschreibt, wie die Theologie des westgotischen Claudius von Turin, vor allem seine Kritik des Bilder- und Reliquienkultes, „systematisch vergessen" wurde, nachdem sich die Opposition mit ihrer Befürwortung des Reliquienkultes und des römischen Primats hatte durchsetzen können.

[38] Frei 1997 (2. Auflage). Ähnlich wie Heinemann verwendet Frei das Wort „verdrängen" umgangssprachlich, das heißt ohne fachspezifisch-begriffliche Vergewisserung (vgl. etwa Einleitung S. 8, Schluss S. 403 und Zitat S. 94). Bemerkenswert ist darüber hinaus, dass Frei ausdrücklich „unbewusste" Komponenten in den von ihm untersuchten Vorgängen annimmt (S. 399) und damit, inhaltlich durchaus angemessen, ein Problemfeld betritt, das von Historikern entweder gemieden oder aber mit unbekümmertem Unverständnis einfach vereinnahmt wird.

Gründlichkeit. Da haben wir das ganze Dilemma: Etwas zur Kenntnis nehmen müssen, das dann mangels methodologischer Ausrüstung im Grunde nicht bearbeitet werden kann. Soll das für immer so bleiben?

Eine vertiefende Thematisierung von Verdrängungsprozessen der *Vergangenheitspolitik* würde etliche Aussagedimensionen schärfer zum Vorschein bringen, vor allem die das Handeln antreibende untergründige Dynamik, deren irrationale Gewalt von Historikern meistens unterschätzt wird; aber auch die schier endlose Langlebigkeit des Wechsels von Aufarbeitungsanstrengungen und Verdrängungserfolgen (beides Objektebene); schließlich (auf der Subjektebene) das methodologisch-selbstkritische Bewusstsein des Historikers, der allemal dazu neigt, im Druck des Faktischen Alternativen gar nicht erst zu bedenken.

Man wird bei der Forderung nach „Alternativen" einwenden, dass es nicht Aufgabe der Geschichtswissenschaft sein könne darzustellen, wie Geschichte unter bestimmten Umständen hätte verlaufen können. Doch darum geht es auch gar nicht, jedenfalls nicht in erster Linie. Die Alternativen lagen (und liegen immer noch) weniger inhaltlich in den historischen Vorgängen als solchen (obwohl auch dort, gleichsam abseits des Mainstreams, Alternativen zu finden sind), als vielmehr in der „Fähigkeit zu trauern"[39] und im (oben schon erwähnten) „Durcharbeiten" der Versäumnisse,[40] die bewusst zu machen und ausdrücklich zu reflektieren sind, wenn sie sich nicht in einem Übertrag von der Objekt- auf die Subjektebene fortsetzen sollen. Frei praktiziert die hier ins Auge gefasste Distanzierung mit kräftigen Werturteilen, die an Eindeutigkeit nichts zu wünschen übrig lassen,[41] und mit dem Stilmittel der Ironie, die zumindest indirekt auf einen untergründigen Zorn gegen die Scheinheiligkeit der damaligen Akteure schließen lässt. Er bleibt aber überaus vorsichtig und geradezu wortkarg, wenn seine Darstellung von der Rekonstruktion des Faktischen zum Erklären, Verstehen und Deuten übergeht.

Noch deutlicher tritt die Problematik bei einem Habilitationsvortrag in Erscheinung, der vor Kurzem veröffentlicht wurde.[42] Der Verfasser beeindruckt durch eine

---

[39] Das Buch bekannte von Margarete und Alexander Mitscherlich, *Die Unfähigkeit zu trauern*, das die deutsche Nachkriegsgesellschaft aus „psychohistorischer" Sicht kritisiert, findet sich zwar in Freis Literaturliste, nicht aber – und das ist symptomatisch – in seinen inhaltlichen Erörterungen.

[40] Frei erwähnt das Faktum der Versäumnisse (etwa S. 399, 406), geht jedoch inhaltlich nicht weiter darauf ein.

[41] Einige Beispiele: „Tricks und Täuschungsmanöver" zeichnen die Beamtenlobby aus (S. 19). Es herrschte ein „Klima der Kaltschnäuzigkeit" (S. 20). Der „Verlust an moralischer Glaubwürdigkeit" (S. 100) sei weit verbreitet gewesen. Es habe eine „fatale Vernebelung des Rechts- oder vielmehr: Unrechtsbewusstseins" gegeben (S. 129). Die „Medien" waren „zu einer halbwegs objektiven Darstellung des Sachverhalts schon lange nicht mehr in der Lage" (S. 275). „Leugnen", „Dreistigkeit", „Heuchelei", „Chuzpe" werden (S. 378) der FDP vorgehalten, die ziemlich direkt die damaligen Altnazis unterstützte.

[42] Berghoff 1998, S. 96–114.

umfassende Literaturkenntnis. Er durchbricht die bisherigen Abgrenzungen der Geschichtsschreibung insofern, als „Verdrängung" ausdrücklich zum Thema gemacht wird. Insgesamt ändert sich trotzdem nicht genug an der methodologischen Schieflage, denn:

1. Es gibt keine begrifflich-methodologische Reflexion darüber, was „Verdrängung" und „Aufarbeitung" im Einzelnen überhaupt sind. Die psychologische Tiefendimension der mit diesen Begriffen angedeuteten sozialpsychologischen Prozesse wird nicht ihrer Bedeutung entsprechend gewürdigt.
2. Die äußeren Fakten werden überbewertet und nicht zur inneren Dynamik von Verdrängung und Aufarbeitung in Beziehung gesetzt. Die massenhafte Vermarktung des Tagebuchs der Anne Frank, um ein Beispiel zu nennen, ist kein ausreichender Beweis für effektives Aufarbeiten, weil eine publikumswirksame Präsentation von Themen aus der NS-Zeit auch der Abwehr dient oder zumindest dienen kann.
3. Es wird (in historiographisch genuiner Weise) relativ viel Verständnis für die faktischen Verdrängungsprozesse aufgebracht, dagegen relativ wenig eingreifendes Denken entwickelt, das einen *Bruch mit der Verdrängungstradition* signalisieren würde.
4. Das eigene Erkenntnisinteresse wird nicht thematisiert. Objekt- und Subjektebene werden nicht unterschieden. Damit wächst die Gefahr der Fehleinschätzung des eigenen Interesses an Verdrängungen, mit denen Historiker sich selbstkritisch auseinandersetzen müssten. Dort, wo man es vom Kontext her erwarten kann,[43] kommen die Historiker und ihre Teilhabe an der allgemeinen Verdrängung überhaupt nicht vor. Statt dessen wird die Last verschoben und u. a. diagnostiziert (S. 106): "In der Ärzteschaft steht eine breite Diskussion über ihre Rolle im ‚Dritten Reich' noch aus." Als wenn das für die Historiker nicht auch gälte.
5. Ohne ein Kennen und Verstehen psychoanalytischer Forschungsergebnisse zum Generationentransfer bleiben zusammenfassende Urteile in Halbwahrheiten stecken. So heißt es zum Beispiel (S. 112): „Diejenigen, die zu jung gewesen waren, um im NS-Staat Ämter zu bekleiden, d. h. die Jahrgänge 1930 bis 1940, brachten ihm eine unbefangenere und daher kritischere Einstellung entgegen." Das ist eine eklatante Unterschätzung der durch die Eltern induzierten (unbewussten) Verdrängungslast, wie in zahlreichen Fallstudien nachgewiesen wurde. Vor allem die Kinder der Täter waren alles andere als „unbefangen".

Ein Abwägen der Anteile von Verdrängung und Aufarbeitung (Objektebene) ohne Thematisierung des eigenen Erkenntnisinteresses (Subjektebene) ist wie ein materiell-konkretes Güter-Abwiegen, bei dem der eigene Fuß mit auf der Waage steht, ohne in die Rechnung einzugehen. Hier besteht also methodologischer Handlungsbedarf.

Welche berufsständischen Konsequenzen könnten sich aus diesen Befunden ergeben? Müssten wir nicht eine Kompetenzerweiterung im geschichtswissenschaftlichen Lehren, Lernen und Forschen ins Auge fassen?

---

[43] Berghoff eröffnet „sechs Zugänge zu kollektiven Dispositionen und Verhaltensweisen". Der vierte Zugang (S. 104 ff.) ist die „berufsständische Diskretion".

7. Sigmund Freud – ein schlechtes Vorbild für Historiker

Eine nicht nur verbale, sondern wirklich ernstgemeinte Akzeptanz der Verdrängungsdynamik hätte auf die Dauer beträchtliche Änderungen zur Folge, unter anderem in der Grundausbildung von Historikern, in der eine neue Kombination von Geschichtswissenschaft und Psychologie/Psychoanalyse nicht nur theoretisch ermöglicht, sondern auch praktisch gefördert werden müsste.[44] Der Start in diese Richtung ist unter anderem deswegen schwierig, weil Sigmund Freud, der Begründer der Psychoanalyse, der zur Vergewisserung bei den hier entwickelten Gedankenschritten mehrmals zitiert wurde, weder Historiker war noch überhaupt für historische Fragen im engeren Sinn Interesse und Verständnis hatte und insofern auf die zu erwartenden neuen Fragen *inhaltlich-direkt* gar keine Antwort geben kann.[45]

Der Weg zu den Antworten führt entweder über die interdisziplinäre Kooperation, bei der auch die Bedeutung des Themas und der jeweiligen Kommunikationsprozesse für die Wissenschaftler zur Sprache kommen müsste,[46] oder aber am besten über eine Doppelqualifikation in Geschichtswissenschaft und Psychologie/Psychoanalyse, deren Eigenständigkeiten in der Wissenschaftssystematik im Übrigen zu wahren sind. Peter Gay bietet für dieses in Deutschland bisher nicht diskutierte Modell ein Vorbild; er hat als Geschichtsschreiber allerdings nur einen von mehreren möglichen Wegen entwickelt.

8. Polaritäten überwinden – Geschichte „durcharbeiten"

Es mag manchen Leser erstaunt haben, dass in einem Aufsatz über Verdrängungen in Geschichte und Geschichtsschreibung bisher kein Wort über die DDR und ihre Historiker gefallen ist. Das liegt schlicht und einfach an der konsequenten Beachtung der Hauptbegriffe: Es wurde mit Bedacht unterschieden zwischen Objektebene

---

[44] Nach informellen Recherchen des Verfassers (Lektüre von Studien- und Prüfungsordnungen, Telefonaten mit Immatrikulationsämtern u.a.m.) ist eine Fächerkombination von Geschichtswissenschaft und Psychologie prinzipiell möglich, praktisch aber nicht existent.

[45] Ahistorisch ist vor allem Freuds Trieblehre, die geschichtliche Fallbeispiele für die psychoanalytische Theorie vereinnahmt und das Geschichtlich-Besondere damit nivelliert. Dem Zeitgeist entsprechend patriarchalisch gesonnen, hielt Freud ferner die Anatomie für das „Schicksal" das Menschen, was dem geschichtlichen Denken und Forschen ebenfalls widerspricht. Ausgehend von seinen psychologischen Entdeckungen, die ihn selbst am meisten fesselten, beschäftigte sich Freud mit Religion und Mythologie, Literatur und Kunst, Archäologie und Menschheitsgeschichte im Allgemeinen, nicht aber mit realen historischen Strukturen und Ereignissen, Ursachen und Wirkungen, Entwicklungsprozessen, Gesellschaftsumbrüchen usw.

[46] Vor allem bei Oral-history-Projekten, die den Generationszusammenhang durch Befragungen zu erforschen suchen, ist eine Supervision wichtig, vgl. etwa Heft 67 (2/1997) der Zeitschrift *psychosozial* mit dem Schwerpunktthema *Geschichte ist ein Teil von uns*.

und Subjektebene sowie zwischen „Aufarbeiten" und „Durcharbeiten" der Geschichte. Der Königsweg des Bewusstmachens von Verdrängungen führt nicht (zumindest nicht im ersten Durchgang) auf das Terrain der Nachbarn oder Gegner, sondern in die eigene Tradition, die *durchzuarbeiten* ist. Der Autor hat sich in dem vorliegenden Aufsatz als „Wessi" mit der ihm eigenen problematischen Tradition, Sozialisation und Erfahrung geäußert, ohne damit den Anspruch zu erheben, dass alle so verfahren müssten; denn selbstverständlich konstituieren die genannten Begriffspaare keine unüberbrückbaren Gegensätze, sondern vielmehr ein Spannungsverhältnis, das nicht aufgehoben werden darf, weder zugunsten des Vorrechnens von Fehlern bei anderen noch zugunsten einer selbstanklagenden Schau auf den eigenen Nabel. Die Erforschung von Verdrängungen steht an ihrem Anfang, und die methodologisch-wissenschaftliche Entscheidung, wo anzusetzen und wie weiter zu verfahren ist, kann nicht unabhängig von Thema (Objektebene) und Erkenntnisinteresse (Subjektebene) präjudiziert werden.

X. Gibt es so etwas wie „unterirdische Geschichte"?

„Die wichtigsten Bilder sind immer unsichtbar geblieben." (Der schwedische
Schriftsteller Henning Mankell über die mediale Inszenierung des Irak-Krieges,
Frankfurter Rundschau am 25.4.2003.)

1. Instinkte und Leidenschaften

Das Wort „unterirdisch" ist uns im vorigen Kapitel im Zusammenhang mit der
Wirkungsgeschichte von „Verdrängungen" begegnet. Erschüttert von der Erfahrung des Faschismus fragten sich Horkheimer und Adorno, wie es überhaupt zu
diesem Durchbruch der körperhaft-primitiven Gewalttätigkeit kommen konnte.
Unterhalb der offiziellen Geschichte Europa einschließlich ihrer Kritik gebe es noch
eine andere Geschichte, so argumentierten sie, die Geschichte der verborgenen Instinkte und Leidenschaften. Lesen wir die Textstelle noch einmal im Wortlaut:

> „Unter der bekannten *Geschichte Europas* läuft eine *unterirdische*. Sie besteht im Schicksal der
> durch Zivilisation verdrängten und entstellten menschlichen Instinkte und Leidenschaften. Von
> der faschistischen Gegenwart aus, in der das Verborgene ans Licht tritt, erscheint auch die ma-
> nifeste Geschichte in ihrem Zusammenhang mit jener Nachtseite, die in der offiziellen Legende
> der Nationalstaaten und nicht weniger in ihrer progressiven Kritik übergangen wird."[1]

Die Autoren sprechen nicht von „unbewusster" Geschichte, was sofort allerlei
methodologische Zweifel auslösen würde, sondern metaphorisch von „unterirdischer" Geschichte. Darunter kann man sich durchaus Verschiedenes vorstellen, wie
im Folgenden noch genauer erläutert wird. Die Annahme einer unterirdischen Geschichte hat Adorno auch in anderen Argumentationszusammenhängen ausgesprochen, u. a. so:

> „Ich würde denken, dass *unterirdisch* diese in Deutschland sehr *tief eingewurzelte Tradition* [der
> Nötigung zum Glauben an etwas Höheres, PSH] eine der empfindlichsten Hemmungen dage-
> gen ist, zu so etwas wie geistiger Freiheit überhaupt zu kommen. (...) Unterirdisch leben diese
> Dinge auch heute noch fort, und ich würde mich anheischig machen, Ihnen das zu zeigen."[2]

---

[1] Horkheimer und Adorno 1996, S. 246, geschrieben 1944. Hervorhebung PSH.
[2] Adorno 1992, Bd. II, S. 35 und 29. Hervorhebung PSH.

Diese Einschätzung wird von vielen Autoren auch gegenwärtig geteilt. Die Gefahr eines Neofaschismus ist uns fast täglich vor Augen. Ob sie abermals zu einer
Massenbewegung anschwellen kann, ist m. E. eher unwahrscheinlich. Doch damit
ist die Problematik leider nicht erledigt. Der Teufel der Geschichte betritt die Bühne
nie durch dieselbe Tür und nie in derselben Erscheinung. Er ist ein Verwandlungs-
künstler und schwer zu erkennen. Zum abgetauchten „Geist", der vielleicht nur
darauf wartet, wieder in Erscheinung zu treten und aufs Neue sein Unwesen zu
treiben, sagte ein renommierter Intellektueller unserer Jahre:

> „Es ist ausgeschlossen, dass jener Geist, der zweimal zu einem Weltkrieg geführt hat, nicht als
> *unterirdischer Wasserlauf* weiterleben und nicht nach einem Weg suchen sollte, um wieder an der
> Oberfläche aufzutauchen."[3]

Abgesehen von den realpolitischen Veränderungen und materiell-technischen
Veränderungen, die eine identische Wiederaufführung vergangener Dramen verun-
möglichen, stimme ich Adornos und Konráds Einschätzung prinzipiell zu, zumal
sie offenbar von der Sorge um unsere Zukunft (I. Kapitel) getragen wurde. Ich bin
aber, wie im vorigen Kapitel schon angekündigt, nicht damit einverstanden, dass
„unterirdische" Geschichte vor allem oder gar ausschließlich aus Instinkten und
Leidenschaften bestehen soll. Sicherlich tritt diese Dimension der Geschichte immer wieder besonders deutlich in Erscheinung, etwa als eruptiver Ausbruch von
Gewalt und Grausamkeit, als sexuelle Perversion oder überbordende Fantasie usw.
Diese Abkömmlinge aus dem triebhaften *Es*, um Freuds Begriff anzuwenden,
sind m. E. aber nicht die einzige Passagiere auf dem Strom der unterirdischen Geschichten. Ins Unterirdische verdrängt werden auch viele Abkömmlinge von der
anderen Seite, die wir – abermals mit Freud – als *Überich oder Gewissen* bezeichnen
können, in einem terminologisch undogmatischen Sinn auch als *Vernunft und geistige
Freiheit*. Darum wird es im Folgenden gehen. Adorno meinte, wie wir gelesen haben,
dass es gerade in Deutschland recht schwierig sei, „zu so etwas wie geistiger Freiheit
überhaupt zu kommen". Nach diesem Zitat ist geistige Freiheit (Vernunft) kein si-
cherer Besitz, kein Mainstream der äußeren und gut dokumentierten Geschichte,
sondern vielmehr ein kostbares Gut, das immer wieder untergeht, aus dem Blickfeld
verschwindet, verdrängt wird.
Sicherlich mangelt es weder an geschichtsphilosophischen Abhandlungen über
Vernunft und geistige Freiheit. Die vielen Tonnen bedruckten Papier ändern aber
nichts daran, dass Vernunft im Geschichtsprozess faktisch immer wieder auf der
Strecke bleibt und unkenntlich gemacht wird. Die theoretische Thematisierung der
Vernunft ist noch lange nicht ihre praktische Bestätigung, geschweige denn die zivi-
lisatorische Verinnerlichung, um die es hier geht. Dass Vernunft und Gewissen hier
als Begriffe eingebracht werden, die sich wechselseitig unterstützen, ist möglicher-

---

[3]   Konrád 1998. Hervorhebung PSH.

weise etwas befremdlich, in maßgeblichen Texten aber durchaus üblich, denken wir nur an Art. 1 der Menschenrechtsrechtserklärung von 1948: „Alle Menschen sind mit Vernunft und Gewissen begabt..."

2. Geistige Freiheit (Vernunft) und Gewissen

Das Gewissen hat kein Vaterland und auch keinen immer gleich bleibenden Träger. Die Kirchen nehmen für sich gerne in Anspruch, Sprachrohr des Gewissens zu sein, doch gerade sie sind wegen der massiven Alimentierung durch den Staat und andere Faktoren tief korrumpiert.[4] Selbstverständlich gibt es viele Einzelpersonen in der Kirchengeschichte sowie auch Personengruppen (man denke u. a. an die Friedensbewegung), die sich vom menschlichen Mitgefühl und Gewissen leiten ließen bzw. gegenwärtig leiten lassen. Das ändert aber wenig an der unheiligen Allianz von Thron und Altar, die vor allem bei Kriegsvorbereitungen gut zusammenhält.

Kofi Annan, der Generalsekretär der Vereinten Nationen, bezeichnete die Nichtregierungsorganisationen (NGO's) als „Gewissen der Menschheit" (conscience of humanity),[5] und diese Kennzeichnung passt gut in das hier skizzierte Konzept. Es gibt hunderttausende NGO's, die beträchtlichen politischen Einfluss ausüben, in ihrer Wirkung historiographisch aber nicht erfasst werden. Ihre Forderungen kommen in Flugblättern, „grauer Literatur", Websites und vielen Millionen Email-Botschaften zum Ausdruck, die in keinem Archiv zu finden sind und dementsprechend von der professionellen Geschichtsschreibung mit ihrer Bindung an das amtliche Dokument auch nicht gewürdigt werden können. Die *NGO's als Gewissen der Menschheit* sind unterirdische Geschichte, die zumindest im Denken registriert werden sollten.

Wegen der wechselnden Trägerschaften ist es historiographisch und geschichtsdidaktisch schwer, das Gewissen so zu thematisieren, dass ein einheitliches Bild entsteht. Die Schwierigkeit trägt dazu bei, dass das Gewissen oft ins Unterirdische verdrängt wird. Dass es dort seine Geschichte hat, kommt zum Glück immer wieder ans Tageslicht, denken wir nur an jene nicht-jüdischen Deutschen, die im sogenannten „Dritten Reich" unter Lebensgefahr Juden versteckt und so vor der Ermordung bewahrt haben. Denken wir ferner an bekannte Intellektuelle in der europäischen Geschichte (Voltaire, Zola, Hesse, Böll u.v.a.m.), die sich von der jeweiligen Macht nicht korrumpieren ließen, sondern die Stimme des Gewissens erhoben, oft unter erheblicher Gefährdung ihres eigenen Lebens. Diese Inhalte sollten den Geschichtsunterricht nicht durchweg bestimmen, aber sie sollten doch immer wieder „auftauchen", als Denkmaterial zur Deutung gegenwärtiger Konstel-

---

[4] Das kann im Einzelnen belegt und begründet werden, vgl. *humanismus aktuell* Hefte 10 und 12 mit mehreren substanziellen Beiträgen.

[5] Zitiert nach *International Herald Tribune*, August 15, 2002, S. 7.

lationen genutzt und so zur Bildung einer ethisch-vernünftigen Lebenseinstellung
beitragen.

Die stärkere Berücksichtigung des Gewissens ist (was wohl oft befürchtet wird)
keine Beeinträchtigung der Lebensfreude, im Gegenteil (von existenziellen Grenz-
situationen und neurotischen Störungen einmal abgesehen[6]). Wer die eigene innere
Stimme des toleranten Gewissens wahrnimmt, wird weder die Lernenden noch sich selbst
als Lehrenden ehrgeizig überfordern oder gar mit perfektionistischen Leistungs-
forderungen terrorisieren. Auch inhaltlich kann die Stimme des Gewissens ohne
Trübsal im Unterricht zur Geltung kommen, indem geeignete Texte (bzw. Filme
oder andere Medien) zur Kenntnis genommen, diskutiert und ggf. in ästhetisches
Handeln umgesetzt werden (vgl. etwa Beecher-Stove mit ihrem Roman *Onkel Toms
Hütte*, Bertha von Suttner mit ihrem Roman *Die Waffen nieder*, Film *Der Pianist*
u. v. m.).

Innere Empörung gegen Unrecht, Ausbeutung, Grausamkeit usw. ist in vielen
Fällen das Antriebspotenzial für weiterführende Emanzipations- und Humanisie-
rungsbewegungen, die einerseits zwar handgreifliche Ursachen und Ziele haben,
andererseits aber auch etwas bis dahin Verpöntes und Verleugnetes transportieren.
Wie weit reicht die Bewegung des öffentlich angestoßenen Gewissens? Wie weit
wirkt die im Unterricht entstandene „Betroffenheit"? Wir haben nicht gelernt, vernünftig damit umzugehen, eben weil diese Seite unserer Geschichte nicht entwickelt
ist.

Es gibt etliche Monographien zum Thema Gewissen,[7] aber das sind, wie gesagt,
nur Symptome einer weitgehend unterirdischen Wirkungsgeschichte, die inhaltlich
nicht zum geringsten Teil aus geschichtswissenschaftlichen und geschichtsdidaktischen Verdrängungen besteht. Der Historiker Ulrich Herbert schreibt im Hinblick
auf die Verbrechen der deutschen Wehrmacht: „Nur eine moralische Forderung
gegenüber den Deutschen in Bezug auf die NS-Zeit scheint mir nach wie vor und
auch in Zukunft legitim und richtig: dass die Deutschen genau Bescheid wissen über
das, was damals geschah."[8] Diese Argumentation setzt ohne Abweichung die im
vorigen Kapitel im Anschluss an Ranke ermittelte politisch-ethische Abstinenz fort,
mit der nicht nur Moral im Bescheidwissen aufgelöst, sondern darüber hinaus das
kritisch-selbstkritische Denken amputiert wird. Als wenn bloßes Wissen jemals genügt hätte, um Kriminalität, Verbrechen usw. zu verhindern. Als didaktischer Leit-

---

[6] Schuldgefühle und „schlechtes Gewissen" lösen nicht selten neurotische Fluchtbewegungen
    aus, die klinisch-psychoanalytisch zu behandeln wären, vgl. ausführlich dazu Wurmser 1993. –
    Vielleicht ist es die im Hintergrund drohende Schärfe der Angst und Unbehagen auslösenden
    Schuldschmerzen, die das prophylaktische Ausweichen auch in „Normalfällen" auslösen.

[7] Exemplarisch sei verwiesen auf Andersen 1992 und Kittsteiner 1996. Wie die Buchtitel an-
    kündigen, behandelt Andersen vorwiegend die Entstehungs- und Wirkungsgeschichte in der
    Antike, während Kittsteiner sich mehr auf die Moderne konzentriert.

[8] Herbert 2002/2003, S. 41.

faden ist die Konzentration auf das Bescheidwissen eine Fehlentwicklung, weil es
darauf hinausläuft, Schülerinnen und Schüler mit Stoff zu überhäufen und die Mühe
der inneren Verarbeitung zu umgehen. Gegen Wissen und Bescheidwissen ist prinzipiell natürlich nichts zu sagen, aber es bedarf doch der vernünftigen Dosierung
und der Aufarbeitung, der Verständnis- und Integrationshilfen, um nur einige di-
daktisch-pädagogische Gesichtspunkte anzudeuten, wenn es eine produktive Bil-
dungswirkung entfalten soll. Lässt uns die Geschichtswissenschaft mit der Problematik gleichsam im Regen stehen, da sie selbst überfordert ist,[9] müssen wir uns
auch nach anderen Gesprächspartnern umsehen, die keineswegs nur aus dem akademischen Milieu kommen müssen. Geschichte ist zu bedeutsam, als dass wir sie
den Historikern allein überlassen könnten.[10]

3. Emanzipatorische Wünsche – Leidenschaften für das gute Leben

Dass weitreichende Wünsche in Erfüllung gehen, ist ein häufiges Märchen-Motiv.
Doch auch die Realgeschichte kann mit fantastischen Wunscherfüllungen aufwar-
ten, denken wir etwa an den antiken Mythos vom Fliegen, der Wirklichkeit wurde,
oder an die Wunsch kranker Menschen nach einem schmerzfreien gesunden Leben,
der die medizinische Forschung zu stupenden Errungenschaften angetrieben hat.
Die Zukunft wird uns viele technische Innovationen bescheren, von denen wir jetzt
nur träumen. Doch darum soll es im Folgenden nicht gehen. Thema im Rahmen
einer „unterirdischen Geschichte" sind vielmehr die überhaupt noch nicht bewussten Wünsche und Bedürfnisse, die weniger das technisch Machbare (Wohnung,
Kleidung usw.) als vielmehr „das gute Leben" im Ganzen angehen.[11] Viele Menschen sind mit ihren mehr als bescheidenen Lebensbedingungen, oft am Rande der
Armut oder gar mitten drin, durchaus zufrieden. Sie können sich nicht vorstellen,
dass es auch anders sein könnte, und haben sich das Wünschen abgewöhnt, abgesehen vielleicht von minimalen materiellen Verbesserungen. Warum soll ich lesen und
schreiben können, wenn ich so, wie ich lebe, einigermaßen zurechtkomme, sagen
sich viele Analphabeten.

Auf diese Konstellation geht Martha Nussbaum mit ihrer *Theorie des guten Lebens*
ein. Sie bezieht sich dabei u. a. auf Studien über ein Dorf in Bangladesch, in dem die

---

[9] Die Überforderung der Geschichtswissenschaft auf diesem Feld kommt recht deutlich in dem
Forschungsüberblick zum Ausdruck, den Gerhard Paul über die *Täter der Shoah* gegeben hat.

[10] Diesen warnenden Hinweis hat in verschiedenen Varianten Richard von Weizsäcker ausgesprochen (geb. 1920, Bundespräsident 1984–1994), einer der ganz wenigen, denen die „Vergangenheitsbewältigung" bei Zeiten geglückt ist. Wir erinnern uns u. a. an seine berühmte Rede von 1985.

[11] Zum Folgenden siehe Martha Nussbaum 1999, S. 43 ff.

Abb. 8: Delacroix, Die Frauen von Algier.

Kommentar zu den Abbildungen 8 und 9: Über dieses Bild und die Umdeutung des Motivs bei Picasso schrieb Assia Djebar: „Als der Befreiungskrieg in Algerien gerade erst beginnt, lebt Picasso von Dezember 1954 bis Februar 1955 täglich in der Welt von Delacroix' Frauen von Algier. In der Auseinandersetzung mit diesem Gemälde erschafft er um die drei Frauen herum und mit ihnen eine völlig verwandelte Welt. Picasso hebt den Fluch auf, sprengt das Unglück, entwirft mit kühnen Linien ein völlig neues Glück. Eine Vorwegnahme, die uns in unserem Alltag leiten müsste. (...) Eine glorreiche Befreiung des Raumes, ein Erwachen der Körper im Tanz, in der ausgelassenen, verschwenderischen Bewegung. Aber eine der Frauen, plötzlich riesengroß (...) Es gibt keinen Harem mehr, seine Tür ist weit geöffnet, und das Licht flutet ungehindert herein." Diese in eine Zukunftsvision einmündende ästhetische Erfahrung ist für die Männergeschichte leider nicht festzustellen. Wir erleben gegenwärtig (April 2003) weder ein „Erwachen der Körper im Tanz" noch das ungehinderte Einfluten des Lichtes (auch als „Aufklärung"!), sondern im Gegenteil Verfinsterungen des Geistes im Krieg und körperlich-blutige Brutalisierungen. Spätere historische Recherchen werden ergeben, wie viel Befreiungsbegehren, auch bei den Männern, trotzdem „unterirdisch" schon im Gang war.

Abb. 9: Picasso, Die Frauen von Algier.

Frauen mit ihrer untergeordneten Stellung äußerlich durchaus zufrieden waren und keine Veränderungen wünschten, bis ihnen der Lebenswert der Bildung bewusst wurde und sie selbst anfingen, lesen und schreiben zu lernen und ihr Leben auf neue Weise selbst in die Hand zu nehmen. Der äußere Anstoß durch EntwicklungshelferInnen wird dabei sicherlich eine Rolle gespielt haben. Aber das war faktisch nicht das Entscheidende, und das ist hier auch nicht das Zentrale. Wesentlich war und ist vielmehr die eigene Motivation nach Lebensverbesserung, nach gutem Leben für uns selbst und für möglichst viele Menschen. Dieses elementare Wünschen schläft und wird immer wieder eingeschläfert. Es wird von egomanischen Männern, die ihren eigenen Überfluss für wichtiger halten als ein gutes Leben für alle, mit geschickten Appellen an eigene Triebbefriedigungen zerstört. Entbundenes Wünschen ist keine illusorische Zukunft, sondern unterirdische Geschichte, auch in der Gegenwart, und als solche den Historikern zur Erforschung aufgegeben. Die Frauen spielen dabei eine herausragend wichtige Rolle.

Auch die zum Bewusstsein drängenden Wünsche und Bedürfnisse nach sozialen Kontakten, nach Sprechen „auf Augenhöhe" und lebendigem Gedankenaustausch können als Faktoren der unterirdischen Geschichte identifiziert werden. Assja Djerba schreibt über den Kult des Schweigens, der früher den Frauen auferlegt war (und in vielen Teilen der Welt immer noch den Alltag bestimmt):

„Von Kindheit an drillt man Mädchen auf den Kult des Schweigens', der eine der größten Kräfte der arabischen Gesellschaft ist. Was ein französischer General und ‚Araberfreund' als ‚Kraft' bezeichnet, empfinden wir als eine zweite Verstümmelung. (...) Ich sehe in den Brocken des Gemurmels von einst die einzige Möglichkeit, das Gespräch zwischen Frauen wieder in Gang zu bringen, jenes Gespräch, das Delacroix auf seinem Gemälde eingefroren hat. Ich erhoffe mir eine konkrete und tägliche Befreiung der Frauen nur von der weit zur Sonne geöffneten Tür, die Picasso später eingeführt hat."[12]

Das eingefrorene Gespräch „auftauen" und in Fluss bringen – das Sinnbild erfüllt mich mit Hoffnung und Wünschen, die weit über die beschriebene Situation hinausgehen. Auf der realhistorischen Ebene ist daran zu erinnern, dass die Frauen auch in der christlichen Gemeinde zu schweigen hatten.[13] Was haben die schweigenden Frauen die ganze Zeit eigentlich gedacht, gefühlt, getan, gehofft, gelitten? Wann formierte sich das erste Aufbegehren? Das ist unterirdische Geschichte.

Die katholische Kirche macht sich (mit Recht) Sorgen über ihre pädophilen Priester: die verdrängte Geschichte *dieser* Leidenschaften beschäftigt die Öffentlichkeit in zunehmenden Maße. Dass die Kirchenfürsten wegen des apostolisch verordneten Schweigens der Frauen im Selbstzweifel sind, ist dagegen nicht festzustellen. Doch auch hier ist eine unterirdische Geschichte anzunehmen, die früher oder später ans Tageslicht kommen wird. Geschichtsanalytisch haben wir jedenfalls nicht nur mit Instinkt- und Trieb-Leidenschaften, sondern auch mit Leidenschaft für gutes Leben zu rechnen. Das „Träumen nach vorn" (Bloch) ist meiner Auffassung nach integraler Bestandteil der Geschichtsdidaktik, wie ich an anderer Stelle ausgeführt habe.

Der kollektive Wunsch nach gutem Leben bei gleichzeitiger Abkehr von militärischer Gewalt initiierte während des Krieges der Vereinigten Staaten und Englands gegen Irak massenhafte Friedensdemonstrationen weltweit. Auch die Kirchen beteiligten sich daran. Als verinnerlichte globalisierte Kraft wird das Bedürfnis nach Frieden und Gerechtigkeit immer mehr Egomanen in ihre Schranken weisen.

4. Unterirdische Geschichten – eine unendliche Vielfalt

Die bisherige Beschäftigung mit zwei Strömungen unterirdischer Geschichte (Instinkte und Leidenschaften auf der einen Seite, Gewissen und Vernunft sowie emanzipatorische Wünsche auf der anderen Seite) soll nicht darüber hinweg täuschen, dass es im Einzeln ebenso viele „unterirdische", verborgene, nicht-erzählte Geschichten gibt wie irdische, sichtbare, erzählte. Wer im Internet über eine Suchmaschine das Stichwort „unterirdische Geschichte" aufruft, wird verwundert sein,

---

[12] Djebar 1979, S. 174 und 182.
[13] Paulus, 1. Brief an die Korinther, 14.34–36, und zahlreiche weitere Belege, s. Bibel-Index.

wie viel dazu angeboten wird. Freilich handelt es sich zu 99 % um real-faktische Angaben, also um Katakomben und Bergbau, Höhlen, Wasserläufe und Kanäle, U-Bahn-Tunnel, unterirdische Atomtests sowie Rüstungsfabriken, die in Felsmassive eingebaut wurden, usw. Die Häufigkeit der konkreten unterirdischen Geschichtsanlagen regt zur Frage an, was es da Entsprechendes auf dem Gebiet der Mentalitäten, des Denkens und Verhaltens usw. gibt. Ich möchte dazu in Ergänzung der bisherigen Angaben einige weitere Hinweise geben.[14]

• Protest, Widerstand, Anstand

„Wenn es eine entscheidende Epoche für das Auftauchen des Unglaubens als eines kulturellen Elementes gibt, dann ist es die Wende vom 17. zum 18. Jahrhundert. *Unterirdische Strömungen*, geheime Reden, versteckte Kritiken, marginale Verhaltensweisen treten zu Tage wie eine Welle aus der Tiefe, die das religiöse Gebäude zu überfluten droht. Im Hinblick auf die Kultur der Eliten ist diese Feststellung gewiss nicht übertrieben, und sogar in der Volkskultur beginnen sich beunruhigende Risse zu zeigen."[15].

Selbstverständlich kann Protest gleichsam auf die gut einsehbare historisch-politische Bühne geholt und zu einem Hauptthema der Geschichtsschreibung gemacht werden.[16] Eben das macht ja der eben zitierte Autor. Ist Protest damit der unterirdischen Geschichte entzogen? Ja und nein: Es kommt darauf an, was gesellschaftlich wirklich integriert und handlungsrelevant wird. Es geht ja nicht nur um das oft apostrophierte *kulturelle Gedächtnis*, sondern auch um die Enkulturation der eingeforderten Werte und den gesamtgesellschaftlichen Habitus. Mit einem Vergleich kann das, was hier gemeint ist, vielleicht noch deutlicher bewusst gemacht werden: Wer sich bestimmte Bücher kauft, diese aber nicht liest, geschweige denn innerlich verarbeitet, der kann auch die Botschaft dieser Bücher in keiner Weise vertreten. Die Bücher stehen äußerlich-sichtbar im Bücherschrank, entfalten aber keine Wirkung. So ergeht es vielen „Geschichtsbüchern". Die unterirdische Geschichte ist voll von ihnen.

Auch Aktionen des menschlichen Anstands, an denen die Unmenschlichkeit gleichsam zerbricht, müssten viel stärker dokumentiert werden. Dazu ein Beispiel:

„Anfang Oktober 1941 ereilte Major Alfred Commichau, Kommandeur des 1. Bataillons des 691. Infanterieregiments, seinen in unterschiedlichen weißrussischen Ortschaften stationierten

---

[14] Dargestellt und problematisiert wurden bereits Verdrängungstraditionen; unbewusst entlehnte Schuldgefühle über mehrere Generationen hinweg; nicht erzählbare Traumata, die ebenfalls „unterirdische" Wirkungen entfalten; unerwartetes Erstarken des Nationalismus, der als überholt galt, u. a. m.

[15] Minois 2000, S. 274. Hervorhebungen PSH.

[16] Eine feste Rubrik der erwähnten Zeitschrift *Mittelweg 36* lautet *Aus der Protest-Chronik*. Ihr Autor, Wolfgang Kraushaar, hat eine voluminöse *Protest-Chronik* verfasst, die zu lesen viele Tage in Anspruch nehmen würde.

Kompanieführern den Befehl, die in ihrem jeweiligen Zuständigkeitsbereich lebende jüdische Bevölkerung zu erschießen. Hauptmann Friedrich Nöll, Oberleutnant Josef Sibille und Oberleutnant Hermann Kuhls erhielten die Anweisung ihres Vorgesetzten durch einen Melder. Die drei Kompanieführer zogen aus der identischen Befehlslage unterschiedliche Konsequenzen. Oberleutnant Hermann Kuhls ließ den Befehl unverzüglich ausführen. Hauptmann Friedrich Nöll hingegen wollte den Auftrag zunächst schriftlich bestätigt bekommen, wies seine Untergebenen nach einigen Zögern schließlich an, die Juden der Ortschaft Krutscha zu erschießen. Oberleutnant Sibille lehnte den Befehl mit der Begründung ab, er könne keinen Zusammenhang zwischen der ortsansässigen jüdischen Bevölkerung und einer Partisanengefahr feststellen."[17]

Dass irgend jemand wegen einer Befehlszurückweisung dieser Art selbst erschossen wurde, wie oft behauptet wurde, ist in keinem einzigen Fall bekannt geworden. Die Freiheit der Entscheidung im Rahmen bestimmter „Handlungsspielräume" existierte tausendfach im „Unterirdischen", Nicht-Thematisierten und -Erforschten.

• Das Wiederauftauchen des Religiösen

„Die relativ starke Zuneigung zu magischen und okkultistischen Praktiken und Vorstellungen selbst im säkularisierten Osten Deutschlands bedarf der Erklärung. Wahrscheinlich haben wir es hier mit dem Fortwirken eines mächtigen *geistesgeschichtlichen Unterstroms* zu tun, der sich von der durch das Christentum besetzten religiösen Hochkultur absetzt und sich möglicherweise seit vielen Jahrhunderten bis heute in vielen Familien gehalten hat."[18]

Ein berühmter Beleg für diese Symptomatik auf der individuell-persönlichen Ebene ist ein Brief des französischen Schriftsteller Romain Rolland an Sigmund Freud. Rolland verweist in diesem Brief auf ein „ozeanisches" Gefühl, das er zuweilen wie einen *„unterirdischen Wasserlauf"* wahrnehme, ohne dass dadurch die Fähigkeit der rationalen Denkens beeinflusst werde. Freud konnte damit interessanterweise nicht viel anfangen.[19] Die im frühkindlichen Erleben mit der Mutter entstandenen vorsprachlichen Gedanken konstituieren einen beachtlichen Strom unterirdischer Geschichte, die noch zu entdecken und zu beschreiben wäre.

• Das Unterirdische als Feld der dichterischen Fantasie

„Kann die Fiktion das Faktum ergänzen? Ich glaube, sie kann es auf besondere Weise; denn Geschichte erschöpft sich ja nicht in den bestimmbaren Wirkungen von Fakten, sie zeigt

---

[17] Eingangszitat des Editorials zu Heft Dezember 2002/Januar 2003 der Zeitschrift *Mittelweg 36* (Hamburger Institut für Sozialforschung) mit Hinweis auf die Ausstellung *Verbrechen der Wehrmacht. Dimensionen des Vernichtungskrieges*, Raum und Dokumentation *Handlungsspielräume*. – Entgegen weit verbreiteten Zwecklegenden hatte eine Befehlsverweigerung, wie sie Oberleutnant Sibille gewagt hatte, keinerlei negative Folgen.

[18] Pollack 2000 und 2001. Hervorhebungen PSH.

[19] Ausführlicher zu diesem Briefwechsel im psychoanalytischen Kontext Wangh 1989.

vielmehr, dass zu jeder Zeit auch unsichtbare, ambivalente, sozusagen *unterirdisch geheimnisvolle Kräfte* den historischen Prozess mitlenken. Und dies ist das Feld der Fiktion – am erfundenen, individualisierten Schicksal wird die allgemeine Lage beschrieben, an ihm werden Stimmungen und Erwartungen ablesbar; wir werden bekannt mit der Lebensatmosphäre einer Zeit."[20]

Kunst und Literatur dokumentieren in der Regel mehr Verständnis für unterirdische Geschichte als Geschichtswissenschaft und Geschichtsdidaktik. Sie unterliegen allerdings auch leichter der Gefahr, dass aus Fantasie Fantasterei wird. Geschichtsdidaktisch sind daher die beiden Aneignungsformen, die wissenschaftlich-rationale und die künstlerisch-empathische, stets als wechselseitige Ergänzungen und nicht als Exklusivitäten zu verstehen, zumal auch die Geschichtswissenschaft auf der Ebene des kollektiven Handelns das betreibt, was der Romancier im „individualisierten Schicksal" darstellt. Wo der Romancier „Fiktion" bemüht, muss der Historiker Kombination einsetzen.

5. Zur Suche nach dem „Sesam, öffne dich" der Geschichte

Gibt es denn hinter der unübersehbaren, verwirrenden Fülle von Erscheinungen nicht eine verborgene Hauptkraft oder einen bislang nicht entdeckten Dreh- und Mittelpunkt, von dem aus das Ganze zu verstehen ist? Diese Frage haben sich Menschen aller Epochen immer wieder gestellt, doch ihre Antworten sind samt und sonders unbefriedigend, und ich denke, dass wir uns damit abfinden müssen, Geschichte nicht als Ganzes entschlüsseln zu können, weder inhaltlich noch methodologisch.

Als Beispiel für die scheinbar erfolgreiche Suche nach dem historiographischen „Sesam öffne dich" auf der Inhaltsebene seien Gott und die Volksseele genannt, die bis ins 20. Jahrhundert hinein in vielen Geschichtswerken ihre Rolle spielten. Man lese etwa Gustav Freytags *Bilder aus deutscher Vergangenheit* und Leo Tolstojs Roman *Krieg und Frieden*: Was die Geschichte antreibt, das sind nach ihrer Auffassung nicht die einzelnen „großen Männer", die im 19. Jahrhunderts auf Seiten der Geschichtswissenschaft als Hauptkräfte aufs Tapet gehoben wurde, sondern die Volksseele und das in ihr zum Ausdruck kommende Göttliche. Man entgegne nicht, derartige Auffassung seien doch lange überholt, so dass sich eine Beschäftigung mit ihnen gar nicht mehr lohne. Noch Friedrich Meinecke (1862–1954) pries die „Seele der Vergangenheit" und das Göttliche mit fast denselben Worten wie die Autoren des 19. Jahrhunderts, und damit ist dieser Geschichtsglaube,[21] zumindest als Etikett und

---

[20] Lenz 1999 (1986), S. 175–176. Hervorhebungen PSH.
[21] Auch dieser Geschichtsglaube wird früher oder später ans Tageslicht geholt, vgl. etwa Hardtwig 1991, was die faktische Fülle des Unterirdischen damit aber nicht vermindert, da ja ständig neue Strömungen entstehen.

Institutsname, programmatisch immer noch in Kraft. Wer weiß, was er in Zukunft ausbrütet.

Als Beispiel für den methodologischen Anspruch, unterirdische Geschichte entschlüsseln zu können, ist die Psychohistorie Lloyd Demauses zu nennen, die alles Geschehen auf die Antriebskraft unbewusster Fantasien zurückführt und so beispielsweise den Krieg als Wiederholung eines Geburtstraumas erklärt. Die amerikanischen Psychohistoriker behaupteten, Geschichte und Psychoanalyse miteinander verbunden zu haben, doch das ist nicht der Fall, im Gegenteil: Psychoanalyse bleibt außen vor, da die für alle Deutungen so wichtigen Übertragungen und Gegenübertragungen systematisch ausgeblendet bleiben. Ich will hier nicht genauer darauf eingehen, sondern nur noch einmal betonen, dass der heuristische Wert der unterirdischen Geschichte als Metapher oder Chiffre in dem Moment verloren geht, in dem wir behaupten, diese unterirdische Geschichte als Ganzes gleichsam erwischt zu haben. Das ist so unglaubhaft wie Münchhausens Behauptung, er habe sich aus dem Sumpf, in dem er zu versinken drohte, am eigenen Haarschopf herausgezogen.

Mit anderen Worten: Es gibt keine Zauberformel, mit der die verborgenen Schätze der Vergangenheit ebenso zugänglich gemacht werden können wie Ali Babas Höhle durch das „Sesam! Öffne dich!".

Mit einer auf die Spitze getriebenen Konsequenz vertritt Jacques Derrida (geb. 1930) diesen erkenntnis- und sprachtheoretischen Skeptizismus, in dem er nicht nur jede Formel zurückweist, sondern darüber hinaus alle erklärenden Begriffe systematisch in Frage stellt, da diese stets etwas Unausgesprochenes, Nicht-Gedachtes, Verdrängtes enthielten (wie wahr!). Die Vergangenheit als Referenten gebe es überhaupt nicht, lehrt Derrida; sie bestehe aus mehr oder weniger willkürlichen Konstruktionen, die man „dekonstruieren" müsse, ohne dabei sicher sein zu können, dass so die „Realität" zum Vorschein komme. Realität sei ein Begriff wie jeder andere und somit eher Indikator für das, was er ausschließt, als Sprachform für das, was er einzuschließen behauptet.

Für Geschichtsdidaktik als kritisch-theoretisch Überprüfung unseres Geschichtsbewusstseins ist der „Dekonstruktivismus" sicherlich ein wichtiger Denkansatz,[22] der auf Denksprünge und -lücken aufmerksam macht und dabei vor allem die feministische Forschung mit ihrem Kampf gegen männliche Einseitigkeiten unterstützt.[23] Für Geschichtsdidaktik als reflektierte Anleitung zum praktischen Handeln ist das Denkonstruieren jedoch von begrenztem Wert. Selbstverständlich müssen wir SchülerInnen immer wieder darauf verweisen, dass das, was ihn als „die Ge-

---

[22] Einen m. E. kleinen aber repräsentativen Überblick bietet Engelmann 1990 mit Texten von Derrida und anderen modernen französischen Philosophen. Derrida würde wahrscheinlich schon den hier verwendeten Ausdruck „Griff" und fragen, was diese Metapher einerseits andeutet, andererseits verbirgt.

[23] Eine kürzlich begonnene Dissertation hat das Arbeitsthema: *Geschichtsbewusstsein und Geschlecht. Eine „dekontruktivistische" Untersuchung über geschichtsdidaktische Publikationen von 1980 bis 2000.*

schichte" präsentiert wird, nicht die feststehende Wirklichkeit ist, sondern Produkt bestimmter Perspektiven, Interessen und Sprachgewohnheiten. Als „Sesam, öffne dich" zur unterirdischen Geschichte taugt der Dekonstruktivismus jedoch ebenso wenig wie der Formel- und Begriffsglauben, den er bekämpft.

6. Zum Verhältnis von Geschichte und GeschichtsbetrachterIn

Unterirdische Geschichte besteht
* erstens auf der Objektebene der Vergangenheit aus bislang wenig beachteten Themenbereichen (z. B. Instinkte und Leidenschaften; Emanzipation, Vernunft und Gewissen; das Schweigen vieler Menschen und Menschengruppen),
* zweitens ebenfalls auf der Objektebene der Vergangenheit aus psychosozialen Bewegungen, die nicht in den Akten stehen und daher kombinatorisch bzw. fiktional erschlossen werden müssen, und
* drittens – last not least – aus dem, was sich undurchschaut in uns selbst, den Subjekten der Geschichte, im Hier und Jetzt abspielt.

Unterirdische Geschichte ist danach nicht nur das, was war und noch nicht richtig erkannt wurde. Unterirdische Geschichte ist auch das,
* erstens, was im Lichte unseres Verlangens nach ungeteilt vollem Leben selbst lebendig wird, retrospektiv und prospektiv. Die Erforschung unterirdischer Geschichten beginnt hier, bei der Freilegung des Lebensstroms in uns. Wer z. B. die Stimme des Gewissens nicht in sich hört (Subjektebene), wird sie auch in der Geschichte (Objektebene) nicht hören wollen und nicht hören können. Unterirdische Geschichte ist aber
* zweitens auch die verbleibende Unruhe in uns, die wir projektiv in die Geschichte tragen, als Verlangen nach Klarheit, die wir in uns selbst vermissen und als Suche nach einer „Heimat", die innerlich verloren gegangen ist,[24] wenn es sie denn je gab.

Die Themen auf der Objektebene der Vergangenheit sind das Forschungsfeld der Geschichtswissenschaft mit allen ihren Spielarten. Die Themen auf der Subjektebene sind das Forschungsfeld der (hier ins Auge gefassten, aber im Grunde noch nicht existierenden) Geschichtsanalyse. Für Historiker ist beispielsweise das Schweigen ein Probleme der Quellenlage. Geschichtsanalytisch gesehen ist das Schweigen eher ein Mangel an Quellen und Kreativität im eigenen Innern, der sich kollektiv fortschreibt; diesem Mangel gilt unser zukunftsbesorgtes Geschichtsbewusstsein. Das Zusammenspiel beider Forschungsrichtungen ist kompliziert und ungeklärt. Individualgeschichtlich lässt sich beispielsweise der „Verlust des Mitge-

---

[24] Ganz am Ende seines dreibändigen Werkes über das Prinzip Hoffnung evoziert Ernst Bloch diese „Heimat" als „etwas, das allen in die Kindheit scheint und worin noch niemand war." Auch Heidegger argumentiert in seinem Brief über Humanismus mit der Heimat-Metapher.

fühls" unter Umständen diagnostizieren, etwa als traumatisierender lebensgeschichtlicher Zusammenbruch oder als Langzeitwirkung einer gefühllosen Umwelt,
die dem Individuum sein Mitgefühl austreibt.[25] Realhistorisch-gesellschaftlich ist in
derselben Perspektive jedoch keine Erkenntnis zu erwarten, weil „der Verlust des
Mitgefühls" sozusagen ein strukturelles Dauerproblem ist und chronologisch weder
Anfang noch Ende hat. (Wir haben zwar äußere Fortschritte in der Kodifizierung
von Menschenrechten, gleichzeitig aber auch eine gigantische Zunahme menschen-
verachtender Ansätze und Praktiken, die Tod und Elend hunderttausender Menschen zur Durchsetzung der eigenen Belange kaltblütig in Kauf nehmen.)

In der eingangs thematisierten Zukunftssorge steckt also auch die Zukunftshoff-
nung, dass den Fortschrittsmöglichkeiten der Menschheit und des Menschlichen
mehr Aufmerksamkeit zugewandt wird, retrospektiv-geschichtswissenschaftlich und
introspektiv-geschichtsanalytisch.

---

[25] Gruen 1996. – In einem generalisierenden Rückblick auf seine psychoanalytisch-klinischen
Befunde formuliert der Autor unter der Überschrift *Was ist Geschichte? Was tun?* folgende These
(S. 276): „Wenn wir die zentrale Rolle des Mitgefühls in unserem Leben erkennen, können wir
die Geschichte unserer Zivilisation als Geschichte des Ringens um Empathie bezeichnen. Die
Pervertierung der Empathie in Selbstmitleid aber dient nur dem Hass auf das Leben."

XI. Plädoyer für mehr Reflexivität in der historisch-politischen Bildung[1]

„Wir sagen und Ich meinen ist eine von den ausgesuchtesten Kränkungen. "
(Theodor W. Adorno, Minima moralia)

1. Versuch der Vergewisserung in ungewisser Ausgangslange

Ich wünsche mir eine Gesellschaft, die insgesamt etwas mehr über sich selbst nachdenkt. Insbesondere die Geschichtswissenschaft ist in meinem Wunschbild ein Ort der Reflexion, an dem es weniger um Tatsachenhuberei und das Niedermachen gegnerischer Lehrmeinungen geht als um geduldiges introspektiv-dialogisches Bemühen um Einsicht in die Fatalitäten der Geschichte, an denen die Geschichtswissenschaft selbst so viel Anteil hat. Aber ach! Ich kann weder die Gesellschaft im Allgemeinen noch die Geschichtswissenschaft im Besonderen verändern. Oder vielleicht doch? Und sei's nur minimal?

Fangen wir einfach an, ohne die Augen vor den äußerst beschränkten Wirkungsmöglichkeiten der Didaktik zu verschließen. Zur Reflexivität, wie ich sie verstehe, gehört das Aushalten der Spannung zwischen Wunschbildern und Realitätsmöglichkeiten. Das Trachten nach schnellem Erfolg ist der Reflexivität eher abträglich.

2. Bildung und Reflexivität

Der Begriff „Bildung" erfreute sich eine Zeig lang (nach der Studentenbewegung in den sechziger und siebziger Jahren) bei Erziehungswissenschaftlern und Pädagogen keiner großen Wertschätzung. Wer die Diskussion über das Bildungswesen in der alten BRD schon vor etwa dreißig Jahren bewusst wahrgenommen hat, wird sich erinnern, wie heftig die „geisteswissenschaftliche Pädagogik" und die mit ihr verbundene „Bildungstheorie" kritisiert und euphorisch gleichzeitig der neue Trend zu den empirisch fundierten Sozialwissenschaften auch in der Erziehungswissenschaft

---

[1] Dieser Aufsatz enthält bereits etliche Inhaltsbeispiele für das *Konzept der Historischen Lebenskunde*, das im dritten Teil dieses Buches genauer vorgestellt und mit weiteren Beispielen versehen wird.

gefeiert wurde. Die „Berliner Schule" (Heimann, Otto, Schulz) wollte *Bildung* strei-
chen und *Lernen* an ihre Stelle setzen, was als Ergänzung unserer damaligen Vorstellungen durchaus sinnvoll gewesen wäre, als dogmatisierte Alternative aber nichts
einbrachte und faktisch bald wieder aufgegeben wurde.

Inzwischen haben sich die Fronten entschärft und verschoben. Man darf heute
wieder „Bildung" einfordern, ohne sogleich prinzipiell kritisiert zu werden, sowohl
in der Politik[2] als auch in Erziehungswissenschaft und Didaktik[3]. Überhaupt ist es
der unersetzliche und über die Jahre hinweg nie ernsthaft in Frage gestellt Leitbegriff der *politischen Bildung*, der einem Thema wie dem hier formulierten historische
Rückendeckung verschafft. Im Folgenden wird es jedoch nicht um politische Bildung im Allgemeinen und das Fach Politik/Sozialkunde im Besonderen gehen,
sondern um eine einzelne Dimension des Gesamtkomplexes, die meines Erachtens
von herausragender Wichtigkeit für persönliches und gesamtgesellschaftliches Lernen ist und als *Reflexivität* zusammengefasst werden kann. Reflexivität kann gelernt
und geübt werden; Reflexivität soll darüber hinaus als Haltung im Ensemble der
Lebensmodalitäten integriert werden. Reflexivität illustriert somit besonders anschaulich, wie Lernen und Bildung konzeptionell ineinander greifen.

Reflexivität heißt Rückbezug des in der Geschichte Erkannten auf die eigene
Person und Gegenwart wie auch umgekehrt: Einbringen der persönlichen und politischen Erfahrung in Rekonstruktion und Deutung der Vergangenheit. Ohne eine
Bewusstmachen dieses Wechselprozesses zwischen Subjekt und Objekt, zwischen
uns und Geschichte, ist historisches Lernen in Gefahr, zur Ideologie und zum
substanzlosen Leerlauf zu verkommen. Das wird zwar seit Langem so gesehen und
dementsprechend theoretisch-didaktisch eingefordert, selten aber konsequent praktiziert. Ich möchte hier einige Anregungen zur methodischen Umsetzung des
„Prinzips Reflexivität" geben, rufe jedoch zuvor mit einigen Stichworten in Erinnerung, dass dazu schon Etliches konzipiert wurde, wenn auch meistens mit anderen
Begriffen.

---

[2] Repräsentativ für die politische (zumindest verbal-theoretische) Wertschätzung einer guten
Bildung ist wohl die stark beachtete Rede des vormaligen Bundespräsidenten Roman Herzog
(geb. 1934, Amtszeit 1994 bis 1999) am 5. 11. 1997 auf dem Berliner Bildungsforum, damals
abgedruckt in mehreren Tages- und Wochenzeitungen, jetzt über „bundespraesident.de" im
Internet einzusehen. (Die Rede hat wegen verschiedener Einseitigkeiten jedoch auch starken
Widerspruch provoziert.)

[3] Bildung in allen Facetten ist ein Leitmotiv in Werk Hartmut von Hentigs, der das Thema mit
unnachahmlicher Souveränität gestaltet hat, vgl. Literaturliste. Zu erinnern ist außerdem daran,
dass Wolfgang Klafkis „bildungstheoretische Didaktik" keineswegs so überholt war, wie es in
den sechziger und siebziger Jahren schien, sondern im Gegenteil lebhaft rezipiert und diskutiert wird, zumal in ihrer weiter entwickelten Form als „kritisch-konstruktive Didaktik", vgl.
Literaturliste.

3. Ein Blick auf frühere und ergänzende Ausführungen zum Thema

3.1 Geschichtsdidaktik

Immer noch lesenswert und anregend ist Klafkis *didaktische Analyse* aus dem Jahre 1958, denn sie thematisiert ausdrücklich die *Bedeutung*, die ein Lerninhalt für die Lernenden in Gegenwart und Zukunft hat oder auch haben sollte. Was verbinden Schülerinnen und Schüler assoziativ mit Strukturthemen wie Gewalt, Krieg, Arbeit, Religion, Gemeinschaft, Sexualität, Familie usw., wenn diese anhand realhistorisch konkreter Ereignisse der Konstellationen behandelt werden, so müssen wir im Anschluss an Klafkis „Bedeutungsanalyse" immer wieder fragen.[4]

In Fortsetzung dieses Ansatzes hat Klafki in den letzten Jahren die allgemeine didaktische Empfehlung ausgesprochen, im Fachunterricht sofort und direkt bei *Schlüsselproblemen der Gegenwart* anzusetzen, also beispielsweise bei der zur Weltkatastrophe anwachsenden Umweltverschmutzung,[5] um von hier aus Auswahl und Vermittlung der fachspezifischen Inhalte zu steuern. Fraglos ist das eine produktive Möglichkeit zur Verstärkung der Reflexivität im Unterricht, die aber auch nicht überschätzt und nicht dogmatisiert werden sollte, vor allem nicht lern- und motivationspsychologisch. Die Schülerinnen und Schüler haben ja meistens eigene und ganz andere „Schlüsselprobleme" (man denke an die ziemlich plötzlich vordrängende Bedeutung der Sexualität, oft schon in der Grundschule, sowie an die polternde Identitätssuche in den 7. und 8. Klassen), so dass von der hier intendierten Reflexivität nicht viel übrig bliebe, wenn man ihnen die „objektiv" ermittelten Schlüsselprobleme auch subjektiv einfach aufnötigte.

Gedanklich auf etwa derselben Linie wie Klafki liegen jene didaktischen Entwürfe, die den Lebenswelt- und Gegenwartsbezug des Geschichtlichen thematisieren, ohne damit gleich ein allgemeines weltpolitisches Schlüsselproblem erfassen zu wollen. Ausgehend von eigenen Erfahrungen und Interessen können beispielsweise schon bei einer ersten Begegnung mit geschichtlichen Inhalten, etwa beim Betrachten von Bildern, Fragen an die Geschichte gerichtet und dann planmäßig im Unterricht bearbeitet werden, ein Ansatz, den Brigitte Dehne 1998 mit dem ihr eigenen Sinn für die besondere Beziehungsdynamik zwischen „Ich und Geschichte" didak-

---

[4] Nachtrag 2003: Zu fragen ist aber auch, was wir selbst, die Lehrenden, gefühlsmäßig und gedanklich mit den ausgewählten Themen und Materialien verbinden. Wer heute noch den Anspruch erhebt, einen Sachzusammenhang „rein wissenschaftlich" und „ganz sachlich" vermitteln zu wollen, hat wesentliche erkenntnistheoretische Diskussionen der letzten Jahrzehnte verschlafen. Damit wird nicht die prinzipielle Möglichkeit der Sachlichkeit geleugnet, sondern nur der Mut zum Bewusstmachen des eigenen Involviertseins gefordert und gefördert.

[5] Mehrere Aufsätze zum Thema Ökologie/Umweltgeschichte hat Bodo von Borries veröffentlicht. Exemplarisch sei verwiesen auf seinen Beitrag in Niemetz (Hrsg.) 1992, S. 7–46.

tisch so weit ausgearbeitet und konkretisiert hat, dass auch Lehramtsanfänger und
-anfängerinnen ihn in die Praxis umsetzen können. Dehne geht über das hier ver-
tretene „Prinzip Reflexivität" insoweit hinaus, als sie nicht beim *Objekt* Geschichte,
sondern bei dem lernenden und die Geschichte betrachtenden *Subjekt* ansetzt. Es
lohnt sich, diese besondere Variante von Reflexivität genauer zu studieren, wie ü-
berhaupt das „Fragen im Geschichtsunterricht" (Klewitz) eine viel stärkere, prinzipielle Berücksichtigung erfahren müsste. Ohne Fragen erstarrt unser Denken zur
Schablone.

3.2 Geschichtswissenschaft

Motiviert durch die wegweisende Habilitationsschrift von Jürgen Habermas, der
objektivierende Erkenntnis und personales Interesse nicht als unvereinbare Gegensätze sah, sondern – im Gegenteil – zu einem seiner selbst bewussten „Erkenntnisinteresse" verband, verpflichten sich seit einiger Zeit auch Historiker methodologisch zur selbstkritischen Reflexion des eigenen „Standortes", von dem aus
Geschichte betrachtet und untersucht wird, wie vor allem Reinhart Koselleck mit
Bezug auf Chladenius (1710–1759) dargelegt hat. Konsequent weiter entwickelt,
ergeben sich aus diesem Ansatz verblüffende Einsichten in den konstruktiven Charakter der gesamten Historie, und zwar nicht erst bei den retrospektiven Sekundär-
darstellungen, sondern schon bei den primären Quellen. Was wir, um das Problem
mit einem Beispiel wenigstens anzudeuten, in der späten römischen Geschichte an
„Sittenverfall" erkennen, wurde und wird weitgehend von unseren eigenen aufgesetzten Moralvorstellungen bestimmt, die unerkannt, unbewusst in die Geschichte
hinein getragen werden.[6] Diese unbewussten Projektionen werden m. E. nie vollständig eliminiert werden können; sie können und sollten aber prinzipiell in Rechnung gestellt werden, als mehr oder weniger bekannte Größen, damit flexible Auseinandersetzungen mit Geschichte möglich bleiben und fixierende Deutungen
vermieden werden. Der Rückbezug auf das eigene Denken und Handeln lässt sich
in folgenden Fragen zusammenfassen:

➢ Wo stehe ich als Geschichtsbetrachter bzw. als Geschichtsbetrachterin? (Die
Erwähnung beider Geschlechter ist hier besonders wichtig, wie überhaupt die sexuelle Identität Geschichtsdeutungen sehr viel stärker beeinflussen dürfte, als gemein-
hin angenommen wird.)
➢ Inwiefern könnten meine spezifischen Erfahrungen und Sichtweisen die Erarbeitung und Darlegung des Historischen beeinflussen?

---

6 Ausführlicher zu diesen Projektionen (ohne dass der Begriff als solcher Verwendung findet)
   Thomas Späth in Dettenhofer 1996. Er weist u. a. nach, wie stark die christlich-bürgerliche
   Ideologie der Ehe als lebenslange, durch Liebe und Eintracht geprägte Verbindung in die Be-
   urteilung römischer Liebes- und Ehebeziehungen hineinwirkte.

> Was ist mein Erkenntnisinteresse? Wodurch wird es angetrieben? Will ich partout etwas mit Geschichte „beweisen" oder suche ich Antwort auf bestimmte Fragen?

Aufschlussreich für den hier thematisierten Zusammenhang ist auch ein Begriffsgegensatz, den Aleida Assmann im Nachdenken über verschiedene Eigentümlichkeiten unseres Erinnerns geprägt hat. Sie unterscheidet zwischen „Funktionsgedächtnis und Speichergedächtnis", anders und didaktisch sehr einprägsam ausgedrückt, zwischen bewohntem und unbewohntem Gedächtnis. Das lebendige „bewohnte" Gedächtnis ist vital-lebensgeschichtlich strukturiert und in dieser Form mit mannigfaltigen persönlichen Bedeutungen versehen. „Seine wichtigsten Merkmale sind: Gruppenbezug, Selektivität, Wertbindung und Zukunftsorientierung." Das unbewohnte Gedächtnis ähnele dagegen eher einem Speicher, in dem eine Menge Dinge aufbewahrt werden, die mit uns nichts oder nur wenig zu tun haben. Die historischen Wissenschaften, behauptet Assmann weiter, seien eher dieser Form des Gedächtnisses verpflichtet. „Sie müssen als ein Gedächtnis zweiter Ordnung begriffen werden, als Gedächtnis des Gedächtnisses, das in sich aufnimmt, was einen vitalen Bezug verloren hat."[7]

Ergänzung 2003: Die Metapher des Gedächtnisraumes, der entweder bewohnt oder aber eher unbewohnt ist, verliert an heuristischer Kraft, wenn wir sie – und das ist ja das Thema dieses Buches – mit der Antinomie *bewusst-unbewusst* korrelieren. Angesichts der massiven geschichtlichen und lebensgeschichtlichen Verdrängungen, die prinzipiell niemand mehr leugnen wird (inhaltliche Bestimmungen im Einzelnen sind jetzt nicht relevant), müssen wir auch die Möglichkeit einkalkulieren, das wir gleichsam, um in Assmanns Bild zu bleiben, mit verbundenen Augen auf dem bewohnten Speicher herumtappen oder, anders herum, mit ansehen müssen, wie ein unbewohnter Speicher zum neuen Wohnort aufgeputzt wird. In der mit Ute Frevert zusammen verfassten späteren Publikation über *Geschichtsvergessenheit – Geschichtsversessenheit* unterscheidet Assmann dann drei Formen des Gedächtnisses: das kommunikative, das kollektive und das kulturelle Gedächtnis. Wie die Typologien sich zueinander verhalten, ist klärungsbedürftig: Enthält jede der drei Gedächtnisformen, die als Stufenfolge konzipiert sind (vom Individuum über Gruppe und Kollektiv bis zum ganz allgemeinen kulturellen Langzeitgedächtnis) einen bewohnten und einen unbewohnten Speicher? Wie dem auch sei: Geschichtsanalytisch ist die Gegenüberstellung von Funktions- und Speichergedächtnis fragwürdig, geschichtsdidaktisch jedoch anregend, daher: zurück zur Geschichtsdidaktik!

3.3 Geschichtsunterricht als „Lebens- und Spielraum"

Wir müssen in der Tat aufpassen, dass der Geschichtsunterricht nicht zu einem unbewohnten oder gar unbewohnbaren Gedächtnis verkommt. Wir müssen immer wieder versuchen, Geschichte so zu vergegenwärtigen, dass Schülerinnen und Schüler sich mit ihren Gedanken und Fantasien darin bewegen können, dass sie an-

---

[7] Beide Zitate Assmann in Platt und Dabag 1995, S. 182.

getan und interessiert sind und nicht widerwillig an der Eingangstür stehen bleiben oder nach den ersten Eindrücken angeödet wieder davon laufen. Elementar wichtig ist daher immer wieder die einführende Präsentation eines Themas, obwohl auch dieser Gesichtspunkt, in der Unterrichtsplanung als „Motivationsphase" bekannt, nicht verabsolutiert werden sollte, weil Motivation auch als Ergebnis eine Stunde beenden kann.

In diesem Sinn ist es auch wichtig, dass wir die Wohnung als Metapher für Geschichte nicht als fertige Einrichtung begreifen, als ein von Didaktikern und Rahmenplan-Bürokraten entworfenes Ikea-Einheitsmodell, sondern als Lebensraum mit einem Grundgerüst von Fakten und Verfahren, das eine Menge „Spielraum" für die eigene Gestaltung lässt.

4. Erstes Inhaltsbeispiel: Die Ebstorfer Weltkarte – oder: Wo liegt die Mitte unseres Lebens?

Wir brauchen nicht alle mythologischen Anspielungen dieses mittelalterlichen Dokuments zu verstehen, um auf einen Blick zu erkennen – und vor allem darum soll es hier gehen –, dass im Weltbild der mittelalterlichen Christen Jerusalem und Christus den Mittelpunkt des ganzen Erdkreises bildeten.[8] Wie die Überschrift dieses Abschnitts ankündigt, soll die religionsgeschichtlich-weltanschauliche Zentrierung auf einen Ort hier nicht faktizistisch als Selbstzweck zur Geltung kommen, sondern zu prinzipiellen Überlegungen anregen, auch und gerade im Hinblick auf die moderne weitgehende Säkularisierung, in der es derartige Mittelpunkte nicht mehr gibt. Doch es wäre unterrichtsmethodisch falsch, sofort oder gar ungeduldig auf eine verallgemeinernde Problematisierung des Themas hinzusteuern. Es erscheint vielmehr zweckmäßig und entspricht bewährten didaktischen Grundsätzen, dass sich die Schülerinnen und Schüler erst einmal in die Fülle der Einzelheiten vertiefen und erste Einfälle dazu mitteilen. Der Lehrer kann das von seinem Wissensvorsprung aus ergänzen oder vertiefen.[9]

---

[8] Entsprechendes gilt für Mekka, Geburtsort Mohammeds und heiligste Stadt des Islam, Ziel zahlloser Pilger, denen – wenn finanziell und gesundheitlich möglich – mindestens eine Wallfahrt nach Mekka vorgeschrieben ist (vgl. „arkan", die fünf Grundpflichten der Muslime). Weitere heilige Orte mit „zentraler" Bedeutung könnten genannt werden, doch darum geht es im Folgenden nicht, zumindest nicht im Intentional-Ganzen.

[9] Zur sachlichen Vorbereitung auf das Thema sei empfohlen Hahn-Woernle 1993. Das Buch stellt zahlreiche Bildmotive in den ideengeschichtlichen Kontext und bietet eine detaillierte Beschreibung der Weltkarte, die auch für den historisch gebildeten Leser manche schwer verständliche Darstellung enthält. Inzwischen ist eine inhaltliche Vorbereitung auch via Internet möglich, in einer Suchmaschine einfach *Kloster Ebstorf* eingeben. Visuell zugänglich sind u. a. die Gesamtdarstellung sowie einige Kartenausschnitte. Zur Vorbereitung einer Exkursion ist die digitale Präsentation durchaus geeignet.

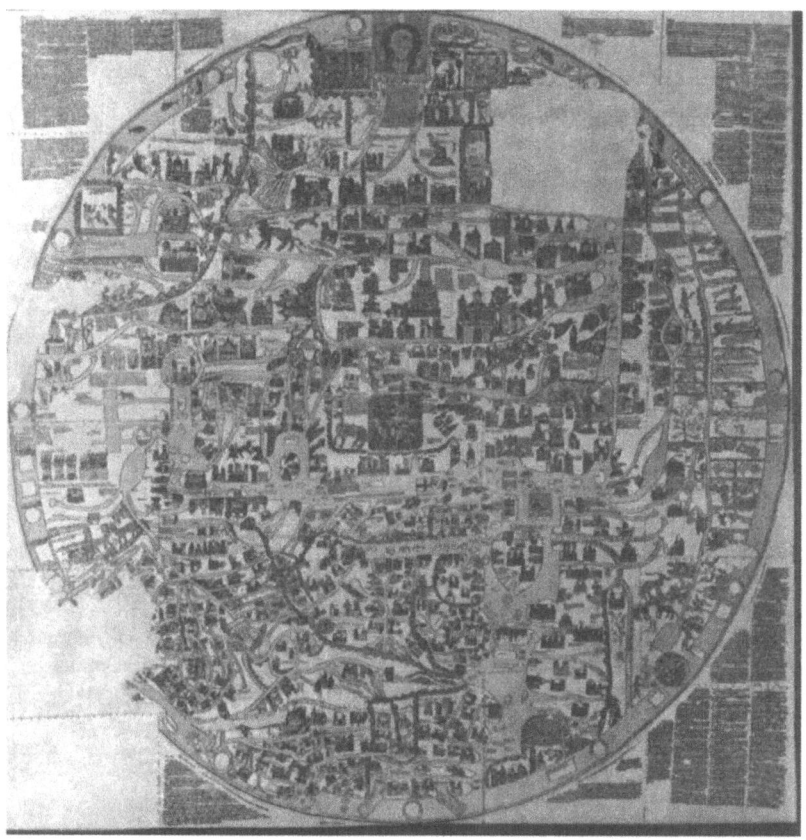

Abb. 10: Ebstorfer Weltkarte (erste Hälfte des 13. Jahrhunderts)

Man sieht: Jesus Christus hält und verkörpert die als Scheibe verstandene ganze Welt, oben der Kopf, unten die Füße, links und rechts die Hände. Im Zentrum wird seine Auferstehung in der zwölftorigen heiligen Stadt Jerusalem dargestellt. Bei einigem Suchen finden sich ohne gelehrte Vorbildung bekannte Namen oder bekannte Bildmotive, u. a. Adam und Eva am Baum der Erkenntnis links oben, neben dem Christuskopf, die Trennung der durch Bauten symbolisierten Welt, die bis Ägypten reicht, von der fremden barbarischen Welt Afrika (rechte Seite), der Turmbau zu Babel, die Arche Noah, das die Erdscheibe umschließende Weltmeer und weiteres, je nachdem, welche Details visuell zugänglich sind.[10]

---

[10] Der hier ins Auge gefasst Bildungswert erschließt sich natürlich nur bei einer Reproduktion im großen Maßstab. Minderwertige Schwarz-Weiß-Kopien im DIN-A4-Format dürften nicht sehr ergiebig sein.

Früher oder später sollte des Unterrichtsgespräch jedoch die Mittelpunkt-Aussage selbst in den Mittelpunkt stellen und von den faktizistischen Darstellungen zu Deutungen und Bedeutungen dieses Bild-„Textes" übergehen. Was bedeutete es für die Christen des Mittelalters, wenn Mittelpunkt und Halt der ganzen Welt so eindeutig definiert waren? Welche Unterschiede zwischen dem damaligen Weltbild und heutigen Lebenserfahrungen sind festzustellen? Wo ist meine Mitte? Was gibt mir Halt?

An die Schulklasse gewendet, könnten die Denk- und Gesprächsimpulse etwa folgendermaßen lauten:

➢ Habt Ihr etwas, das Eurem Leben Halt und Sinn verleiht?

➢ Woran oder an wem orientiert Ihr Euch?

➢ Welchen Schwerpunkt hat Euer Leben?

➢ Was empfinden wir heute als Mittelpunkt unseres Lebens?

➢ Spielt der Glaube an Jesus immer noch eine so zentrale Rolle wie im Mittelalter? Was hat sich geändert?

Methodisch gesehen dürften natürlich nicht alle Fragen auf einmal gestellt werden, vielmehr sind im Hinblick auf die spezifische Klassensituation sowohl inhaltliche als auch formale Akzente zu setzen. Es kann – muss aber nicht – richtig sein, einzelne Schülerinnen und Schüler direkt anzusprechen. Wünschenswert ist ferner, dass die Äußerungen sich aufeinander beziehen. Der Lehrer/die Lehrerin ist zwar emotional hundertprozentig „anwesend", hält sich aber mit eigenen Äußerungen vorerst zurück, um statt dessen das Outing der SchülerInnen vorsichtig zu ermutigen. Das kann nur gelingen und befriedigen, wenn die Klasse auf derartige Gespräche schrittweise vorbereitet wurde und die Atmosphäre im Ganzen vertrauensvoll ist.

Wer derartige Fragen *zum ersten Mal* an seine Schulklasse oder Lerngruppe richtet, muss mit Staunen und Verunsicherung sowie mit Zögern oder gar misstrauischem Abwarten rechnen. Vor Ungeduld und autoritär-forderndem Drängen ist zu warnen; Reflexivität ist grundsätzlich als längerer Entwicklungsprozess zu verstehen und nicht bzw. nicht nur als einmalige Leistung. Möglicherweise kommt es zu Rückfragen und dann erst mal zu relativ vordergründigen Antworten, die einfach das benennen, was Spaß macht und den Alltag zeitlich stark beansprucht.

Als ich die Frage nach dem Mittelpunkt der heutigen Welt und des eigenen Lebens in einem Fortbildungsseminar für Lehrer nach einer werkimmanenten Betrachtung und Beschreibung der Ebstorfer Weltkarte erstmals stellte, war die Menschen in der ganzen Welt mit der Fußballweltmeisterschaft beschäftigt, und ein Teilnehmer meinte spontan, dass man wohl einen Fußball an die Stelle von Jerusalem setzen müsste.[11]

Für die erwähnten Tage war das gar nicht so falsch, aber schon die Tatsache, dass uns in wenigen Tagen etwas ganz anderes beschäftigen würde, zeigte die Frag-

---

[11] Das war 1990, doch die weitgehende Zentrierung der gespannten Aufmerksamkeit auf das jeweilige Spiel, das über Fortkommen oder Ausscheiden entscheidet, war auch in den folgenden Weltmeisterschaften zu registrieren. Grundsätzlich zu diesem Thema Schümer 1997.

würdigkeit des Vergleichs. Wir begannen, etwas Bleibendes und Verlässliches zu suchen, doch nichts Gleichwertiges fiel uns ein. Ein Teilnehmer nannte zögernd das Fernsehen, das in der Tat quantitativ einen Schwerpunkt im Leben vieler Menschen und den äußeren Drehpunkt zahlloser Freizeitgestaltungen bildet. Doch auch dieser Vorstoß endete wegen der offenkundigen Wesensunterschiede in Ratlosigkeit und *Schweigen*, das aber didaktisch, bitte schön, nicht als Sackgasse zu verstehen ist, sondern vielmehr als reflexives Innehalten, in dem die existenziell-geistige Auseinandersetzung ihren Ursprung hat.

Mit besonderen *Schwierigkeiten* ist bei realgeschichtlichen Umbrüchen zu rechnen, die Identitäten durcheinander bringen und die gesellschaftliche Rahmensicherheit auflösen. Das war in Berlin nach der Auflösung der DDR zu beobachten, auch bei jenen DDR-Bürgerinnen und Bürgern, die ihren Staat keineswegs geliebt haben. Eine andere (manchmal mit äußeren Umbrüchen verbundene) Störquelle kann die „Identitätsdiffusion" des Lehrenden sein.[12] Wer seiner Lebensaufgabe und Lebensbeziehungen selbst nicht einigermaßen sicher ist, sollte das Mittelpunkt-Thema nicht in der hier skizzierten Weise unterrichten. In dem Maße, wie beim Unterrichtsgespräch die Aufmerksamkeit ins eigene Innere abgelenkt wird oder vor konfrontativen Herausforderungen zurückschreckt, in dem Maße kann sich auch kein souveräner Überblick entfalten. Das unbefangene und gleichzeitig wohl kontrollierte, dosierte Einbringen des eigenen Bezuges zum Thema („Reflexivität") ist eine Kompetenz, die bislang noch nicht systematisch ausgebildet wurde. Mit ihrer emphatischen Betonung der „Forschung" unterläuft der didaktische Mainstream diese Aufgabe.

Wo der Übergang von der objektiven Ebene zur subjektiven Relevanz des Themas Schwierigkeiten bereitet, können auch weitere Anregungen auf der Sach- und Informationsebene eingebracht werden, die aber nicht überhand nehmen dürfen, wenn der Prozess des Reflektierens vom Ich aus überhaupt in Gang kommen soll. Das Mittelpunktdenken spielte ja zu allen Zeiten politisch und persönlich eine beträchtliche Rolle. Erinnert sei beispielsweise an die griechische Vorstellung vom Nabel der Welt, Omphalos genannt, der als Steinskulptur in Delphi zu bewundern ist.

Den Menschen in den Mittelpunkt zu stellen, war bekanntlich ein Anspruch der Renaissance, der freilich in der Version Pico della Mirandolas so formuliert wurde, als habe Gott selbst dem Menschen den Auftrag erteilt, über die gesamte Schöpfung ohne Begrenzung des eigenen freien Willens zu herrschen. Lesen wir einen charakteristischen Textausschnitt:

„Endlich beschloss der höchste Künstler (Gott), dass derjenige, dem etwas Eigenes nicht mehr gegeben werden konnte, das als Gemeinbesitz haben sollte, was den Einzelwesen ein Eigenbesitz gewesen war. Daher ließ sich Gott den Menschen gefallen als ein Geschöpf, das

---

[12] Eine Spannung zwischen Identitätssicherung und Identitätsdiffusion ist nach Erikson, *Identität und Lebenszyklus*, vor allem dem Lebensabschnitt der Adoleszenz eigen. Dass ein Problem bei späteren Konflikten erneut ausbrechen kann oder, wenn es nur unzureichend gelöst ist, in nachfolgende Lebensphasen transferiert wird, versteht sich dabei von selbst.

kein deutlich unterscheidbares Bild besitzt, stellte ihn *in die Mitte der Welt* und sprach zu ihm:
‚Wir haben dir keinen bestimmten Wohnsitz, noch ein eigenes Gesicht, noch irgend eine besondere Gabe verliehen, o Adam, damit du jeden beliebigen Wohnsitz, jedes beliebige Gesicht
und alle Gaben, die du dir sicher wünschst, auch nach deinem Willen und nach deiner Meinung haben und besitzen mögest. Den übrigen Wesen ist ihre Natur durch die von uns vorge-
schriebenen Gesetze bestimmt und wird dadurch in Schranken gehalten. Du bist *durch keinerlei*
unüberwindliche Schranken gehemmt, sondern du sollst nach deinem eigenen freien Willen, in dessen Hand ich dein Geschick gelegt habe, sogar jene Natur dir selbst vorherbestimmen. *Ich habe*
dich in die Mitte der Welt gesetzt, damit du von dort bequem um dich schaust, was es alles in dieser Welt gibt. Wir haben dich weder als einen Himmlischen noch als einen Irdischen, weder
als einen Sterblichen noch einen Unsterblichen geschaffen, damit du als dein eigener, voll-
kommen frei und ehrenhalber schaltender Bildhauer und Dichter dir selbst die Form be-
stimmst, in der du zu leben wünschst. Es steht dir frei, in die Unterwelt des Viehes zu entar-
ten. Es steht dir ebenso frei, in die höhere Welt des Göttlichen dich durch den Entschluss
deines eigenen Geistes zu erheben.'[13]

Doch wir sollten auch die Gefahren des Mittelpunktdenkens sehen. Dass manch
einer weniger über den antiken Omphalos der Welt reflektiert als vielmehr seinen
eigenen Nabel bewundert und sozusagen zur Schau stellt, ist nicht nur in der psy-
chologisch-individuellen Dimension zu beklagen. Die Nationalsozialisten wollten
bekanntlich die Wewelsburg zum rassistisch-mythologischen Mittelpunkt der Welt
machen. Nicht ganz so drastisch und destruktiv tritt das Mittelpunktdenken mit den
historisch-geographisch akzeptierten Formen des Nationalismus in Erscheinung.
Deutschland als „Land der Mitte" ist ein beliebtes Motiv in der konservativen, historisch-politischen Literatur. (Auch für China wird diese Metaphorik der Mitte in
Anspruch genommen.) Eine eher unterhaltsame Kniffelfrage wäre die nach dem
geographischen Mittelpunkt der neuen Bundesrepublik, nach dem Beitritt der DDR
zur BRD. Je nach Berechnungsart (!) liegt er in Thüringen oder in Niedersachsen.

Zur Vorbereitung und Einstimmung auf die psychologisch-subjektive Dimension des Themas sind autobiographisch-introspektive Texte geeignet, in denen die
metaphorische Bedeutung der Mitte, das heißt ihre nach außen drängende psycho-
logisch-innere Dynamik, deutlich zum Ausdruck kommen. Unter ihnen nimmt
Goethes *Italienische Reise* einen wichtigen Platz ein. Goethe suchte so etwas wie den
unbewussten Mittelpunkt seines Lebens, und den fand er in der Stadt Rom, die psychoanalytisch als Muttersymbol interpretiert werden kann.[14] Die Suche nach der
eigenen Mitte war ein Lebensmotiv bei Hermann Hesse (1877–1962), vor allem in
seinen jüngeren Jahren, wie in einer Ausstellung des Berliner Kulturforums im Juni
2002 ausdrücklich dokumentiert wurde.

---

[13] Pico della Mirandola (1463–1494), Die Freiheit des Menschen (1486), zitiert nach Mout 1998,
      S. 309 f. Hervorhebungen PSH.
[14] Ausführlicher dazu Eissler 1986, 2. Bd., III. Teil, 3. Kapitel (a. a. O., S. 1132 ff.).

5. Mitte der Welt und des Lebens – geschichtsanalytische Denkanstöße

Der Bezug zu einer Mitte ist ein elementares Lebensbedürfnis, das in vielerlei Formen zum Ausdruck kommt und ständigem realgeschichtlichen Wandel unterworfen ist. In Frage kamen und kommen u. a., wie ausgeführt wurde: ein religiöses Symbol, der Mensch im Allgemeinen, die Nation, das eigene Ich. Keine dieser Hypostasierungen hat, wie ebenfalls zum Ausdruck kam, auf Dauer realgeschichtlich Bestand.[15] Die Zentrierung auf Gott wurde durch den Menschen selbst ersetzt, doch auch diese ist von Anfang ziemlich unsicher gewesen. In der Romantik geht die innere Sicherheit verloren, und viele Romantiker gehen nach kurzer grenzenloser Emphase zur katholischen Religion zurück.[16] Die deutsche Nation als Einheit und Mittelpunkt der Welt wurde 1945 endgültig zerrissen, was etliche Autoren bewog, Gott und Abendland als „Geist der Mitte", dessen Werte man missachtet habe, zu beschreiben.

Abb. 11: Wolfgang Mattheuer, Verlorene Mitte (1982).

---

[15] Auf die Bedeutung der *longue durée*, der langen Dauer, in der Geschichte hat der französische Historiker Fernand Braudel (1902–1985) hingewiesen, dabei allerdings mehr strukturgeschichtlich-ökonomische als mentalitätsgeschichtliche Inhalte im Blick.

[16] Diesen Prozess thematisiert u. a. Ricarda Huch in ihrem Buch über die Romantik vor allem am Beispiel Clemens Brentanos und seiner Schwester Bettina von Arnim. „Die Romantiker waren die Entdecker des Unbewussten", schreibt Huch (a. a. O., S. 81) und argumentiert dem entsprechend häufig mit diesem Begriff.

Nun soll uns das geeinte Europa einen inneren Bezugspunkt und äußeren Rahmen bieten. Welche Symbolisierung bietet sich dafür an? Wird sie nicht, wie immer sie aussehen mag, von vornherein libidinös-materiell überlagert – durch Fußball, Konsum, Augenblickseuphorien? Das Finden einer Mitte, und sei es nur für kurze Zeit, wird auch durch die modernen Naturwissenschaften erschwert; denn die Astrophysik kennt keine Mitte mehr,[17] sie ist grenzenlos und dynamisch offen wie der Kosmos, den sie erforscht. Ein Vergleich der Ebstorfer Weltkarte mit Mattheuers Bild *Die verlorene Mitte* regt sowohl das introspektive Nachdenken als auch das verallgemeinernde Geschichtsdenken an.

6. Formen und Inhalte der Reflexivität, Typ 1: Geschichte und Weltanschauung

Versuchen wir nun, die Vielfalt der Relationen zwischen der äußeren Tatsachen-Welt und den innerlich-seelischen Realitäten begrifflich auf den Punkt zu bringen, können wir das Ganze versuchsweise als *weltanschaulich-realgeschichtliche Reflexivität* zusammenfassen. Ein agnostischer oder atheistischer Humanist (Dimension der eigenen Weltanschauung) muss sich in der Auseinandersetzung mit Religionsgeschichte fragen, ob ihm nicht etwas fehlt, wenn er keinen Mittelpunkt und Hauptinhalt des Lebens wie die gottgläubigen Menschen angeben kann. Er wird aber auch ein Plus an innerer Freiheit für sich in Anspruch nehmen können und auf die Verbrechen verweisen, die im Namen der Religion verübt wurden. Entsprechendes gilt umgekehrt für religiös gebundene Menschen, die sich mit der Geschichte des Atheismus (Minois 2000) und verwandten philosophischen Themen beschäftigen. Pädagogisch-didaktisch geht es dabei auf gar keinen Fall ums Rechthaben oder um die „richtige" Lebenslösung, sondern um Entwicklungs- und Denkimpulse aus der Geschichte, die der jeweiligen Sinn- und Identitätsbildung voranhelfen, indem mehr oder weniger bewusst „sortiert" wird: Das ist für mich geeignet, das will ich integrieren und in ähnlicher Weise versuchen; das ist für mich völlig ungeeignet, das sagt mir nichts und kann daher zurück in den „unbewohnten Speicher" der Geschichte.

Außer dem Mittelpunkt-Thema gibt es selbstverständlich noch weitere Inhalte, die in dieser Weise unsere Reflexivität herausfordern, u. a.:

> ➤ *Thema „Grenze".* – An realgeschichtlichen Fakten fallen uns spontan ein: Der römische Limes, die Chinesische Mauer, die Berliner Mauer, zweigeteilte Länder wie Korea und Israel/Palästina, weltweit wachsende Kluft zwischen Arm und Reich,[18]

---

[17] Diesen Gedanken betont Hannah Arendt in ihrem Buch *Vita activa*, § 36 (S. 252–262).

[18] Die Ost-West-Konfrontation habe sich nach der Auflösung des Ost-Blocks in eine Nord-Süd-Konfrontation verwandelt, argumentiert Rufin 1993 mit plausiblen Belegen. – Ein Stacheldrahtzaun an der Nordspitze Marokkos trennt Afrika von Europa. Tausende versuchen, ihn zu überwinden.

symbolische und materielle Eingrenzungen des Besitztums,[19] ökologische „Grenz-werte", begrenzte Energie-Ressourcen u. a. m. Im Bereich sozialer und psychischer Fakten sind zu nennen: persönliche Abgrenzungen im Alltag („mit dem will ich nichts zu tun haben"), Mauern im Kopf, Leistungsgrenzen, Lebensgrenzen u. a. m.

Abb. 12: Rufin, Der heutige Limes.

> *Thema „Hörigkeit".* – Der bekannteste realgeschichtliche Zusammenhang ist im Feudalismus zu finden: dingliche und persönliche Abhängigkeit des Hörigen von seinem Grundherrn (Leibeigenschaft). Dem entsprechend wird von Hörigkeit auch im Bereich des Psychologisch-Seelischen gesprochen, das betrifft sowohl Liebesbe-ziehungen als auch politische Abhängigkeiten (viele Deutsche waren Hitler unbe-wusst „hörig").

> *Thema Emanzipation.* – Assoziativ fällt uns spontan die Emanzipation der Frauen als Befreiung aus der männlichen Vormundschaft ein, doch das ist eine sehr späte Anwendung des Begriffs. Im römischen Recht war die *emancipatio* die Entlas-sung eines Familienmitglieds aus dem *manicipium* der väterlichen Gewalt. (In den verschiedenen Begriffsbildungen steckt lateinisch *manus – die Hand*.) Realgeschicht-

---

[19] Man denke etwa an den auf einen germanisch-sakralen Brauch zurückgehenden „Umritt" der deutschen Könige (etwa seit Heinrich I.), die damit von ihrem Herrschaftsgebiet für alle sicht-bar Besitz ergriffen.

lich geht es immer um die Befreiung von einer konkret-juristischen Abhängigkeit. Erst sekundär tritt psychologisch als Bedeutung die innere Lösung von Vorbildern, Gewohnheiten, Ängsten usw. hinzu. Nach der konkret-anschaulichen Präsentation eines Sachverhalts könnten folgende Fragen diskutiert werden: Wie sieht es heute mit der Emanzipation aus? Wie frei bin ich faktisch, materiell-juristisch? Wo sind meine „Grenzen"? Und: Wie frei *fühle* ich mich? Was engt mich ein?- Grenzenlose Freiheit ist unmöglich!

➢ *Thema Kolonialisierung, Kolonialismus.* – Das ist realgeschichtlich ein bekanntes Thema; mit Stichworten sei erinnert an: Europas Weltmachtstreben im 19. Jahrhundert; Eroberung, Unterwerfung und Ausbeutung Afrikas und anderer „überseeischer" Länder; Auferlegen der eigenen Kultur und Sprache, aber auch kapitalistische „Kolonialisierung" der DDR-Gebietes nach Auflösung der DDR-Staatsstruktur. Sozialpsychologisch geht es dementsprechend auch um das „Besetzen" und Zurichtung bestimmter Kultur- und Lebensformen, von Gefühlen und Gedanken usw., wobei Werbung und politische Indoktrination durch die Medien einen großen Einfluss ausüben. Die Welt wird gegenwärtig „amerikanisiert", das heißt dem amerikanischen Lebensstil unterworfen. Das ist eine moderne Kolonisierung, in der es auch an materiell-faktischen Eroberungen nicht fehlt.

➢ *Thema „Tabu", Sperrgebiet.*[20] – Sperrgebiete, die nicht oder nur mit besonderer staatlicher Genehmigung betreten werden dürfen, sind realgeschichtlich häufiger als man zunächst meinen mag. Es sind sakrale Stätten (z. B. Kaba in Mekka) und politisch oder ökologisch verrufene Örtlichkeiten (z. B. das verseuchte Tschernobyl in der ehemaligen Sowjetunion), aber auch Verbotszonen im übertragenen Sinn wie Geheimhaltung und Geheimarchiv. Sperrgebiete gibt es auch im sozialpsychologisch-metaphorischen Sinn, z. B. als unausgesprochene Vereinbarung, über bestimmte Dinge nicht zu reden. Die Tabuzonen im eigenen Innern zu betreten, gehört wohl zu jedem psychoanalytischen Aufklärungsprozess.

7. Zweites Inhaltsbeispiel: Der 17. Juni 1953 – oder: Was macht uns so wütend, dass wir am liebsten ...?

Die Ereignisse des 17. Juni 1953 können als bekannt vorausgesetzt werden. Ich möchte zur Einstimmung in den damit angesprochenen Problembereich dennoch einiges über den Tatsachenzusammenhang sagen, zumal dieser durch die Art seiner Präsentation unausweichlich vorgreift in die Reflexivität, wie sie hier ins Auge gefasst wird.

---

[20] Zum Ehrgeiz vieler Journalisten gehört es, politische Sperrgebiete zu erkunden und darüber zu berichten, vgl. etwa Irmgard und Bengt von zur Mühlen 2000.

Am 5. März 1953, ein Jahr nach seinem Wiedervereinigungsangebot, über dessen Glaubwürdigkeit bis heute heftig gestritten wird, starb Josef Stalin, dem Namen nach „der Stählerne",[21] im Westen oft treffend „der rote Zar" genannt. Er hatte die Sowjetunion als Nachfolger des 1924 verstorbenen Lenin dreißig Jahre lang mit grausamer Härte regiert, was viele Menschen im Ostblock nicht hinderte, Tränen der aufrichtigen Trauer über seinen Tod zu weinen. Immerhin hatte er auch maßgeblich dazu beigetragen, dass Europa vom Hitler-Faschismus befreit wurde.

Der Machtkampf um seine Nachfolge löste auch in der DDR einige Turbulenzen aus; im Ganzen änderte sich hier jedoch gar nichts, im Gegenteil: Die Führungskader mit Ulbricht an der Spitze blieben auf stalinistischem Kurs, ja, sie verstärkten diesen Jahr für Jahr, trotz oder eben wegen der Unruhen, die 1953 das eigene Land und 1956 Polen sowie Ungarn erschütterten.

Anfang Juni 1953 waren die DDR-Führung und die ihr untergebenen Dienststellen vor allem mit zwei Aufgaben beschäftigt: Erstens war der von der Sowjetunion verordnete „Neue Kurs" zu propagieren und in die Tat umzusetzen – ein schwieriges Unterfangen, da er in vielen Punkten genau das Gegenteil von dem verlangte, was bis dahin Parteidoktrin war. Vor allem der verschärfte Kurs des „planmäßigen Aufbaus der Grundlagen des Sozialismus" seit der 2. Parteikonferenz der SED 1952 sollte gestoppt und durch eine mehr an den Bedürfnissen der Bevölkerung orientierte Politik ersetzt werden. Die zweite Aufgabe bestand in einer offiziell ganz geheimen Vorbereitung auf Ulbrichts 60. Geburtstag am 30. Juni 1953, der gebührend gefeiert werden sollte. Nach den Ereignissen des 16. und 17. Juni schien die Jubelfeier nach stalinistischem Vorbild nicht mehr opportun zu sein, zumal Ulbricht in der Bevölkerung ziemlich unbeliebt war, wie die Juni-Ereignisse drastisch demonstrierten, und so fiel die Geburtsfeier ins Wasser.

Ausgelöst wurde der Aufstand vom 16. zum 17. Juni durch zehnprozentige Arbeitsleistungs-„Normerhöhungen", die, im Unterschied zu anderen Maßnahmen aus der Zeit vor dem „Neuen Kurs", wie zum Beispiel der Entzug von Lebensmittelkarten für Grenzgänger und Selbständige, nicht zurückgenommen wurden. Das hatte die vom Marxismus-Leninismus-Stalinismus angeblich so hochgeschätzten Arbeiter verbittert. Im Unterschied zum Westen, in dem die Dollarsonne inzwischen aufgegangen war und mit mancherlei Konsumfreuden Zufriedenheit herstellte (Stichwort „Wirtschaftswunder"), war der Osten von Mangel und Einschränkungen geprägt, ideell und materiell. Ein Ostberliner Bauarbeiter verdiente die Stunde 1,21 Mark und musste somit fast einen Tag arbeiten, um ein Pfund Butter kaufen zu können (rund 10 Mark war der HO-Preis), wenn es denn überhaupt vorrätig war. Eine abermalige Einschränkung der Arbeitskraft (mehr Arbeit bei unverändertem Lohn) war also keine Lappalie. Auch die klassenkampfbewussten, parteitreuen Funktionäre waren verunsichert und warnten vor Streik. Doch damit kamen sie nicht an: Was theoretisch nicht sein konnte, das würde auch praktisch nicht sein, so etwa dachte man. Bei allem half der Westen direkt und indirekt mit seiner antikommunistischen Zweckpropaganda kräftig nach.

---

[21] Die Bildhaftigkeit eines Namens kann in der Dimension des Unbewussten, Leitmotiv dieses Buches, durchaus relevant sein und Verbindungen herstellen, die in der realgeschichtlich-bewussten Rekonstruktion keine Rolle spielen. Zu erinnern ist hier u. a. daran, dass auch Hitler das Stahlharte, Stählerne liebte, man denke an die der Hitler-Jugend zugeschriebenen Eigenschaften „flink wie die Windhunde, zäh wie Leder und hart wie Kruppstahl" (Rede Hitlers an die Hitler-Jugend, 1935 auf dem Parteitag der NSDAP in Nürnberg). In dem sozialistischer Bildungsroman *Wie der Stahl gehärtet wurde* von Nikolai Ostrowski (1904–1936) wird die Abhärtung gegenüber sich selbst im Hinblick auf die hehren politischen Ziele geradezu hagiographisch gefeiert.

So marschierten sie, die Bauarbeiter der Stalinallee, nachdem es am 16. Juni zu verschiedenen Protestaktionen und Arbeitsniederlegungen gekommen war, am 17. Juni frühmorgens einfach los, und der Zug schwoll gefährlich an. Auch in anderen Städten wurde gestreikt und demonstriert. Es kam zu Handgreiflichkeiten und verschiedenen Gewalttaten.

Der zum Massenprotest angewachsene Arbeiteraufstand richtete sich in einem ersten Stadium gegen ökonomische und soziale Missstände der SED-Herrschaft und in einem zweiten Stadium gegen diese Herrschaft selbst. Die Parolen lauteten: Nieder mit der Regierung! Fort mit Ulbricht und Grotewohl! Freie Wahlen! Freiheit für alle politischen Gefangenen! Doch schon um 13.00 Uhr war alles zusammengebrochen. Die Sowjets hatten den Ausnahmezustand verhängt und Panzer auffahren lassen.

Kaum war der Aufstand niedergeschlagen, stand für Ost und West auf den staatsoffiziellen E-benen auch schon fest, war er zu bedeuten habe. Für den Osten war der 17. Juni ein „durch westliche Agenten provozierter konterrevolutionärer Putschversuch", für den Westen ein Beweis dafür, dass die Bevölkerung ein freies Gesamtdeutschland nach westlichem Muster forderte. Flugs wurde dementsprechend wenige Monate danach der 17. Juni im Bundestag zum „Tag der deutschen Einheit" erklärt, obwohl diese Einheit in den Antriebsmotiven der Bewegung m. W. keine maßgebliche Bedeutung hatte. Mit anderen Worten: Geschichte wurde von beiden Seiten festgeschrieben, *Reflexivität suspendiert*. Können wir im Abstand von inzwischen rund fünfzig Jahren in eine reflexive Auseinandersetzung über das Ereignis zurückkehren? Welche Bedeutung hat es heute für uns? Welche Gedanken und Gefühle löst es aus?

Ich verstehe den 17. Juni 1953 als aggressiven Protest gegen eine Normerhöhung, die unzumutbar war, und denke, dass Geschichte und Gegenwart mit derartigen Zumutungen, die spezifischen Herrschaftsinteressen entspringen, randvoll ist. Liefert nicht auch die Gegenwart dafür mannigfaltige Erfahrungen? Wie viel Steuererhöhungen sind die Bürgerinnen und Bürger bereit hinzunehmen? Wie viel Korruption und Vetternwirtschaft wird geduldet? Welche Zumutungen auf dem Arbeitsmarkt (Lohnverzicht, „Flexibilität")? Wann läuft das Fass über?[22]

Historisch ist es leider so, dass die Menschen mit dem Aufbegehren gegen die Obrigkeit wenig Glück hatten.

➤ Der Bauernkrieg der Jahre 1524/25, ausgelöst durch unzumutbare Erhöhungen der Feudallasten, endete in einer blutigen Niederlage der Aufständischen, die katastrophale Folgen zeitigte. Die Gesellschaft erstarrte über viele Generationen in absolutistischer Nabelschau. Noch in der Aufklärung wurde jedes Aufmucken als Angriff auf den Herrscher von Gottes Gnaden verstanden.

➤ Die Revolution von 1848/49 war im Ganzen ein Misserfolg, auch wenn die positiv-demokratischen Langzeitwirkungen nicht zu unterschätzen oder gar zu leugnen sind. Das Ideal einer „klassenlosen" Bürgergesellschaft wurde fallen gelassen. Statt dessen kam die sogenannte „Revolution von oben" mit der Reichsgrün-

---

[22] Ein von Bürgerzorn immer wieder überlaufendes Fass ist Berlin in diesen Jahren, weil Misswirtschaft und kriminelle Bereicherungen ein Milliardendefizit erzeugt haben, das nun mit immer neuen Steuern und Gebühren ausgeglichen werden soll.

dung von 1871 und ihrem darauf aufbauenden kolonialistischen Verlangen nach einem „Platz an der Sonne".

➢ Die Beseitigung der Monarchie nach dem Ersten Weltkrieg vollzog sich halbherzig, und die Halbherzigkeit der neuen Republik erwies sich schnell als das Anfang vom Ende.

➢ Das Attentat gegen Hitler, das erst in die Wege geleitet wurde, als der Sieg für unmöglich gehalten wurde, misslang.

➢ Auch die Studentenrevolte der 60er Jahre konnte im Ganzen nicht das erreichen, was sie sich vorgenommen hatte.

➢ Die Massendemonstrationen der DDR-Bevölkerung für einen Sozialismus der solidarischen Menschlichkeit nimmt in diesem Spektrum (mit der März-Revolution von 1849) m.E. einen Ehrenplatz ein. Es gelang ihnen, den real existierenden Sozialismus als Sackgasse der Geschichte zu suspendieren, doch gegen die alsbald anrollende Welle der Kapitalinteressen, die nun als neue Zumutung den Alltag bestimmten, konnte das kollektive Emanzipationsbegehren wenig ausrichten. (Im Unterricht können die Daten 1953 und 1989 durchaus vergleichend behandelt werden, auch wenn keine direkte Kausalverbindung besteht.)

Das sind nur einige assoziative Stichworte, die den 17. Juni 1953 mit anderen Daten der Geschichte „vernetzen". Protestaktionen gegen unzumutbare Belastungen und Einschränkungen sind natürlich nicht nur in der deutschen und europäischen Geschichte zu verzeichnen, sondern überall in der Weltgeschichte, vom Sklavenaufstand des Spartakus (Niederlage und Tod 71 vor Chr.) bis zum gewaltlosen Widerstand des Mahatma Gandhi (1869–1948) gegen die englische Kolonialherrschaft. Es würde zu weit führen, die Reihe hier fortzusetzen. Die Frage ist, inwiefern die Ereignisse im Subjektiven ihre Entsprechungen haben und wie wir uns diesen reflexiv-dialogisch nähern können.

Was im Raum des Historisch-Politischen Regierung und Gesellschaftssystem sind, wird im Erleben der Kinder und Jugendlichen zunächst durch Autoritäten und Institutionen repräsentiert, die ihnen persönlich direkt begegnen: Vater und Mutter, Lehrer und Lehrerin, Schulrektor, Unterricht als lästige Pflicht, familiäre Verhaltensvorschriften[23] usw.

Das Umschalten von der objektiven auf die subjektive Ebene aufgrund derartiger Konstellationen (man könnte auch sagen: die Aktualisierung persönlich-lebensgeschichtlicher Erfahrungen im Rahmen der geschichtlichen Thematik) führt u.U. zu Ergebnissen, die uns überhaupt nicht passen, z.B. dann, wenn das Schulsystem, wie es heute besteht und erlebt wird, mit einer absolutistischen Zwangsherrschaft verglichen wird. Das sollten wir im Wissen um das Zusammenspiel von objektiven

---

23 Mit massivem Protest gegen Konventionen hat so manche Karriere bekannter Persönlichkeiten begonnen, denken wir etwa, um zwei ganz verschiedene Beispiele zu nennen, an Bettina von Arnim (1785–1859) und Außenminister Joschka Fischer (geb. 1948).

und subjektiven Realitäten, das ja nicht den Regeln geschichtswissenschaftlich-bewusster Logik folgt, nicht sofort und empört zurückweisen, sondern behutsam so weit relativieren, dass nicht jedes Schuleschwänzen schon als emanzipatorische Freiheitsaktion verbucht wird.

Immerhin: Der gewaltsame Protest gegen Zumutungen des Schullebens kann auch etwas Emanzipatorisches haben. Aus der Fülle von Lebensberichten, die das Thema ansprechen, möchte ich exemplarisch Strittmatters autobiographischen Roman *Der Laden* herausgreifen, in dem es am Ende des 2. Bandes um den Lehrer Doktor Apfelkorn geht, den der junge Mann verdächtigt, mit seiner Freundin Lonka Spadi angebändelt zu haben, so dass es am Ende zu einem dramatischen ödipalen Machtkampf kommt. Lesen wir ein Stück in Strittmatters Schilderung:

> „Ich beobachte Lonka und Apfelkorn während des Unterrichts. Ich kann nicht feststellen, dass Blicklinien zwischen ihnen hin- und hergehen, doch meine Eifersucht traktiert mich trotzdem. Ich stippe mit dem Zeigefinger auf den Marienkäfer an Lonkas Kostümjackenaufschlag. Woher die bunte Blattlaus? Sie antwortet mir nicht. (...)
>
> In der nächsten Stunde tritt Apfelkorn auf: Knickerbocker-Anzug, frisch-lächelnd, ohne Marienkäfer im Schlipsknoten. Ein nachgebildeter Marienkäfer, eine Brosche, ein Kinkerlitz springt vom Schlipsknoten eines Mannes auf eine Mädchenjacke. Das ist der *objektive* Tatbestand, er wurde von den Händen zweier Menschen hergestellt. Das Leben hat diese Hände zu Werkzeugen ausersehen. Sie stellten die Weiche im Leben eines dritten Menschen. Der dritte Mensch bin ich.
>
> Apfelkorn gibt uns die Hausaufsätze zurück. Heft für Heft. Er liest die Bemerkungen vor, die er unter die Arbeiten schrieb. Er liest langsam. Er liest genüsslich. Er glaubt geistreiche A-phorismen verfasst zu haben. Er nimmt mein Heft her. Er schlägt es auf. Er sieht dabei zu Spadi hinüber. Auch das genüsslich. Er lobt meinen Aufsatz: Eine umfangreiche und *philosophisch basierte* Arbeit, ein Liebesbrief mit erkennbarem Ziel. Er schließt das Heft. Jähzorn verdrängt meinen Lebens-Ekel. Apfelkorn wedelt mit meinem Heft. Er spielt sich auf und fragt zu den Mädchen hin: Wartet der Kerl, dass ich es ihm bringe?
>
> Die Krachschläger nutzen den Lehrerscherz. Sie lachen, sie heucheln, sie schmieren sich an. Ich seh nach der Spadi. Sie lächelt tiefäugig. Ich spring zum Katheder, entreiße dem Doktor mein Heft und schlag in das grinsende Fritsch-Gesicht.
>
> Und damit fängt mein absonderliches Mannsleben an, von dem ich erst jetzt weiß, was es *Ganzes von mir gewollt hat.*"[24]

Ich habe diesen Text nicht zitiert, um in wissenschaftlich-didaktisch fragwürdiger Weise politischen Protest und pubertären Zornesausbruch auf eine Ebene zu bringen, sondern um zu veranschaulichen, was assoziativ möglicherweise in Gang kommt, wenn wir das Faktische der Geschichte und die üblichen geschichtsimmanenten Zusammenhänge verlassen, um nach der Resonanz des Ereignisses in den Schülerinnen und Schülern (und natürlich auch in uns selbst) zu fragen. Ein m. E. legitimer Übergang von dem einen in den anderen Bereich bietet sich an, wenn wir

---

[24] Strittmatter, Ende des zweiten Bandes, S. 495 f., Hervorhebungen im Original.

Bilddokumente zum 17. Juni nicht nur als Illustrationen äußerer Vorgänge einsetzen, sondern auch als Symbole für mannigfaltige innere Vorgänge ähnlicher Art verstehen und in diesem Sinn etwa fragen, was den Lernenden zu den Motiven von „Panzer" und „steinewerfende Jugendliche" noch einfällt.

Abb. 13: Berlin, 17. Juni 1953. Jugendliche werfen Steine auf sowjetische Panzer.

Wogegen empöre ich mich so, dass ich am liebsten Steine werfen würde? Was oder wen erlebe ich so bedrohlich und massiv-mächtig wie einen Panzer?[25] Bin ich lebendig und handlungsfähig oder fühle ich mich selber wie ein Panzer? Wäre es gut, wenn ich die Kraft eines Panzers hätte? Und im realgeschichtlichen Zusammenhang: Wie ist es eigentlich den Steinewerfern im späteren Leben ergangen?[26]

---

[25] Wer sich wie ein Panzer fühlt *und darüber reden kann*, ist kein „Charakterpanzer" (erstarrte Lebensgeschichte), den Wilhelm Reich (1897–1957) bei vielen seiner Patienten diagnostizierte. Eine „Charaktermauer" – analog zur veritablen Steinmauer, die die (alte) BRD von der DDR trennt, hat die Internationale Erich-Fromm-Gesellschaft bei vielen LehrerInnen in vergleichenden Untersuchungen festgestellt.

[26] Einige Angaben finden sich bei Hamann 2003, der das zur „Ikone" gewordene Zufallsfoto einer kritischen Analyse unterzieht. Beide Jugendlichen wurden verhaftet und zu Gefängnis verurteilt. Beide konnten die DDR später verlassen. Der junge Mann auf der linken Seite (zu erkennen an der Fahrradklammer) wanderte in die USA aus und wurde hier zum militärisch engagierten antikommunistischen Geschichtsprofessor, der u. a. als Kriegsreporter die Angriffe der USA gegen Vietnam begleitete (Robert Ide, 2003).

In dem an die Erarbeitung des Tatsachenzusammenhanges anschließenden Unterrichtsgespräch zum Thema „Protest – Aufstand – Aufbegehren" kann und soll es
durchaus um Ohnmachtserfahrungen und Aggressionsdurchbrüche gehen, um
Freiheits- und Machtbedürfnisse, dann aber auch um rational kontrolliertes wider-
ständiges Handeln, das ja aus Gründen der Bequemlichkeit und des kurzen Atems
leider oft unterbleibt. Emanzipation und Selbstbestimmung sind nicht umsonst zu
haben; sie bedeuten Anstrengung und Risiko. Lassen sich Alltagserfahrungen benennen, in denen ein derartiger Einsatz erwogen und gar praktiziert wurde?

Da wir, wie eingangs empfohlen, bei der Suche nach Unbewusstheiten in Geschichte und Lebensgeschichte, auch assoziative Verknüpfungen zulassen sollten (was nicht heißt, dass sie dann
alle gleich-wertig zu akzeptieren sind), kann es nicht falsch sein, hier auch zu erwähnen, dass ge-
walttätig, jähzornige Reaktionen keine Exklusivität der Unterlegenen, Schwächeren, Jüngeren gegenüber den Überlegenen, Stärkeren, Älteren sind. Auch Erzieher und andere Autoritäten werden
manchmal von kaum zu bändigendem Zorn gegen die „Zöglinge" gepackt, etwa wenn die besten
Absichten und größten Mühen nichts fruchten und jeder Respekt verweigert wird. Ein literarisch
bekanntes Beispiel sind die Prügel, die der sowjetische Pädagoge Anton Semjonowitsch Makarenko (1888–1939) einem Jugendlichen seiner Erziehungskolonie zuteil werden ließ, als dieser die
Aufforderung, Holz für die Küche zu hacken, mit der Antwort quittierte: „Geh doch selber hacken, ihr seid ja genug Leute hier." Makarenko rastete aus:
„Es war das erste Mal, dass mich ein. Zögling mit „du" anredete. In einem Anfall von Wut
über die erlittene Beleidigung, aufgepeitscht bis an die Grenze der Verzweiflung und Raserei
durch alle die vorhergehenden Monate, holte ich aus und schlug Sadorow ins Gesicht. Ich traf ihn
schwer …"[27]
Zum Glück hatte die Entgleisung keine bösen Folgen, im Gegenteil: Der Wutausbruch des er-
schöpften Erziehers wurde als menschliche Reaktion akzeptiert, und das Klima in der Gorki-
Kolonie besserte sich.

8. Formen und Inhalte der Reflexivität, Typ 2:
Geschichte und Protest

Wenn der eigene Alltag mit seinen Fantasien und Erfahrungen gebührend thematisiert worden ist, dann kann das Gespräch zu den Botschaften der Geschichte zurückkehren. Was immer man von den verschiedenen Protestaktionen halten mag:
die Akteure haben für das, was ihnen wichtig war, Beträchtliches riskiert, nicht selten ihre Berufsexistenz oder sogar ihr Leben dafür eingesetzt. Das müssen wir nicht
nachmachen, aber wir können uns dazu in Beziehung setzen, u.U. also auch in der
Form bewusster Abgrenzung. Ich möchte diese Auseinandersetzung mit den Geschichten des Aufbegehrens und Protests als *politisch-existenzielle Reflexivität* zusammenfassen und verweise ergänzend mit wenigen Stichworten nur auf drei Lebens-
und Gesellschaftskonstellationen, in denen Protest und Widerstand sinnvoll sind,

---

[27] Makarenko, *Der Weg ins Leben*, Erster Teil, zweites Kapitel (a. a. O., S. 21).

was vor allem zur Orientierung der Lehrenden und nicht als Lernziel für die Lernenden zu verstehen ist.[28]

➤ Die moderne Friedenbewegung hat es nicht geschafft, Kriege effektiv aus dem politischen Handeln zu verdrängen. Zur Zeit der Niederschrift dieser Zielen bereiten die Vereinigten Staaten ihren Irak-Krieg vor, den Präsident Bush vor allem wegen des Zugangs zu lebenswichtigen Ölquellen fordert, was er offiziell aber nicht sagt. Wie stehen wir dazu? Protestieren wir? Lassen wir den Dingen ihren Lauf (und unterstützen damit den jeweils stärksten Trend) oder nehmen wir Stellung?

➤ Während Arbeitnehmer und Arbeitgeber in wirksamen Verbänden organisiert sind und ihre Rechte anzumelden verstehen, haben Arbeitslose keine schlagkräftige Organisation, die ein Umdenken erzwingen könnte. Sporadische Ansätze dazu gab es in Frankreich, unterstützt durch einige Intellektuelle wie Bourdieu. Was sagen Intellektuelle dazu? Weisen sie mit ihren Mitteln darauf hin, dass die größer werden Kluft zwischen System-Profiteuren und marginalisierten Menschen „vernunftwidrig" ist? Oder lassen sie, da selbst nicht betroffen, den Dingen ihren Lauf?

➤ Wo gibt es Proteste gegen die vernunftwidrige Vernichtung von Erd-Ressourcen bei gleichzeitiger Zunahme von Armut, Hunger, Elend? Nach Angaben der Vereinten Nationen sterben täglich 24.000 Menschen an Unterernährung (ja, richtig gelesen: täglich 24.000 Hungertote). Das sollte zu denken geben und unser Handeln beeinflussen, wo und wie jedem es nötig und möglich erscheint. Ich plädiere damit weder für leerlaufende und sich selbst befriedigende Empörung noch für blinden Aktionismus, sondern für existenziell-kritische Partizipation am Widerstand gegen die allgemeine Unvernunft. Dieser Widerstand beginnt als Aufklärung im Klassenzimmer.

Das „Weltanschauliche" tritt bei derartigen Reflexionen eher in den Hintergrund. Der Kampf gegen den Hunger u. ä. bedarf keiner meta-physischen Letztbegründungen; er setzt vielmehr bei Notlagen an, die jeder täglich miterleben kann, und vereint durchaus verschiedene Konfessionen.

9. Drittes Inhaltsbeispiel: Liebe zur Kreatur und „Ehrfurcht vor dem Leben"

Vorbemerkung. – Die bisherigen Anregungen haben sich auf einem relativ hohen Anspruchsniveau bewegt. Sie lassen sich frühestens in der Sekundarstufe I (etwa ab 9. Klasse) verwirklichen und setzen aufgeschlossene und diskutierfreudige SchülerInnen mit einschlägigen Vorerfahrungen voraus, was die Realisierungschancen der hier entworfenen Anregungen beträchtlich vermindert, wenn nicht sogar in Frage stellt. (Auf eine an der Realität vorbeigehende „Kompetenzrhetorik" werde ich weiter unten noch kritisch eingehen.) Ich möchte daher noch ein Beispiel anfügen, das

---

[28] Alle Ausführungen stehen unter dem Vorbehalt, Schülerinnen und Schüler nicht zu indoktrinieren und nicht zu überwältigen.

einfacher strukturiert ist, den Anspruch der Reflexivität (Bezug zum eigenen Leben) deswegen aber nicht aufgibt.

Albert Schweitzer (1875–1965), der fast schon legendäre Urwald-Doktor von Lambarene, ist eine der weniger Persönlichkeiten, die in der DDR als auch in der alten BRD Ansehen genossen, wenn auch aus ganz verschiedenen Gründen. Er erhielt 1952 den Friedensnobelpreis und wandte sich 1957/58 mit mehreren Radio-Appellen gegen Kernwaffenversuche und atomare Aufrüstung, was ihm bei den Regierungen im Westen weniger Sympathie einbrachte als bei denen im Osten. Weimar war und ist der Ort eines sehenswerten Albert-Schweitzer-Museums. Schweitzer hat die Leitlinie seines Denkens und Handelns als „Ehrfurcht vor dem Leben" zusammengefasst.[29] Über die allmählich Entstehung dieses Mottos lesen wir in seinen autobiographischen Schriften Folgendes:

> „Als ich noch zur Schule ging, hatten wir einen gelben Hund namens Phylax. Wie manche Hunde konnte er keine Uniformen leiden und ging immer auf den Briefträger los. Also wurde ich angestellt, zur Stunde des Briefträgers Phylax, der bissig war und sich schon an einem Gendarmen vergangen hatte, im Zaum zu halten. Mit einer Gerte trieb ich ihn in einen Winkel des Hofes und ließ ihn nicht wieder heraus, bis der Briefträger wieder fort war. Welch stolzes Gefühl, als Tierbändiger vor dem bellenden und zähnefletschenden Hund zu stehen und ihn mit Schlägen zu meistern, wenn er aus dem Winkel brechen wollte. Aber das stolze Gefühl hielt nicht an. Wenn wir nachher wieder als Freunde beieinander saßen, klagte ich mich an, dass ich ihn geschlagen hatte. Ich wusste, dass ich ihn vom Briefträger auch abhalten könnte, wenn ich ihn beim Halsband fasste und streichelte. Wenn die fatale Stunde aber wieder kam, erlag ich wiederum dem Rausch Tierbändiger zu sein ...
> In den Ferien durfte ich beim Nachbar Fuhrmann sein. Sein Brauner war schon etwas alt und engbrüstig. Er sollte nicht viel traben. In der Fuhrmannsleidenschaft ließ ich mich aber immer wieder hinreißen, ihn mit der Peitsche zum Traben anzutreiben, auch wenn ich wusste und fühlte, dass er müde war. Der Stolz, ein trabendes Pferd zu leiten, betörte mich. Der Mann ließ es zu, ‚um mir die Freude nicht zu verderben'. Aber was wurde aus der Freude, wenn wir nach Hause kamen und ich beim Ausschirren bemerkte, was ich auf dem Wagen nicht gesehen hatte, wie die Flanken des Tieres arbeiteten! Was nützte es, dass ich ihm in die müden Augen schaute und es stumm um Verzeihung bat? ..."[30]

Derartige Berichte stehen dem kindlich-jugendlichen Erleben näher als die mythologische Bilderwelt der Ebstorfer Weltkarte. Dem entsprechend leichter ist es, den Inhalt reflexiv zu diskutieren, das heißt, sich wechselseitig mitzuteilen, welche

---

[29] Vgl. im Einzelnen Schweitzer 1991(a), insbesondere VII. Kap. über *Philosophie und Tierschutzbewegung*, das für die folgenden Ausführungen Bedeutung hat. Über Leben und Werk Schweitzers informiert u. a. Steffahn 1996, weitere Informationen im Internet.

[30] Schweitzer 1991(b), S. 37 f. — Auch Arno Gruen (a. a. O, S. 276 f.) bringt das Beispiel eines (anderen) sinnlos auf sein Pferd einschlagenden Fuhrmanns und plädiert damit für die Rückgewinnung des Mitgefühls, das verloren gegangen sei.

Einstellung man selbst zu Tieren hat. Dass viele Menschen den Tierschutz zu einem besonders wichtigen oder gar hauptsächlichen Lebensinhalt machen, ist eine des historisch-politischen Lernens keineswegs unwürdige Tatsache (zumal diese Tatsache ihre spezifisch historische Dimension hat)[31], sondern ein Beispiel für „libinöse Besetzungen",[32] die in sinnvolles gesellschaftliches Engagement einmünden können.

Was lieben wir eigentlich außerhalb unseres engsten Lebenskreises und seinen spezifischen Genüssen? Oder: Was ist uns wert und teuer, so dass wir um seinen Bestand besorgt sind? So etwa könnten die vom Schweitzer-Text ausgehenden Denkanstöße lauten, durch die nicht gleich, wie vielleicht im vorigen Inhaltsbereich, dramatische Existenzkonflikte beschworen werden, sondern vielmehr einfache Möglichkeiten persönlich-gesellschaftlichen Handelns aufgezeigt oder noch einfacher: Liebesverhältnisse bewusst und kommunizierbar werden. Eine stilistisch hinreißende Erzählung über das Verhältnis zwischen *Herr und Hund* hat Thomas Mann geschrieben. Die Liebe zum Tier kommt sehr viel stärker in einer Erzählung Hartmut von Hentigs zum Ausdruck, der die pädagogisch-intellektuelle Einsicht in die Bedeutung einer *Ethik des Sorgens* ohne Scheu vor der Banalisierung auf eigene Erfahrungen mit dem geliebten Kater Paff bezog, was u. a. heißt: *Zukunftssorge*, das Thema dieses Buches, muss sich keineswegs bombastisch mahnend zur Geltung bringen. Sie artikuliert sich auch im scheinbar Unscheinbaren. Was Hentig im Rückblick auf seine Liebe zum Kater Paff formulierte, könnte als Motto dem vorliegenden Buch vorangestellt werden:

„Wenn wir lieben, wenn es Ernst ist, ‚when we care ...', dann hat die Welt eine Zaubertiefe, dann leuchtet uns Trost und besonderer Sinn aus den unscheinbarsten, einfachsten Dingen entgegen."[33]

---

[31] Ein besonderes Gefühl für Tier entwickelte sich in der Romantik. Tierschutz-Vereine wurden etwa ab 1837 gegründet. Der 17. Geschichtswettbewerb der Körber-Stiftung (2000/2001) galt dem Thema: *Genutzt – geliebt – getötet. Tiere in unserer Geschichte.* Die eingereichten Schüler-Arbeiten enthalten eine Fülle bislang unbekannter interessanter Details zum Verhältnis Tier-Mensch.

[32] Tiere, auch künstliche Stofftiere, können die Funktion von „Übergangsobjekten" haben, wie der englische Psychoanalytiker Winnicott in vielen Fallstudien eindringlich geschildert hat. Tiere werden nicht (bzw. nicht nur) mit dem Verstand als Lebewesen anerkannt, sondern wie Freunde geliebt und gepflegt. Die Beziehung zu einem Tier kann therapeutische Wirkungen entfalten.

[33] Hentig 1978, S. 44. – Auf dieses „When we care" (Wenn wir besorgt sind, wenn wir uns um etwas „kümmern") kommt Hentig am Ende seiner Erzählung zurück. Er entdeckt es „zufällig" in einem Laden, halb verdeckt von einem dort liegenden Kater, als Buch von oder über Sherwood Anderson (amerikanischer Erzähler 1876 – 1941), das heißt: Was zuerst subjektiv-persönliches Erleben und Erfahren war, wurde dann als objektivierende schriftstellerische Lebensleistung wahrgenommen. – (Ein Buch von oder über Anderson mit genau diesem Titel war in den mir zugänglichen Bibliotheken [u. a. Kennedy-Institut, Berlin] nicht zu finden.)

10. Formen und Inhalte der Reflexivität, Typ 3: Geschichte und libidinöse Bindung

Albert Schweitzer hat sein empfindsames Gewissen gegenüber dem eigenen Handeln zu einer auch theologisch begründeten „Ehrfurcht vor dem Leben" entwickelt und als Arzt unter schwierigsten Umständen jahrzehntelang dort gearbeitet, wo der Bedarf am dringendsten zu sein schien. Ich möchte ihn hier nicht als „Vorbild" darstellen, das nachzuahmen ist (denn das wäre aufgesetzter Moralismus, der unsere Kräfte übersteigt), sondern einfach als Aufforderung zur aktiven Sorge um jene Subjekte und Objekte, denen wir besonders zugetan sind. Schweitzers Lebensmotto kann dabei eine Leitfunktion übernehmen; denkbar sind aber auch andere Sprachsignale, wie etwa der von Erich Fromm geprägt Begriff der Biophilie als Liebe zum Leben.

Das gedankliche Pendeln zwischen der mit dem autobiographischen Text „objektiv" vorgegebenen Lebenssituation und ihrer Reflexion, bei der sowohl Schweitzers Lernprozess und späteres Lebensmotto als auch Erfahrungen auf Seiten der Lernenden zur Sprache kommen sollten, kann in Ergänzung der bisherigen Begriffe als *normativ-libidinöse Reflexivität* zusammengefasst werden. Sie hilft den Lernenden bei der Entwicklung von Lebenssinn, der nie ein für alle Male, sondern immer nur für bestimmte Lebensabschnitte definiert werden kann. Lebenssinn besteht nicht zuletzt in lebendigen Beziehungen, die wir zu anderen Lebewesen sowie ihren Symbolisierungen aufnehmen.

Besondere inhaltliche Anforderungen sind mit der normativ-libidinösen Reflexivität u. a. dann verbunden, wenn wir in multiethnischen Klassen unterrichten, da hier widersprüchliche Normen aufeinander treffen. Die Einstellung zur fernen Heimat ist oft ambivalent. Was geliebt und gelebt werden soll und kann, bleibt in der psychologischen Entwicklung oft lange Zeit unsicher, doch das wäre gegenüber frühen Fixierungen eher ein Vorteil. Historisch-politischer Unterricht hat für die verschiedenen Dilemmata keine Patentlösungen parat. Er kann aber dazu beitragen, dass Sinnsuche und Beziehungsfähigkeiten sozusagen mit geeignetem Stoff versehen und nicht etwa durch totes Wissen „von oben" nivelliert werden.

11. Reflexivität: zeitlich begrenztes Gespräch und lebenslanger Lernprozess

Reflexivität kann durch ausgewählte Querverbindungen zwischen allgemeiner Geschichte und individuellen Lebensgeschichten angestoßen werden und so zu punktuellen Einsichten führen. Als lebenslanges Lernen geht sie darüber aber weit hinaus, ja sie kommt eigentlich nie zu einem endgültigen Ergebnis, sondern bleibt ihrem Wesen nach so lange in Bewegung, wie die Lebenskräfte reichen. Ich denke, dass Pädagogen und Geschichtsdidaktiker sich das immer wieder vor Augen halten sollten, um so der Verführung des in den Schulen leider vorherrschenden ungeduldigen Ergebnisdenkens besser widerstehen zu können, das Reflexivität (Nachdenken, Nachdenklichkeit, Sinn-Besinnung) ja eher behindert als fördert. Reflexivität braucht Zeit und Raum. Reflexivität geht Wege, die unter zweckrationalen Aspekten oft wie unnötige Umwege aussehen, und doch nur so, als allmähliche Entfaltung von „Eigensinn", Wirkung zeitigen kann. Reflexivität verlangt zwar Phasen des nachdenklichen Schweigens, aber sie ist deswegen im Ganzen kein steriles Introvertiertsein, sondern Gespräch und Auseinandersetzung, in je verschiedenen inhaltlichen und formalen Varianten, auch für uns, die Lehrenden.

Vergessen wir nicht: „Bildung" als pädagogisch-didaktischer Leitbegriff wäre unbrauchbar, wenn wir mit ihm nur das *Ergebnis* fixieren wollten. Bildung ist notwendigerweise auch, wenn nicht sogar vorrangig, als *Prozess* zu verstehen.

Reflexivität im historisch-politischen Unterricht heißt auf dieser Gedankenlinie für uns, die Lehrenden: offen bleiben für das, was Geschichte in den Lernenden auslöst, bzw. für das, was sie in die Geschichte projektiv an eigenen Schlüsselproblemen hineinlegen. Entwicklungs- und sozialpsychologische Schlüsselprobleme bei den Schülerinnen und Schülern wahrnehmen, ohne die Geschichtsthemen aus dem Blick zu verlieren, wie auch umgekehrt: auf der Arbeit an den „Botschaften" der Vergangenheit bestehen, ohne die Schülerinnen und Schüler mit Stoff zu ersticken, das ist didaktisch-methodisch alles andere als einfach, nach meiner Erfahrung erst in reiferen Berufsjahren möglich und dann auch noch abhängig von der Gunst besonderer Kommunikationskonstellationen. Viel hängt schließlich davon ab, wie offenreflexiv wir mit uns selbst umgehen. Wir können nur das herausfordern und ermutigen, was wir in und für uns selbst bewegt und „bewältigt" haben. Als Zusammenspiel von zeitlich und thematisch begrenzter Auseinandersetzung einerseits und lebenslanger Veränderung andererseits sollte Reflexivität hier nicht nur didaktisch gelehrt, sondern auch als Dimension produktiven Lebens bewusst gemacht werden.

XII. Geschichte und Erfahrung

1. Aktuelle Erfahrungen als Brücke zur Vergangenheit

Ich möchte mit einer Erfahrung beginnen,[1] die geschichtlich in zahllosen Varianten dokumentiert ist und darüber hinaus jedem von uns in der einen oder anderen Weise vertraut sein dürfte. Es geht ums Stehlen, um Diebstähle, über die jeder etwas sagen könnte, auch ohne selbst je Dieb gewesen zu sein. In den berühmten *Confessiones* von Augustinus finden wir dazu folgenden Bericht:

> „Und ich, ich wollte einen Diebstahl begehen und beging ihn, von keiner Not gedrungen, nur vom Mangel und Überdruss am Gutsein und vom feisten Behagen am Bösen. Denn was ich stahl, davon besaß ich selbst im Überfluss und noch viel besser. Ich wollte mich ja auch gar nicht an der Beute letzen, auf die ich beim Stehlen ausging, sondern allein an der Dieberei und der Sünde.
>
> Ein Birnbaum stand in der Nähe unseres Weinbergs, schwer mit Früchten beladen, die aber nichts Verlockendes hatten, weder nach Aussehen noch Geschmack. Wir Bürschchen, eine Bande von Taugenichtsen – es war schon tief in der Nacht, und so lang hatten wir uns nach übler Gewohnheit auf den Spielplätzen herumgetrieben – zogen los, den Baum zu schütteln und die Beute fortzuschaffen, Birnen, die schwere Menge, schleppten wir weg – nicht für den Verzehr, denn höchstens den Schweinen wollten wir sie hinwerfen –, und wenn wir einiges davon aßen, so taten wir's, nur damit wir etwas täten, was eine Lust ist, weil es nicht erlaubt ist.
>
> Ja, so war mein Herz, Gott, Du weißt es, so war mein Herz, dessen Du in der Tiefe seines Abgrunds Dich erbarmt hast. Siehe, nun soll dieses Herz Dir auch sagen, was es dabei suchte: dass ich um nichts und wieder nichts schlecht war, meine Bosheit eben nur die Bosheit zum Grunde hatte. Abscheulich war sie, und ich liebte sie; ich liebte es, zu verkommen, ich liebte meine Sünde: nicht das, wonach ich in der Sünde griff, sondern mein Sündigen selbst. Schändliche Seele! Von dem festen Grunde, der Du bist, sprang sie ab ins reine Nichts; denn nicht ein Etwas begehrte sie, ob auch schändlicherweise, sondern das Schändliche selbst."[2]

Das Interessante an dieser Story ist nicht der Diebstahl als solcher, sondern vielmehr die realhistorischen und mentalitätsgeschichtlichen Strukturen, die sein spezifisches Profil bestimmen. Dass die Lust an verbotener Bereicherung ihre Be-

---

[1] Einige Redewendungen des vorliegenden Textes sind dem Stil des mündlichen Vortrages geschuldet und als solche bewusst beibehalten worden.

[2] Augustinus, 2. Buch, 4. Abschnitt, a. a. O., S. 30. Der zitierte Vorfall ist nicht der einzige seiner Art in Augustinus' Erinnerungen, vgl. ähnliche Mitteilungen im 1. Buch, 19. Abschnitt, über Diebstähle im Keller der Eltern und Lügenhaftigkeit.

friedigung an einem Birnbaum findet, ist in unseren Kreisen zur Zeit eher unwahrscheinlich. Noch unwahrscheinlicher ist die retrospektiv-transzendente Einrahmung des Vorfalls, der innige Bezug zu Gott-Vater und die tiefe Beschämung über die frühere Liebe zur „Sünde". Hier können wir mit unseren Überlegungen zum Verhältnis von Geschichte und Erfahrung ansetzen; denn es dürfte nicht schwer fallen, mit gegenwärtigen Erfahrungen eine Brücke zur frühmittelalterlichen Konstellation zu projektieren bzw. umgekehrt: von dort aus Verbindungen zur Gegenwart zu stiften. Doch die Brücke ist schmal, und rein äußerliche Vergleiche zwischen damals und heute sollten nicht darüber hinwegtäuschen, dass wesentliche Bedeutungsdimensionen, vor allem die innere Verarbeitung des Diebstahls, nicht ohne weiteres miteinander korreliert werden können. Was kann denn ein der christlichen Tradition entfremdeter Atheist des 21. Jahrhunderts mit der augusteischen Geborgenheit in einem allmächtigen Gott-Vater emotional und rational anfangen? Vermutlich sehr wenig. Aber was sagt das schon: Viele Menschen haben auch im 21. Jahrhundert einen religiösen Erfahrungshintergrund. Differenzen dieser Art sind bei unserem Thema stets zu berücksichtigen.

Das ganz oder zumindest relativ Fremde der Vergangenheit durch die Konfrontation mit vertrauten Reaktionsmustern erkennen; aber auch umgekehrt: durch die Konfrontation mit dem Vergangenen die als völlig „normal" erlebte Gegenwart „hinterfragen" (hier passt dieses häufig verwandte Wort) – das würde zu den Lehrintentionen eines erfahrungsorientierten Unterrichts gehören, der in der konkreten Gestaltung allerdings mehr präsentieren müsste als nur die eine Story.[3]

2. Fremdes und Befremdliches interdisziplinär erschließen

Setzen wir die Überlegungen zum Verhältnis von Geschichte und Erfahrung mit einer historischen Erscheinung fort, die uns äußerlich heute ziemlich fremd vorkommt und den meisten unverständlich sein wird. Es handelt sich um die Flagellanten oder Geißler, über die zusammenfassend Folgendes gesagt werden kann:

Flagellanten oder Flegler[4], auch Geißler- oder Kreuzbrüder, wurden im Mittelalter Menschen genannt, die einen übermäßigen, ekstatischen Bußeifer praktizierten, indem sie sich mit entblößtem Oberkörper öffentlich geißelten. Sie traten zuerst 1260 in Mittelitalien auf, darauf vor allem im 14. Jahrhundert auch in Westeuropa. Durch freiwillige Martern wollten die Flagellanten den Himmel versöhnen. Wohin sie kamen, wurden die Glocken geläutet, in den Kirchen sangen sie

---

[3] Autobiographische Erzählungen über Diebstähle im Kindes- oder Jugendalter finden sich u. a. bei: Hermann Hesse (Erzählung *Kinderseele*), August Bebel (*Aus meinem Leben*) und Gottfried Keller (*Der grüne Heinrich*).

[4] Wegen des typisch bäurischen Dreschflegels bezog sich das deutsche Schimpfwort *Flegel* ursprünglich auf den ungehobelten Bauern. Das ahd. *flegil*, mhd. *vlegel* ist dem lat. *flagellum* entlehnt und insofern etymologisch verwandt mit *Flagellant*.

kniend den Spruch „Jesus ward gelabet mit Gallen, drum sollen wir alle an ein Kreuze fallen" und warfen sich kreuzweise zu Boden. Wenn sie sich geißeln wollten, zogen sie auf ein freies Feld, bedeckten den Unterkörper mit einem leinenen Gewand, bekannten dem Geißelmeister ihre Hauptsünden und geißelten sich mit Riemen, an deren Enden mit Nadelspitzen versehene Kugeln befestigt waren. In den Pestjahren 1348 und 1349 erreichte die Bewegung einen Höhepunkt.[5]

Abb. 14: Geißler oder Flagellanten, Spätmittelalter.

---

[5] Überblicksdarstellungen finden sich in fachspezifischen Nachschlagewerken wie z. B.: *Lexikon für Theologie und Kirche*, Stichwort *Geißler*. Beschreibungen mit längeren Quellenzitaten (vor allem *Limburger Chronik*) finden sich u. a. in Schultz 1892. Eine umfassende neuere Darstellung der Geißler-Bewegung fehlt.

Können wir die Flagellanten aufgrund eigener subjektiver Erfahrungen „verstehen"? Können wir uns in sie hinein versetzen? Gibt es sachlich-objektive Analogien zwischen heute und damals? Vor einigen Jahren habe ich diese Fragen noch mit einem ziemlich glatten Nein beantwortet. Religiöse Ekstase, verbunden mit einem offenkundig neurotischen Hang zur Verletzung der eigenen Person, des eigenen Körpers – das schien mir eindeutig ins Horrorkabinett historischer Extravaganzen zu gehören und mit der Gegenwart nichts zu tun zu haben. Heute sehe ich das ganz anders, zum Teil auf Grund eigener Erfahrungsreflexionen, auf die ich hier aber nicht weiter eingehen werde, und zum Teil auf Grund von medizinisch-psychologischen Sachverhalten, über die gelegentlich sogar in den Massenmedien informiert wird. Damit sind hier keine masochistischen Sexualpraktiken angesprochen, wie man assoziieren könnte, sondern Selbstverletzungen oder sogar Selbstzerstörungen, deren Bedeutung bemerkenswert ist: Diese Selbstverletzungen dienen nämlich in medizinischer Sicht der *Selbstfürsorge!* Es gibt Menschen, die es wegen mangelhafter Objektbeziehungen nicht gelernt haben, fürsorglich und empathisch mit sich selbst umzugehen. Anstatt zu sich selbst gut zu sein und die eigenen Bedürfnisse zu befriedigen, verletzen sie sich selbst, bis das Blut fließt,[6] aber das Merkwürdigste dabei ist: Viele dieser Selbstverletzungen sind nach gängiger psychoanalytischer Auffassung keine bloße Destruktion, wie man in Anwendung der Freudschen Todestrieb-Theorie annehmen könnte, sondern Ansätze und Versuche, innere Spannungen und emotionale Mangelerfahrungen auszugleichen. „Wenn Blut fließt, werde ich ruhig" sagte ein sich selbst verletzender Patient, als er nach den Gründen für sein seltsames Verhalten gefragt wurde.[7]

Das Problem ist also: Nicht nur die Flagellanten von damals, sondern auch die Selbstverletzter von heute sind schwer zu verstehen. Wir können uns aber beiden Erfahrungsbereichen in dem Maße intellektuell annähern, wie die dafür zuständigen Wissenschaften als Verständnishilfe zugänglich sind. Der ganze „Sinn" der Selbstkasteiungen ist nicht durch Geschichtswissenschaft allein zu erschließen, sondern durch Geschichtswissenschaft in interdisziplinärer Kooperation mit anderen Disziplinen; im vorliegenden Fall ist die medizinisch-psychoanalytische Pathologie gefragt. Unterschiede zwischen Gegenwart und Vergangenheit und Gemeinsamkeiten kommen so deutlich zum Ausdruck: religiös-kollektive Animation damals – psychologisch-individuelle Pathologie heute; Missbilligung und obrigkeitliches Verbot damals – psychiatrische Heilbehandlung heute; damals transzendenter Bezug auf menschliche Sünden, die Gottes Zorn erregt haben – heute immanenter Bezug auf persönliche Beziehungserfahrungen, die als frustrierend erlebt wurden, usw. Heilverlangen im religiösen Sinn und Heilungsbedürfnis im psychologischen Sinn könnten als einander ergänzende Deutungsansätze verstanden werden.

---

[6] Ausführlicher dazu Küchenhoff 1999.

[7] Renate Kingma, *Wenn Blut fließt, werde ich ruhig.* In: Frankfurter Rundschau 27.2.2001. Vgl. ganz ähnlich *Blut tut gut* bei Küchenhoff 1999.

3. Zum Problem traumatisch abgeriegelter Erfahrungen

Vom tatsächlich oder scheinbar ganz Vertrauten entfernen wir uns einen weiteren großen Schritt, wenn wir das Phänomen der Traumatisierung in unsere Überlegungen einbeziehen. Es gibt geschichtliche und lebensgeschichtliche Erfahrungen, die weitgehend verschlossen bleiben, weil sie wegen ihrer Schwere nicht integriert und reflektiert werden können, sondern im Gegenteil aufgespalten und verdrängt werden müssen.

Derartige Erfahrungen (vgl. zur Illustration Abb. 7) fragmentieren das kollektive oder individuelle Lebensgefühl; sie wirken wie ein schwarzer Strudel, der das freie Leben zu verschlingen droht, seinen eigentlichen Inhalt aber nicht zu erkennen gibt. Wir Heutigen denken beim Stichwort *Trauma* zuerst an Auschwitz,[8] doch die Schwierigkeit, bestimmte Erfahrungen in sich aufzunehmen und zu verarbeiten, so dass sie zum integralen Bestandteil der Lebensführung werden, ist älter und umfasst mehr als diesen bis zum verbrecherischen Exzess getriebenen Bruch mit der Zivilisation. Adorno schrieb:

> „Schon das vorige Mal (d. h. beim Ersten Weltkrieg, PSH) machte die Unangemessenheit des Leibes an die Materialschlacht eigentliche Erfahrungen unmöglich. Keiner hätte davon erzählen können, wie noch von den Schlachten des Artillerie-Generals Bonaparte erzählt werden konnte. Das lange Intervall zwischen den Kriegsmemoiren und dem Friedensschluss ist nicht zufällig: es legt Zeugnis ab von der mühsamen Rekonstruktion der Erinnerung, der in all jenen Büchern etwas Ohnmächtiges und selbst Unechtes gesellt bleibt, gleichgültig, durch welche Schrecken die Berichtenden hindurchgingen. Der Zweite Krieg aber ist der Erfahrung schon so völlig entzogen wie der Gang einer Maschine den Regungen des Körpers, der erst in Krankheitszuständen diesem sich anähnelt."[9]

Entsprechendes gilt für eine Fülle weiterer Erfahrungen. Vom Ersten Weltkrieg können wir zurückgehen zu den Kriegserfahrungen des 19. Jahrhunderts, die ja ebenfalls traumatische Wirkungen zeitigten und eben deswegen, als Versuch der Bewältigung, eine machtvolle Friedensbewegung in Gang brachten. Ein Motor dieser Bewegung war bekanntlich eine Frau, Bertha von Suttner (1843–1914), und ihr aufwühlender Roman *Die Waffen nieder*. Aber auch der Weg in und durch die Gegenwart ist mit Erfahrungen gepflastert, die schwer oder gar nicht zu integrieren sind, ich erinnere hier nur an die Katastrophe von Tschernobyl (1986), die das Weltvertrauen erschüttert hat; zu erwähnen sind ferner Hunger- und Klimakatastrophen, Menschenrechtsverletzungen und Völkermord, mit denen wir täglich durch das Fernsehen konfrontiert werden. Dem Anblick derartiger Entsetzlichkeiten

---

[8] Repräsentativ für die bis heute relevante therapeutische Dimension des Problems ist das Doppelheft 9–10/2000 der Zeitschrift Psyche. Rahmenthema: *Trauma, Gewalt und kollektives Gedächtnis.*

[9] Adorno 1997, S. 63 (1. Teil, Text 33).

standzuhalten – das ist gewiss nicht leicht. Einer, der es immer wieder versucht hat, voller Zorn, Angst und Verzweiflung, war Günther Anders (1902–1992). Er wird bezeichnenderweise nicht mehr gelesen, ist selbst inzwischen „antiquiert". Die Geschichtswissenschaft steht der Nicht-Integration von Erfahrungen bislang ziemlich macht- und tatenlos gegenüber; vereinzelte Ansätze, diesen Mangel auszugleichen, dokumentieren im Grunde nur, welches bisher unerkannte Problemungeheuer uns da neuerdings entgegenkommt.[10]

Die ziemlich konsequente Verdrängung von Erfahrungen, sowohl als Inhalt wie auch als methodologische Herausforderung, kennzeichnet bis heute die *didaktische Konzeptionierung des Geschichtsbewusstseins*, mit der ich seit Jeismanns bekanntem Aufsatz (1980) meine ganz eigenen Schwierigkeiten habe. Ich will aber auf die Differenz der Lehrmeinungen hier nicht noch einmal zurückkommen,[11] sondern einfach dafür plädieren, dass der im Kalten Krieg und im Gegenzug zur Studentenbewegung definierte Begriff des Geschichtsbewusstseins seinerseits geschichtsbewusst relativiert und damit professionell historisiert wird. Über Geschichtsbewusstsein diskutieren, ohne generationsspezifisch-lebensgeschichtliche Erfahrungen anzusprechen (auch und gerade dann, wenn sie peinlich und schwierig sind) – das ist so, als wollte man sich über richtige Ernährung verständigen, ohne dabei auch an die eigenen Gewohnheiten des Essens und Trinkens zu denken. Um diesen und ähnlichen Bedenken Rechnung zu tragen, sind neuerdings die Begriffe *reflektiertes Geschichtsbewusstsein* und *reflexives Geschichtsbewusstsein* in die Diskussion eingebracht worden, was zu begrüßen ist, aber auch nicht überschätzt werden sollte; denn die Veränderung eines Begriffs als Gedankenetikett ist noch kein Beweis dafür, dass sich in der Beziehungsdynamik des didaktischen Denkens und Handelns substanziell etwas verändert hat.

4. Bedeutungsanalysen und empathische Unterrichtsführung

Nach Klafkis didaktischer Analyse aus dem Jahre 1958 sind wir gewohnt, nach der *Bedeutung* zu fragen, die ein Thema oder Unterrichtsinhalt *für die Lernenden* hat, und zwar sowohl gegenwärtig als aus zukünftig. Ich plädiere seit einiger Zeit dafür, dass sich *auch die Lehrenden* diese Frage vorlegen und damit Erfahrungen bewusst machen, die ansonsten in scheinrationaler Sachlichkeit verborgen blieben. Die Chancen des produktiven Unterrichtsgesprächs werden m. E. erheblich verbessert, wenn

---

[10] Die bisher weitgehend übersehene Schwierigkeit, Kriegserfahrungen als Thema wissenschaftlich zu erschließen, motivierte 2001 offenbar auch das Militärgeschichtliche Forschungsamt (MGFA) in Potsdam zu einer Tagung mit dem Thema: *Krieg – Kriegserlebnis – Kriegserfahrung von 1914 bis 1945* (vgl. Thoß und Volkmann 2002). An die tiefenpsychologische und transgenerationelle Bedeutung des Themas wurde hierbei nicht gedacht. Der neue Begriff der Erfahrung wurde den alten Denkformen methodologisch unkritisch einfach eingefügt. Vgl. unten Fn. 23.

[11] Vgl. oben VIII. Beitrag über *Geschichtsbewusstsein und Emanzipation*.

wir uns vorab klarmachen, dass wir, Lernende und Lehrende, von einem Thema in der Regel doch recht verschieden berührt werden. Die Kapitulation von 1945 hat beispielsweise für mich und meine Generation eine beträchtliche emotional-ambivalente Bedeutung, während sie für die Lernenden von heute, vielleicht 1990 geboren, genauso wichtig bzw. unwichtig sein dürfte wie das Konzil Nikaia (Nizäa) im Jahre 325. Entsprechendes gilt auch für Themen, die uns chronologisch nicht mehr direkt berühren, denken wir z. B. an die Welt der antiken Götter und Sagen, an untergegangene Sozialformen, etwa die des vorindustriellen Lebens auf dem Land, das bei ruhebedürftigen älteren Erwachsenen andere Assoziationen auslösen wird als bei jüngeren Menschen.

Bedeutungsdifferenzen konstituieren sich jedoch nicht nur durch Alters- und Generationsabstände, sondern auch durch parallele lebensgeschichtlich-strukturelle Vorerfahrungen, die in Dresden anders zustande kommen als etwa in Dortmund, bei Mädchen andere Wirkungen erzeugen als bei Jungen, bei Afrikanern anders als bei Europäern, von Binnendifferenzen ganz abgesehen.

Zur Vielfalt der Erfahrungen bei uns, den Subjekten, die wir Geschichte betrachten, kommt die Vielfalt der Erfahrungen bei den Objekten der Geschichte, denen wir uns zuwenden. Eine sorgsame *Unterscheidung zwischen Subjektebene und Objektebene* sowie zwischen meiner Sicht und deiner Sicht ist unabdingbare Voraussetzung für einen erfahrungsorientierten Umgang mit Geschichte, der Erkenntnisgewinn erarbeiten und gleichzeitig projektive Selbstbestätigungen vermeiden will. Das heißt selbstverständlich nicht, dass Realgeschichte in subjektiven Befindlichkeiten aufgelöst werden soll. Die Tatsachen der Geschichte haben ein eigenes Gewicht, und sie können m. E. nicht beliebig dekonstruiert und konstruiert werden.[12] Sie sollten aber auch nicht als Vorwand für die Ausblendung aller Subjekt-Erfahrungen vorgeschoben werden, die bei jedem historischen Thema nolens volens, in der einen oder anderen Weise, zur Geltung kommen.

Nehmen wir als Beispiel das *Thema Migration*, das ja mehrmals im Laufe des Geschichtsunterrichts behandelt wird: als Völkerwanderung im Übergang von der Antike zum Mittelalter, als Auswanderung im 19. Jahrhundert, als Flucht und Vertreibung nach 1945, um nur drei Schwerpunkte anzudeuten. Es wäre didaktisch ziemlich steril, wenn in diesem Fall die Historie von der Aktualität ganz abgetrennt

---

[12] Die schon seit Langem geführte Diskussion zur Frage, was überhaupt historische „Tatsachen" seien, ist in der Postmoderne auf die Spitze getrieben worden, indem einige „radikale Konstruktivisten" behaupteten, Geschichte sei ein Produkt subjektiver Wahrnehmungen und insofern durchweg „erfunden". Man könne sich nur über verschiedene Geschichtsbilder verständigen, nicht aber über die Geschichte (Vergangenheit) selbst. Programmatisch in diesem Zusammenhang ist auch der oft zitierte Satz von Jean-François Lyotard *Il n'y a pas de hors-texte* (Es gibt nichts außerhalb von Texten). Das heißt: Es gibt nur Sprache, Texte, keine Objektivität, „Wahrheit" usw. – Eine geschichtswissenschaftlich ausgewogene Stellungnahme zu derartigen Positionierungen hat u. a. Richard J. Evans 1998 formuliert. Vgl. auch oben Kap. X.5 mit kurzem Hinweis auf Derrida.

bliebe. Es gibt ja kaum noch eine Schulklasse in Deutschland, in der die *Erfahrung der Migration* nicht leibhaftig gegenwärtig wäre. Dabei ginge es nicht darum, die meistens leidvolle Erfahrung ausländischer Kinder direkt abzufragen und als Motivation zu nutzen; das könnte die persönliche Integrität verletzen und ist daher eher zu unterlassen. Es scheint mir vielmehr geboten, bei der Unterrichtsplanung den assoziativen Erfahrungshintergrund des Themas didaktisch-empathisch zu antizipieren und bei der Unterrichtsführung die Ohren zu spitzen, wenn Geschichte und Erfahrung, Vergangenheit und Gegenwart einander näher kommen oder auch nur näher zu kommen scheinen.[13]

Diese *Annäherungen* sind – ist es nötig, das zu betonen? – nicht als *Angleichungen* misszuverstehen. Das Lernpotenzial der Geschichte liegt ja u. a. gerade darin, dass das von der eigenen Erfahrung Unterschiedene in den Horizont des eigenen Denkens gerückt wird und damit die so wichtige Welt der inneren Vorstellungen vertieft und erweitert. Die inneren Welten sind bei vielen wenn nicht sogar meisten Jugendlichen von Video-Sequenzen und Werbespots besetzt. Geschichtsunterricht kann die damit verbundene verhängnisvolle Verarmung nicht suspendieren, aber doch mildern, und zwar eben dadurch, dass der konkretisierende Erfahrungsbezug verstärkt wird, während die abstrahierende Wissenschaftsorientierung etwas zurücktritt, ohne damit ihre basale Bedeutung preiszugeben.

5. Können wir aus geschichtlichen Erfahrungen lernen?

Welches Problem- und Spannungsfeld mit der Frage dieses Abschnitts umrissen ist, kann durch zwei berühmte Zitate verdeutlicht werden, die inhaltlich einen scharfen Widerspruch bilden oder vorsichtiger formuliert: zu bilden scheinen.

Das erste Zitat stammt von Friedrich Hegel (1770–1831) und lautet:

„Man verweist Regenten, Staatsmänner, Völker vornehmlich an die Belehrung durch die Erfahrung der Geschichte. Was die Erfahrung aber und die Geschichte lehren, ist dies, dass Völker und Regierungen niemals etwas aus Geschichte gelernt und nach Lehren, die aus derselben zu ziehen gewesen wären, gehandelt haben."[14]

---

[13] Die Unterrichts- und Gesprächsführung konstituiert in einer erfahrungsorientierten Geschichtsdidaktik ein besonders Problem, auf das hier nicht näher eingegangen werden kann. Das übliche „fragend-entwickelnde Unterrichtsgespräch" ist durch eine empathisch-mitgehende Kommunikationsteilhabe zu ersetzen, die aber nicht von einem Tag zum anderen zu erreichen ist, sondern einen längeren Lern- und Veränderungsprozess erfordert.

[14] Hegel 1966, S. 19. Hegel unterscheidet in der Einleitung zur seiner Vorlesung *Die philosophische Weltgeschichte* drei Arten der Geschichtsschreibung: a) die ursprüngliche (heute würde man sagen: Ereignisgeschichte), b) die reflektierte (mit mehreren Spezifizierungen) und c) die philosophische. Subjekt der philosophischen Weltgeschichte sei „der Geist, der ewig bei sich selbst ist und für den es keine Vergangenheit gibt" (S. 22), mithin auch keine Erfahrung (!).

Das zweite Zitat stammt von Jakob Burckhardt (1818–1897) und lautet:

„Der Geist muss die Erinnerung an sein Durchleben der verschiedenen Erdenzeiten in seinen Besitz verwandeln. Was einst Jubel und Jammer war, muss nun Erkenntnis werden, wie eigentlich auch im Leben des Einzelnen. Damit erhält auch der Satz Historia vitae magistra einen höheren und zugleich bescheideneren Sinn. Wir wollen durch Erfahrung nicht sowohl klug (für ein andermal) als weise für immer werden."[15]

Die Zitate behaupten Verschiedenes, ja Widersprüchliches und können dennoch nebeneinander bestehen bleiben, da sie verschiedene Sinnzusammenhänge vertreten. Burckhardt macht eine intentionale Aussage über das, was wir wollen, wobei das Subjekt „wir" nicht wörtlich, sondern rhetorisch-appellativ zu verstehen ist und damit unbestimmt bleibt. Ob dieses „Wollen" auch der massenpsychologischen Wirklichkeit entspricht, ist dabei noch die große Frage. Hegel macht dagegen eine faktologische Aussage über das, was Völker und Regierungen angeblich immer wieder tun, lässt die realgeschichtlichen Differenzierungen, die zum Hauptgeschäft der Geschichtswissenschaft gehören, aber ebenfalls außer Acht. Die Sätze vertreten also ganz verschiedene Geltungsansprüche und sind überdies in sich unscharf. Gemeinsam ist ihnen dagegen die in den Adverbien „nie" und „immer" zum Ausdruck kommende Haltung des alles oder nichts bei gleichzeitiger Vernachlässigung des Empirisch-Tatsächlichen und Materiellen, auf das Karl Marx (1818–1883) im Gegenzug zu Hegel so viel Wert gelegt hat. In seiner Wirklichkeit sei das menschliche Wesen „das Ensemble der gesellschaftlichen Verhältnisse", schrieb Marx 1845 in der 6. These über Feuerbach. Eben da, bei den „gesellschaftlichen Verhältnissen", sollten wir immer wieder ansetzen, aber nicht nur historiographisch differenzierend auf der oben erwähnten „Objektebene", sondern auch introspektiv und retrospektiv, als Individuen und Subjekte mit je verschiedenen eigenen Erfahrungen.[16]

Wer kann welche Erfahrungen wie verarbeiten? Welche Umstände haben dabei welchen Einfluss? Wie verhalten sich individuelles und kollektives Lernen zueinander? Das sind einige der Fragen, die wir hier und jetzt diskutieren könnten. Wie kompliziert die Problemlage ist, deutet sich an, wenn wir nur *zwei Faktoren* exemplarisch herausgreifen und realgeschichtlich mit Inhalt füllen: *Zeit* und *Wahrheitsfähigkeit der Eliten.*

Erfahrungen brauchen ihre Zeit, wenn sie verarbeitet und integriert werden sollen. Was in den fünfziger Jahren an kritischer Konfrontation mit dem Nationalsozialis-

---

15 Burckhardt 1963, S. 30.

16 Der subjektive Erfahrungsbezug war dem Marxismus-Leninismus suspekt, da er als Grund aller Erfahrung „die objektive Realität" setzte und verlangte, dass der Erfahrungsbegriff in der Wissenschaft „nur eindeutig bestimmt und in eindeutig klaren weltanschaulichen Bezügen zu verwenden" sei (Klaus und Buhr 1972, 1. Bd., S. 309: Artikel *Erfahrung*). Aus der *Ausblendung* der Erfahrung bei Hegel wurde also, grob zusammengefasst, nach Marx die weltanschaulich-dogmatische *Festlegung* des Begriffs. Beides führt m. E. nicht weiter.

mus in Westdeutschland noch weitgehend unmöglich war, kommt vierzig Jahre später einigermaßen voran, bis hin zur Versachlichung der Diskussion über die Verbrechen der Wehrmacht. Was im individuellen Leben einige Jahre braucht, scheint im kollektiven Leben einige Generationen zu beanspruchen.[17] „Erfahrung ist die Dauer zwischen heilsamem Vergessen und heilsamem Erinnern," formulierte Adorno (1903–1969) in dem für ihn typischen Sprachstil,[18] der das Wesentliche scharf erfasst, gleichzeitig aber sozusagen suspendiert und den Leser damit nötigt, sich den Gedanken mit eigenen Mitteln zu eigen zu machen. Mit der Betonung der heilenden Wirkung, die sowohl im Vergessen als auch im Erinnern liegt, betont Adorno in diesem besonderen Fall das Gelingen der Integration schwieriger Erfahrungen, das ja keineswegs selbstverständlich ist, wie oben ausdrücklich erläutert wurde.

Doch die Zeit heilt nicht alles, und vor allem ergibt sich die Heilung nicht automatisch, von Natur aus; es bedarf vielmehr erheblicher Anstrengungen, des Muts und der Wahrheitsfähigkeit in Bezug auf die eigene Person und Tradition, mithin also einiger Verhaltensdispositionen, die keineswegs selbstverständlich zu mentalitätsgeschichtlichen Ausstattung des Menschen gehört. Im Entlarven von Schwächen, Vergehen und Fehlern bei anderen Menschen sind wir alle Meister; in der Konfrontation mit der Wahrheit, die für uns selbst in der einen oder anderen Weise peinlich ist, regredieren wir dagegen immer wieder in kindliche Verzagtheit, die überdies oft lügenhaft und trickreich überspielt wird. Die Historiker als eine Gruppe intellektueller Eliten bilden da leider keine Ausnahme. Inzwischen kann zwar über ihre aktive Beteiligung am Nationalsozialismus referiert und diskutiert werden; vor wenigen Jahren war das noch weitgehend unmöglich (Faktor Zeit!).[19] Aber der zwischenzeitlich entstandene Schaden für Deutschlands Geschichte im Allgemeinen und die historische Zunft im Besonderen scheint mir größer zu sein als der durch die kurzzeitige Konfrontation mit dem Verbrechen erzielte Wahrheitsgewinn, zumal dieser mehr von außen erzwungen als innerlich selbst gewollt wurde.

Meine Antwort auf die Frage, ob wir aus Geschichte bzw. aus geschichtlichen Erfahrungen lernen können, lautet nach diesen Befunden: Ja, gewiss, aber nur in dem Maße, wie es die gesellschaftlichen Umstände und die Wahrheitsfähigkeit der Subjekte es erlauben.

Neben dem intentionalen Lernen, dem Lernen-Wollen und Lernen-Sollen, das mehr zu Pädagogik und Didaktik gehört als zur Geschichtswissenschaft, gibt es

---

[17] Die glättende Wirkung des wachsenden Zeitabstandes in der Generationenfolge kommt recht anschaulich in einer neuen Untersuchung zum Ausdruck (Neumann 1999), die im psychologischen Beratungskontext einer Hochschule entstanden ist. Eine pointierte Zusammenfassung findet sich auf S. 191 ff.

[18] Adorno, *Minima moralia*, S. 63.

[19] Auf dem 42. Deutschen Historikertag 1998 in Frankfurt a. M. wurde erstmals vor einer größeren Öffentlichkeit über die nationalsozialistischen Verstrickungen deutscher Historiker referiert und diskutiert. Die Referate der Sektion wurden 2000 hrsg. von Schulze und Oexle.

natürlich auch ein gleichsam ungewolltes Lernen, das meistens als *Sozialisation* bezeichnet wird. Die dieser Lebenskomponente entsprechende Frage würde lauten: Welche Erfahrungen prägen und verändern uns? Welche Erfahrungen nötigen uns gleichsam, bisherige Sichtweisen aufzugeben und neue Einsichten zuzulassen? Das ist ein sehr weites Feld, und ich kann hier aus Zeitgründen nur auf eine Stelle in diesem Feld aufmerksam machen. Das ist der für die Ideengeschichte so wichtige *Zusammenhang zwischen Geschichtserfahrungen, Zukunftsperspektiven und Geschichtsdeutungen.* Welche Anerkennung genoss und genießt beispielsweise ein Autor wie Friedrich Nietzsche (1844–1900), der die Geschichte nicht sonderlich hoch einschätzte, dafür aber den Übermenschen erfand? Thomas Mann hat bald nach dem Zweiten Weltkrieg einen für unseren Argumentationszusammenhang interessanten Aufsatz geschrieben, dem er die Überschrift gab: „Nietzsches Philosophie *im Lichte unserer Erfahrungen.*"[20] Welche Erfahrungen damit angesprochen waren, das springt schon vor der Lektüre ins Auge: die Erfahrungen in der ersten Hälfte des 20. Jahrhunderts, die es uns verbieten, in Nietzsches Philosophie des „Werdet hart" als unschuldiges Gedankenspiel zu sehen. Nietzsches Verherrlichung des Krieges seien die „Phantasien eines *Unerfahrenen*", argumentiert Mann (S. 699), seine wütenden Attacken gegen Vernunft, Religion und Mitgefühl Produkte eines „infantilen Sadismus" (S. 700), die man um Gottes Willen nicht wörtlich nehmen dürfe.

Die Gründe für die Konjunktur bestimmter Autoren ermitteln, ihre Lehre rückblickend „im Lichte bestimmter Erfahrungen" deuten – derartige Ansätze eröffnen Einsichten in das *Fortschreiben und Umschreiben der Geschichte durch immer neue, unvorhersehbare Erfahrungen.* Besonders interessant wäre es in unseren Tagen, die Vordenker des Sozialismus „im Lichte unserer Erfahrungen" abermals zu lesen und zu deuten,[21] doch das würde jetzt zu weit führen. Auch müsste dabei das rhetorische „Wir" (im Lichte *unserer* Erfahrungen) differenziert und problematisiert werden; denn was für Thomas Mann noch ein Anlass zur Warnung war, ist manchen jungen Männern von heute vielleicht schon wieder eine erneute Aufforderung, Stärke, ja Brutalität zu demonstrieren. Wer ist „wir"? Inwieweit kann ich von mir auf andere schließen? Wie weit reichen transgenerationell allgemein-gesellschaftliche Erfahrungen? Wer lässt sich überhaupt auf sie ein?

6. Erfahrungen – neu im Fokus geschichtswissenschaftlicher Forschungsinteressen

Welchen Lern- und Veränderungsprozessen ist es zu danken, dass Erfahrungen seit einiger Zeit im Mittelpunkt geschichtswissenschaftlicher Forschungsinteressen ste-

---

[20] Thomas Mann, *Gesammelte Werke*, Bd. IX (Reden und Aufsätze, 1), S. 675–712. Hervorhebung P. S.-H.

[21] Vgl. in diesem Sinn etwa Dieckmann 1992.

hen? Eine Antwort, die in verschiedenen Untersuchungen übereinstimmend immer wieder genannt wird, lautet: Die große Erzählung alten Stils ist nicht mehr möglich; man würde sich damit lächerlich machen. In der Tat: Geschichtsschreibung als Heldensaga eines Königs oder Königshauses – wer würde sie heute noch ernst nehmen? Aber auch die Ruhmesgeschichte des Volkes, des Krieges und des Fortschritts würden inzwischen mehr Zweifel als Zustimmung auslösen. Sogar die Arbeiterklasse und die Frauen als emanzipatorische Hauptakteure der Geschichte sind von ihrem Anspruch zurückgewichen, einen oder sogar den maßgeblichen Trend der Geschichte forschend und erzählend vertreten zu können.[22]

In dieser generellen historiographischen Verunsicherung bieten sich in der Tat individuelle und gruppenspezifische Erfahrungen als neues Forschungsfeld an. Wie dieses zu erschließen ist, kann an einer Untersuchung von Carola Lipp exemplarisch skizziert werden. Im Rahmen eines von der Deutschen Forschungsgemeinschaft geförderten Projektes untersuchte Lipp den Zusammenhang von kommunalpolitischen Erfahrungen sowie lebensweltlichen Strukturen auf der einen Seite (Wohnort, Beruf, Mitgliedschaft in Vereinen, Rechtsstatus usw.) und politischer Aktivität während der Revolution 1848/49 in Esslingen auf der anderen Seite (Eingabe von Petitionen, Wahlbeteiligung, Übernahme von Funktionen u. ä.). Eine günstige Quellenlage ermöglichte ihr die Verknüpfung der Auswertung serieller Quellen mit der Analyse einzelner Lebensläufe. Die Ergebnisse bestätigen einerseits realhistorisch, was man vorab erwarten und vermuten konnte, dass sich nämlich vorrevolutionäre Aktivitäten und Erfahrungen günstig auf das Partizipationsverhalten während der Revolution auswirkten, wobei nicht ein einzelner Faktor den Ausschlag gab, sondern das Zusammenspiel mehrerer Faktoren. Beispiel (S. 110): „Die Personen mit den meisten (lokalpolitischen) Verbindungen beteiligten sich auch am häufigsten an Unterschriftenaktionen." Das ist plausibel, aber im Ergebnis selbstverständlich nicht alles. Die rechnerische Kombination der verschiedenen Daten erbrachte auch das eher überraschende Ergebnis, dass politische Abstinenz offenbar ansteckend ist. An der Wahl zur Nationalversammlung nahmen beispielsweise keineswegs alle Bürger teil, und diese Nichtwähler wohnten häufig im selben Haus oder in enger Nachbarschaft. Geringere „sozialpolitische Vernetzung" und nachbarschaftliche Kombination bildeten also einen „Erfahrungshintergrund", der das politische Verhalten maßgeblich beeinflusste.

In etwa dieser Weise könnten und sollten Erfahrungen als Geschichtskraft genauer erforscht werden. Lipps sozusagen handfeste Ergebnisse sollten allerdings nicht darüber hinwegtäuschen, dass wir erst am Anfang einer schwierigen Entwicklung stehen. Es sind vor allem neue Fragen, die sich aufdrängen, von Antworten

---

[22] Über die historiographische Eignung des Erfahrungsbegriffs wird interessanterweise besonders unter Historiker*innen* debattiert. Die 11. Schweizerische HistorikerInnentagung in Zürich, Februar 2002, ging der Frage nach, „ob und wie der Erfahrungsbegriff für Fragestellungen der Geschlechtergeschichte fruchtbar gemacht werden kann" („Call for Papers").

oder Methoden, wie diese Fragen zu bearbeiten wären, sind wir noch weit entfernt.
Dazu nur einige Stichworte:

> Wie lassen sich Erfahrungen in größeren Zusammenhängen erfassen?
Hypothetisch kann man beispielsweise behaupten, dass das weitgehende Misslingen
von revolutionären Umbruchversuchen in der deutschen Geschichte (Bauernkrieg
1525, Revolutionen des 18. und 19. Jahrhunderts, Attentat gegen Hitler u. a. m.) als
Erfahrung Einfluss ausgeübt hat und weiterhin ausübt. Die Frage ist aber: welchen
Einfluss bei welchen Menschen? Es scheint mir ferner unzweifelhaft zu sein, dass
Hiroshima als Erfahrung in der Weltpolitik bis heute eine Rolle spielt. Die Frage ist
aber: welche Rolle in welchen politischen Zusammenhängen?

> Ist Erfahrung ein Modetopos[23] und Erfahrungsgeschichte ein neuer The-
menbereich in der immer länger werdenden Kette geschichtswissenschaftlicher Ar-
beitsfelder (von der kirchlichen Heilsgeschichte, über Verfassungs-, Wirtschafts-,
Sozialgeschichte bis zur Geschichte des Klimas und des Fußballs und so weiter),
oder kündigt sich mit dem Interesse an Erfahrungen auch ein Wandel in unserer
Einstellung zur Geschichte an? Welcher Art ist dieser Wandel und welche Konsequenzen hätte er?

> Wie sieht es mit der beim Forschungsfeld *Erfahrungen* unausweichlichen In-
stitutionalisierung der interdisziplinären Zusammenarbeit aus? Meine persönliche
Beobachtung ist, dass Historiker und Historikerinnen generell für eine problemadä-
quate Erforschung von Erfahrungen methodologisch schlecht ausgerüstet sind,
zumindest bei jenen Themen, die eine existenzielle Betroffenheit implizieren (und
das ist häufiger der Fall, als man im Allgemeinen anzunehmen bereit ist). Die existenziell-persönliche, historisch-politische und historiographische Integration von
Erfahrungen ist mit der *Dynamik des Unbewussten* amalgamiert; diese wurde aber his-
toriographisch-argumentativ bisher überhaupt nicht berücksichtigt, nicht einmal
beim Thema „Verdrängungen".[24] Um die Problematik mit einem psychoanalytischen Fachausdruck zu kennzeichnen: Historiker erliegen, so sehr sie sich auch bemühen, bei schwierigen Themen und Erfahrungen ihren „Gegenübertragungen". [25]

> Können Erfahrungen typisiert und gewichtet werden, so dass die verschiede-
nen Kausalitäten und Auswirkungen etwas deutlicher als bisher in Erscheinung tre-

---

[23] Ein undifferenzierter Begriff von Erfahrung, der diffus vereinnahmt aber nicht aufklärt, findet
sich beispielsweise in den Essays von Karl-Dietrich Bracher. Wegen ihrer Allgemeinheit verweisen Ausdrücke wie „die Weimarer Erfahrung", „die deutsche Erfahrung", „die totalitäre
Erfahrung" usw. eher auf Abwehr als auf Aufarbeitung und realgeschichtliche Deutung. Vgl.
oben Fn. 10.

[24] Vgl. etwa Berghoff 1998. – Auch das von Hohls und Jarausch 2000 hrsg. Buch unterschlägt
die Problematik, von Randbemerkungen abgesehen, indem es den Historikern in Interviews
Gelegenheit zur Selbstdarstellung gibt, in der die Komplizenschaft des Verschweigens eher
klein geredet als in ihrer Tragweite bewusst gemacht wird.

[25] Ausführlicher zu diesem apodiktischen Urteil Gay 1989, S. 12.

ten? Welche Rolle spielen dabei Lebensalter und Lebenswelt, Alltags- und Sozialstruktur, Generationenwechsel und Epochenspezifik? Was wird als „normal" empfunden und daher als besondere Erfahrung gar nicht registriert?[26]

➤ Inwieweit verformen unsere eigenen Erfahrungen die Darstellung von Erfahrungen anderer Menschen? Kann beispielsweise ein amerikanischer Historiker-Zivilist wirklich verstehen, was Vietnam-Veteranen durchgemacht haben? Sind wir Männer wirklich in der Lage, die Unterdrückungsgeschichte der Frauen nachzuvollziehen? Reagieren wir Europäer nicht mit Verärgerung, wenn uns Afrikaner die bestialische Ausbeutungs- und Ausrottungsgeschichte des Kolonialismus vorhalten? Kann ein West-Historiker Substanzielles über Ost-Erfahrungen schreiben (und umgekehrt)? Ist die Erfahrung von Auschwitz überhaupt darstellbar?

Ich persönlich gehe diesen Fragen weniger auf der Objektebene als vielmehr auf der Subjektebene nach. Ich frage mich in Bezug auf die Geschichte unserer Disziplin: Welche Erfahrungen haben die „Väter" der Geschichtsdidaktik gemacht? Was haben sie produktiv integriert, was nicht? Welche Erfahrungen kann oder sollte ich meinerseits dem wissenschaftlichen Nachwuchs vermitteln?

7. Erfahrungen als Lebens- und Geschichtsgut

Zum Schluss möchte ich noch auf eine Eigentümlichkeit verweisen, die mir in Texten mit Erfahrungsreflexionen aufgefallen ist, sowohl bei mir selbst als auch bei anderen Autoren (vgl. etwa das Adorno-Zitat über den Ersten Weltkrieg): Wenn Erfahrungen ausführlicher zur Sprache kommen, handelt es sich vorwiegend um desintegrierte, mithin „schlechte" Erfahrungen. Die „guten" Erfahrungen werden hingegen wie ein selbstverständliches Lebensgut integriert und nicht weiter thematisiert. Auch in diesem Vortrag war das bisher die vorherrschende Tendenz. Reflexionen zum Thema *Geschichte und Erfahrungen* wären jedoch mehr als einseitig, wenn Erfahrungen als integriertes positives Lebensgut sowie Erfahrungen, die Mut machen, gänzlich unerwähnt und damit vor- oder gar unbewusst blieben.

Auch didaktisch wäre das ein eklatanter Mangel und Fehler, weil ja alle Menschen, insbesondere aber Heranwachsende, aufbauende, entwicklungsfördernde, den Lebensmut stärkende Erfahrungen brauchen, die ich in Konsequenz der bisherigen Überlegungen abschließend kurz sowohl auf der Inhalt-Objekt-Ebene als auch auf der Kommunikation-Subjekt-Ebene ansprechen will. Aufbauende Erfahrungen auf der Objektebene treten unter anderem dann in Erscheinung, wenn wir uns das Emanzipations- und Veränderungspotenzial einer Epoche bewusst machen, das erst

---

[26] Vgl. etwa Wolfrum 2000. Der Autor unterscheidet Politikgeschichte, Ideengeschichte, Strukturgeschichte und Erfahrungsgeschichte. Bezüglich der „Erfahrungsgeschichte" macht er u. a. darauf aufmerksam, dass Krieg etwa im 17. Jahrhundert als „Variante des Normalen" empfunden wurde.

in späteren Zeiten voll zur Geltung kommen konnte, denken wir an Arbeitsbedingungen und Wohnverhältnisse, Aufklärung und Gewissensfreiheit, Frauenbewegung und Menschenrechte, aber auch an enger begrenzte historisch-politische Entwicklungen wie etwa Südafrikas Weg in die Freiheit, der ja kein Geschenk des Himmels war, sondern das Ergebnis langer Kämpfe und vieler Opfer.[27] Die Geschichte ist voller Unvernunft, sie ist übervoll davon. Sie kennt aber auch die entsprechenden Alternativen,[28] und eben diese müssen verstärkt zur Sprache kommen, wenn Geschichtsunterricht auf der Objektebene zur Bildung einer produktiven Erfahrungsstruktur beitragen soll.

Dass mit dieser Perspektive keine neuen Verdrängungen ins Auge gefasst werden, versteht sich nach den bisher entwickelten Argumenten hoffentlich von selbst. Es geht nicht darum, Geschichte schön zu färben, sondern darum, den der Vergangenheit inhärenten Lebenselan samt seiner Fernwirkungen sichtbar zu machen. Mein eigenes Engagement ist nicht folgen- und zwecklos, auch wenn es augenblicklich nicht von Erfolg gekrönt ist, so etwa könnte die dem Unterricht zu Grunde liegende affektive Lehrabsicht zusammengefasst werden.[29]

Auf der kommunikativen Ebene der Lehr-Lern-Beziehungen sieht es nicht prinzipiell anders aus: Auch dort müssten „gute" Erfahrungen gemacht und bewusst gemacht werden, wenn sie lebens- und geschichtswirksame Kraft entfalten sollen. Jede Geschichtsstunde, die Spaß macht, ist ein Gewinn für die Entwicklung der jungen Menschen. Ich will damit nicht einer oberflächlichen Spaßkultur das Wort reden (Lernen ist ja oft, sehr oft, auch unausweichlich anstrengend), sondern nur darauf hinweisen, dass der Erfolg von Unterricht und Erziehung nicht so sehr von Belehrungen als vielmehr von Erfahrungen abhängt, deren Wert freilich oft erst im Nachhinein bewusst wird. Manchmal erkennen wir sogar erst retrospektiv im Alter, welche Lebens- und Lernerfahrungen uns gut bekommen sind und welche uns eher geschadet haben. Ein solches Erkennen voranzubringen, sowohl für die Gestaltung des Geschichtsunterrichts als auch zur Beratung der Politik, das wäre eine der geschichtsdidaktischen Zunft würdige Aufgabe.

---

[27] Es ist heutzutage umstritten wenn nicht sogar verpönt, geschichtliches Lernen anhand von Persönlichkeiten zu organisieren, die uns Bewunderung abnötigen. Vorsichtig dosiert und kommentiert ist m. E. jedoch überhaupt nichts dagegen einzuwenden, wenn etwa Nelson Mandelas Biographie bzw. Autobiographie Thema einer Unterrichtseinheit wäre.

[28] Kriege wurden nicht nur geführt, sie wurden auch vermieden – das beweist uns zum Beispiel die Historische Friedensforschung, die den normativen Bezug ihrer Forschungen betont und damit einen eigenen Arbeitsbereich konstituiert hat. Exemplarisch sei verwiesen auf den Doyen der Historischen Friedensforschung Jost Dülffer und seine Aufsatzsammlung von 2003.

[29] Erfahrungen in der Geschichte, die wir als Lehrende inhaltlich auswählen, gehen allerdings nur mit unbestimmter Wirkkraft in die Sozialisationserfahrungen auf der Subjektebene ein. Das wird manch einen nicht so recht befriedigen. Doch das Ertragen der Ungewissheit scheint mir produktiver zu sein als eine aufgesetzte Erfolgssicherheit, die sich empirisch sowieso nicht nachweisen lässt.

XIII. Zur Problematik des „Durcharbeitens" lebensgeschichtlicher Erfahrungen

„... Erfahrung, die Dauer zwischen heilsamem Vergessen und heilsamem Erinnern."
(Adorno, Minima moralia – Reflexionen aus dem beschädigten Leben,
Erster Teil, 33. Text)

1. Ansatz

Im Allgemeinen wird für das, was ich hier vortragen möchte, nicht der Begriff „Durcharbeiten" verwandt, sondern der Begriff „Aufarbeitung", der sich seit Adornos bekanntem Aufsatz aus dem Jahre 1959 durchgesetzt und andere Begriffe wie Vergangenheitsbewältigung ersetzt hat. Ich ziehe es trotzdem vor, mit Sigmund Freud von Durcharbeiten zu sprechen, weil dieses Wort, so wie es ursprünglich gemeint war, von vornherein verhindert, dass wir uns mit den schuldhaften Verstrickungen anderer Menschen beschäftigen, anstatt auf die eigene Geschichte zu schauen. Geschichte *aufarbeiten*, das ist, überspitzt zusammengefasst, Vergangenheitsaufklärung ohne Mitarbeit der eigentlichen Akteure. *Durcharbeiten* von Geschichte setzt dagegen in der eigenen Erfahrung an. Es geht vom eigenen Tun aus. Es sucht sich der lebensgeschichtlichen Komponenten im geschichtlichen Thema bewusst zu werden und enthält sich des Vorwurfs an andere.

2. Rückgriff

Wie eben schon kurz angedeutet, entstammt der Begriff des Durcharbeitens nicht der Geschichtswissenschaft oder einer anderen der Historie zugewandten Disziplin, sondern der Psychoanalyse. 1914 formulierte Freud „Weitere Ratschläge zur Technik der Psychoanalyse" mit der inhaltlichen Spezifizierung *Erinnern, Wiederholen, Durcharbeiten*. Dieser begriffliche Dreiklang hat sich im Folgenden durchgesetzt und findet wegen seiner aufklärerischen Programmatik zunehmend auch außerhalb des psychoanalytischen Geltungsbereiches Gehör.

Durchzuarbeiten seien nach Freud vor allem die sogenannten „Widerstände" des Patienten, der unerledigte Lebenskonflikte wiederholend agiert (wichtig ist dabei vor allem die „Übertragung" auf den Arzt), die vollständige Erinnerung der ursprünglichen Konstellationen einschließlich der damit verbundenen „Triebregungen" aber zurückhält, weil sie in der einen oder anderen Weise Unlust erzeugen würden. Der Arzt solle, so rät Freud seinen psychoanalytisch arbeitenden Kollegen, den für ihn deutlich sichtbaren Widerstand benennen, sich aber nicht der Illusion hingegeben, dass damit auch der Widerstand selbst schon überwunden sei. Mit dem Diagnostizieren und *Durcharbeiten der Widerstände* beginne vielmehr ein besonders hartes Stück Arbeit, das allerdings auf den Patienten „die größte verändernde Einwirkung" ausübe.

3. Problemstellung

Für uns stellt sich sofort und geradezu gebieterisch die Frage, inwieweit ein derartiges Therapie-Instrumentarium, das für die eigentümliche psychoanalytische Gesprächssituation entwickelt wurde, aber sogar hier keine unumschränkte Geltung mehr beanspruchen kann, auf historisch-politische Konstellationen im Allgemeinen und lebensgeschichtliche Erfahrungen im Besonderen übertragen werden kann. *Wer* wäre beim Durcharbeiten der geschichtlich-lebensgeschichtlichen Vergangenheit der Arzt und wer der Patient? Kann man überhaupt etwas „durcharbeiten", wenn es den konstitutiven Dialog zwischen Arzt und Patient gar nicht gibt und damit auch die treibende Kraft der Übertragung fehlt? *Was* wäre inhaltlich im öffentlichen Diskurs durchzuarbeiten? Ist der sogenannte *Widerstand* des Patienten auf der Couch gegenüber „verdrängten Triebregungen" dasselbe, und sei es nur ungefähr, wie etwa das Verschweigen oder Verharmlosen politisch inkriminierter Tatbestände, wie sie u. a. bei der Erforschung früherer Unrechtsysteme ans Tageslicht kommen? Oder ist vielleicht, summa summarum, eine Übertragung des psychoanalytischen Setting auf den öffentlichen Diskurs von vornherein verfehlt?

Ich werde im 11. Abschnitt mit einigen Thesen auf diese Fragen eingehen. Zuvor soll aber die Vielschichtigkeit des Thematik anhand einiger Inhaltsbeispiele bewusst gemacht werden. Im Hinblick auf das Tagungsthema mache ich meine Überlegungen an einer bestimmten Generation und Bevölkerungsgruppe fest, nämlich an den Kindern der nationalsozialistischen Täter, geboren etwa zwischen 1935 und 1945. Das ist ein recht großer Personenkreis, wenn man nicht nur die politisch verantwortlichen Hauptakteure des Nationalsozialismus in Betracht zieht, sondern darüber hinaus auch Mitläufer und Profiteure des Geschehens, niedere Dienstgrade und Befehlsempfänger, Schreibtischtäter und Vordenker des Holocaust, die sich alle auf die eine oder andere Weise schuldig gemacht haben. Im weitesten Sinn sind wahrscheinlich die meisten der hier Anwesenden Kinder oder Kindeskinder von Tätern, wenn auch selbstverständlich in sehr verschiedenen Abstufungen, vom eher marginalen Involviertsein bis hin zur direkten Betroffenheit wie etwa bei mir, der ich Sohn eines SS-Mannes und einer NS-begeisterten Mutter bin.

Welche Einsichten aber auch welche Probleme ergeben sich, wenn man die Lebensgeschichten dieser Menschen durch die Brille des Durcharbeitens betrachtet und darüber hinaus fragt, welchen Gewinn diese Betrachtung für Geschichte und

Geschichtsschreibung im Allgemeinen haben könnte? Sehen wir uns zuerst einen Inhalt, der genauer durchzuarbeiten wäre, etwas genauer an.

4. Sehnsucht nach dem abwesenden und gleichzeitig übermächtigen Vater

Es gibt inzwischen zahlreiche Publikationen, die eine Auseinandersetzung mit der familiären NS-Tradition in der Ich-Perspektive dokumentieren. Als Beispiel nenne ich Kurt Meyer: *Geweint wird, wenn der Kopf ab ist. Annäherungen an meinen Vater – „Panzermeyer" – Generalmajor der Waffen-SS*. Das Buch zeigt eindrucksvoll, wie heftig die NS- und SS-Väter geliebt wurden und wie schwer es ist, mit dem psychologischen „Erbe", das sie hinterlassen haben, fertig zu werden. Eine Besonderheit der Art und Weise, wie Kurt Meyer das Problem angepackt hat, besteht darin, dass er ein fingiertes Gespräch mit dem inzwischen längst verstorbenen Vater entwickelt, ihn also direkt anspricht und so zur Rechenschaft zieht, mithin nachzuholen sucht, was zu Lebzeiten nicht stattgefunden hat.

Ein Textbeispiel:

> „Meine erste Begegnung mit dir, an die ich mich aber nicht erinnern kann, denn ich war erst ein Jahr alt, fällt noch in die Zeit des Prozesses, in dem du dich für die Verbrechen der dir untergebenen Soldaten verantworten musstest. Ich soll nach deinen Schulterstücken gegriffen haben. Jahre später, 1952, kamst du wirklich ‚auf Heimaturlaub'. Ich war sieben Jahre alt und ich wusste nicht, was das war, ein Vater." (S. 19)

Mit der Leitvorstellung des Durcharbeitens ist Meyer insofern verbunden, als er nicht über „die" Deutschen, den Hang „des" Menschen zur Gewalt oder ähnliche Unverbindlichkeiten schwadroniert, sondern bei den eigenen Ambivalenzen ansetzt und die Unnahbarkeit des Vaters als gefühlte Abwehr in sich selbst thematisiert. Meilenweit entfernt vom Durcharbeiten ist Meyer jedoch insofern, als ein *virtueller* Dialog den *realen* Dialog mit dem Therapeuten nicht ersetzen kann und früher oder später in Selbstreferenzen stecken bleiben muss.

Der künstlich belebte Vater wirft mit seiner faktischen Stummheit den Fragenden immer wieder auf sich selbst zurück. Die Sehnsucht nach dem Vater wird erinnert und wiederholt, etwa so wie Freud es beschrieben hat, aber eben nicht analytisch durchgearbeitet und in neuer Bewusstseinskonstellation integriert. Ein Symptom für das unaufgelöste Spannungsverhältnis des Sohns zum Vater ist m. E. schon der Buchtitel, dieser grausige Ausspruch des Vaters als tradiertes Lebensleitmotiv. Derartige Zitate unreflektierter Aussprüche sind zwar gegenwärtig gang und gäbe[1]; die

---

[1] Eine exzessive Verwendung dieses Stilmittels, das Authentizität demonstriert und den Deutungsprozess damit aber eher blockiert als vorantreibt, findet sich beispielsweise bei Dörr

publizistische Üblichkeit hebt den Mangel an reflexiver Distanzierung m. E. jedoch nicht auf, im Gegenteil: Sie dokumentiert nur, wie schwer die Erfahrungen früherer Generationen auf uns lasten und wie sie uns in Verhaltensrichtungen drängen, die nicht dem eigenen Willen, sondern unbewussten Identifizierungen entspringen.

Das *acting out* als besonders starkes Hindernis fürs Durcharbeiten hat viele Formen wie auch die Abwehr im Allgemeinen nicht ein in sich geschlossener monolithischer Mechanismus ist, sondern in recht unterschiedlichen Reifegraden eingesetzt wird. Ich will nicht sagen, dass sich jeder, der dem Wiederholungszwang entgehen will, zur Psychoanalyse auf die Couch legen müsste, sondern nur darauf hinweisen, dass wir uns nicht wie Münchhausen selbst aus dem Sumpf ziehen können, sondern einen ebenso empathischen wie autonom-widerständigen *Gesprächspartner* brauchen, oder ganz allgemein: eine *Gesprächskultur*, die das vertrauensvolle Sich-Öffnen zulässt und pflegt und nicht von vornherein angstvoll unterbindet.

Diese kritische Perspektive gilt retrospektiv auch für viele meiner eigenen Arbeiten, mit denen ich die Mauer der Geschichte introspektiv zu durchbrechen suchte. Was bei Meyer das erfundene Gespräch mit dem toten Vater ist, das ist bei mir, strukturell durchaus ähnlich, die Forderung nach „authentischen Gesprächen" im Geschichtsunterricht[2] – ein für viele Didaktiker-Kollegen begreiflicherweise recht befremdliches Ansinnen, dessen Interpretationsbedürftigkeit mir erst im Nachhinein deutlich wurde.

1998. Jede Lebensgeschichte wird unter ein selbstreferenzielles Zitat gestellt, z. B.: „Da musst du durch, das Leben geht weiter" (I, S. 223); „Es ist nicht nötig, dass ich lebe, wohl aber, dass ich meine Pflicht tue" (I, S. 270); „Ich wollte immer ganz echt sein" (I, S. 333) usw. Der Titel des Gesamtwerkes, das eine erstaunliche Lebensleistung darstellt, wird am Ende des 3. Bandes erläutert (S. 469). Es handelt sich um einen Satz, „den fast alle Frauen so oder ähnlich formulierten: ‚Wer die Zeit nicht miterlebt hat, kann sich das gar nicht vorstellen, kann uns gar nicht verstehen.'" Beim übermäßigen Zitieren wird *Empathie* als Ausgangspunkt für aufklärende Deutung offenbar verwechselt mit reproduktiver, identifikatorischer *Emphase*, die nach der hier entwickelten Perspektive auf Abwehr beruht.

2   Zwei TU-interne Hefte unter dem Titel „Geschichte, Psychologie und Lebensgeschichte" (Bd. I 1988, Bd. 2 1995) enthalten die diesbezüglich relevanten Aufsätze, u. a. den im Journal für Geschichte 1/1987 erstmals abgedruckten Aufsatz: *Die Bedeutung von historischen Inhalten für unser Leben. Von der „didaktischen Analyse" zum „authentischen Gespräch".* Auch der Begriff „Geschichtsanalyse" bzw. „geschichtsanalytisch" findet hier, in der Aufsatzsammlung von 1995, seine erste Bestimmung.

5. Die persönliche Kraft des Standhaltens und die Erträglichkeit der Schuldlast: zwei Faktoren, die für das Gelingen des Durcharbeitens wichtig sind

Die Verdrängungswiderstände der Täter-Kinder wuchsen mit der juristisch-tatsächlichen und moralischen Schuld der Eltern. Je übler und krimineller das war, was die Eltern auf dem Gewissen hatten (meistens handelt es sich um den Vater), umso schwieriger war es für die Täter-Kinder,

➢ die Tatsachen voll konfrontativ anzuerkennen,
➢ die Bedeutung dieser Tatsachen für das eigene Leben durchzuarbeiten,
➢ Wut, Angst und Schuldgefühle, die dabei freigesetzt wurden, auszuhalten,
➢ unumgängliche Trauerarbeit zu leisten, um so, schließlich und endlich,
➢ die Fremdbestimmung durch die Eltern zu überwinden und eine eigene Identität zu entwickeln.

Ich möchte diese Problemsstufen mit dem Hinweis auf zwei Beispiele verdeutlichen, die recht gut dokumentiert sind und daher im Einzelnen überprüft werden könnten. Zunächst das Beispiel mit einem unbefriedigenden Ausgang. Es handelt sich um Herrn A, der wegen manifester Arbeitsstörungen ärztliche Hilfe nachsuchte und sich in die Psychoanalyse begab[3]. Schon der Einstieg ist ein Signal; denn dass in der verbrecherischen Nazi-Vergangenheit des Vaters, die nur bruchstückhaft und zögernd ans Tageslicht kommt, ein wesentlicher Grund für die Arbeits- und Lebensstörungen liegen könnte, wird bis zum Ende nicht ihrer Bedeutung gemäß thematisiert, von einer Integration des Desintegrierten ganz zu schweigen. Es stellt sich heraus, dass der Vater von Herrn A. als Lagerarzt in einem KZ an medizinischen Menschenversuchen beteiligt war. Einige Tatsachen kommen also ans Tageslicht, affektive Regungen lösen sie beim Patienten aber nicht aus. Er sagt: „Auf mich wirkt das alles so unwirklich, als erforsche ich die Geschichte eines Nachbarn. Ich bringe das in mir nicht zusammen, dass das mein Vater sein soll, der das früher getan hat. Als gehe es dabei um zwei verschiedene Menschen."[4] Auch Rückfragen bei der Mutter, die noch lebte, brachten ihn nicht weiter. Er schützte die Mutter wie zuvor den Vater, verbuchte alle Schwierigkeiten als sein persönliches Versagen und opferte auf diese Weise seine eigene Selbstentwicklung.

Ganz anders die bekannte Geschichte der Dörte von Westernhagen, die mit ihrem autobiographisch-reflexiven aber auch sachlich-objektivierenden Buch *Die Kinder der Täter* einen Meilenstein in der Gesellschaftsgeschichte des Durcharbeitens gesetzt hat. Westernhagens Vater war Offizier der Waffen-SS, an gerichtsnotorischen Verbrechen direkt aber nicht beteiligt; jedenfalls ergaben diesbezügliche Recherchen kein eindeutiges Ergebnis. Er starb in den letzten Kriegstagen bei einem

---

3 Bohleber in Rüsen und Straub 1998, S. 256–274.
4 Bohleber, S. 271.

Tieffliegerangriff. Nachdem das Tor zur Geschichte der eigenen Familie als konsti-
tutives Element der allgemeinen Geschichte einmal geöffnet war, gab es für Westernhagen offenbar kein Halt mehr: Mit unerhörter Energie rannte sie förmlich gegen das bislang Verdrängte an, und zwar sowohl auf der Objektebene der
Geschichte als auch auf der Ebene des eigenen Subjekt-Involviertseins. Diese ebenso aggressive wie intelligente Entschlossenheit, den Dingen auf den Grund zu gehen, verbunden mit der Tatsachenkonstellation, dass das Maß der väterlichen Verfehlungen erträglich blieb, führten schließlich zum Erfolg insofern, als das
unerledigt-quälerische Liebesverhältnis zum Vater aufgelöst und ein neuer ganz eigener Weg eröffnet werden konnte.

Bevor sich Westernhagen mit anderen Biographien von Täter-Kindern ausei-
nandersetzt, nimmt sie sozusagen symbolisch Abschied von ihrem Vater und
schreibt (S. 93):

„Ich hatte eine bestimmte Zeitspanne mit dem Vater verbringen können, weil das ‚Jenseitsbü-
ro' das ursprünglich vorgesehene, reguläre Zusammentreffen mit ihm übersehen hatte. Ich
hatte ihn, wie es sich für eine ordentliche Liebesgeschichte gehört (...), verehren, verachten,
begehren und hassen dürfen. Jetzt war die Frist um; Zeit, vom Vater, wie ich ihn kennenge-
lernt hatte, Abschied zu nehmen."

Es folgt zur Bekräftigung der Zäsur ein Gedicht von Keilson, das so beginnt:

„In den tagen des november – wenn es kalt wird – denke ich deines todes – vater ...‘‘

6. Deutsche Historiker

Ich möchte jetzt von einzelnen Täter-Kindern und ihren leiblichen Eltern zur kollektiven und metaphorischen Dimension der Thematik übergehen, die u. a. dann
schlaglichtartig deutlich wird, wenn wir an unsere Doktor-„Väter" und -„Mütter"
denken. Eine Berufsgruppe, die den Verdrängungswiderstand besonders lange und
hartnäckig aufrecht erhalten hat, ist die der Historiker. Erst 1998, auf dem Historikertag in Leipzig, ist mit dem Eröffnungsreferat des Vorsitzenden Johannes Fried
und der großen Sektion über deutsche Historiker im Nationalsozialismus[5] ein
Durchbruch erzielt worden; dementsprechend stark war das allgemeine Publi-
kumsinteresse. Haben die Historiker damit die Anstrengung des Durcharbeitens auf
sich genommen und sich dabei als Zunft strukturell etwa so verändert, wie Freud es
von seinen Analyse-Patienten erwartet hat?

Wir dürfen und müssen da wohl aus mehreren Gründen skeptisch sein. Erstens
läuft die kollektive Selbstreflexion nach anderen Gesetzen ab als die individuelle

---

[5]   Die Referate der Sektion wurden von Schulze und Oexle 1999 herausgegeben.

Psychoanalyse. Wenn hier schon, im Bereich des Individuell-Therapeutischen, kein schnell gelingendes Durcharbeiten garantiert ist, sondern meistens mehrere Wellen und Schübe erforderlich sind, um wenigstens Teilerfolge zu erzielen, dann ist beim geschichtsanalytischen Durcharbeiten, wo der eine den anderen eher zurückhält als anspornt, mit um so mehr Erschwernissen zu rechnen[6]. Was in der individuellen Psychoanalyse Einzelstunden oder wenige Jahre sind, das muss in der Geschichtsanalyse nach Dezennien berechnet werden.

Zweitens ist die Historiker-Zunft für ein individuelles oder gar kollektives Durcharbeiten ihrer eigenen Geschichte methodologisch schlicht und einfach schlecht ausgerüstet, von menschlichen Qualifikationen, die hierzu auch nötig sind, einmal ganz abgesehen. Die Folgen der Komplizenschaft des transgenerationellen Verschweigens werden stark unterschätzt; eine introspektive Deutung ihrer Bedeutung bleibt außen vor. Es ist schon erstaunlich, mit welchem naiven Selbstbewusstsein beispielsweise ein renommierter Historiker wie Wehler sich daran erinnert, ein begeisterter Hitler-Junge gewesen zu sein[7], ohne dass er dabei die Möglichkeit des Einflusses dieser Erfahrung auf eigene Lebens- und Forschungsrichtungen überhaupt nur in Erwägung zieht. Die nach dem Historikertag von 1998 publizierten Interviews brechen in der Regel genau da ab[8], wo das Durcharbeiten und die Selbstveränderung beginnen müssten[9], was freilich weniger den Personen vorzuwerfen als vielmehr auf die vorab festgelegte Form des Interviews zurückzuführen ist. Interviews der üblichen Art fördern und begleiten keinen Reflexionsprozess[10], sondern fragen den erreichten Erkenntnisstand ab. Sie regen keine Selbst*zweifel* an, sondern

---

[6] Freud hat in anderen Texten, die sich mit dem Verdrängungswiderstand beschäftigen, mit einem etwas provozierenden Ausdruck auf die „Klebrigkeit der Libido" hingewiesen (a. a. O., S. 381, vgl. auch weitere Textstellen zum Widerstand mit Hilfe des Index), das heißt auf die psychische Trägheit vieler Menschen, die es nicht schaffen, bestimmte Besetzungen aufzugeben. Diese Trägheit wird durch die meisten Kollektive, wenn sie einmal etabliert sind, m. E. eher verstärkt als vermindert.

[7] Hohls und. Jarausch (Hrsg.) 2000, S. 240.

[8] In ihrer Einleitung diagnostizieren die Herausgeber selbst verschiedene Ausweichmanöver (Verflüchtigung der Antworten ins Allgemeine, kontrollierte Vorsicht bei schmerzhaften Topoi usw.). Der Widerstand wird damit aber nicht problematisiert, geschweige denn überwunden. Wenn darüber hinaus festgestellt werden konnte, dass die Interviewpartner „den Rückblick auf ihre eigene Jugend zu genießen schienen" (S. 29), wird deutlich, wie weit die Zunft vor einem effektiven Durcharbeiten ihres früheren Tuns noch entfernt ist.

[9] Voller Apologetik und Selbstrechtfertigungen sind beispielsweise die Erklärungen Michael Stürmers (S. 358–382). Für ihn gibt es nur Opfer, für deren Tun und Lassen man Verständnis haben muss. Seiner Meinung nach regen die Debatten über Historiker im Nationalsozialismus „keinen vernünftigen Menschen mehr auf" (S. 367). „Sie haben sich verführen lassen – so sind Menschen" (S. 363).

[10] Daneben gibt es natürlich auch tiefenpsychologisch fundierte Interviews bzw. Gespräche, die auch die Position des Fragenden als wichtigen Einflussfaktor zu berücksichtigen suchen. Exemplarisch sei verwiesen auf: Rosenthal (Hg) 1997.

fordern zur Selbst*darstellung* auf. Selbstdarstellungen aber sind unausweichlich selektiv und apologetisch[11].

Der größer werdende Abstand der Jahre wird, dessen bin ich ziemlich sicher, auch den Verdrängungswiderstand mindern. Mit dem Thema sind wir längst noch nicht fertig.

7. Was geschieht mit nicht-durchgearbeiteten Erfahrungen?

Etwas ganz anderes als Interviews mit standardisierten Fragen sind tiefenpsychologische Gespräche, wie sie u. a. der israelische Psychologe Dan Bar-On mit Kindern der Täter geführt hat[12]. Zur Einschätzung der in der Auseinandersetzung mit der Vergangenheit erreichten psychischen Konstellation hat er eine Rating-Skala von fünf Stufen entwickelt, die – grob zusammengefasst – folgende Bezeichnungen haben:

➤ Anerkennen der Tatsachen,
➤ Verstehen der moralischen Bedeutung dieser Tatsachen,
➤ emotionale Beteiligung,
➤ Konfliktverarbeitung sowie -ausgleich und schließlich
➤ Integration von Wissen, Bedeutung und emotionalen Reaktionen[13].

Nur zwei von 46 Täter-Kindern, die sich auf die tiefenpsychologischen Gespräche eingelassen hatten, waren bis zur Stufe fünf gekommen, die anderen waren auf der einen oder anderen Stufe gleichsam stehen geblieben. Das ist ein besorgniserregendes Ergebnis, das u. a. zu der geschichtsanalytisch komplexen Frage Anlass gibt, was weiter mit den nicht verarbeiteten Komplexen geschieht? Gehen sie im Laufe der nachfolgenden Generationen einfach unter oder generieren die kruden, unverdauten Gewaltbilder neue faktische Gewalt?

Wir wissen es nicht genau. Wir können es nicht wissen, weil erstens die Geschichte des Transfers spezifischer Erfahrungen bislang überhaupt noch nicht erforscht wurde (von psychoanalytischen Einzelfallstudien einmal abgesehen) und weil zweitens mit jeder Generation neue Erfahrungskomplexitäten entstehen, die ganz unerwartete Handlungsspielräume eröffnen und den linearen Transfer der Verdrängungen unterbrechen. Als Entlastung von der Pflicht, sich kritisch und selbstkritisch der eigenen Geschichte zu stellen, sollte diese Unsicherheit freilich nicht verstanden werden, im Gegenteil; denn die Gefahr, dass unbewältigte Erfah-

---

[11] Die methodologisch reflektierte Oral-history-Forschung berücksichtigt diese Schwierigkeiten. Mit Hilfe einer eigenen Zeitschrift (BIOS = Zeitschrift für Biographieforschung und Oral History, Verlag Leske und Budrich, Leverkusen) werden die Erkenntnismöglichkeiten kontinuierlich diskutiert und weiter entwickelt.

[12] Dan Bar-On 1989 (deutsche Übersetzung im Campus-Verlag: *die Verschwörung des Schweigens*).

[13] In dieser Zusammenfassung übernommen aus Neumann 1999.

rungskomplexe kumulativ ineinander greifen und verhängnisvolle Weichenstellungen induzieren, ist m. E. doch offenkundig. Der Aufstieg des Nationalsozialismus und der Weg in den Zweiten Weltkrieg ist ohne eine derartige Addition und Verschränkung nicht-durchgearbeiteter Erfahrungen in meiner Sicht nicht zu verstehen, denken wir an

➢ die Schwierigkeit der Frontsoldaten, ihre Horrorerfahrungen schnell und wirksam in den öffentlichen Diskurs einzubringen und diesen damit zu verändern; an

➢ die Scham der unerwarteten Niederlage und ihre Abwehr durch die Dolchstoß-Legende; an

➢ die Unerträglichkeit der Schuldzuweisung durch die Alliierten, an den Hass auf Versailles und das Rachegeschrei in fast allen Lagern; an

➢ die Fortdauer der Kriegsstimmung (der Weltkrieg wurde 1918/19 unterbrochen, aber nicht wirklich beendet; der Frieden wurde nicht verinnerlicht); an

➢ Fortdauer autoritärer Gesellschaftsstrukturen und an

➢ das frustrierte Streben nach Sieg, Ruhm und Weltmacht.

Der Akkumulation unverarbeiteter Erfahrungen diskursiv begegnen – das müsste nach den Katastrophen des 20. Jahrhunderts zu den Inhalten und Zielen jeglicher Geschichtspolitik im 21. Jahrhundert gehören!

8. Erfahrungsverarbeitungen als transgenerationelle Aufgabe

Theodor Adorno (1903–1969) schrieb in seinen *Minima moralia*, dass „eigentliche Erfahrung" in den Materialschlachten des Ersten Weltkriegs nicht mehr möglich gewesen sei und dass sich diese Unmöglichkeit im Zweiten Weltkrieg wiederholt, bestätigt und verstärkt habe. Unter „eigentlicher Erfahrung" verstand Adorno offenbar die produktiv integrierte Erfahrung, die Erfahrung als Lebensbereicherung, die nicht zu Stande komme, wenn die auf den Menschen eindringenden Eindrücke zu heftig sind, so dass die inneren Verarbeitungskräfte überwältigt und paralysiert werden. Der Krieg aber habe überall, mit jeder Explosion, „den Reizschutz durchbrochen, unter dem Erfahrung, die Dauer zwischen heilsamem Vergessen und heilsamem Erinnern, sich bildet. Das Leben hat sich in eine zeitlose Folge von Schocks verwandelt, zwischen denen Löcher, paralysierte Zwischenräume klaffen. Nichts aber ist vielleicht verhängnisvoller für die Zukunft, als dass im wörtlichen Sinn bald keiner mehr daran wird denken können, denn jedes Trauma, jeder unbewältigte Schock der Zurückkehrenden ist ein Ferment kommender Destruktion."[14]

Diese düstere Vision enthält wohl einen empirisch wahren Kern und eine Mahnung für die Zukunft, aber keine resignative Festschreibung der Geschichte, auch

---

[14] Adorno 1997 (23. Auflage), S. 63.

wenn der Hoffnungsvorbehalt nur als leises „vielleicht" zum Ausdruck kommt. Dass ein Trauma sich nicht als „Ferment kommender Destruktion" auswirke, erscheint nach den hier entwickelten Reflexionen immerhin im Horizont des Möglichen. In der Erfahrung als Dauer zwischen heilsamem Vergessen und heilsamem Erinnern liegen ja nicht nur einige individuelle Lebensjahre, sondern darüber hinaus Aufgaben des Generationentransfers, für den fünfzig Jahre überhaupt kein Limit sind. Die „Heilungschancen" beim Generationentransfer wachsen in dem Maße, wie das Durcharbeiten je eigener Verdrängungswiderstände gelingt.

9. Ein Blick auf die Kinder der DDR – Subjektive Erfahrungen und objektive Geschichte

Wahrscheinlich wird beim Thema *Durcharbeiten lebensgeschichtlicher Erfahrungen* auch ein Wort über die Notwendigkeit des selbstkritischen Umgangs mit der DDR-Vergangenheit erwartet, doch genau das kann von meiner Seite aus nicht geboten werden, jedenfalls nicht inhaltlich, weil ich mit der DDR-Geschichte direkt wenig zu tun habe. Meine Themen als „Wessi" sind u. a. die Spaltung Deutschlands und die hysterisierten Feindbildprojektionen des Kalten Krieges, aber nicht die DDR als Sackgasse deutscher Geschichte. Damit müssten sich jene beschäftigen, die sich selbst in diese Sackgasse manövriert haben oder da hinein manövriert wurden, sowie deren Kinder und Kindeskinder. Eine Aufgabe und Schwierigkeit des Durcharbeitens bestünde darin, die subjektiven Erinnerungen und Alltagserfahrungen, über die kein Wessi verfügt, mit den objektiven Tatsachen zusammen zu bringen und den dabei aufbrechenden emotionalen Konflikt durchzustehen. Ein diesbezüglich illustratives Beispiel findet sich in den Publikationen von Christa Wolf, die ein kurzzeitiges Paktieren mit der Stasi glatt aus ihrem Gedächtnis gestrichen hatte und dieses „Vergessen" später selbst nicht mehr fassen konnte. Um den Dingen auf den Grund gehen zu können, stellte sie ihren eigenen Fall dem bekannten Psychoanalytiker Paul Parin vor und fragte ihn, ob und wie „so etwas" überhaupt möglich sei, nämlich etwas total zu vergessen bzw. zu „verdrängen", und ob das glaubhaft sei.

Parin gab der illustren Fragestellerin bereitwillig Auskunft, soweit das außerhalb des Sprechzimmers möglich war, und schrieb u. a.:

> „Verdrängung ist ein wichtiger, vielleicht der wichtigste psychische ‚Mechanismus', d. h. sie geht automatisch vor sich, ohne dass man etwas von dem Vorgang bewusst wahrnimmt. Will man während einer Analyse Verdrängungen rückgängig machen, sind ‚Widerstände' zu überwinden. Darum ist eine so lange ‚Arbeit' dazu nötig. Die Verdrängungswiderstände leiten sich vom ursprünglichen Grund zur Verdrängung und von später – während der Analyse – konstellierten Gründen ab: Scham- und Fremdheitsgefühle gegen den verdrängten Inhalt. (...) Ob man Ihnen glauben wird, dass Sie z. B. Ihren Decknamen vergessen hatten? Je nachdem wer und mit welchen Motiven. Ganz allgemein ist ein Zweifel daran, auch unter intelligenten Personen, dass so etwas wie Verdrängung überhaupt vorkommt. Wenn so jemand sich einer

Psychoanalyse zu unterziehen versucht – was immerhin vorkommt –, gerät der oder die aus dem Staunen nicht heraus, ‚also doch, auch bei mir.' (...)."[15]

Ganz in seiner Rolle als professioneller Psychoanalytiker empörte Parin sich nicht über diejenigen, die Christa Wolf das Vergessen bzw. Verdrängen nicht abnehmen wollten, sondern wies vielmehr auf die weit verbreitete Skepsis gegenüber dem Phänomen der Verdrängung hin, mit der man eben zu rechnen habe, bei sich selbst und bei anderen.

Was mich bei Christa Wolf, ähnlich schon wie bei Westernhagen beeindruckt, ist die zupackende, konfrontative Vergegenwärtigung der verdrängten Vergangenheit im Medium des Fragens, Denkens und Schreibens. Dabei werden den kommunikativen Ressourcen der Gesellschaft (Freundschaften, Sachverständige, öffentliche Kritik) Funktionen zugewiesen, die in der Langzeitanalyse der Arzt hinter der Couch wahrnimmt. Intensiv mit sich und in sich selbst arbeitende Menschen lassen sich gewissermaßen von den eher beiläufigen Einlassungen ihrer Umgebung in ähnlicher Weise anregen wie von psychoanalytischen Interventionen. Das ist allgemein wichtig für die Aufarbeitung der Vergangenheit, die ja auch ohne Psychoanalysen voran kommen muss, und verweist auf die Bedeutung der Intellektuellen und Multiplikatoren in dem Prozess.

(Nachdem zwei Frauen als Positivbeispiele für tendenziell gelingendes Durcharbeiten in eigener Regie genannt wurden, ist es nicht abwegig zu fragen, ob es Frauen möglicherweise leichter fällt als Männern, sich die in der eigenen Geschichte liegenden Verdrängungen bewusst zu machen und, so weit das allein überhaupt möglich ist, durchzuarbeiten. Eine Antwort auf diese Frage können wir hier und jetzt jedoch nicht versuchen; dazu wäre eine gesonderte Untersuchung nötig.)

Die wiederholten Hinweise auf die gesellschaftspolitisch-therapeutische Produktivität des Durcharbeitens „in eigener Regie" sollen die Notwendigkeit einer juristischen und allgemein-historiographischen Aufarbeitung der DDR-Geschichte auch ohne Zustimmung der Akteure nicht in Frage stellen; diese *Aufarbeitung* sowie die juristische Verfolgung des Unrechts sind jedoch etwas tendenziell anderes als das hier thematisierte *Durcharbeiten*, von Überschneidungen und wechselseitigen Ergänzungen, die es natürlich auch gibt, einmal abgesehen.

Eins wage ich freilich zu behaupten: Die eigentliche intellektuelle und emotionale Arbeit am Erbe der DDR-Geschichte mit dem Ziel ihrer reflexiven Integration ist noch zu leisten. Damit wird noch die zweite und dritte Generation zu tun haben. Moralisierende Aburteilungen, wie sie leider gang und gäbe sind, tragen eher zur Verdrängung als zur Bildung eines emanzipatorischen Geschichtsbewusstseins bei, das den intentionellen Hintergrund der hier entfalten Überlegungen bildet.

---

[15] Wolf (in Vinke) 1993, S. 298–299.

10. Öffentliche Schuldbekenntnisse sind kein Durcharbeiten

Die psychologisch begründete Forderung nach einem Durcharbeiten von Widerständen, die der emotional-selbstkritischen Integration schwieriger Geschichtsanteile entgegenstehen, kann u.a. als Nötigung zum öffentlichen Schuldbekenntnis missverstanden werden. Schuldbekenntnisse und Entschuldigungen sind ja zur Zeit durchaus en vogue: Die Australier entschuldigen sich bei den Aborigines, die Japaner bei der Koreanern, der Papst bei der ganzen Welt und so weiter... Dass derartige Deklamationen nicht viel mit dem hier ins Auge gefassten geschichtsanalytischem Durcharbeiten zu tun haben, ist m.E. evident, sollte aber trotzdem betont werden, eben weil der Kurzschluss so nahe liegt. Die erwähnten Schuldbekenntnisse und Entschuldigungen geben einem öffentlichen Druck nach[16]. Sie erledigen eine eher lästige Pflicht, und mit dieser notgedrungenen Erledigung wird das Durcharbeiten abgebrochen, bevor es überhaupt richtig angefangen hat.

Überhaupt ist die Öffentlichkeit für das Durcharbeiten kein geeigneter Raum. Durcharbeiten ist ein intimer Prozess des inneren Wandels und kein lauter Paukenschlag, der ein pressewirksames Ergebnis ankündigt. Wer es mit dem Durcharbeiten ernst meint, muss den eigenen Narzissmus im Auge behalten.

So wenig wie eine zur Schau gestellte Ergriffenheit etwas mit Trauer*arbeit* zu tun hat, so wenig dienen deklamierte Selbstbezichtigungen dem Durch*arbeiten* lebensgeschichtlicher Erfahrungen. Ich betone bewusst den im Wort Durcharbeiten angezeigten Arbeitscharakter des Kampfes gegen Lebenslügen aller Art. Durcharbeiten ist psychisch anstrengende Arbeit, die öffentlich direkt nicht verwertbar ist und auch nicht honoriert wird. Wer dennoch öffentliche Belobigung erwartet, ist schon auf dem Holzweg. Hier liegt möglicherweise die größte Schwierigkeit für eine weitergehende Akzeptanz dieses bisher vernachlässigten Erkenntnisweges.

Die Skepsis vor öffentlichen Entschuldigungen oder Schuldbekenntnissen ändert jedoch nichts an der Tatsache, dass Schuld sowie Schuldgefühle einen besonders wichtigen und sensiblen Verdrängungsinhalt konstituieren, der Abwehr auslöst, wenn er angerührt wird. Geschichtsschuld reflexiv zu integrieren und nicht abzuspalten – das gehört m.E. zu den Aufgaben der Zukunft, die nicht eine einzelne Wissenschaftsdisziplin, sondern die Gesellschaft insgesamt zu übernehmen hat. Leicht ist die Aufgabe gewiss nicht; vor allem die dem Durcharbeiten nicht oder nur sehr schwer zugänglichen *Erfahrungen* (vgl. oben, 3. Abschnitt) behindern das transgenerationelle *Lernen* als einen möglichen Fortschritt.

---

[16] Eine gesonderte Studie verdient in diesem Zusammenhang die Erklärung der PDS zum Bau der Berliner Mauer (abgedruckt u.a. in Frankfurter Rundschau, 4. Juli 2001). Die SED-Nachfolgepartei fand (in meinen Augen) überzeugende Wort des Bedauerns und der Distanzierung, lehnte aber eine förmliche Entschuldigung mit der Begründung ab, dass man damit nur dem taktische Kalkül der politischen Gegner aufsitzen würde.

11. Zum Problem der Übertragung der psychoanalytischen Denkfigur auf historisch-politische Konstellationen

Ich möchte nun abschließend auf die eingangs formulierten Fragen zurückkommen und dazu sieben Thesen formulieren.

1. „Abwehr" und „Widerstand" gegenüber beschwerlichen Einsichten und Gefühlen entstehen und existieren selbstverständlich nicht nur in der individuellen Psychoanalyse, sondern allenthalben in der Gesellschaft, sowohl bei Einzelpersonen und Gruppen als auch umfassend, kollektiv. Je größer und unbestimmter der jeweilige ins Auge gefasste Personenkreis ist (z. B. die Bevölkerung der ehemaligen DDR, die Deutschen, die Europäer, der Islam usw.), umso geringer ist jedoch die Chance, dass das Diagnostizieren von Verdrängungen sowie von Widerständen gegen das volle Bewusstwerden des Verdrängten zum Ausgangspunkt eines längerfristigen Durcharbeitens wird[17], von den entsprechenden strukturellen Veränderungen ganz abgesehen.

2. Dagegen erscheint es aussichtsreicher, das Abwehrverhalten bestimmter Personenkreise (z. B. die Kinder der NS-Täter) oder auch Institutionen (z. B. einzelne Verbände) zu benennen und damit ein weitergehendes Durcharbeiten anzustoßen[18]. Dass ein Kollektiv-Subjekt sich dann etwa so verhält wie ein einzelner an Aufklärung interessierter, analytisch engagierter Patient, ist freilich eher ungewiss. Vor allem das Fehlen des psychoanalytischen Arbeitsbündnisses verhindert eine Eng- und Weiterführung der Auseinandersetzungen und erleichtert an ihrer Stelle die Möglichkeiten des Ausweichens, Zurückweisens, Verdrehens, Übergehens usw.

3. Um eine historiographische Perspektiverweiterung und -vertiefung der skizzierten Art zu erreichen, muss der Historiker sich selbst recht gut kennen und Widerstände bei sich selbst zumindest für möglich halten. Mit dem Mangel an Selbsterkenntnis und der Abspaltung der Gefühlswelt im eigenen Innern, die in der Wissenschaft angeblich nichts zu suchen hat, wächst die Gefahr von Übertragungen bzw. Gegenübertragungen. Es gibt in Deutschland bisher keine psychoanalytisch aufgeklärte Geschichtsschreibung. Das ist ein eklatanter Mangel, den die nächsten Generationen hoffentlich überwinden.

---

[17] Die Psychoanalyse selbst scheint mit der Übertragung ihres Denkens auf die ganze Gesellschaft nur wenige Probleme zu haben, vgl. etwa Heft 6/1997 der Zeitschrift *Psyche* mit dem Rahmenthema *Goldhagen und die Deutschen*. Der Leitartikel von Margarete Mitscherlich unter der Überschrift *Erinnern, Wiederholen, Durcharbeiten* ist eine allgemeine Gesellschaftsdiagnose, die alle anspricht und damit niemanden wirklich erreicht .(Mit „dem" Selbsthass „der" Deutschen, um das Problem an einem Beispiel zu konkretisieren, kann ich persönlich jedenfalls nicht viel anfangen.) Ein ähnlicher Vorbehalt ist Micha Brumlik gegenüber anzumelden, wenn er etwa die Trauma-Diagnose auf die Gesamtgesellschaft bezieht: Das ist durchaus anregend, bringt aber ein Durcharbeiten des Traumas im hier thematisierten Sinn nicht voran.

[18] Zur Abwehr von Gruppen, Institutionen u. ä. vgl. Mentzos 1996.

4. Inwieweit lebensgeschichtliche Erfahrungen und Retrospektiven dem kollektiven Durcharbeiten dienen, das hängt einmal von der Person ab, die sich der eigenen Geschichte zuwendet, sowie vom öffentlich eingebrachten Ergebnis ihrer Recherchen, dann aber auch vom Publikum, das sich dem Produkt gegenüber interessiert-verständig oder aber desinteressiert-unverständig verhält, von Zwischenstufen der Reaktion einmal abgesehen. Bezogen auf das Verhältnis Arzt-Patient, von dem wir ausgegangen sind, wären Rezensenten, Leser, Publikum usw. sozusagen in der Rolle eines mitdenkenden Arztes[19], auf dessen Interventionen es im Prozess des Durcharbeitens ja wesentlich ankommt.

5. Im Unterschied zum psychoanalytischen Setting sind die Rollen in der gesellschaftlich-öffentlichen Beziehungsdynamik nicht festgelegt, sondern im Gegenteil in ständiger Veränderung begriffen sind. Der Historiker kann zwar phasenweise Geschichtsanalytiker und diagnostizierender „Arzt" pathologischer Entwicklungen sein, doch er würde den unproduktiven, leider weiter verbreiteten Belehrungs- und Rechthabestil der Geschichtswissenschaft nur verstärken und fortsetzen, wenn er sich ausschließlich auf diese Rolle beschränkte. Phasenweise ist er eben unausweichlich sozusagen auch „Patient", und so geht es laufend hin und her. Wir sind mal Lehrende und mal Lernende[20], wir sollten es zumindest sein, bis an unser Lebensende. Der einsinnige Verkündungsmodus (Stichwort „die Priester der Klio"), mit dem bislang von uns Männern Geschichte beansprucht wurde, setzt dem geschichtsanalytischen Durcharbeiten besonders harten Widerstand entgegen.

6. Ein Hauptthema geschichtsanalytischen Durcharbeitens sind Schuld und Schuldgefühle. „Generationalität" lässt sich nach der hier entwickelten Perspektive an Inhalt, Struktur und Verhaltensrelevanz kollektiver bzw. gruppenspezifischer Schuldeinsicht festmachen. Die schmerzhafte Bedeutung der NS-Verbrechen tritt in der dritten und vierten Generation nach 1945 deutlich in den Hintergrund[21]. Längst unterliegen, additiv oder alternativ, meistens vermischt, neue Themen der Verdrängung, ich erinnere hier nur an den Krieg gegen Serbien (24. März bis 10. Juni 1999), mit dessen Wahrheiten vor allem die Macher des Krieges nicht konfrontiert werden wollen. Doch auch bei diesem Thema gibt es schon mutige Einzelpersonen, die sich an das Durcharbeiten ihrer Rolle in dem Desaster machen.

---

[19] Auch die Reaktionen der Zuhörerschaft auf einen Vortrag kann in diesem Sinn gedeutet werden, vgl. dazu unten: 12. (Nachtrag).

[20] Die Parallelität der Begriffspaare Arzt-Patient einerseits und Lehrender-Lernender andererseits scheint mir hermeneutisch fruchtbar zu sein, u. a. wegen der wechselseitigen inhaltlichen Überschneidungen. Das Lernen und Lehren in der Gesellschaft kann und soll durchaus kollektiv-therapeutische Dimensionen haben; das Voneinander-Lernen spielt andererseits auch in Therapie und Psychoanalyse eine nicht zu unterschätzende Rolle. Das müsste ausführlicher erörtert werden.

[21] Die mildernde Wirkung der Zeit kommt besonders anschaulich in der Untersuchung von Neumann 1999 zum Ausdruck.

7. Der m. E. aussichtsreichste Weg zum geschichtsanalytischen Durcharbeiten ist immer noch die individuelle Psychoanalyse, die als fundamentale Erfahrung der Selbstaufklärung („Subjektebene") in objektivierende Geschichtsforschungen („Objektebene") eingeht. Von einer äußerlich aufgesetzten Kombination von Psychoanalyse und Geschichtswissenschaft halte ich persönlich nichts, bzw. nicht mehr viel, was interdisziplinäre Kooperationen jedoch – selbstverständlich – nicht ausschließt. Die Integration der verschiedenen Perspektiven ist in erster Linie von und in Einzelpersonen oder kleineren Arbeitsgruppen zu leisten.

12. Nachtrag (zum Tagungsverlauf und zur Diskussion des Vortrages)

In den intensiven Auseinandersetzungen über die verschiedenen Vorträge war (in meiner Wahrnehmung) recht deutlich zu spüren, was in der 4. und 5. These des letzten Abschnitts im Unterschied zum festgelegten Setting der Psychoanalyse als permanenter Rollenwechsel in der Öffentlichkeit skizziert wurde. Manche Vorträge bzw. Vortragspassagen wurden mit Verständnis und Interesse aufgenommen (vgl. oben das Publikum in der Rolle des Arztes), andere dagegen eher kritisch zurückgewiesen. Die Gesprächsatmosphäre – ein für den Erkenntnisfortschritt ganz wesentlicher Faktor! – war dabei keineswegs immer gleich. Beim öffentlichen Auseinandersetzungen sowie beim Lehren und Lernen kommt es bekanntlich nicht nur auf die Inhalte an (Was wird vorgetragen? Was wird aufgegriffen?), sondern auch auf die Darbietungs- und Vermittlungsform: Wie wird vorgetragen? Wie wird reagiert?

Die kommunikative Struktur zu meinem Vortrag war von Interesse und wechselseitiger Akzeptanz geprägt, so dass ich kritische Rückfragen nicht als Angriff erlebte und relativ leicht vom Lehren und Dozieren (vereinfachend zusammengefasst) aufs Lernen und „Kapieren" umschalten konnte, ohne dabei die eigene Argumentation aus dem Auge zu verlieren. Der intelligent-flexiblen Tagungs- und Sektionsleitung sei an dieser Stelle ein herzlicher Dank ausgesprochen!

Inhaltliche Kritik an meinen Ausführungen richtete sich u. a. auf die vor allem in der letzten These zum Ausdruck kommende individualisierte Arbeitsstrategie, mit der die historisch-politische Problematik der Geschichtsschuld überhaupt nicht tangiert werde. Individuelle Schuld habe doch etwas Paradigmatisches, wurde gesagt; sie verweise auf allgemeinere Zusammenhänge und müsse dementsprechend auch umfassender bearbeitet werden. Es gehe um die Öffnung des politischen Bewusstseins in der Gesellschaft, um internationale Kontakte, politische Weichenstellungen und strukturelle Veränderungen im größeren Maßstab und nicht nur um individuelles „Durcharbeiten". – Einverstanden! Diesen (exemplarisch zitierten) Einwand kann ich mir gut zu eigen machen.

XIV. Kriegsgeschichte(n) – Geschichtsdidaktik – Frieden

1. „Frieden" – kein Thema (mehr) für die Geschichtsdidaktik?

Krieg und Frieden sind elementar wichtige Gegenstände historisch-politischen, geschichtswissenschaftlichen und geschichtsdidaktischen Denkens – wer wollte das bezweifeln –, doch die Geschichtsdidaktik verhält sich dem Thema gegenüber merkwürdig unentschlossen, um nicht zu sagen: desinteressiert, vom kurzen Boom friedensbewegter Entwürfe in den achtziger Jahren einmal abgesehen. Friedenserziehung sei ein Fremdwort geworden, diagnostizierte ein Kommentator der Frankfurter Rundschau vor rund zwei Jahren[1], und ich denke, dass er damit auch den Mainstream der Geschichtsdidaktik benannt hat, Ausnahmen bestätigen die Regel[2]. 1979 erschien das repräsentative *Handbuch der Geschichtsdidaktik* in erster Auflage, der schon ein Jahr später die zweite Auflage folgte. Eine „dritte, völlig überarbeitete und bedeutend erweiterte Auflage" erschien 1985: Hier wurde nun, verfasst von Annette Kuhn[3], ein Artikel zur Didaktik der Friedenserziehung präsentiert, der in der fünften Auflage von 1997 aber wieder verschwunden war. Was soll man von diesem Auf- und Abtauchen des Themas halten?

Wie immer man den Sachverhalt erklären und deuten mag: Ich denke, dass die Geschichtsdidaktik gut daran täte, dem Aufgabenfeld einer Geschichtsdidaktik für den Frieden konstante Aufmerksamkeit zu schenken; an aktuellen kriegerischen Anlässen, die zur historisch vertieften und ideologiekritischen Analyse auffordern, fehlt es ja nicht. Auch sind Krieg und Frieden mehr als sich mit rein militärischen Begriffen erfassen lässt. Gewalt, Rücksichtslosigkeit und Machtarroganz bestimmen Politik und Gesellschaft einschließlich ihrer „Geschichtskultur", die von „historischer Ökologie"[4] überhaupt nichts hält und statt dessen den selbstgerechten Kampf

---

[1] Anton-Andreas Guha: *Fremdwort Friedenserziehung*. Kommentar in der Frankfurter Rundschau vom 1.9.2000, S. 3.

[2] Zu den Ausnahmen gehört Bodo von Borries, dem dieser Aufsatz in Dankbarkeit für die kollegial anregende Zusammenarbeit gewidmet ist.

[3] Kuhn hatte sich schon 1974, in ihrer *Einführung in die Didaktik der Geschichte*, des Themas angenommen.

[4] Die Forderung nach einer „historischen Ökologie" hat Faber aufgestellt (a. a. O., S. 31), vgl. oben Kap. I.9. – In der Tat scheint es notwendig, dass in unserem Verhältnis zur Geschichte ein Wandel angesagt ist, ähnlich wie in unserem Verhältnis zur Natur und zur Erde, das bislang bis vor Kurzem ausbeuterisch und gewaltsam, männlich-militärisch und selbstherrlich war (und in großen Teilen immer noch ist).

zelebriert[5]. Dem gegenüber möchte ich hier an einige Prinzipien erinnern, die das am Frieden interessierte didaktische Handeln praktisch inspirieren könnten.

2. Lernen, in historisch-politischen Alternativen zu denken. Zur Bedeutung der Historischen Friedensforschung

Geschichte wurde früher als Kausalzusammenhang von Ereignissen gesehen, der wissenschaftlich-objektiv zu rekonstruieren und dementsprechend zu lehren und zu lernen war. Seit einigen Jahren wird die faktizistische Macht- und Ereignisgeschichte jedoch von verschiedenen Seiten aus in Frage gestellt, u.a. durch den Konstruktivismus, durch die Genderforschung sowie die Historische Friedensforschung, welch letzte hier besonders hervorgehoben werden soll. Im Unterschied zu anderen geschichtswissenschaftlichen Forschungsrichtungen ist die Historische Friedensforschung einer normativen Erkenntnislinie verpflichtet, die – wie ihr Name ankündigt – schlicht und einfach *Frieden* heißt. Die Realgeschichte soll damit nicht moralisierend verdreht, sondern in spezifischer Weise problematisiert werden.[6] Alternativen zur Kriegsgeschichte gab es faktisch immer, doch sie werden selten thematisiert und bewusst gemacht. Hier setzt die Historische Friedensforschung an, die in unserem Kreis auch personell vertreten ist[7], und zwar durch Karlheinz Lipp, der in mehreren Aufsätzen nachgewiesen hat, wie viel Friedenskräfte auch und gerade in kriegerischen Zeiten lebendig waren.[8]

Ein Beispiel, nur angetippt: Die „Entfesselung" des Ersten Weltkrieges ist uns bildhaft als jubelnde Zustimmung propagandistisch eingeprägt. Doch es gab auch andere Reaktionen, und eben diese sind bewusst zu machen.

Gewiss: Warnungen vor dem Krieg (vgl. dazu die Materialien bei Lipp) und Sorgen über die unausweichlichen Folgen ändern nichts am faktischen Verlauf des Krieges. Doch darum geht es auch nicht. Es geht vielmehr um Wahrheiten, die nicht ein weiteres Mal vom Moloch des Militarismus unterdrückt werden dürfen und so, als kritisches Potenzial, das historisch-politische Bewusstsein bereichern sollen. Ein zumindest indirekter Transfer-Effekt für die kritische Beurteilung späterer Vorkommnisse ähnlicher Art ist zu erwarten. Damit ändert sich das Verhältnis zur Geschichte insgesamt. Geschichte wird aus dem Flussbett eines von uns abge-

---

[5] Ein Symptom für diese mentalen Inszenierungen, mit denen Kampf und Krieg förmlich herbeigeredet werden, präsentiert m. E. Huntington 1997.

[6] Grundlegend dazu Wette 1990. – Der Arbeitskreis Historische Friedensforschung gibt ein Jahrbuch heraus, das die neuesten Ergebnisse dieser neu entstandenen Disziplin enthält.

[7] Mit „unserem Kreis" sind die Berliner GeschichtsdidaktikerInnen gemeint, denen einige Teile des vorliegenden Textes vorgetragen wurden.

[8] Ein Sammelband mit den Arbeiten Lipps ist 2002 in der Reihe *Geschichte und Psychologie* (Bd. 11) erschienen.

Abb. 15: Max Beckmann, Die Kriegserklärung (1914/15)

trennten, übermächtigen Geschehens in die eigene Erfahrung und Verantwortung geholt. Was unterstützen wir, was nicht? Wo und wann mischen wir uns ein, wo und wann lassen wir den Dingen ihren Lauf? Wie hätte ich mich in der gegebenen Entscheidungssituation verhalten? Derartige Fragen bestimmen einen Unterricht, der darauf angelegt ist, Geschichte alternativ zu durchdenken. Dass das „Durchdenken" nicht nur einseitig-intellektuell zu verstehen ist, sondern auch ästhetisch-lustvoll gestaltet werden kann, u. a. in Rollenspielen, sollte dabei nicht vergessen werden. Dazu möchte ich im folgenden Abschnitt einige grundsätzliche Anmerkungen machen.

3. Geschichte „gestalten" – Zur didaktischen Integration von Geschichtsdidaktik und Kunstpädagogik

Die Geschichtswissenschaft mit ihrer berufsethischen Verpflichtung gegenüber der historischen Wahrheit ist eine wichtige Dimension in allen Beschäftigungen und Auseinandersetzungen mit der Vergangenheit, aber gewiss nicht die einzige Leitlinie des didaktischen Denkens und Handelns. Mindestens ebenso wichtig ist u. a. die ästhetisch-künstlerische Aneignung von Geschichte, die etwa bei Bildbetrachtungen, Beschäftigungen mit historischen Liedern, geschichtlichen Dramatisierungen und direkten Begegnungen mit Zeugen und Zeugnissen der Vergangenheit zur Geltung kommen.

Im Allgemeinen wird das hier angesprochene didaktische Prinzip nicht auf musisch-ästhetische Bildung bezogen, sondern allgemein und fachunabhängig als „Handlungsorientierung" bezeichnet. Die Hervorhebung des Künstlerisch-Ästhetischen stellt diese Begriffsgrundlage nicht in Frage, sondern anerkennt verstärkt das Emotional-Affektive und Unbewusste, das in allen Auseinandersetzungen mit Geschichte eine bedeutende Rolle spielt. Ein flüchtiger Vergleich zwischen modernen Geschichtsausstellungen und Klassenzimmern verdeutlicht diesen Anspruch: Während dort mit beträchtlichem medialen Aufwand Geschichte auch für das sinnliche Erleben erschlossen wird[9], beherrscht hier die (oft sogar schlecht lesbare) Fotokopie und der intellektuell-dürre „Arbeitsauftrag" das Geschehen. Dieser Gegensatz müsste zu Gunsten von mehr sinnlicher Lebendigkeit im Klassenraum vermindert werden.

Die eigenständige Gestaltung des Geschichtlichen ist auch deswegen wichtig, weil sie das Unterlegenheitsgefühl gegenüber der Überfülle vergangenen Geschehens so wie die ängstliche Abhängigkeit gegenüber der Wissenschaft als Autorität mindert und damit einen Lernprozess in Gang bringt, von dem nicht nur Schülerinnen und Schüler, sondern die Geschichtsdidaktik selbst profitieren kann. Als wenn nur die Geschichtswissenschaft einen vernünftigen Umgang mit der Vergangenheit gewährleisten könne, wird ja oft alles abgelehnt, was „unwissenschaftlich" zu sein scheint. Dass die Geschichtswissenschaft selbst in der Vergangenheit politisch des Öfteren versagt hat, ja dem militärisch-faschistischen Eroberungswahn zugearbeitet hat, wird dabei geflissentlich übersehen. Gewiss bleibt der Drehpunkt geschichtswissenschaftlichen Arbeitens, der auch im Geschichtsunterricht zu beachten ist, die Orientierung an Quellen. Doch diese Orientierung gilt prinzipiell auch für „unwissenschaftlich" arbeitende Schriftsteller und Künstler, die sich auf ihre Weise mit Geschichte beschäftigen und dabei ebenfalls Beachtliches produzieren[10].

---

[9] Zur Zeit der Niederschrift dieser Zeilen wurde in Berlin die Ausstellung *Hexenwahn – Ängste der Neuzeit* gezeigt, in der brennende Scheiterhaufen zu hören und Dorfhysterien filmisch zu erleben waren. Selbstverständlich kamen aber auch Sachinformationen zu ihrem Recht. Um nicht missverstanden zu werden, sei noch einmal betont: Nicht das passive Konsumieren, sondern das aktive Kreieren des Geschichtlichen im Rahmen schulischer Möglichkeiten wird hier in Aussicht genommen. Ausstellungen können in diesem Sinn Anregungen geben.

[10] Vgl. etwa Roos 2000. Der Autor dokumentiert u. a. seine persönlich-emotionale Auseinandersetzung mit einer Gestapo-Akte, die wissenschaftlich-versachlicht in andere Zusammenhänge zu stellen wäre. Der emotionale und der kognitive Zugang zum Geschichtlichen müssen sich aber keineswegs ausschließen; sie sollten sich vielmehr wechselseitig ergänzen.

Abb. 16: „Schau mir in die Augen", sagt der kleine Vogel auf dem Gewehrlauf zu dem
brutal aussehenden Mann mit dem Gewehr, der zumindest für einen „Augenblick" innehält
und sich wundert. Eintreten für den Frieden heißt nicht, sauertöpfisch Moral predigen,
sondern Lebenslust und -vertrauen pflegen. Die Beschäftigung mit der hier abgebildeten
Karikatur gibt einige Anregungen in dieser Richtung (vgl. auch Abb. 1 und Kontext).

Die rein wissenschaftliche Beschäftigung mit Geschichte lenkt den Blick sozusagen
nach oben, zu den Priestern der Klio. Die künstlerische Gestaltung der Geschichte
ist dagegen eher eine Auseinandersetzung auf Augenhöhe und in dieser Weise geeignet, die vom Getöse der Kriegsgeschichte zum Schweigen gebrachten Zwi-
schentöne wieder zur Geltung zu bringen. Sicherlich ist Kunst nicht per se friedfer-
tig. Im Rahmen einer historischen Friedensforschung und -didaktik kann sie aber
die in unserer Gesellschaft massiv gefährdeten prosozialen, mitmenschlichen Ten-

denzen stärken und damit gleichzeitig zum Abbau der politisch intendierten Gefühlsarmut gegenüber Kriegsfolgen und Kriegsgegnern beitragen[11]. Mit der künstlerisch-musischen Gestaltung historischer Inhalte gewinnen die eigenen Lebensinhalte Profil und Substanz. Kunst regt Lebenskunst an[12]. Das ist – zugegeben – eine recht idealistische Sicht unserer Aufgaben und Aussichten. Zur Rechtfertigung sei daran erinnert, dass auch außerhalb der Schule die Fronten zwischen Kunst und Wissenschaft nicht mehr so starr verlaufen wie früher. Das ist unter anderem der Einsicht zu verdanken, dass „auch Klio dichtet", wie vor einigen Jahren Hayden White mit plausiblen linguistischen Argumenten erläuterte[13].

4. Gewalt- und Machtfantasien registrieren, artikulieren und „sozialisieren"

Bodo von Borries hat sich vor allem durch seine fundamental wichtigen empirischen Studien einen Namen gemacht. Dem hier entwickelten Gedankengang entsprechend soll jedoch ein anderer Zweig seiner Forschungen kurz gewürdigt werden, und zwar derjenige, der den historisch-politischen Fantasien und Fiktionen gilt (mit anderen Worten: der nicht-wissenschaftlichen Belletristik)[14], die – wie eben erläutert wurde – Emotionales und Unbewusstes eher zu entschlüsseln vermögen als geschichtswissenschaftliche Sachliteratur. Als Beispiel für die innere Tradition eines sadistisch-kriegerischen Geschichtsbewusstseins zitiert von Borries die bekannte Ballade Ludwig Uhlands *Schwäbische Kunde*, in der geschildert wird, wie Kaiser Rotbart „lobesam" einen türkischen Angreifer vernichtet, indem er zuerst dessen Pferd die Vorderfüße abschlägt und dann den zu Fall gebrachten Türken vom Kopf bis „tief noch in des Pferdes Rücken" durchspaltet – eine alles in allem „zutiefst widerliche" Szene, die aber heroisch-attraktiv präsentiert wird und in dem einprägsamen Zweizeiler kulminiert: „Zur Rechten sah man, wie zur Linken, einen halben Türken heruntersinken."

---

[11] Mentzos 1992 verweist auf die „Verdrängung des Guten in uns" und schreibt (S. 112): „Eine der schwierigsten Aufgaben der psychologischen Kriegsführung besteht darin, diese natürlichen Gefühle der Mitmenschlichkeit auszuschalten, damit sie die ‚Kampfmoral' und die Motivation zum Töten nicht beeinträchtigt." Vor allem Männer im Militärdienst werden entmutigt, Mitgefühl und ähnliche Gefühle in sich zuzulassen. Entsprechende Reflexe sind in der Schule schon bei vielen Schülern festzustellen, die ihre „Härte" ostentativ unter Beweis stellen wollen. – Ergänzend und lesenswert in diesem Zusammenhang sind auch Gruen 1997 und Nussbaum 1999.

[12] Ausführlicher dazu Schmid 1998. – Lebenskunst war lange Zeit kein Thema für die akademische Philosophie. Das hat sich mit Wilhelm Schmid geändert. Eine entsprechende Änderung ist für die Geschichtsdidaktik zu wünschen.

[13] White 1991.

[14] Borries 1996. Das im Folgenden referierte Beispiel findet sich auf S. 178–179.

Was im 19. Jahrhundert (und zum Teil noch bis in die sechziger Jahre des 20. Jahrhunderts) in Gedichtform Kaiser Rotbart (Barbarossa) mit seiner sagenhaft einmaligen Durchschlagkraft war, das sind zum Beginn des 21. Jahrhunderts die Abschussquoten in Computerspielen und Rambofilmen – so meine These in Fortsetzung der Borries'schen Literatur-Durchsicht zur „imaginierten Geschichte". Wie verhalten wir uns zu dieser Konstellation? In einem an Friedensperspektiven interessierten Geschichtsunterricht ginge es nicht einfach darum, Uhlands „Machwerk" und seine modernen Fortsetzungen zu vermeiden oder moralisierend abzuqualifizieren, sondern in ihrem Stellenwert für den jeweiligen Psycho-Haushalt einzuschätzen und dementsprechend dialogisch zu verhandeln. Dabei ist zwischen kontrollierter Fantasie und unkontrolliertem Ausagieren sowie politisch gefährlicher Agitation zu unterscheiden[15]. Seiner Fantasien braucht sich niemand zu schämen. Was im Gespräch vertrauensvoll ausgesprochen und damit meistens auch „entschärft" wird, kann nicht mehr irrational-militaristisch missbraucht werden. Problematisch ist dieser Ansatz nur insofern, als Lehrerinnen und Lehrer für entsprechende Diskussionen nicht ausgebildet sind. Das sollte sich ändern, u. a. durch sachkundig supervidierte „Zulassung" von imaginierter Geschichte in uns selbst. Die Macht des Unbewussten würde so eingeschränkt werden, frei nach Freud: „Wo Es war, soll Ich werden."

5. Konfrontationen aushalten, Verdrängungen „durcharbeiten"[16]. Der Beitrag der Geschichtsdidaktik zur Entfaltung einer Gesprächskultur

Die Beschäftigung mit Geschichte kann durchaus lustvoll sein, und sie soll auch Spaß machen, aber nicht ausschließlich und andauernd, denn das würde beide Seiten überfordern und deformieren, sowohl uns, die professionellen Geschichtsvermittler, als auch die Geschichte selbst, die m. E. bisher eher entsetzlich als spaßig verlaufen ist. In diesem Unterabschnitt möchte auf jene Ansichten der Geschichte zu sprechen kommen, die uns in der einen oder anderen Weise unbehaglich sind,

---

[15] Wenn der amerikanische Präsident immer wieder zwischen Staaten des Wohlverhaltens und „Schurkenstaaten" unterscheidet und sich die Option für militärische Überfälle vorbehält, ist das in meinen Augen politisch gefährliche Agitation, die zum Glück öffentlichen Widerspruch erfährt.

[16] Das „Durcharbeiten" ist ein von Sigmund Freud geprägter psychoanalytischer Fachbegriff, der sich auf die sogenannten Widerstände des Patienten bezieht (vgl. oben, XIII. Beitrag). Im Unterschied zur oft geforderten „Aufarbeitung der Vergangenheit", die sozusagen ohne Beteiligung der eigentlichen Akteure vor sich gehen kann, ist Durcharbeiten also immer Arbeit an den schwierigen Knotenpunkten der eigenen Psycho-Geschichte. Die Übertragung des Begriffs auf historisch-politische Konstellationen bedürfte einer besonderen methodologischen Reflexion.

die Angst, Schuld-, Scham- und Ohnmachtsgefühle oder ähnliche schwer integrierbare Reaktionen erzeugen und daher eher ausgegrenzt werden. Ich denke zum Beispiel, dass es uns Männern nach wie vor schwer fällt, den Geschichtsspiegel, den uns Frauen entgegenhalten, nicht bei Seite zu schieben und ganz zu ignorieren. Entsprechendes gilt allgemein für uns Deutsche und unsere Geschichte besonders im 20. Jahrhundert, die durch Schuld an zwei Weltkriegen, durch Verbrechen gegen Menschheit und Menschlichkeit sowie durch die Teilung der Nation gekennzeichnet oder besser: gezeichnet ist und daher in besonderer Weise nach Aufarbeitung, „Durcharbeiten", Integration und „Bewältigung" verlangt.

Die Integration des Schwer-Integrierbaren ist in erster Linie von uns, den Lehrenden, zu leisten. Die Lernenden können und sollen sicherlich nicht ganz verschont bleiben. Es ist aber von Fall zu Fall zu prüfen, was ihnen zugemutet werden kann und welcher Hilfen sie bedürfen, um dem Anblick der jeweiligen Geschichtsmedusa standhalten zu können. Vor allem dürfen wir ihnen keine Schuldgefühle einreden, die wir selbst und unsere Generation noch nicht bearbeitet haben.

Abb. 17: Wer hat Schuld? Gott zeigt auf Adam, Adam auf Eva und Eva auf die Schlange (Bronzetür des Hildesheimer Doms).

Wie schwer es ist, Versagen und Fehler nicht gleich anderen zuzuschieben, sondern erst einmal auf der eigenen Seite zu suchen, das dokumentiert schon die alttestamentarische Schöpfungsgeschichte mit dem Verhalten von Adam und Eva. Gott stellt Adam zur Rede, warum er die verbotenen Früchte gekostet habe. Der schiebt die Schuld auf Eva. Eva weist ihre Verantwortung ebenfalls zurück und zeigt auf die Schlange, und so geht es immer weiter. Die Schuldabwehr wälzt sich wie ein zäh-flüssig-gewaltiger Strom durch die Geschichte, und er wird mit jedem Tag länger und breiter. Geschichtswissenschaft und Geschichtsdidaktik haben daran massiven Anteil, und das wird sich meiner Einschätzung nach so bald auch nicht ändern. Ein Grund dafür ist die sowohl existenziell-persönliche als auch wissenschaftssystemati-sche *Unterschätzung von Verdrängungen*, die in der Regel nur mit psychoanalytischer Hilfe aufgehoben werden können.

Ein eindrucksvolles Beispiel für die Macht von Verdrängungen bietet u. a. die be-reits erwähnte Lebensgeschichte von Christa Wolf (vgl. XIII.9), die einige Details ihrer kurzfristigen Zusammenarbeit mit der Stasi glatt „vergessen" hatte und dar-über selbst entsetzt war. Weitere Inhaltsbelege für Verdrängungen wären relativ leicht zu finden (ich denke, jedem fällt dazu etwas ein); doch damit wäre noch nicht viel gewonnen. Im Verweilen auf der Objekt- und Sachebene steckt, wie schon ge-sagt, die Gefahr, dass wir anderen ihre Verdrängungen vorhalten und uns damit gleichzeitig die Mühe kommunikativ-struktureller Veränderungen ersparen. Ge-schichtsdidaktik und Schulunterricht sind weder Psychoanalyse noch Gruppendy-namik mit ihren professionell-speziellen Zugängen zum Verdrängten; sie können aber zur Entfaltung einer Gesprächskultur beitragen, in der auch das Peinlich-Schwierige benannt werden kann, und genau darum geht es in erster Linie nach der hier entwickelten Konzeption.

6. Geschichtsdidaktik für den Frieden als „integrierte Denkerziehung"

Die Vergangenheit wird immer wieder manipulativ in den Dienst politischer Inte-ressen gestellt. Geschichtsdidaktik für den Frieden muss diesem Missbrauch kritisch und entschieden entgegentreten. Um beispielsweise den Krieg gegen Serbien (24. März bis 20 Juni 1999) zu legitimieren, wurde auf die allzu große Nachgiebigkeit der Alliierten gegenüber Hitler verwiesen und darüber hinaus die Pflicht beschworen, den Massenmord an Albanern als „zweites Auschwitz" zu verhindern[17]. Die damals verübten Menschenrechtsverletzungen sollen hier in keiner Weise geleugnet oder bagatellisiert werden. Das Heranziehen der Geschichte zur Legitimierung militäri-scher Aktionen muss dennoch prinzipiell zurückgewiesen bzw. ideologiekritisch hinterfragt werden, weil die massiven Strukturunterschiede der historisch-politischen Konstellationen keine logisch-linearen Ableitungen für das Handeln er-lauben.

---

[17] Ausführlicher zu dem ganzen Fragenkomplex Schulz-Hageleit 1999(b). Allgemein über künst-lich erzeugte Kriegsbegeisterung Mentzos 1992.

Das gilt wohl bemerkt auch für den umgekehrten Argumentationsweg, den manche Friedenspädagogen beschreiten, wenn sie mit Rückgriff auf Geschichte jegliche Gewalt ablehnen. Geschichtsdidaktik für den Frieden ist nach meiner Auffassung kein blinder und bedingungsloser Pazifismus. Wir erinnern uns, um nur ein Beispiel anzudeuten, dass Deutschland sich nicht aus eigenen Kräften von der Nazi-Herrschaft befreien wollte bzw. konnte, dass also militärische Gewalt von außen notwendig war, und zwar lang andauernd und überwältigend. Aber das war die damalige besondere Konstellation. Was heute möglich und nötig ist, hat ganz andere Bedingungen zu berücksichtigen.

Geschichtsdidaktik für den Frieden ist einerseits intentional-emotionale Parteinahme für Menschenrechte und Demokratie bei gleichzeitiger Beschränkung der Gewalt auf notwendige Polizeiaufgaben. Geschichtsdidaktik für den Frieden ist andererseits Wissensaneignung und Denkerziehung, in deren Verlauf wir – Lehrende und Lernende – uns erstens auf die Einmaligkeiten der jeweiligen Vergangenheit (oder Gegenwart) einlassen und zweitens politische Optionen nicht ungeprüft übernehmen. In der Unterrichtspraxis ist dieses analytische Einerseits-und-andererseits als Synthese mit je eigener Qualität zu gestalten. Denkerziehung und emotional-vertrauensvolle Gesprächskultur gehören zusammen, ergänzen einander, verbinden sich. Denkerziehung ist mehr als fachliches Verstandestraining. Emotionen und menschliche Belange bleiben nach der hier skizzierten Idee nicht desintegriert auf der Strecke, sie werden vielmehr als wesentlicher Faktor der Lehr-Lern-Dynamik integriert (daher in der Zwischenüberschrift der Begriff „*integrierte* Denkerziehung").

Zur Integration des Emotional-Kommunikativen würde u. a. gehören, dass wir uns introspektiv klarmachen und darüber verständigen, welche gefühlsmäßigen Assoziationen das Wort Frieden in uns auslöst. Frieden als Dimension „guten Lebens"[18] evoziert in mir Bilder von Blüten im Frühling und wogenden Getreidefeldern, von lachenden Kindern, Fruchtbarkeit, Aufbruch und Gemeinsamkeit. Frieden ist für mich gleichbedeutend mit Lebensstärke und Lebenslust. Doch diese persönliche Vorstellung kann mit Sicherheit keine Allgemeingeltung beanspruchen. Viele Menschen denken beim Stichwort Frieden eher an Schwäche und Nachgeben, vielleicht sogar an schmähliche Niederlage, und sie sympathisieren im Gegenzug dazu (mehr oder weniger bewusst) mit Krieg und Siegen, die vor allem dann geboten erscheinen, wenn sie allem Anschein nach der guten, richtigen Sache dienen. Didaktische Analyse in einem über Klafki hinausgehenden Verständnis gilt auch den unterschwelligen, emotionalen Implikationen des gegebenen Themas, sowohl beim Lehrenden als auch bei den Lernenden.

---

[18] Die Leitvorstellung des „guten Lebens" hat eine lange Tradition, die in der Antike beginnt, vgl. dazu Wolf 1999 und Nussbaum 1999.

7. Was „verkörpern" wir, wenn wir Geschichte lehren?

Das Hauptproblem der hier skizzierten Perspektive liegt nicht im Didaktischen und seinen verschiedenen Optionen, über die man immer streiten kann (und streiten sollte), sondern im Mangel an allgemeiner Unterstützung durch Zeitgeist und Polittrends, und daran wird sich aller Wahrscheinlichkeit nach so bald auch nichts ändern. Wenn man sieht und hört, mit welchem unverhohlenen Machtanspruch die Vereinigten Staaten das eigene nationale Interesse über Völkerrecht und Gerechtigkeit stellen (bis hin zur Selbstermächtigung eines präventiven Atomangriffs) und damit Europa zum Nachziehen nötigt, dann kann man als Geschichtsdidaktiker und Friedenspädagoge eigentlich nur resignieren. Und doch, „trotz alledem"[19]: Jeder hat seine Wahl und muss sich entscheiden. Brauche ich die Identifikation mit der jeweils größten Macht oder fühle ich mich auch getragen von den emanzipatorischen Nebenströmungen der Geschichte?

Im Geschichtsunterricht für den Frieden kommt es nicht nur darauf an, was und wie wir lehren, sondern auch darauf, was wir selber sind und sozusagen „verkörpern". In der „Verkörperung" kommt äußerlich zum Ausdruck, was innerlich „in Fleisch und Blut" übergangen und daher weitgehend unbewusst ist: also u. a. der Lebens- und Kommunikationsstil, Empfindlichkeiten und persönlichen Vorlieben, Überzeugungen, Wertprioritäten usw. Als Menschen sind wir alle keine Friedensengel. Aber wir können uns Frieden und Gerechtigkeit innerlich zu eigen machen und nach außen überzeugend vertreten.

8. Gewalt als historisch-zivilisatorische „Prägung" (Nachtrag 2003)

Im Wintersemester 2002/03 hatte ich ein geschichtsdidaktisches Hauptseminar zum Thema *Lernziele im Spannungsfeld von Kriegsgeschichte und historisch-politischer Friedensforschung* angeboten. In den ersten Sitzungen versuchte ich theoretisch und praktisch (mit Beispielen) klar zu machen, dass die Übermacht von Unvernunft, Krieg und

---

[19] *Trotz alledem* ist der Titel und das refrainartige Leitmotiv eines Gedichtes von Ferdinand Freiligrath (1810–1876), das geschrieben wurde, als die März-Revolution von 1848 nicht mehr recht vorankam und reaktionäre Kräfte sich immer mehr durchsetzten. Exemplarisch sei die fünfte Strophe zitiert: *Denn ob der Reichstag sich blamiert,/ professorhaft, trotz alledem!/ Und ob der Teufel uns regiert/ Trotz alledem und alledem/ trotz Dummheit, List und alledem!/ Wir wissen doch: Die Menschlichkeit behält den Sieg, trotz alledem!* Dieses Lied, zuweilen auch als *Trotzlied* zitiert, wurde in Arbeiterkreisen und in der Folk-Szene gerne und häufig gesungen. So trotzig-siegesgewiss wie Freiligrath wird heutzutage kaum noch jemand sein. Auf die hoffnungsvoll-emanzipatorische Tradition, die mit Freiligrath und seinem Lied zum Ausdruck kommt, wird man sich gleichwohl berufen können, auch und gerade beim Thema *Kriegsgeschichten – Geschichtsdidaktik – Frieden.*

Gewalt in der Geschichte uns nicht von der Pflicht befreit, faktische Alternativen
zum Krieg ausfindig zu machen und zu thematisieren sowie allgemein die Ziele der
Friedenserziehung im Sinn zu behalten und dementsprechend zu unterrichten. Da
die Geschichte voller Kriege sei, könne man zwar nicht umhin, sich auch mit Kriegen zu beschäftigen. Didaktisch-reflexiv sowie im Sinn der historischen Friedensforschung müsse dabei aber sicher gestellt werden, dass die Faktizität und Eigendynamik der Gewalt nicht alles andere marginalisiere. Alternative Perspektiven –
sowohl in der Vergangenheit selbst als auch bei der gegenwartsrelevanten Deutung
– sollten eröffnet und in ausformulierten Lernzielen ihren Ausdruck finden. Als
Beispiel für diesen Ansatz habe ich u. a. das später rückblickende Bedauern über
verhängnisvolle Entwicklungen dokumentiert (u. a. McNamara über den Vietnam-
Krieg), die damit ihrer realhistorisch-brutalen Eigendynamik enthoben und kritischer Reflexion zugänglich gemacht werden.

Dieses Vorhaben erwies sich als schwierig und zum Teil sogar als idealistisch-
illusorisch. Es gab kaum ein Referat, das nicht zu großen Teilen in der Kriegsgeschichte gleichsam stecken blieb. Wer sich, um die Problematik an einem Beispiel
anzudeuten, mit der Schlacht um Stalingrad beschäftigt, kann dem Kriegsgeschehen
nicht entrinnen, weder auf der Objektebene (Primärquellen, Sekundärliteratur, Archiv usw.), noch auf der Subjektebene im eigenen Denken und in den intendierten
Lernprozessen. Es war hochschuldidaktisch falsch, einen Ansatz im Kriegsgeschehen zuzulassen, um die friedenspädagogische und friedensgeschichtliche Aufarbeitung erst im zweiten Schritt einzufordern. Die umgekehrte Reihenfolge hätte mehr
eingebracht. Die Exposition des Unterrichts mit Themenprofil und erstem Inhalts-
akzent geben die Richtung der weiteren Arbeit an, die fortan schwer zu ändern ist.
Das hätte ich als alter Didaktiker eigentlich wissen und beachten müssen.

Diese Story wäre der Erzählung nicht wert gewesen, wenn sie nicht gleichzeitig
auf ein grundsätzliches Problem der historischen Friedensforschung und ihrer didaktischen Konsequenzen verwiese. Die historisch-politische Überfülle des militärischen Vernichtungsgeschehens samt seiner ins Gigantische wachsenden Reproduktion in Wissenschaft und Medien hat ja nicht nur dem Seminar und dem
Seminarleiter ein Schnippchen geschlagen; sie ist vielmehr eine permanente Gefahr
für unser Denken und Handeln im Allgemeinen sowie für die historische Friedensforschung im Besonderen, die sich ihrer alternativen Erkenntniswege nie ganz sicher sein kann.

Man lese etwa Jost Dülffers Aufsätze über *Frieden und Krieg im 19. und 20. Jahrhundert,* und man wird besorgt feststellen müssen, wie wenig Platz der (an erster
Stelle genannte) Frieden im Vergleich zu allen Kriegsaktivitäten einnimmt. Dülffers
Buch, das die historische Friedens- und Konfliktforschung dokumentieren und
stärken soll, hat den bezeichnenden Haupttitel: *Im Zeichen der Gewalt.* Thematisch ist
die Gewalt in dem Buch jedoch mehr als ein äußeres „Zeichen"; sie bestimmt die
ganze Inhaltsstruktur und überwuchert sozusagen die wenigen Friedenspflänzchen,
die sich hier und dort realgeschichtlich gezeigt haben. Historiker halten sich profes-

sionell an das, was sich als jeweils stärkste Kraft durchgesetzt hat. Das ergibt eine unaufhörliche Akkumulierung von Gewalt: Gewalt füllt die Archive, und die Archive füllen die Köpfe. Wir sind, historisch gesehen, von Gewalt „geprägt"[20]. Wie die weltweiten Friedensbewegungen in diesen Tagen zeigen (März/April 2003), hat die Prägung nicht mehr dieselbe Macht wie vor etwa sechzig Jahren. Aufgehoben und durch eine neue Prägung ersetzt ist sie aber noch lange nicht.

---

[20] Bezeichnenderweise wird das Wort „Prägung" auch für die Herstellung von Münzen verwandt. Gewalt ist sozusagen unsere Prägung im Kopf. Es ist daher nicht abwegig zu behaupten, dass die hier thematisierte Problematik nicht erst durch die Erfahrungen des letzten Jahrhunderts entstand, sondern strukturell der abendländischen Zivilisation eigentümlich ist, die ja nach biblischer Überlieferung (Genesis 4, 1–16) mit einem Brudermord begann. Von Gott zur Rede gestellt, antwortete Kain, der Ackerbauer, nachdem er seinen Bruder Abel, den Viehhirten, aus niedrigen Motiven erschlagen hatte: „Bin ich der Hüter meines Bruders?" (Vgl. Abb. 17)

XV. Wenn es verboten ist zu fragen ...
Söhne und ihre Väter[1] in Deutschland nach 1945[2]

Die deutschen Söhne, von denen hier zu sprechen ist, sind heute Großväter oder im Großvateralter, wie zum Beispiel ich selbst, der ich 1939 geboren bin. Die um 1900 geborenen Väter meiner Generation haben den Nationalsozialismus aufgebaut und gewalttätig-mörderisch verbreitet, von wenigen widerständigen Ausnahmen abgesehen. Wie hat sich dieses besondere Verhältnis der Söhne zu ihren Vätern und der Väter zu ihren Söhnen gestaltet? Welche Erfahrungen entstanden in der bis heute andauernden unausweichlichen Konfrontation mit der Täterschaft derer, die geliebt und bewundert wurden? Und: Wie sieht es mit der Politisierbarkeit dieser Erfahrungen aus? Zu diesen drei Fragen werde ich mich in der hier gebotenen Kürze äußern.

Vorab möchte ich noch darauf hinweisen, dass es methodologisch im Folgenden weder um Archivforschungen noch um zeitgeschichtliche Interviews oder ähnliche geschichtswissenschaftliche Studien im engeren Sinn geht, sondern um das „Durcharbeiten" der „Geschichte in uns". Das ist ein Ansatz, den ich an anderer Stelle auch als „Geschichtsanalyse" bezeichnet und erläutert habe.

1. Schuld, Chaos, Hass

Die Interaktion vieler Söhne und Väter in Deutschland nach 1945 wurde bei vielen nicht zuletzt durch die verbrecherischen Taten bestimmt, die vor allem deutsche Männer an Juden und anderen Bevölkerungsgruppen verübt hatten. Es handelte sich dabei aber um eine weitgehend sprachlose Interaktion, d.h. um eine Beziehungsdynamik, in der das eigentlich Wichtige ausgespart blieb, auch oder gerade dann, wenn viele Worte gemacht wurden. Schweigen und Verschweigen, Abwehr aller Fragen von Seiten der Väter und Verinnerlichung des Frageverbots auf Seiten der Söhne bestimmten die Verständigungen. Vor allem Schuld und Schuldgefühle

---

[1] Zur prinzipiellen Problematik siehe Bourdieu 1997. Über Pierre Bourdieu (1930–2002) informieren anlässlich seines Todes u.a. Schultheis und Vester 2002.

[2] Zur besonderen Problematik in Deutschland siehe Bohleber 1998, Eckstaedt 1989, Gauch 1996, Paul 1999, Radebold 2001, Posner 1994, Sichrovsky 1987.

blieben unausgesprochen und unaussprechbar, abgespalten und verdrängt, und zwar in je verschiedenen Konstellationen auf beiden Seiten, bei Vätern und Söhnen.[3] Ausnahmen scheinen die Regel zu bestätigen. Am 18. April 1946, auf einer Vormittagssitzung des Nürnberger Prozesses, am 111. Tag, wurde der Angeklagte Hans Frank (1900–1946), im Krieg Generalgouverneur von Polen, von seinem Verteidiger als Zeuge gefragt, ob er sich jemals an der Vernichtung von Juden beteiligt habe. Er antwortete mit ja, fügte diesem Ja eine Erläuterung an und schloss seine Entgegnung mit dem Satz: „Tausend Jahre werden vergehen und diese Schuld von Deutschland nicht wegnehmen."[4] Was für eine Einsicht! Doch seien wir vorsichtig! Ein halbes Jahr später, in seiner Schlusserklärung am 31. August 1946, zog Frank dieses Schuldeingeständnis wieder vollständig zurück. Angesichts dessen, was die Sowjets bei ihrem Vormarsch den Deutschen angetan hätten, sei „jede nur mögliche Schuld unseres Volkes schon heute vollständig getilgt." Damit nahm er eine im Kalten Krieg typische Abwehrform der Deutschen vorweg: die Entlastung von Schuld durch Aufrechnen und Projizieren.

Hans Frank hatte fünf Kinder. Das jüngste, ein Sohn, geboren am 9. März 1939, Niklas Frank, hasste seinen Vater und gestaltete diesen Hass in einem Buch *Der Vater – Eine Abrechnung*, das heftige Irritationen auslöste. Es ist voller vulgärer Vorwürfe (*Du Popanz, du Schleimer, du Pfeifenkopf, du Jubelwichser* usw.) und blutrünstig-obszöner Fantasien und dokumentiert in dieser Form weniger die Psychostruktur des Vaters als vielmehr die inneren Qualen des Sohns als Autor, der ja mit der Tatsache leben musste, dass sein Vater als Verbrecher gehenkt wurde und auch nach intensivem Aktenstudium nichts Gutes an ihm zu entdecken war. Wir haben es hier mit einem Extremfall zu tun. Doch das Extrem beleuchtet schlaglichtartig, was etwas unauffälliger in unzählig vielen Fällen psychohistorisch ablief. Es war für viele deutsche Söhne unmöglich, das Leben der Väter emotional zu akzeptieren und innerlich zu integrieren. Wo die Söhne in ihren Vätern Täter, Mittäter oder Mitläufer erkannten oder auch nur vermuteten und die Väter selbst keinen Weg in die Wiedergutmachung fanden (bzw. als hingerichtete Kriegsverbrecher nicht finden konnten), da erlitten die Psychostrukturen der Söhne schweren Schaden, der bis ins die dritte und vierte Generation fortwirkt. In vielen Arbeitsstörungen heutiger Stu-

---

[3] Seit Leopold von Ranke (1795–1886) betonen Historiker immer wieder, dass sie nicht urteilen und richten, sondern nur rekonstruieren wollen, „wie es eigentlich gewesen" sei. Das prinzipielle Zurückweisen der gesamten Schuldproblematik ist der Geschichtswissenschaft im Ganzen eigen. Die Motive und der „Sinn" dieser stereotypen Selbstdefinitionen sowie ihre Folgen für die jeweilige Argumentationsstruktur müssten genauer analysiert werden.

[4] Der Prozess gegen die Hauptkriegsverbrecher vor dem Internationalen Militärgerichtshof in Nürnberg (24 Bände), Bd. XII, S. 19. Weitere Informationen über Hans Frank sind mit Hilfe des Index leicht zu ermitteln. Die im Folgenden zitierte Äußerung aus dem Schlusswort von Hans Frank findet sich in Bd. XII, S. 438.

denten steckt, wie nachgewiesen wurde (Neumann 1999), u. a. die durch die unaufgeklärten Taten der Großväter angelegte historische Hypothek. Natürlich spielte in diesem Problemfeld die Schwere des verbrecherischen Involviertseins der Väter eine große Rolle. Die Auseinandersetzung mit einem NS-Vater hatte Chancen halbwegs zu gelingen, wenn die Schuld vergleichsweise gering und damit vom Sohn gleichsam zu „verkraften" war, man vgl. etwa das Schicksal Niklas Franks mit dem Richard von Weizsäckers, der bei der Verteidigung seines in Nürnberg angeklagten Vater mitwirkte und erleben konnte, dass dieser von den meisten Anklagepunkten freigesprochen wurde. In den vergleichsweise geringen bzw. direkt gar nicht nachweisbaren Verfehlungen des Vaters lag auch meine Lebens- und Berufschance als Sohn und Geschichtsdidaktiker. Mein Vater, Günter Schulz (das „-Hageleit" wurde dem Familiennamen erst nach dem Krieg angefügt), ein Mann der Waffen-SS, hatte wegen fehlender Voraussetzungen keine Offizierskarriere gemacht, sondern war unauffällig in den unteren Dienstgraden verblieben. Jedenfalls ergaben mehrfache Nachforschungen (u. a. in der Ludwigsburger Zentralstelle sowie im Document-Center Berlins) keinerlei Befunde. Als symbolhaftes Zeichen der unsichtbar gemachten Lebensgeschichte ist ein Fotoalbum aus der Kriegszeit erwähnenswert, aus dem fast die Hälfte der Seiten herausgerissen ist. Ein Blatt mit dokumentarisch interessanten Aufnahmen wurde aber übersehen oder als harmlos eingestuft. Es zeigt einen Güterzug, der offenbar gerade entladen wird (Pferdefuhrwerke, Menschen, aufgestapelte Säcke) und einen mit zwei Soldaten besetzten Pferde-Personen-Wagen, der gerade das Tor zu einem umzäunten Lager passiert hat. Vielleicht ist es ein Bezirk des Gettos „Litzmannstadt" (Lodz), in dessen Nähe wir einige Zeit gelebt haben. Im Getto Litzmannstadt starben etwa 150.000 Menschen, davon fast die Hälfte Kinder.

Ein weiteres literarisch dokumentiertes Beispiel für die misslungene Auseinandersetzung mit einem NS-Vater ist Bernward Vesper (1938–1971), Sohn des Nazi-Dichters Will Vesper (1882–1962). Bernward Vesper gestaltete seinen turbulent-chaotischen Klärungs- und Lösungsversuch in dem „Romanessay" *Die Reise*, geriet aber unaufhaltsam in geistige Verwirrung und setzte seinem Leben in jungen Jahren selbst ein Ende. Auch von der Mutter waren offenbar keine produktiven Lebensperspektiven ausgegangen.

2. Beziehungsunfähigkeit und innere Lähmung

Die Kehrseite der in Hass und Chaos sich austobenden Beziehungsstörung, war die innere Entleerung oder Lähmung, die nicht mit Depression oder Trauer zu verwechseln ist. Um nicht unversehens in die Verbots- und Tabuzonen der väterlichen Erfahrungen zu geraten, paralysierten und fragmentierten manche Söhne ihre eigenen inneren Entwicklungen, oft bis hin zum völligen psychischen Stillstand. Lesen wir dazu einige Angaben aus einer psychoanalytischen Fallstudie:

„Herr A., wie ich meinen Patienten nennen möchte, suchte wegen massiver Arbeitsstörungen, an denen sein Studium der Wirtschaftswissenschaften zu scheitern drohte, eine psychoanalytische Behandlung auf. Er war in seinen Aktivitäten gelähmt, saß vor seinem Schreibtisch und konnte nichts tun. Einige Jahre zuvor war der Vater (ein KZ-Arzt, wie sich nachher herausstellte: PSH) an einer Tumorerkrankung verstorben. Seither sei die Zeit stehengeblieben, und eigentlich habe er das Zeitgefühl verloren.(...) Er konnte keinen strukturierten Zeitplan einhalten und schob Aufgaben und Entscheidungen vor sich her. Darin war er mit dem hinhaltenden und gelähmten Verhalten der Eltern identifiziert, die auch alles aufschoben."[5]

Zweimal „Lähmung" in ein und demselben Abschnitt. Das ist kein Zufall. Allenthalben ist in psychologischen, biographisch-autobiographischen und mentalitätsgeschichtlichen Studien über die Nachkriegszeit von „Lähmung" oder ähnlichen Gefühlskonstellationen die Rede (Erstarrung, innere Leere, Gefühlsanästhesie u. a. m.) Die materiell-hektische Betriebsamkeit des Wiederaufbaus sowie die intellektuell-wortreiche Beschäftigung mit der unheilvollen Vergangenheit dürfen über diese partielle Stilllegung des psychischen Innenraumes nicht hinweg täuschen. Der innere Lebensmotor lief, wenn ich mal so sagen darf, nur noch auf einem oder zwei Zylindern weiter. Der Lebensstrom war zerteilt und in vielen Teilen blockiert.

3. Ambivalente Rettungsmanöver

Wo die NS-Väter mit dem Holocaust nicht oder nur marginal zu tun gehabt haben, da bewahrten die Söhne oft ihre kindliche Liebe und Bewunderung, wenn auch mit heftigen Zweifeln und quälenden Ambivalenzen. Ein Beispiel dafür ist das Buch von Kurt Meyer über seinen Vater, *Panzermeyer, Generalmajor der Waffen-SS*. Es zeigt u. a., was in Söhnen innerlich vorgeht, wenn sie kein sicheres Vater-Bild entwickeln können. Sehnsucht und Suche nach einem starken, guten, integren Vater gehören zu den mächtigsten mentalitätsgeschichtlichen Motiven meiner Generation und Kohorte, auch und gerade dann, wenn der Vater aus dem Krieg nicht heimkehrte.

Ein Symptom für das dringende Verlangen nach direkter Auseinandersetzung ist das simulierte Gespräch mit dem Vater und die direkte Ansprache (*du Vater, hör mir zu* ...). Dieses sowohl von Niklas Frank als auch von Kurt Meyer angewandte Stilmittel kommt, ins Didaktische verschoben, auch in meinen Publikationen zur Geltung, u. a. als Forderung nach mehr „Authentizität" im Unterrichtsgespräch.

Ein repräsentativen Beleg für die Tendenz, den Vater zu „retten", obwohl man sich besser von ihm trennen sollte, bietet auch der renommierte deutsche Historiker Hans-Ulrich Wehler, geb. 1931, der sich am Ende seiner akademischen Karriere noch einmal mit der nazistischen Vergangenheit seiner Doktor-Väter konfrontiert

---

5   Bohleber in Rüsen und Straub, S. 264.

sah und einer Auseinandersetzung nicht mehr ausweichen konnte.[6] Die Anstöße dazu kamen von außen, und sie wurden so lange ignoriert, wie es nur ging. Doch das war symptomatisch für die gesamte Historiker-Zunft, die erst 1998, auf dem 42. Deutschen Historikertag in Frankfurt a. M., die braunen Einfärbungen ihrer eigenen Vergangenheit anzusehen wagte.

Wehler promovierte 1960 bei Theodor Schieder (1908–1984). Dieser aber hatte sich in verschiedener Weise aktiv nationalsozialistisch betätigt, u. a. durch ein für die Regime-Exekutive geschriebenes Memorandum, datiert vom 7. Oktober 1939, in dem „die Herauslösung des Judentums aus den polnischen Städten" und „Bevölkerungsverschiebungen allergrößten Ausmaßes" empfohlen wurden.[7] 1948 wurde Theodor Schieder Professor in Köln, wo auch Wehler fünfzehn Jahre lang lernte und lehrte. Über diese Jahre urteilt Wehler folgendermaßen:

> „An diesen 15 Kölner Jahren ist nichts zu bereuen. Über eins aber schwieg Schieder trotz vielfachen Drängens bei mancher informellen Gelegenheit, buchstäblich eisern; zu jeder Frage nach den dreißiger oder vierziger Jahren, insbesondere zur ‚Königsberger Zeit‘ von 1934 bis 1944. Keinen einzigen Satz ließ er sich dazu entlocken.[8] Das regte zwar zu vagen Vermutungen an, warum das auferlegte Schweigegebot so konsequent beachtet wurde. Konkretisieren aber konnten wir sie nicht, geschweige denn einen begründeten Verdacht entwickeln, und wir empfanden dann auch wegen des vorherrschenden Gesamteindrucks der Persönlichkeit die Klärung gegen einen derart hartnäckigen Widerstand als nicht so dringend."[9]

Dieser kleine Text enthält noch einmal im Kern einige der wichtigsten Probleme, um die es hier geht:

➤ das „konsequente" Schweigen des „Vaters" sowie die Einstimmung des „Sohns" in dieses Verhalten;

➤ das Ausbleiben von Reue, Trauer, Bedauern;

➤ die Anrechnung des Wandels nach 1945 als persönliches Verdienst, als wenn der Umbruch durch eigene Einsicht und Aktivität zu Stande gekommen wäre;

➤ das Verrechnen des Fehlverhaltens mit der gesamten Lebensgeschichte, so dass die wenigen Jahre vor 1945 marginalisiert werden.

---

[6] Über seinen leiblichen Vater sagt Wehler mit auffallender Kürze, dass er „sofort in den Krieg eingezogen wurde und nicht wieder zurückkehrte" (Hohls, S. 240).

[7] Zitiert nach Aly, S. 155. – Schieders Denkschrift ist eingeleitet, kommentiert und abgedruckt in Ebbinghaus und Roth, 1999, S. 62–95.

[8] Dieser Abwehrhaltung in der mündlich-direkten Kommunikation entspricht eine Entkonkretisierung in Schieders Texten über die Notwendigkeit eines elaborierten Geschichtsbewusstseins. Es ist schon erstaunlich, wie eloquent Schieder über den Bildungswert der Geschichte dozierte und dabei gleichzeitig vor Erinnerungsverlusten warnte, ohne je in die Gefahrenzone der eigenen geschichtlich-lebensgeschichtlichen Erfahrungen zu geraten.

[9] Wehler in Schulze und Oexle, S. 316. – Auch Wolfgang Schieder, der Sohn Theodor Schieders, berichtet in seinen Stellungnahmen über diese kategorische Auskunftverweigerung seines Vaters.

Die mit nur wenigen Einschränkungen versehene Rechtfertigung des „Vaters"
(hier also des Doktor-Vaters) würde wahrscheinlich in eine kritische Distanzierung
umschlagen, wenn sie nicht mit der Sorge um das eigene Lebenswerk verbunden
wäre. In Wehlers deutscher Gesellschaftsgeschichte kommen zwar charismatische
Führerpersönlichkeiten vor (Bismarck, Hitler und Jesus, um nur drei zu wiederholen),[10] die als Schicksalslenker emphatisch gepriesen werden, aber keine „Täter" und
Akteure auf den mittleren und unteren Ebenen der Geschichte, in die Wehler auch
die Väter und sich selbst einordnen müsste.[11] Gesellschaftsgeschichte ist Strukturgeschichte, in der es keine individuellen Verantwortlichkeiten gibt.[12] Das ist, „de-
konstruktivistisch" argumentiert, ein Ausschlussverfahren, das zumindest registriert
werden sollte und darüber hinaus Anlass für weiterführende methodologische Reflexionen sein könnte. (Die bewusste Verbindung und wechselseitige Verschränkung
beider Perspektiven, der „amoralisch"-strukturgeschichtlichen und der verantwor-
tungsbezogenen-individualgeschichtlichen – das würde dem erkenntnistheoretisch-
normativen Anspruch dieses Buches entsprechen.)

Wehlers Gesellschaftsgeschichte versteht sich als Überwindung der alten Nationalgeschichte, doch sie ist untergründig mit der nationalsozialistischen „Volksgeschichte" verbunden, sowohl inhaltlich als auch personell. Die personelle Verbindung ist bereits mit dem Hinweis auf Wehlers Doktorvater und seine Generation
bezeichnet worden. Schieders und Conzes moderne *Sozialgeschichte*, so wurde kritisch
diagnostiziert,[13] sei zunächst doch nichts anders gewesen als die alte „*Volksgeschichte*"
unter einem neuen Namen. Wehlers *Gesellschaftsgeschichte* würde diesen Trend fortset-

---

[10] Die von Alexander dem Großen über Jesus bis zu Hitler führende Aufzählung findet sich im
    dritten Band der deutschen Gesellschaftsgeschichte, S. 370. In der emphatischen Bewunde-
    rung für charismatische Persönlichkeiten, unter denen nach Wehler keine Frauen sind, kommt
    die Begeisterung des Hitler-Jungen Wehler ziemlich unverstellt wieder zum Vorschein.

[11] Die sog. Flakhelfer-Generation, zu der auch Wehler gehört, reagierte bisher stets mit beson-
    derer Empfindlichkeit, wenn ihr Involviertsein in den NS-Machtapparat bzw. das „Entlastungs-
    und Entschuldungsbedürfnis" oder andere Denkmechanismen auch nur andeutungsweise an-
    gesprochen wurden, man vgl. etwa Gerhard Paul 2002, S. 25, 39 und die apodiktische Zurück-
    weisung seiner Perspektive durch Hans Mommsen in der Frankfurter Rundschau, 26.11.2002.
    Ganz ähnlich wandte sich schon 1997 Rohlfes in einer GWU-Rezension gegen meine Vermu-
    tung, dass die um 1930 Geborenen „ohne ein Hass- und Vorwurfsobjekt schwer auszukom-
    men scheinen." Neuerdings stellt Schörken die sozialpsychologische Täter-Forschung Harald
    Welzers mit vergleichbaren Motiven in Frage. Vgl. auch Kap. I, Fn. 30. Es ist offenbar nicht
    einfach, sich selbst als Symptom einer übergreifenden historischen Tendenz zu verstehen und
    zu akzeptieren und so die Diskussion sowohl zu versachlichen als auch zu vertiefen.

[12] Kein „Beweis", aber doch ein Symptom für die Entfernung der Subjekte aus der Geschichte
    ist der Buchtitel von 1988.

[13] Bei derartigen Knotenpunkten der Historiographie tritt die Archivqualität des Internet, hier
    exemplarisch erwähnt, deutlich in Erscheinung: Die Eingabe *Conze Volksgeschichte Sozialge-
    schichte* bei *Google* ergab (im Februar 2003) sofort mehrere Literaturhinweise, die hier nicht wie-
    derholt werden müssen.

zen, zumal sie inhaltlich die Gesellschaft als ein Kampffeld beschreibt, auf dem der jeweilige Sieger die höchste Anerkennung genießt. Wer im Wettstreit oder gar im Kampf auf Leben oder Tod „triumphiert", der hat es bei Wehler nicht schlecht.[14] Die Hochschätzung des Starken und Überlegenen auf der Objektebene entspricht dem Umgangsstil im wissenschaftlichen Diskurs auf der Subjektebene. Andersdenkende pflegte Wehler wie dumme Schuljungen runter zu putzen. Besonders heftige Attacken richtete Wehler bezeichnenderweise gegen Alltagsgeschichte und Geschichtswerkstätten, denen er mit verächtlichen Worten („Barfußhistoriker", „grünlich schillernde Seifenblasen", „biederer Hirsebrei") wissenschaftlichen Dilettantismus vorwarf.[15] Diese phobisch-polemische Ablehnung einer ganzen Forschungsrichtung muss m. E. in Verbindung mit dem verinnerlichten *Frageverbot* gesehen werden, um das es hier geht. Die verinnerlichte (unbewusste) Denkfigur kann etwa folgendermaßen zusammengefasst werden: Ich durfte und konnte den Vater nichts fragen, also hat niemand das Recht, Fragen stellen.

Wehler profitierte seinerzeit von dem hohen gesellschaftlichen Ansehen, das der Doktor-Vater zu seiner Zeit als Geschichtswissenschafter und Führungspersönlichkeit genoss.[16] Eine Lösung dieser Verbindung würde ein Fragezeichen hinter das eigene wissenschaftliche Leben setzen. Der Kampf um die Deutungsvorherrschaft muss also fortgesetzt werden, bis zum triumphalen oder aber bitteren Ende. Sieg oder Niederlage – ein drittes gibt es nicht. So sind viele Männer.

Der inzwischen erschienene 4. Band der *Deutschen Gesellschaftsgeschichte* bestätigt vielfach die hier aufgezählten Befunde. Für die im folgenden (XVI.) Kapitel diagnostizierten *Formen institutioneller* Abwehr liefert Wehler ungewollt zahlreiche Belege. Ich verweise hier punktuell nur auf die zum Phantasma aufgeblähte Hitler-Charismatik, die Wehler nicht kritisch reflektiert (vor allem natürlich nicht selbstkritisch), sondern konstruierend fixiert. Hitler *war* nicht nur „Charismatiker", er wurde auch dazu gemacht, und eben daran hat Wehler bis heute seinen Anteil.

---

[14] Es würde sich lohnen, Wehlers Argumentationen einer genaueren Sprachanalyse zu unterziehen. Auffällig häufig sind dramatisierende Wörter (dramatisch, stürmisch, enorm, ungestüm, ungeheuer, usw.) Ein Lieblinswort bei Wehler heißt „Siegeszug". Die Reichsgründung von 1871 sowie die „Machtergreifung" von 1933 werden begrifflich ausdrücklich als sieghafte Revolutionen bzw. als „revolutionär" bezeichnet und damit den klassischen Revolutionen (etwa 1789 und 1848) gleichgestellt, wenn nicht sogar übergeordnet.

[15] Wehler 1988, S. 136, 144, 150.

[16] Theodor Schieder ist auch für meine Berufssparte, die Geschichtsdidaktik, eine wichtige Persönlichkeit, weil die Formulierung des Geschichtsbewusstseins als *Fundamentalkategorie der Geschichtsdidaktik*, die sich in den achtziger Jahren größter, ja geradezu rituell-dogmatisierter Zustimmung erfreute, auf Theodor Schieder zurückging, ohne dass bis heute daran jemand Anstoß genommen hätte. Zu fragen ist aber: Was ist von einem Geschichtsbewusstsein zu halten, das in massiver Verleugnung und schizoider Abspaltung der entscheidenden historisch-politischen Erfahrung formuliert wurde?

4. „Geschichte in uns"[17]

Für Dialog, reflexive Einsichten in die Irrwege der eigenen Geschichte und distanzierende Trauerarbeit sind Hass, ungeklärte Schuld und Schuldgefühle, innere Untätigkeit und depressive Größenfantasien ein denkbar ungünstiger Nährboden. An die Geschichte in uns kommen wir im Kampf ums Rechthaben nicht ran. Während die Väter und Täter sich wie blinde Lastenträger gegen ihre Schuld stemmten, ohne diese als Realität ganz wahrnehmen, geschweige denn bewegen, besprechen und abtragen zu können, wurden die Söhne nicht zuletzt von unbewusst übernommenen Schuldgefühlen emotional umklammert. Gemeinsam war den Generationen die *Unfähigkeit zu trauern* (Alexander und Margarete Mitscherlich[18]) und damit auch die Schwierigkeit, das im Kalten Krieg fixierte, fragmentierte und traumatisierte Selbstbild zu überholen. Tradiert wurde damit weniger das Ideologisch-Inhaltliche als vielmehr der Kommunikationsstil und die Denkweise. Historiker und Geschichtsdidaktiker meiner Generation lassen sich nur ungern direkt befragen, geschweige denn in Frage stellen. Sie vermeiden das Personalpronomen „Ich" und pflegen, um ein Wort von Ute Daniel zu zitieren, „die Sprache des Unbedingten".

5. Zur Politisierbarkeit von Erfahrungen.

Angesichts dieser Befunde wird es niemanden verwundern, wenn ich der Politisierbarkeit der eben skizzierten Erfahrungen von Söhnen in der Auseinandersetzung mit ihren NS-Vätern eher skeptisch als zuversichtlich gegenüber stehe. Sicherlich hat in vielen Einzelfällen ein Lernprozess und ein Umdenken stattgefunden. Der wünschenswerte kollektive Wandel ist jedoch ausgeblieben. Ein Maßstab für das, was politisierte Erfahrungen sind, liegt für mich u. a. in der Frauen- und Geschlechtergeschichte bzw. im Feminismus, der aus dem öffentlichen Bewusstsein nicht mehr wegzudenken ist, auch wenn das vielen Männern nach wie vor nicht passt.[19] Eben diese kollektive Formierung individueller Erfahrungen im öffentlichen

---

[17] Ausführlicher dazu aus psychologisch-therapeutischer Sicht Müller-Hohagen 1994. – Die Denkfigur „Geschichte in uns" ist die psychologische Entsprechung der „Körpergeschichte", wie sie auf der Züricher Tagung, 2002, u. a. von Kathleen Canning und Barbara Duden erläutert wurde.

[18] Das Wort „Unfähigkeit" sollte nicht als politischer Vorwurf verstanden werden, sondern als medizinische Kennzeichnung einer massiven Einschränkung der psychischen Kapazitäten *durch Traumatisierung*, unter denen auch viele Kinder der Täter zu leiden hatten. Bohleber 2001 weist darauf hin, dass der diagnostisch zentrale Begriff des Traumas bei den Mitscherlichs praktisch noch nicht vorkomme und die ins Auge gefasste „Therapie" daher zu kurz greife.

[19] Es ist an dieser Stelle daran zu erinnern, dass es eine Frau war, Dörte von Westernhagen (s. Literaturverzeichnis), die den entscheidenden Anstoß zur Auseinandersetzung der Täter-Kinder mit ihren Täter-Vätern gegeben hat.

Diskurs ist m.E. ein Kriterium für gelungene Politisierung, die definitionsgemäß den privaten Wirkungskreis überschreitet. Ein weiteres Kriterium ist für mich die Institutionalisierung der Erfahrungen in Form von Zeitschriften und Publikations-reihen, Vereinigungen, Arbeitsgruppen und ähnliche Gründungen, die in Ansätzen zwar entstanden sind, aber im Ganzen der Männergeschichte doch wenig bewirkt haben. Symptome für die Tendenz zum Rollback sehe ich auch in der politischen Entwicklung vieler 68er, die aus der links-militanten Opposition (gegen die „Väter") ins rechte machtbesessene Lager abgedriftet sind, was mich zur Frage veranlasst, ob sie dort nicht von Anfang an gewesen sind.

Wenn Historiker – und ich belasse es bei diesem Satz ausdrücklich bei der männlichen Form – sich mit Erfahrungen beschäftigen, und das ist in den letzten Jahren in wachsendem Maße der Fall, dann verbleiben sie konsequent auf der „Ob-jektebene" der Geschichte, das heißt, eine Verbindung der untersuchten Erfahrun-gen, etwa von Menschen im Ersten Weltkrieg,[20] zu Erfahrungskonstellationen der eigenen Lebens- und Generationsgeschichte („Subjektebene") wird nicht hergestellt. Erfahrungen entfalten aber erst dann gesellschaftliche Wirksamkeit, wenn die Sprach- und Aussageebenen – das Ich, das Wir und das Er-sie-es – bewusst aufein-ander bezogen werden. Das ist den Söhnen der Täter-Väter bisher nicht gelungen, vielleicht schaffen es die Enkel.

6. Erfahrung und Trauma

Wenn wir über Erfahrungen sprechen, sollte uns bewusst sein, dass viele Erfahrun-gen unaussprechbar und damit der historischen Forschung im bisher üblich Sinn auch nicht zugänglich sind. Es handelt sich um Traumatisierungen, die – wie es in Therapien oft heißt – ein „schwarzes Loch" im Lebensgefühl bilden und eine un-bewusste Dynamik entfalten, die schwer oder gar nicht erzählt werden kann. Das gilt natürlich in erster Linie für die Opfer der Geschichte sowie deren Kinder und Enkel.[21] Ein traumatisierendes, die Ich-Kräfte übersteigendes „Zu viel" ist aber auch bei vielen anderen Menschen und Menschengruppen anzunehmen,[22] wenn auch auf je eigene Weise, die herauszuarbeiten ist, damit die fundamentale Differenz zwischen Täter und Tätergeschichte auf der einen Seite und Opfer und Opferge-schichte auf der anderen Seite nicht verwischt wird.

Die Geschichtswissenschaft würde eine beträchtliche Horizonterweiterung er-fahren, wenn sie sich bewusst und intensiv diesen verdrängten und abgespaltenen

---

[20] Vgl. etwa Buschmann und Carl 2001; Thoß und Volkmann 2002.

[21] Ausführlicher dazu *Psyche*, Heft 9–10/2000 mit verschiedenen Beiträgen zum Rahmenthema *Trauma, Gewalt und kollektives Gedächtnis*.

[22] Dieses „Zu viel" ist ein Leitmotiv in der psychoanalytischen Fallstudie von Anita Eckstaedt 1989.

Erfahrungen sowie den Prozessen ihrer transgenerationell-komplexen Verarbeitung zuwenden würde. Dazu bedürfte es einer verstärkten Zusammenarbeit mit der Psychoanalyse[23] oder – was effektiver wäre – einer eigenen psychoanalytischen Kompetenz, die umso wichtiger wird, je früher wir mit der Bearbeitung und Deutung von Erfahrungen lebensgeschichtlich-chronologisch ansetzen. Die NS-Väter sind ja nur eine Dimension der Thematik. Ebenso wichtig, ja vielleicht noch einflussreicher, sind die Mütter, die, wenn sie nationalsozialistisch überzeugt waren, ihren Kindern massive Beziehungsstörungen schon mit der Muttermilch einflößten und damit für spätere Bearbeitungen der „Gefühlserbschaften" eine denkbar ungünstige Ausgangslage schufen.[24] Das genauer zu untersuchen, gehört in einen anderen Beitrag.

---

[23] Es gibt diesbezüglich mehrere punktuelle Ansätze (vgl. z. B. Literaturliste Bohleber in Rüsen), aber keine institutionalisierte Kontinuität, die notwendig wäre, damit die Perspektiverweiterung wirksam wird.

[24] Ausführlicher dazu z. B. Sigrid Chamberlain 1998.

XVI. Formen institutioneller Abwehr

> *„Es gibt zwei Arten, soziale Theorie zu konzipieren und anzuwenden: eine*
> scholastische, *bei der wir Konzepte zerteilen, polieren und reinigen (...) Das heißt, wir*
> *produzieren theoretische Kategorien als Selbstzweck, um sie rituell zur Schau zu stellen und*
> *sie anzubeten. Die andere ist eine* generative Form, *bei der wir Theorien entwickeln, um sie*
> *der empirischen Forschung anzuwenden und ihre heuristische Leistungsfähigkeit in einer*
> *systematischen Konfrontation mit der soziohistorischen Wirklichkeit zu beweisen und zu*
> *erweitern."*
>
> (Wacquant 2002, a. a. O., S. 61–62.)

Ein Geschichtsbewusstsein der Zukunftssorge[1] hat es bisher nicht leicht gehabt zur
Geltung zu kommen, und es wird auch weiterhin wahrscheinlich eher Zweifel und
Abwehr als Zustimmung auslösen. Ich möchte im Folgenden einige Dimensionen
der Akzeptanzproblematik benennen und gehe dabei ohne Vollständigkeitsanspruch
von Beobachtungen sowie Reflexionen aus, die jeder intersubjektiv überprüfen und
bestätigen oder aber verwerfen kann. Dabei ist Geschichtsdidaktik nicht nur als
spezielle Wissenschaftsdisziplin, sondern auch als spezieller Ausdruck einer allgemeineren gesellschaftlichen Problematik zu verstehen.

1. Blockade des „primären Schuld- und Schamgefühls"

Mentzos unterscheidet in seinen Ausführungen über *institutionelle Abwehr*, um die es
im Folgenden geht, zwischen primären Schuldgefühl, das in der Liebe und in positiven Strebungen entstehe, und sekundärem Schuldgefühl oder „Schuldgefühlen
zweiter Ordnung", die vorgesetzten Personen oder Institititutionen gelte und das
Schuldgefühl erster Ordnung in vielen Fällen überlagere. Diese Unterscheidung
scheint mir nützlich zu sein, um ein spezielles geschichtswissenschaftliches und geschichtsdidaktisches Agieren besser zu verstehen. GeschichtswissenschaftlerInnen
und -didaktikerInnen sind vor allem ihrer Wissenschaft verpflichtet, der Forschung,
der innovativen Erkenntnis, den selbst geschaffenen „Kategorien", die „angebetet"

---

[1] „Zukunftssorge" wurde hier programmatisch als Begriffsrahmen für weitere Einstellungsmodi
und Aufgabenfelder ähnlichen Inhalts gewählt, erinnert sei an: Empathie, Mitgefühl, *Care*, Schuld
und Schuldgefühle, Gewissen, Frieden und historische Friedensforschung, historische Ökologie.

werden (vgl. Eingangszitat), usw. Diese Instanzen bilden ihr „Überich zweiter Ordnung", um Mentzos' Begriff zu verwenden. Dagegen kommt das „Überich erster Ordnung", das in unserem Metier den Opfern der Vergangenheit und den Menschen der Zukunft gelten müsste, kaum zur Geltung.

In dem Maße wie der wissenschaftliche Ehrgeiz die Liebe zu den Personen überlagert, für die wir arbeiten, gerät die Wissenschaft selbst ins Zwielicht. Sie erstarrt scholastisch und wird blind gegenüber dem allgemeinen Guten, das uns Martha Nussbaum philosophisch bewusst gemacht hat.[2] Man könnte hier auch auf Hans Jonas' *Prinzip Verantwortung* verweisen. Da der Begriff „Verantwortung" aber unausgesetzt zur politischen Rechtfertigung von gesteigerter Machtausübung missbraucht wird und damit die Gefahr von Sekundärverpflichtungen nur vergrößern würde, ziehe ich den Ansatz bei primären positiven Strebungen der Liebe und seiner philosophischen Bestätigung vor.

In einer Fußnote veranschaulicht Mentzos mit einem autobiographischen Beispiel, was unter primärem Schuld- und Schamgefühl zu verstehen ist. Es passt gut zur Idee einer historischen Ökologie, die aber, bitte schön, keine neue Selbstzweck-Kategorie werden, sondern „generativ" wirken soll.

„Als ich zum ersten Mal in meinem Leben einen Baum gefällt hatte, traf mich das Ächzen der umkippenden Birke ‚ins Herz', und ich spürte eine Mischung aus Mitleid, Schuld und Angst – übrigens keine Angst vor dem Förster, denn die Aktion war legal."[3]

Primäre Schuld- und Schamgefühle entstehen im *Ambivalenzkonflikt* zwischen Liebe (Bindung, Solidarität, Sorge), die anderen Menschen aber auch der Natur gelten kann, und Autonomie (Eigennutz, Narzissmus, Selbstbestimmung), die dem besorgten Mitfühlen immer wieder entgegensteht. Dieser Ambivalenzkonflikt ist auszuhalten und auszubalancieren, aber nicht an andere scheinbar erhabene Institutionen zu delegieren. Um die eben zitierte Situation metaphorisch zu nutzen: Unsere „Försterei", zu der wir immer ängstlich aufblicken, ist die Geschichtswissenschaft bzw. der Fakultätsrat oder andere übergeordnete Instanzen. Wir können und sollten diese Instanzen nicht abschaffen, aber ihnen auch nicht mehr Bedeutung zumessen, als ihnen geschichtsanalytisch zukommt. Zukunfts- und Lebenssorge verlangt keine totale Preisgabe des Eigennutz-Denkens, aber einen den positiven Primär-Bindungen angemessenen Platz.

In dem Maße wie vor allem Eliten ihre primären Schuld- und Schamgefühle blockieren und dementsprechend öffentlich agieren, werden *Warlords und Egomanen*

---

[2] Nussbaum 1999, besonders S. 161 ff. über *Liebe und Blindheit gegenüber dem allgemeinen Guten* sowie S. 163 ff. über *Gefühle und Institutionen*. Auch im Leben und Denken des Philosophen Karl Jaspers (1883–1969) spielt die primäre, „kindliche" Liebe zum Guten/Richtigen (Ehrlichkeit und Wahrheit, Mitgefühl, Zukunftschancen der Vernunft usw.) eine maßgebliche Rolle. Etliche Belege finden sich u. a. in den Briefen an Hannah Arendt.

[3] Mentzos 1996, S. 133.

weiterhin ihre Gefolgschaft formieren können. Die Preisgabe der Friedensthematik im *Handbuch für Geschichtsdidaktik* hat wahrscheinlich mit der Verdrängung der ursprünglichen Bindungs- und Schuldgefühle zu tun. Eine der Zukunft dienliche Entscheidung war das nicht.

2. Abwehr narzisstischer Kränkungen

Sigmund Freud war der Auffassung, dass die moderne Gesellschaft mit drei großen narzisstischen Kränkungen zu kämpfen habe. Die erste Kränkung habe uns Kopernikus zugefügt, indem er die Mittelpunkt-Gewissheiten des geozentrischen Weltbildes erschüttert habe. Die zweite Kränkung sei von Darwin und seinem Nachweis unserer Abstammung aus dem „niederen" Tierreich ausgegangen. Die dritte narzisstische Kränkung habe er selbst, Freud, den Menschen zugefügt, indem er ihnen mit der Erforschung des Unbewussten zu verstehen gab, dass sie nicht Herr im eigenen Haus seien.[4]

Die konfrontative Auseinandersetzung mit dieser Kränkung hat in der Geschichtsdidaktik noch nicht stattgefunden, wie überhaupt die Existenz des Unbewussten entweder geleugnet oder aber so umgedeutet wird, dass man meint, es bewusst kontrollieren und lenken zu können – ein fundamentales Missverständnis! Narzisstische Selbstüberschätzungen, die den Zugang zur eigenen Tiefenstruktur versperren und damit das eigene kritisch-emanzipatorische Potenzial unnötig einschränken, sind selbstverständlich nicht nur in unserer Zunft, sondern allenthalben in akademischen Zusammenhängen anzutreffen, man lese etwa die scharfsinnige Kritik von Raymond Geuss an der sogenannten Gerechtigkeitsphilosophie des viel gerühmten John Rawl.

Um Missverständnisse und Einseitigkeiten zu vermeiden, sollten wir zwischen gesundem Narzissmus, den jeder Mensch braucht, und übertriebenem, pathogenem Narzissmus, der Kommunikation und Liebe behindert, analytisch klar unterscheiden, obwohl die Grenzziehung in der Lebenspraxis gar nicht so einfach ist. Der pathogene Narzissmus ist für die Entfaltung eines Geschichtsbewusstseins der Zukunftssorge besonders hinderlich, weil er sich definitionsgemäß nur um sich selbst sorgt, um das eigene Fortkommen und die Gunst des jeweiligen Publikums.

---

[4] Auf diese großen Kränkungen der naiven menschlichen Eigenliebe geht Freud in den *Vorlesungen zur Einführung in die Psychoanalyse* von 1916/17 ein, III. Teil, Ende der 18. Vorlesung (a. a. O. Bd. I, S. 283 f.).

3. Entwertung von Trauer-, Gefühls- und Frauenarbeit

In Erinnerung an Klaus Bergmann
(23. Februar 1938 bis 18. November 2002),
der diese Entwertung lebenslang bekämpft hat.

Am 1.2.2003 explodierte die Raumfähre Columbia beim Eintritt in die Atmosphäre; die sieben Astronauten kamen ums Leben. Die Welt war betroffen und trauerte, allen ostentativ voran natürlich die Vereinigten Staaten. Trauer muss sein; ohne „Trauerarbeit" kann sich die Liebe zum Leben als eine Dimension der Zukunftssorge nicht entwickeln. Aber hatten wir es wirklich mit „Trauerarbeit" zu tun? Handelte es sich nicht eher um ein besonderes Medienereignis, das der Heldenverehrung diente?[5] In einem Zeitungsfeature von seltener Qualität fragte Libby Brooks in *The Guardian*, ob man wirklich von Mitgefühl sprechen könne, wenn die Zuwendung willkürlich den sieben Astronauten gelte und nicht etwa den sieben Schulkindern, die zur gleichen Zeit in Kanada beim Skilaufen ums Leben gekommen seien, oder den sieben Afrikanern, die ebenfalls zur gleichen Zeit tot an der spanischen Küste angeschwemmt worden seien. War das Unglück nicht auch eine willkommene Ablenkung von den Bedrohungen, über die wir keine Kontrolle mehr haben? *Do we care?*[6]

Männer wollen kontrollieren, lenken, herrschen. Die Toten können nicht mehr kontrolliert und gelenkt, sie müssen betrauert werden. Wir spüren noch einmal die lebendige Verbundenheit mit den Toten, wir spüren aber auch, dass wir ohnmächtig sind, diese Verbundenheit wieder herzustellen, und wir werden darüber hinaus an die eigene Sterblichkeit erinnert. Das alles ist nicht angenehm. Das ist beschwerliche Gefühlsarbeit. Gefühle sind nach landläufiger Meinung eher Sache der Frauen.[7] Dass sowohl Trauer- als auch Frauenarbeit abgewertet werden, ist kein Zufall.

Ein abgeschlossener Trauerprozess setzt neue Kräfte für die Zukunft frei, und darum geht es hier. Wenn Trauer abgewehrt wird – und das geschieht unablässig –,

---

5   Mit den Folgen einer verdrängten, „eingeklemmten" Trauer (*impacted grief*) hat sich der amerikanische Traumatologe Chaim Shatan (1924–2001) in Fallstudien mit Vietnam-Veteranen beschäftigt. Seine Untersuchungen sind nach meinen Bibliotheks- und Internetrecherchen leider nicht auf Deutsch zugänglich.

6   Wer sich inhaltlich-systematisch mit dem Thema Trauer befassen will, sei auf den von Liebsch und Rüsen 2001 hrsg. Sammelband verwiesen.

7   Geschlechtsspezifische Gefühle sind überwiegend (oder voll und ganz?) gesellschaftliche Zuschreibungen oder „Konstruktionen", wie die Genderforschung inzwischen mit vielen Belegen nachgewiesen hat. Ob oder inwiefern die Biologie mit ihren unübertragbaren Lebenserfahrungen (z. B. Schwangerschaft) dennoch eine Rolle spielt, muss hier offen bleiben. Der obige Text bezieht sich auf die immer noch weit verbreiteten Auffassung, dass den Frauen „Natur", den Männern aber „Kultur" eigen sei.

dann absorbiert sie unbewusst Lebensenergien und Zukunftshoffnungen. Histori-
kertage und geschichtsdidaktische Konferenzen sind gewiss keine Begräbnisse, auf
denen getrauert werden soll. (Im Gegenteil: Etwas mehr Fun würde ihnen gut tun!)
Sie können aber erstens historisch-politisch die Einseitigkeiten der eben angedeuteten Art kritisch durchleuchten und „hinterfragen", so dass auch das in der medialen
Inszenierung enthaltene Ablenkungsmanöver bewusst wird, und sie könnten zweitens Räume eröffnen, in denen Gefühle mitgeteilt und Erfahrungen besprochen
werden können. Das wäre keine Umwandlung der Wissenschaft in Gruppendynamik, sondern die notwendige Integration des Thematischen in die Emotionen und
umgekehrt sowie die Pflege einer Gesprächskultur, die erst noch entstehen muss.

Wie ungewohnt und schwer das ist, wurde mir noch einmal bewusst, als ich auf
der Konferenz für Geschichtsdidaktik eine plenare Abendveranstaltung zu den Ereignissen des 11. September 2001 zu moderieren hatte. Kollege Klaus Bergmann,
mit dem zusammen ich dazu beauftragt wurde, hatte aus Krankheitsgründen kurz
vorher absagen müssen. Wie viel Anlass zur Sorge diese Absage bot, stellte sich im
Grunde erst einige Monate nachher heraus, als Klaus Bergmann seiner Lungen-
krankheit, mit der er schon lange zu kämpfen hatte, erlag.

Es gab am 1. Oktober 2001 auf unserer Tagung in Kassel offenbar „Gesprächsbedarf", der durch den Schock der infernalischen Tragödie wenige Wochen vorher
ausgelöst und noch nicht bewältigt war. Dieser Gesprächsbedarf stand in einem ek-
latanten Missverhältnis zum Mangel an kulturell-kommunikativen Erfahrungen eines angemessenen Umgangs mit derartigem Unheil und den verschiedenen „Betrof-
fenheiten". Schon beim Wort „Betroffenheit" zucken ja inzwischen alle zusammen,
weil es dermaßen abgedroschen ist, dass es mehr Widerstand als Sprechbereitschaft
auslöst. Es ist sehr viel leichter, über Geschichtskultur zu perorieren als eine Kultur
des Mitfühlens und der Besinnung zu realisieren.

Es geht hier also weniger darum, ein neues Buch *über* Emotionen oder Trauer in
Geschichte und Geschichtsunterricht zu schreiben, obwohl das sicherlich auch sehr
nützlich wäre, als vielmehr darum, der *Gefühlsarbeit in der Kommunikation* Raum zu
geben.

Exkurs: Einige Anmerkungen über „historisches Trauern – Idee einer Zumutung"[8] von Jörn Rüsen

Trauer und Trauerarbeit spielen in einer neueren Veröffentlichung von Jörn Rüsen eine gewichtige Rolle, so dass die hier getroffene diagnostisch-kritische Feststellung ihrer Abwehr
hinfällig zu sein scheint. Angestoßen durch einige Bemerkungen von Hanno Loewy[9] möchte

---

[8]   Das ist die Überschrift zum zehnten Kapitel, S. 301 ff., in Rüsens Sammelband mit älteren und
      neueren Aufsätzen *Zerbrechende Zeit – Über den Sinn der Geschichte* (2001). Trauer und Trauerar-
      beit werden ebd. aber u. a. auch schon vorher erörtert, vgl. das Leitmotiv im Vorwort S. 2 und
      6. Kapitel S. 203 ff. und 208 ff.
[9]   Loewy in Paul S. 256 und 260, wo es mit Bezug auf Rüsen um das „deutende Subjekt" und
      das „Wie" einer Erzählung geht.

ich aber fragen, ob Rüsens „Lösung" wirklich überzeugend ist und damit, wie so viele andere seiner Gedankenentwürfe,[10] dem geschichtsdidaktischen Denken die Richtung weisen kann. Rüsen fordert bzw. empfiehlt, dass nicht nur die Opfer der deutschen Geschichte betrauert werden (insbesondere also die Juden), sondern auch die Täter, weil ja in ihnen die „Menschlichkeit" vernichtet worden sei und Trauer überhaupt eine „integrative Funktion" habe. Er weiß, welche Einwände eine solche Idee provoziert (S. 206), aber ersetzt sich über diese Einwände schnell hinweg, indem er den Bannkreis der unmittelbaren Opfer-Täter-Problematik durchbricht (bzw. zu durchbrechen meint) und die Leserinnen und Leser über die Zwischenstation des Nationalen auf „die verlorene Menschheit" verweist, die durch Trauer wieder „angeeignet" werden könne.

Deutschland oder sogar die ganze Welt als große Gemeinde des „historischen Trauens"? Juden und Nicht-Juden trauern zusammen? Amerikaner und Iraker vereinigen sich im Gedenken an ihre Toten? Das ist eine fantastische Theologie, die als persönlicher Wunsch nach Versöhnung und Ausgleich gut zu verstehen ist, als Programm der Geschichtskultur, um die es Rüsen ja geht, aber mit aller Entschiedenheit zurückgewiesen werden muss, weil es erstens die Würde der Ermordeten abermals verletzt und die Intimgrenzen ihrer Hinterbliebenen aufhebt, weil es zweitens in jedem nachdenklichen Täter-Nachfahren nur Unbehagen auslösen kann und drittens die persönliche Trauer in eine Demonstration verwandelt, die unausweichlich das Gegenteil von dem bewirkt, was anerkennenswert und intendiert ist.

Sollen wir SS-Gräber pflegen und Neuauflagen von Bitburg zelebrieren?[11] Ist die (in Anlehnung an respektable Autoren wie Christan Meier, Martin Walser, Klaus von Dohnanyi, und Tilman Moser entwickelte) Idee eines in historischer Trauer erwachsenden „neuen identitätsträchtigen Umgangs mit dem Holocaust" (S. 297) nicht eine gedankliche Totgeburt? Sollen junge Deutsche von heute wirklich *Identität und „Wir-Gefühl" über den Holocaust definieren*? Wahrscheinlich würden sich diese kritischen Rückfragen erübrigen, wenn die Ansprüche nicht so hoch angesetzt wären. Aber es geht ja bei Rüsen nie um eine direkte Auseinandersetzung mit einer Person oder einer bestimmten Problemkonstellation (dementsprechend auch nicht um einen persönlichen Verlust, der zu betrauern wäre), sondern immer ums Ganze, um „die" Identität „der" Deutschen, „die" Geschichtskultur, „das" Geschichtsbewusstsein, „den" Bruch „der" Zeit, „den" Sinn „der" Geschichte, am Ende – wie gesagt – um die Kategorie „der" Menschheit. Der Haupttitel des Buches mit dem dunklen, unbestimmten Ausdruck *Zerbrechende Zeit* ändert an diesem Lehrsatz-Stil gar nichts, im Gegenteil: Er hinterlässt, wenn man

---

[10] In der Geschichtsdidaktik ist Rüsen so etwas wie der Garant einer abgesicherten Theoriebildung, vor allem zur zentralen Kategorie des Geschichtsbewusstseins; er wird immer wieder zustimmend zitiert. Kritische Auseinandersetzungen mit seinem Werk sind mir außer Walz 1995 nicht bekannt. Die folgenden Überlegungen sind ein punktueller Denkanstoß, mehr nicht. Die konsensfähigen Seiten der Rüsen'schen Argumentation bringt Krovoza 2003, S. 933 f., zum Ausdruck.

[11] Anlässlich des 40. Jahrestages der deutschen Kapitulation legten der damalige Bundeskanzler Helmut Kohl und der amerikanische Präsident Ronald Reagan zum Zeichen der deutschamerikanischen Versöhnung auf dem Soldatenfriedhof bei Bitburg Kränze nieder, was schon im Vorfeld erhebliche Irritationen ausgelöst hatte, da sich eben dort auch Gräber von SS-Soldaten befanden, während die Überreste amerikanischer Soldaten längst in die USA überführt worden waren. Welche Funktion konnte unter diesen Umständen das Gedenken an die „Gefallenen" haben?

sich genauer mit ihm beschäftigt,[12] nur Fragezeichen und verstärkt damit das, was sowieso schon dominiert.

Gegen das Abheben der schmerzhaften Geschichts- und Lebensproblematik in die dünne Luft der Menschheitsgeschichte möchte ich auf jene Schulprojekte verweisen, in denen z. B. am Ort einer Deportation die Namen der Deportierten einzeln vorgelesen werden,[13] nacheinander von einzelnen SchülerInnen, u. U. über mehrere Stunden hinweg. Das macht Sinn, weil es den heute Unbeteiligten eine Beziehung zu den damals „Betroffenen" eröffnet, ohne dass moralisierend Schuldgefühle aktiviert oder Persönlichkeitsgrenzen verletzt werden. Das ist weder „Trauerarbeit" im Freud'schen klinischen Sinn (kann es auch gar nicht sein), noch „historisches Trauern", wie Rüsen es entworfen hat, aber eben wegen dieser Selbstbeschränkung geschichtsdidaktisch fruchtbar.

4. Vermeiden von Auseinandersetzungen durch Fragmentierung und Deformierung politisch-inhaltlicher Herausforderungen

Die Unterdrückung der primären Schuld- und Ambivalenzgefühle wird durch historisch-politisch objektive Altlasten verstärkt, die rhetorisch geschickt neutralisiert werden, die damit aber nicht aus der Welt verschwinden.

Ein rhetorisch bewährter Topos gegen Schuld bzw. Schuldgefühle ist die Geißelung des „Moralisierens", das – so wird argumentiert – der Eigendynamik des Geschichtlichen von oben sachfremd auferlegt werde und so zur Wahrheitsfindung gar nichts beitragen könne.[14] Die scheinbar plausible Ablehnung eines geschichtsfremden Moralisierens erledigt das ganze Problem von Verantwortlichkeit sowohl auf der Objektebene des Vergangenen als auch in der eigenen Subjekt-Zuständigkeit mit einem Schlag.

Wenn es um ein aufgesetztes „Moralisieren" wirklich ginge, das heißt um ein Überstrapazieren des Moralischen auf Kosten des Historisch-Faktischen, dann wäre

---

[12] Rüsens Eingangsmotto („Die Zeit war zersplittert..."), das offenbar den Buchtitel inspiriert hat, ist Ruth Klügers Ich-Erzählung entnommen, die als Kind in mehreren KZs inhaftiert war. Es ist m. E. prinzipiell fragwürdig, eine höchst persönliche Vergangenheitsdeutung aus jüdischer Sicht für das eigene, nicht-jüdische „Programm" der Vergangenheitsbearbeitung in Anspruch zu nehmen. Und davon abgesehen: Das Zitat ist völlig aus dem Zusammenhang gerissen, man lese den Kontext nach (Klüger 1993, S. 278).

[13] Der Bahnhof Grunewald in Berlin ist ein solcher Ort. Er erinnert in angemessener Weise an die Fahrt in Elend und Tod.

[14] Als Beleg, der typisch und repräsentativ ist, sei ein Spiegel-Gespräch mit Hans-Ulrich Wehler, geb. 1931, erwähnt (Der Spiegel 2/2003), das mit folgender Überschrift zusammengefasst wurde: *Vergleichen – nicht moralisieren*. In den weiteren Zusammenhang gehört Martin Walsers Aufforderung, man solle Auschwitz nicht als „Moralkeule" einsetzen, was ja so, wie er das formuliert hat, kein vernünftiger Mensch macht (vgl. im Einzelnen seine Dankesrede am 11.10 1998 in der Frankfurter Paulskirche anlässlich der Verleihung des Friedenspreises des deutschen Buchhandels. Walser ist 1927 geboren).

gegen die Abwehr nichts zu sagen. Doch genau so ist es eben nicht. Das angeblich
sachfremde Moralisieren wird immer nur als Schreckgespenst an die Wand gemalt,
nicht aber empirisch als Text nachgewiesen. So wie Kindern früher Angst vor dem
schwarzen Mann eingeredet wurde, so warnen heute viele Historiker und Politiker
vor Schuldkomplexen, die der Wissenschaft und dem Fortschritt nur im Wege
stünden. Bei der Fragmentierung als Abwehrmechanismus wird ein Argumentati-
onsbestandteil herausgehoben, verabsolutiert und so der Absurdität preisgegeben.
Das erspart die inhaltliche Auseinandersetzung mit dem jeweiligen Argumentationszusammenhang.

5. Vermeiden von konfrontativer Nähe durch Flucht ins Allgemeine und Methodologische

In vielen einflussreichen geschichtsdidaktischen Texten kommen weder die Täter
und Opfer der Geschichte als leibhaftige Personen, noch die Lernenden mit ihren
spezifischen Lebensproblemen, geschweige denn das „Ich" des Autors mit seinen
einmaligen Lebens- und Denkerfahrungen vor. Von der Erde losgelöst schweben
die Argumentationen elegant in höheren Begriffssphären, in denen Zweifel und
gemeiner Widerspruch nicht mehr vorkommen. Wenn ein Geschichtsdidaktiker
sich beispielsweise zur Wehrmachtausstellung äußert, präsentiert er kein Bild oder
Dokument, das ihn besonders beeindruckt und beschäftigt hat (geschweige denn
eine eigene Erinnerung, die mit der Geschichte der Wehrmacht zu tun hat). Er systematisiert vielmehr das, was allgemein über Zeitgeschichte in Erfahrung zu bringen
ist und stellt schließlich „Forschungsdesiderate" fest, die natürlich niemand bestreiten kann.

Eine zweite Variante der Flucht ins Allgemeine, die schmerzhafte inhaltliche
Konfrontationen vermeidet und daher auch gerne nachvollzogen wird, ist die me-
thodologische Erörterung. Wer die Ergebnisse von wissenschaftlichen oder anderen
Recherchen nicht akzeptiert und – aus welchem Grund auch immer – das ganze
Produkt entwerten möchte, der wird sich sogleich auf die methodologischen Män-
gel dieser Recherchen stürzen und mit Sicherheit fündig werden, denn: Geistige
Produkte ohne Mängel gibt es nicht. Kaum war die sogenannte Pisa-Studie über den
Bildungsrückstand in Deutschland erschienen, gab es schon gewichtige Einwände
gegen die Methode, mit denen die Daten erhoben wurden. Einige falsche Zuord-
nungen von Bildern in der Wehrmachtausstellung genügten, um erneut das ganze
Unternehmen in Frage zu stellen. In Frage gestellt wurden auch die Ergebnisse der
sozialpsychologischen Recherchen Harald Welzers mit Einwänden gegen die Inter-
viewtechnik, als wenn hier, im Forschungsdesign, und nicht in der transgeneratio-

nellen Vererbung einer nicht durchgearbeiteten Vergangenheit, das Hauptproblem läge.[15] Ich weiß, was hier eingewandt wird, und gehe noch einmal kurz darauf ein: Wenn das Forschungsdesign – so wird gesagt – voller Fehler ist, dann können auch die Ergebnisse inhaltlich nicht stimmen. Ich bezweifle das überhaupt nicht. Ich bezweifle aber, dass das einzige Antriebsmotiv der Kritiker ihre Sorge um Wahrheit und Wissenschaft ist, und denke, dass auch Abwehr und Widerstand, u. a. gegen (unbewusste) Schuldgefühle, ihren Einfluss ausüben. Auf diesen nicht thematisierten (und bisher auch nicht thematisierbaren) Anteil möchte ich aufmerksam machen. Wissenschaft ist gewiss nicht nur, aber in bestimmten Zusammenhängen eben *auch* Abwehr: Abwehr von Nähe, Konfrontation, Kränkung, Gefühl usw.

6. Abwehr der eigenen Ohnmachtgefühle durch Ziel- und Kompetenzrhetorik

Wer die erziehungswissenschaftliche und geschichtsdidaktische Literatur dieser Jahre einigermaßen kennt, wird immer wieder überrascht sein, was Schulkinder alles können und wissen (sollen). Sie erwerben, geschichtsdidaktisch angeleitet: Wahrnehmungskompetenz, Deutungskompetenz, Motivationskompetenz und Orientierungskompetenz, was zusammen die historische Sinnbildungskompetenz ergibt. Sie verfügen darüber hinaus früher oder später, am besten gleich in der Grundschule, über Fragekompetenz, Sachkompetenz, Methodenkompetenz und Dekonstruktionskompetenz, was alles zusammen reflektiertes oder gar selbst-reflexives Geschichtsbewustein ergibt. In einem anderen Konzept sind SchülerInnen emotiv kompetent, emanzipatorisch kompetent, kreativ kompetent, kritisch kompetent und ästhetisch kompetent, was zusammen gefügt dann die historische Kompetenz bildet. Großer Wertschätzung erfreut sich seit Längerem auch die narrative Kompetenz, die von Geschichtsdidaktikern sozusagen aus dem Nichts neu geschaffen wurde[16] und nun die „nationale Identität" und ähnliche Luftballons auf der Zielgeraden glatt überholt hat.

---

[15] Vgl. dazu Rolf Schörkens *Kritische Anmerkungen zu Harald Welzers Analysen des Familiengedächtnisses*, in: Körber (Hrsg.) 2003, S. 47–58. Der Autor, als Jg. 1928 ebenfalls Angehöriger der sog. Flakhelfer-Generation, warnt davor, über sozialpsychologischen Einzelphänomen den radikalen Wandel der Deutschen und die Integration in den Westen als „politische Hauptsache" zu übersehen. Eine „transgenerationelle Vererbung der nicht-durchgearbeiteten Vergangenheit" liegt außerhalb seiner Argumentation.

[16] Wir erinnern uns: Diskriminiert durch jene, die selbst nicht erzählen wollten (oder konnten) und daher „Strukturgeschichte" als richtigen Weg zur historischen Erkenntnis propagierten, galt die Erzählung auch in der Geschichtsdidaktik in den siebziger Jahren als *historia non grata*, vgl. GWU Heft 12/97 mit dem Rahmenthema *Geschichte erzählen*, hier besonders Rohlfes S. 738 ff. über *Die schulische Geschichtserzählung im Widerstreit*.

Mein Eindruck ist, dass diese Kompetenz- und Zielrhetorik erstens den auf uns lastenden Erfolgsdruck einfach „nach unten" weiterleiten und zweitens die Einsicht in die erbärmlichen materiellen Bedingungen des Lehrens und Lernens sowie die damit verbundene Zukunftssorge, pauschal ausblenden bzw. stilllegen soll. Entsprechendes gilt übrigens auch für Reformpläne, die das Studium und die Studierenden betreffen. Eine Einsparung folgt der anderen, so dass die Möglichkeiten gedeihlichen Arbeitens immer mehr eingeschränkt werden. Trotzdem gehen wir mit dem Anspruch hausieren, dass die Studierenden unter unserer Ägide folgende Kompetenzen erwerben: Unterrichts- und Vermittlungskompetenz, Erziehungskompetenz, Kompetenz zur Diagnose, Beratungskompetenz, Führungskompetenz.[17] Das ist Hochstapelei und argumentative Willkür gleichzeitig. Warum Führungskompetenz und nicht Teamfähigkeit? Was ist Vermittlungskompetenz ohne Sachkompetenz? Was ist diagnostische Kompetenz ohne Psychologie und Selbsterfahrung? Wo bleibt die Kompetenz zur realitätsgerechten Selbsteinschätzung, die heutzutage sehr zu wünschen übrig lässt und uns viele Irrläufer in die Universität führt?

Zur Entlastung und Relativierung der an die Geschichtsdidaktik gerichteten Kritik muss hier fairerweise noch angefügt werden, dass in der Geschichtsdidaktik nur zum Ausdruck kommt, was inzwischen allgemein gang und gäbe ist, man vgl. etwa neuere Lehrpläne, die ihre Argumentation nicht mehr auf Bildung, allgemeine Aufgaben in Erziehung und Unterricht und ähnliche Zielangaben fokussieren, sondern eben auf „Kompetenzen". Während Organisationsstruktur und Stoffpläne des Geschichtsunterrichts kaum verändert wurden, ist der ideologisch-schöngeistige Rahmen modernisiert worden. Das tangiert insofern die allgemeine Thematik dieses Buches, als eine generelle, selbstverständliche Praxis nicht mehr hinterfragt wird und als *Struktur unbewusst* bleibt. Würde man die einzelnen Kompetenzen wirklich ernst nehmen, operationalisieren und versetzungsrelevant zensieren, würde der Fachunterricht in seiner bestehenden Form zusammenbrechen.

Die Moderne hat einen Selbstlauf, der unheimlich ist. Ein Ferment der Moderne ist das Unpersönliche und die Entpersönlichung, die Annullierung des Individuums im namenlosen Massenschicksal, die Auflösung dialogischer Verbindungen im Computer-Kürzel, die Nivellierung des Lebens und Sterbens, dem die je eigene Würde genommen wird. Dieser Trend hat sich auch der Geschichtsdidaktik bemächtigt, die ihre Ohnmacht nicht wahrhaben will und nicht wahrhaben kann. Sie reagiert mit Glasperlen-Spielen, an denen sie sich vor allem selbst erfreut. Mir geht es beim Lesen oder Zuhören geschichtsdidaktischer Vorträge oft so, dass die bedrohlichen Wirklichkeiten der Geschichte und der Schule wie hinter einer Milchglaswand verschwinden und ich mich fragen muss, worum es überhaupt geht.

7. Abwehr, Übertragung, Gegenübertragung

Mit der „Milchglaswand" habe ich ein Übertragungsgefühl benannt, das hinter die diagnostizierten Abwehrformen als verallgemeinerungsfähige Diagnose ein Frage-

---

[17] Diese Zielangaben fanden sich in einem Diskussionspapier unseres Instituts. Das „Wir" in dem Satz ist also nicht rhetorisch, sondern authentisch.

zeichen setzt; denn es gilt subjektiv zunächst nur für mich und müsste im Gespräch relativiert oder verglichen werden, was hier, in einem Buch, nicht möglich ist. Wer kann das Milchglaswandgefühl nachvollziehen, wer nicht? Welchem Punkt in der hier entfalteten Agenda ist zuzustimmen? Welchem nicht?

Außer der Problematik von Übertragungen und Gegenübertragungen ist auch der „Sinn" der Abwehrmechanismen sowie ihre Legitimität bisher noch nicht erwähnt worden. Das soll abschließend kurz nachgeholt werden.

Im Grunde ist es ja naiv bzw. unfair, von HistorikerInnen und GeschichtslehrerInnen zu erwarten, dass sie sich besorgt der Zukunft zuwenden; denn das ist schlicht und einfach nicht ihr Job. HistorikerInnen beschäftigen sich mit der Vergangenheit und nicht mit Gegenwart und Zukunft. Wer sich einer Care-Ethik verpflichtet fühlt, der wird Theologe, Pädagoge oder Arzt, Philosoph, Politiker oder was auch immer, aber jedenfalls nicht Historiker. Wer sich in die Vergangenheit vertiefen will – forschend, lehrend oder lernend, lesend –, der muss sowohl die Gegenwart als auch die Zukunft zunächst einmal „vergessen", und es wäre unbillig zu verlangen, dass eben diese berufsspezifische Konzentration und Blickrichtung von vornherein in ihr Gegenteil verkehrt wird.

Mentzos betont in dem eingangs zitierten Buch, dass man Abwehr nicht auf ein plattes Verdrängungsmanöver reduzieren dürfe, weil sie meistens auch rational nachvollziehbare Legitimität impliziere, die im Einzelnen zu würdigen sei. Diese Einschränkung kann und muss rückwirkend auch für die diagnostizierten geschichtsdidaktischen Abwehrmechanismen in Anspruch genommen werden, ohne dass damit jetzt alles aufgehoben oder noch im Einzelnen relativiert werden soll. Es wäre unsinnig, *Gewissen und Sorge*, die hier in den Vordergrund gestellten Einstellungen, gegen *Wissen und Wahrheit*, den Hauptkategorien des Geschichtswissenschaft, ausspielen zu wollen. Das eine macht ohne das andere wenig Sinn, und an welcher Stelle man ansetzt, das ist letztlich zweitrangig.

Dritter Teil

Plädoyer für die Modernisierung eines Traditionsfaches

XVII. Geschichtsunterricht als historische Lebenskunde

1. Vom Fachprinzip zum praktischen historischen Lernen

Die curriculare und geschichtsdidaktisch-konzeptionelle Konsequenz aus allen bisherigen Überlegungen lautet: Das an die Geschichtswissenschaft gekoppelte *Fachprinzip* ist durch das Prinzip des fächerübergreifenden praktischen Lernens anhand geschichtlicher Inhalte zu ersetzen oder zumindest zu ergänzen. In Anlehnung an mehrere Konzepte ähnlicher Art kann der neue Ansatz auch als *historische Lebenskunde* bezeichnet werden.[1] „Lebens*kunde*" ist die informative Basis von Orientierungs- und „Lebens*hilfe*". Lebenskunde ist praktizierte Zukunftssorge (vgl. 1. Kapitel). Sowohl Gesellschaftskunde als auch Lebenskunde sollen der Orientierung und Selbstbestimmung in einer Welt dienen, die erstens verwirrend unübersichtlich geworden ist und zweitens beängstigend wenig zur praktischen Lebensbewältigung beiträgt. Die Sozialisationsbedingungen haben sich radikal geändert. Schule im Allgemeinen und Fachunterricht im Besonderen müssen den Veränderungen Rechnung tragen, wenn sie nicht an den gesellschaftlichen Rand gedrängt und von der Geschichte überholt werden wollen.

Der vorliegende Vorstoß ist selbstverständlich – wie könnte es anders sein! – nicht der erste seiner Art. Ich erinnere hier nur mit Stichworten an

➤ Friedrich Nietzsche (1844–1900) und seine Schrift *Vom Nutzen und Nachteil der Historie für das Leben*, in der er dafür plädiert, die Beschäftigung mit Geschichte nicht als Selbstzweck, sondern als Dienst am Leben zu profilieren;[2]

➤ Siegfried Kawerau (1886–1936), der den Geschichtsunterricht „soziologisch" (d.h. auch lebensweltlich, lebenskundlich) ausbauen und damit gleichzeitig dem ideologischen Zugriff „von oben" entziehen wollte;[3]

---

[1] Verwandte Konzepte oder zumindest vom Begriff her ähnlich sind *Weltkunde* und *Gesellschaftskunde* (kurz GK) in Berlin. Maßgebliche Denkanstöße kamen von der *Humanistischen Lebenskunde*, die als freiwillige Alternative zum Religionsunterricht eine Berliner Besonderheit konstituiert, vgl. dazu Osuch 1999, Adloff und Alavi 2001, Schulz-Hageleit 2002. Seit Längerem bekannt ist ferner die *historische Gegenwartskunde*, die sich mit der historischen Genese allgemeiner gesellschaftspolitischer Konstellationen beschäftigt und insofern indirekt für die *Historische Lebenskunde* von Nutzen sein kann.

[2] Das konzeptionelle Ansetzen bei Nietzsches Grundgedanken bedeutet nicht, dass seine Schrift voll inhaltlich übernommen wird. Das verbietet sich u. a. deswegen, weil etliche Argumente der nationalsozialistischen Ideologie zugearbeitet haben, was im Einzelnen nachzuweisen wäre.

[3] Vgl. dazu die Abhandlung von Jochen Huhn in Quandt 1978.

➤ die Hessischen Rahmenrichtlinien (1972) in denen die Geschichte ihre Eigenständigkeit als Fach einbüßte und zum integrierten Teil der Gesellschaftslehre wurde[4], aber auch neueste Lehrplan-Bestimmungen, in denen „Hilfen zur persönlichen
Lebensgestaltung" festgeschrieben und Geschichte, Sozialkunde und Erdkunde zu
einer Fächergruppe zusammengefasst wurden (vgl. Bayern, Lehrplan für die Hauptschule);

➤ die praktisch bei allen GeschichtsdidaktikerInnen mehr oder weniger deutlich
thematisierten „Gegenwartsbezüge" der Geschichte (bzw. Geschichtsbezüge der
Gegenwart), unter denen Analogien und Vergleiche zwischen „damals" und heute
einen besonderen Platz einnehmen.

Darüber hinaus gibt es, was bekannt sein dürfte, etliche erziehungswissenschaft-
lich-schulpädagogisch allgemeine Ansätze, die dem heutigen Bedarf an praktischem
Lernen zu genügen suchen. Das Internet öffnet beim Suchwort *praktisches Lernen* auf
Anhieb duzende von Initiativen, die dokumentieren, dass mit der Abkehr vom
Fachprinzip nichts zusammenbricht, sondern im Gegenteil: neue Orientierung ge-
schaffen wird. Ich gehe darauf aber nicht genauer ein, weil die hier vorgetragene
Argumentation vom Fachlich-Geschichtlichen ausgeht, das ja als Basis nicht preis-
gegeben werden soll.

Dem ersten Anschein nach hat mein Vorschlag inhaltlich Ähnlichkeit mit dem,
was Gerhard Schneider in verschiedenen Varianten entworfen und begründet hat
(vgl. Literaturliste). Er will sowohl die übliche Chronologie suspendieren als auch
den Themenkatalog total umgestalten: An die Stelle der tradierten ereignisge-
schichtlichen Inhalte (Investiturstreit, Reformation, Französische Revolution usw.)
sollen „kulturgeschichtliche, ,anthropologische' und symbolische Themen" treten,
als da u. a. sind: Wer bin ich? Wo komme ich her? Die Geschichte meiner Familie;
Tod und Weiterleben; Jungen und Mädchen; Lieben und Hassen; Gewalt, Terror,
Krieg und Frieden; Angst und Ohnmacht, lokale und nationale Gedenktage u. a. m.
Dazu kommen Aktualitäts- und Überraschungsthemen, die den jeweiligen Vorkommnisse des Tages Rechnung tragen.[5]

Schneiders Vorstoß fährt mit erfrischender Verve durch die Herde der heiligen
Kühe, die das Feld der geschichtsdidaktisch-curricularen Diskussion beherrschen,
und ich kann mich der Initiative prinzipiell nur anschließen. Bedenken ergeben sich
gleichwohl in Konsequenz der eben entworfenen Leitideen, die Lehrer-Ausbildung
und Gesprächsqualifikation betreffen. Ich bezweifle, dass Liebe und Hass unter
heutigen Unterrichtsstrukturbedingungen so thematisiert werden können, dass das
eigene Involviertsein dabei tangiert und geklärt wird. Schon in der programmatischen Betonung des „Anthropologischen" liegt die Gefahr des Abdriftens ins All-

---

[4] Zur Kritik an den HRLG siehe Rohlfes und Jeismann 1974; im kritischen Rückblick zur Ge-
      samtproblematik Frevert 1999.
[5] Zur vollständigen Liste im argumentativen Kontext s. Schneider 2001, S. 83 f. und Schneider
      2002, S. 130 f.

gemein-Unverbindliche, wo das gesellschafts- und selbstkritische Denken eher neutralisiert als herausgefordert und vorangetrieben wird. Gewalt als Thema macht erst dann entwicklungsfördernden Sinn, wenn die damit verbundene existenzielle Erfahrung einbezogen werden kann, und genau das ist bei Schneider nicht vorgesehen. Er will auf „Grunderfahrungen" hinaus. Aber was ist das eigentlich eine vom Historisch-Realen abgehobene „Grunderfahrung"? Sicherlich: alle Menschen wissen, was das ist: Hunger, Krieg, Tod, Sex usw. Zur Herausforderung für das Denken und die Selbsterkenntnis werden diese Themen aber erst in der direkten Konfrontation a) mit ihren historisch speziellen Ausformungen und b) mit eigenen Lebenserfahrungen, die dabei direkt oder indirekt angesprochen werden.[6]

In der historischen Lebenskunde ist die historische Partikularität nicht ins Anthropologisch-Allgemeine zu verlängern (jedenfalls nicht in erster Linie), sondern im Existenziell-Persönlichen zu vertiefen. Sicherlich können sich aus dem Ansatz im Autobiographisch-Partikularen auch verallgemeinernde Überlegungen ergeben, z. B.: Warum gibt es immer wieder Krieg?. Aber wegen der Gefahr des ausweichenden Einerseits-und-andererseits erscheint es mir mehr als unzweckmäßig, sofort damit anzufangen. Im Übrigen käme es bei Schneider natürlich auf eine genauere Spezifizierung des Ansatzes an; an den Stichworten für mögliche Themen ist ja nicht zu erkennen, wie der Unterricht im Ganzen aussehen könnte.

Alle Reformversuche dieser und ähnlicher Art sind bisher in den Fangstricken konservativer Bedenken gescheitert. Vielleicht tragen die jüngsten alarmierenden Schul-Tragödien (erneuter Bildungsnotstand, viele kranke, dienstunfähige Lehrer[7], Erfurter Amoklauf im Mai 2002 u.v.a.m.) dazu bei, das durch mächtige Gruppeninteressen favorisierte Denken vom Fach her zu Gunsten eines Denkens von den Lehrenden und Lernenden aus zu ersetzen,[8] wobei noch einmal zu betonen ist, dass beide Denkrichtungen – Fachprinzip und praktisches historisches Lernen – in dieser Publikation nicht als unvereinbare Gegensätze, sondern als wechselseitige Ergänzungen verstanden werden. Das an die Fachwissenschaft gekoppelte Fachprinzip sollte m. E. erst in der gymnasialen Oberstufe voll zur Geltung kommen.

Sowohl die Inhaltsauswahl (das „Was") als auch die Unterrichtsgestaltung (das „Wie") wurzeln in den vorab ermittelten Kernbegriffen (erster und zweiter Teil die-

---

[6] „Grunderfahrungen" sind eher ein Thema der Philosophie, vgl. etwa Hannah Arendt über „das Denken", das in der Spannung zwischen unendlicher Vergangenheit und unendlicher Zukunft entspringe und scharf von der historischen und biographischen Zeiterfahrung zu unterscheiden sei.

[7] Diese Aussage lässt sich mit vielen statistischen Angaben handfest belegen, schon durch die Tagespresse, vgl. etwa Frankfurter Rundschau, 19.11.2002: *Unterricht gefährdet die Gesundheit. Immer mehr Lehrer werden psychisch krank und quittieren vorzeitig den Dienst.*

[8] Die Grundidee einer „Pädagogik vom Kinde aus" wurde vor mehr als hundert Jahren von der Schwedin Ellen Key (1849–1926) formuliert. Inzwischen ist es wohl auch notwendig zu thematisieren, was den Lehrenden alles zugemutet wird.

ses Buches), ohne dass eine stringente Ableitung der Praxis aus der Theorie vorgenommen werden könnte. Den nicht noch einmal thematisierten Hintergrund der folgenden Ausführungen bilden also Werte bzw. Aufgabenfelder wie Frieden und Zukunftssorge, Geschichte zum „Nutzen" des Lebens, Lebenswelt und Erfahrungen, Lebenskunde und praktisches Lernen, Unbewusstheiten und Emanzipation.

2. Von der „Versachlichung" zum Menschen

Obwohl das Emotionale in den letzten Jahren verstärkte Aufmerksamkeit erfahren hat und SchülerInnen immer wieder aufgefordert werden, sich in eine bestimmte Situation oder Person hineinzuversetzen (*Lernziel Empathie*), bleibt der tradierte Geschichtsunterricht eine Angelegenheit des abstrahierenden Denkens, der Einsicht in Kausalketten und überpersönliche Strukturen sowie des Überblicks über Ereigniszusammenhänge, die nicht zu lieben oder zu verabscheuen, sondern zu „verstehen" sind. Geschichtswissenschaft und Geschichtsunterricht leisten einen maßgeblichen Beitrag zur ordnenden Versachlichung unseres Umgangs mit der Vergangenheit, und dieser Beitrag ist zweifellos notwendig und sinnvoll, wer wollte das prinzipiell bezweifeln!

Abweichend oder ergänzend dazu wenden wir uns in der Historischen Lebenskunde mehr den Menschen zu, ihren Nöten, Wünschen, Hoffnungen, Schicksalen. Historische Lebenskunde ist personifizierend angelegt. Sie beschäftigt sich mit Geschichte im Spiegel von biographischen oder autobiographischen Darstellungen. Sie ist so angelegt, dass es möglich wird, eine gedankliche und emotionale Beziehung zu den exemplarisch ausgewählten Personen aufzunehmen und diese gewissermaßen ein Stück in ihrem Leben zu begleiten. Das setzt die (spätere) intellektuelle Analyse nicht außer Kraft, sondern versieht sie mit lebendiger Anschauung. Ein Themenbeispiel: „die Sklaverei". Es ist ein Unterschied, ob ich die Institution der Sklaverei erläutere (und dafür allerlei „objektive" Gründe anführe, z.B. den ökonomisch-strukturellen Unterschied zwischen den Nord- und den Südstaaten), oder ob ich dem Leben des Sklavenmädchen Linda Brent für einige Stunden folge und mich freue, wenn sie schließlich ihre Freiheit erlangt.[9] Entsprechendes gilt einerseits für das weltweite *Problem der Migration*, das intellektuell zu analysieren ist, und andererseits für bestimmte *Migrantinnen und Migranten als Personen*, zu denen wir sozusagen eine Beziehung aufnehmen können.[10]

---

[9] Harriet Jacobs 2000.

[10] Das Tagungsthema der Konferenz für Geschichtsdidaktik 2003 lautete: *Migration und Fremdverstehen – Geschichtsunterricht und Geschichtskultur in der multiethnischen Gesellschaft.* Einige Referenten präsentierten das Thema objektiviert, verallgemeinert, andere in erfahrungsorientierter, personifizierter Perspektive (ein Tagungsband ist vorgesehen). Vgl. auch *Praxis Geschichte*, Heft 4/2003, mit dem Rahmenthema *Migration*. Der Spannungsbogen zwischen Migration als sehr

Geschichtsunterricht im Gefolge der Geschichtswissenschaft wählt abstrahie-
rende Ausdrücke (der Feudalismus, die Reformation, die Industrialisierung usw.).
Historische Lebenskunde wählt eher Personen als Akteure sowie Verben, um ihr
Handeln auszudrücken.

Ein gewichtiger Einwand gegen diesen Ansatz wird das „eigentlich Geschichtliche" betreffen, das heißt die über die Einzelschicksale hinausgehenden gesellschaftlichen Trends und Strukturen, die politischen Kräfte und Widersprüche, die materiellen Bedingungen und Produktionsverhältnisse usw., von moderneren Zugängen
und Problematisierungen ganz abgesehen. Vom Fach her gesehen hat der Einwand
sicherlich seine Berechtigung. Unter dem Aspekt des Lernens und der kindlich-
jugendlichen Entwicklung ist er aber nicht so stichhaltig. Erstens muss nicht alles
auf einmal gemacht werden: das rein Fachliche kann ja auf der Oberstufe zur Geltung kommen. Zweitens geht auch im Persönlich-Biographischen „das eigentlich
Geschichtliche" nicht verloren, wie an renommierten Studien leicht nachgewiesen
werden könnte. Und drittens soll hier keine Alternative dekretiert, sondern ein Abwägen im Sowohl-als-auch zur Diskussion gestellt werden.

Eine dem Übergang von der verallgemeinerten Sachdarstellung zur personifi-
zierten Geschichtsbegegnung adäquate Methode ist die *authentische Erzählung*, die
Jochen Hering vor einigen Jahren didaktisch profiliert hat,[11] die aber leider kaum
zur Kenntnis genommen wurde. Eine andere Möglichkeit ist die *Dramatisierung* und
Inszenierung historisch-persönlicher Problemkonstellationen, mit denen ich mich
eine Zeit lang intensiver beschäftigt habe. Auch historische Jugendbücher sowie das
Geschichten schreiben zu historisch überlieferten Lebenskonstellationen, die als Denkimpulse vorab einzubringen sind (Bilder, Augenzeugenberichte) dienen der „Ver-
menschlichung" des Geschichtlichen, die nichts mit Verniedlichen zu tun hat, sondern die „große Geschichte" auf persönlich Begreifbares fokussiert und auf
Augenhöhe absenkt.

Da mit der Idee der historischen Lebenskunde weniger eine Revision der Lehrpläne als vielmehr eine Revision der Kommunikations- und Beziehungsstruktur ins
Auge gefasst wird, setzen wir die Erörterung mit dieser zweiten Dimension fort, mit
dem „Wie" des Unterrichts, das in der Regel dem „Was" der Inhaltsauswahl nach-
geordnet wird. Hier ist es einmal umgekehrt.

---

allgemeinem „Grundphänomen" und Migration als unmittelbar präsenter Erfahrung kommt
hier ebenfalls zur Geltung.

[11] Hering 1985, bes. 7. Kapitel über *Authentische Geschichten und die Frage nach ihrem Verhältnis zur
Wahrheit.*

3. Das „Wie": Gesprächshaltung und Unterrichtsgestaltung

3.1 Vertrauensbildung und Prozessorientierung

Die Kommunikationsstruktur der Historischen Lebenskunde ist auf Vertrauensbildung angelegt. Vertrauen kann nicht vorausgesetzt und abverlangt, es muss vielmehr Schritt für Schritt entwickelt werden, von beiden Seiten aus. Den Lehrenden ist oft gar nicht bewusst, wie vorbehaltvoll und sogar misstrauisch sie in ihren Unterricht gehen. Dasselbe gilt natürlich für die Lernenden, deren Anpassungsbereitschaft oft arg strapaziert wird. Vorsicht mag vor allem anfangs durchaus berechtigt sein; sie darf sich aber nicht zu einer Betonmentalität negativer Vorerwartungen entwickeln. Historische Lebenskunde hätte so keine Chance.

Eine wichtige, scheinbar nur äußere Voraussetzung für die Entfaltung kommunikativen Vertrauens ist Zeit. Wer als Lehrer von seinem Stoff durch die 45 Minuten der Schulstunde getrieben wird (und das geschieht bekanntlich leider sehr häufig), der wird keine intensiven Lehr-Lern-Beziehungen entwickeln, sondern seine SchülerInnen zu angepassten Lernbeamten erziehen. In der historischen Lebenskunde sind nicht nur die Lernergebnisse wichtig, sondern auch die Lernentwicklungen, die oft einen ganz eigenen Rhythmus haben. Was Lebens- und Lernentwicklung bedeutet, kann oft erst im Überblick mehrerer Jahre diagnostiziert werden – zum Guten, wie zum Schlechten.

Ich will für die Ergebnisoffenheit der historischen Lebenskunde, sowohl auf die einzelne Stunde als auch auf dem Prozess im Ganzen bezogen, mit einem kleinen philosophischen Text werben. Der bekannte Philosoph Hans-Georg Gadamer (1900–2002) sagte über *das Gespräch*:

> „Wir sagen zwar, dass wir ein Gespräch ‚führen', aber je eigentlicher ein Gespräch ist, desto weniger liegt die Führung desselben in dem Willen des einen oder anderen Gesprächspartners. So ist das eigentliche Gespräch niemals das, das wir führen wollten. Vielmehr ist es im Allgemeinen richtiger zu sagen, dass wir in ein Gespräch geraten, wenn nicht gar, dass wir uns in ein Gespräch verwickeln. Wie da ein Wort das andere gibt, wie das Gespräch seine Wendungen nimmt, seinen Fortgang und seinen Ausgang findet, das mag sehr wohl eine Führung haben, aber in dieser Führung sind die Partner des Gesprächs weit weniger die Führenden als die Geführten. Was bei einem Gespräch ‚herauskommt', weiß keiner vorher. Die Verständigung oder ihr Misslingen ist wie ein Geschehen, das sich an uns vollzogen hat. So können wir dann sagen, dass etwas ein gutes Gespräch war, oder auch, dass es unter keinem günstigen Stern stand. All das bekundet, dass das Gespräch seinen Geist hat, und dass die Sprache, die in ihm geführt wird, ihre eigene Wahrheit in sich trägt, d. h. etwas ‚entbirgt' und heraustreten lässt, was fortan ist."[12]

---

[12] Gadamer 1990, S. 387. – Eine geschichtsdidaktische Untersuchung zur Bedeutung und Vielfalt des Gesprächs im Geschichtsunterricht hat Birgit Wenzel 1995 vorgelegt.

Dass am Ende der Schulstunde etwas anderes steht als im Voraus geplant wurde, das ist für Studienseminare und Universitätsdidaktik eine Zumutung, die dialogisch schwer zu verkraften ist. Wie soll man denn, so wird ein Einwand lauten, eine Prüfungsstunde bewerten und zensieren, wenn das Erreichen der vorab festgelegten Lernziele kein Maßstab mehr sein darf? Langsam, langsam! Ich habe nicht gesagt, dass Lernziele und stringente Unterrichtsführung abgeschafft werden sollen. Ich plädiere nur dafür, dass

➤ Gespräche (aber auch nonverbale Kommunikation) ein Mindestmaß an Offenheit bewahren sollten;

➤ Lehrerinnen und Lehrer sich verstärkt im Zurückhalten, Zuhören und Mitgehen üben müssen (was eine kräftige Führung in bestimmten Phasen überhaupt nicht ausschließt) und zu diesem Zweck

➤ sowohl die Fachdidaktik als auch die Lehrerbildung einer Ergänzung bedürfen, auf die wir im letzten (XVIII.) Kapitel zurückkommen werden.

3.2 Lenken und Gelenktwerden

Dass ein Lehrer die Lernenden leiten und anleiten soll, dass er dabei über professionelles Geschick verfügt und die SchülerInnen dadurch befähigt werden, bestimmte Leistungen zu erbringen – wer wollte diese Berufskennzeichnung in Frage stellen![13] Dass er sich aber auch seinerseits lenken und führen lässt – ist das wirklich ernst zu nehmen? Wie soll man sich das vorstellen?

Ein wichtiger Hinweis ist dem oben zitierten Text von Gadamer zu entnehmen. Als Philosoph hatte Gadamer bei seinen Reflexionen über ein gutes Gespräch sicherlich keine Schulklasse vor Augen, sondern mündige, reife Menschen, am besten zwei Philosophen unter sich, allen „Sachzwängen" enthoben. Wir können seine Darlegungen trotzdem auf die Historische Lebenskunde projizieren, weil es auch dort immer wieder darum geht, Gedanken zu entbinden, die vorher niemandem recht gegenwärtig waren, auch dem Lehrenden nicht. Die verinnerlichte Gesprächshaltung in der Historischen Lebenskunde sollte so sein, dass der Lehrer bzw. die Lehrerin nicht nur führt und lenkt, sondern auch geführt wird und sich lenken lässt, „sich einstellt" auf die Beiträge der Schülerinnen und Schüler, dass er oder sie – wie schon angedeutet – „mitgeht", bis eine bis dahin verborgene Themenstellung erkenntlich ist und eine Stellungnahme zweckmäßig erscheint, die aber keineswegs nur das Inhaltliche betreffen muss, sondern auch andere Unterrichtsdimensionen

---

[13] Diese Kennzeichnung ergibt sich aus der Etymologie des Wortes *Pädagoge*, das neulateinisch im 18. Jahrhundert aus paidagogós (Kinderführer) und ágein (führen) abgeleitet wurde. Der Pädagoge war ursprünglich ein Sklave, der die Kinder führte und begleitete (Kluge, Etymologisches Wörterbuch). Auch das moderne Berufsverständnisses des Lehrers als „Berater" weicht von der ursprünglichen Vorstellung prinzipiell nicht ab.

ansprechen kann, u. a. das Wie, die Zurückhaltung bei einigen Schülern im Vergleich
zur Dominanz bei anderen.

Im Unterschied zum Philosophen möchte ich das nicht vorhersehbare Ergebnis
aber nicht einem mysteriösen Geist zuschreiben, der in Sprache und Gespräch
wohnt, sondern dem Unbewussten oder besser Vorbewussten,[14] das in Form vieler
Assoziationen jedes Thema gleichsam umgibt. Im regulären Unterricht wie auch in
der Wissenschaft werden intuitive Assoziationen kaum zugelassen. Manchmal ist ein
„brainstorming" erlaubt, doch das verkommt meistens zur Routine-Übung des Ein-
stiegs in ein Thema. Im Unterschied dazu beansprucht die Historische Lebenskunde konzeptionell mehr „Spielraum" für den freien, kreativen Umgang mit den Themen, so dass kein Gespräch vorzeitig wegen des Stoffzwangs abgebrochen werden
muss.

Dabei geht es nicht darum, wie befürchtet und oft kritisiert wird, die Geschichte
zu psychologisieren, sondern anders herum: das eigene Denken zu historisieren, das
heißt mit dem Vergangenheitsstoff gleichsam anzufeuern. Die Ebstorfer Weltkarte
führt, wie im XI. Kapitel schon erläutert wurde, in einem lebenskundlichen Unterricht unausweichlich zur Frage, wo wir selbst unseren Mittelpunkt haben. Die Mas-
senbegeisterung für Hitler ist kein von uns abgetrennter Vorgang, sondern (als sug-
gestive Werbung, Demagogie und medial inszeniertes Feindbild) tägliche Erfahrung,
die bewusst gemacht und kritisch erörtert werden kann. Auch scheinbar „rein historische" Ereignisse üben auf diese Weise im persönlichen Denken wie auch in gemeinsamen Gesprächen ihre Wirkung aus, ich nenne als weiteres Beispiel noch die
bei den Griechen weder verpönte noch verbotene Päderastie, in der eine immanente
Aufforderung zum Sich-Outen steckt, das selbstverständlich nicht – ist es nötig, das
abermals zu betonen? – herausgefordert oder gar erzwungen werden darf, als vor-
sichtige Erweiterung des Authentizitätsradius' aber auch nicht von vornherein blockiert werden sollte.[15]

Im Gefolge ihrer großen Schwester, der Geschichtswissenschaft, will die Geschichtsdidaktik herrschen und lenken. Sie unterwirft die Vergangenheit ihrem
Deutungs- und Hoheitsanspruch; sie lenkt die SchülerInnen gemäß der vorab ent-
schiedenen Inhaltsauswahl und Lernzielbestimmungen; und sie erwartet von den
LehrerInnen, dass die Praxis der Theorie gehorche. In der historischen Lebenskunde soll auch die entgegengesetzte Richtung zu ihrem Recht kommen: die Lenkung

---

[14] Unbewusstes im engeren Sinn bleibt der psychoanalytischen Therapie vorbehalten. Unbe-
    wusstes und Vorbewusstes im weiteren Sinn ist einfacher das nur flüchtig Wahrgenommene,
    das aus Scham oder anderen Gründen Verschwiegene, das durchaus Bewusste, aber im Grup-
    penkonsens Unterdrückte usw.

[15] *Gleichgeschlechtliche Lebensweisen als Thema im Schulunterricht* war das Thema der Dissertation von
    Martin Ganguly (T.U. Berlin 2002), der sich dabei vorwiegend auf die Humanistische Lebens-
    kunde bezog.

durch Vergangenheit und ihre Erfahrungen, die Lenkung durch Lernende und ihre Lebensthemen, die Lenkung durch Praktiker und ihre Professionalität.

3.3 Handeln und praktisches Lernen

Wenn wir die Schülerinnen und Schüler als Akteure ihrer eigenen Lebensgeschichte verstehen und Geschichte ihnen dabei nützlich sein soll,[16] (inhaltlich meistens freilich nur indirekt), müssen sie entsprechende Erfahrungen machen, will sagen: die vor einiger Zeit eingeforderte „Handlungsorientierung" als didaktisches Prinzip, das seinerseits auf ältere Begriffe wie „Schüleraktivität" zurückzuführen ist, hat in der Historischen Lebenskunde einen herausragend wichtigen Platz. Lebenskunde bedeutet praktisch nicht zuletzt selbsttätige Erkundung der Vergangenheit nach Maßgabe eigener Lebens- und Erkenntnisinteressen. Dabei sollten wir die Schülerinnen und Schüler weder überfordern noch überschätzen. Was ihnen existenziell häufig fehlt, ist ja nicht das Geschichtliche, das zur sofortigen und direkten Beantwortung aktueller Lebensfragen ungeeignet ist, als vielmehr der verständig-geduldige Gesprächspartner, mit dem man sich unabhängig vom Vergangenen prozessual auseinandersetzen kann.

Wenn dem didaktischen Denken hier so etwas wie Handlungsorientierung empfohlen wird, dann ist damit vor allem eine Ermutigung und Befähigung zum Handeln in einem bescheidenen instrumentellen Sinn und die damit verbundene Einübung von Lebensgewohnheiten gemeint, die schlicht und einfach nützlich sind. Es ist zum Beispiel nützlich, unbekannte Namen und Wörter, die einem im Alltag begegnen, im Lexikon nachzuschlagen und wie Vokabeln zu lernen. Es ist dementsprechend nützlich, dem eigenen Lernprozess einen materiellen, organisatorischen Rahmen zu geben (Regelmäßigkeit bestimmter Aktivitäten, systematisiertes Ablegen von Unterlagen usw.). Das Englische als Weltsprache ist immer weiter im Vordrin-

---

[16] Der geschichtstheoretische Hintergrund für die folgenden Überlegungen bildet Hannah Arendts *Vita activa*, die die Autorin in drei Bereiche einteilt: Arbeit, Herstellen, Handeln. Besondere Aufmerksamkeit widmet Arendt dem *Homo faber*, den sie als personifizierte Symbolisierung des Herstellens interpretiert. (vgl. Kapitelüberschriften und Schlagwort-Index ebd.). Typologisch-sinnbildlich bezeichnet der *Homo faber* (lat. *der Mensch als Schmied*) den praktischen, insbesondere technisch tätigen Menschen im Unterschied zur theoretisch-kontemplativen und zur fürsorgenden Lebensform (vgl. Brockhaus 1969), die in der historischen Lebenskunde aber keineswegs entwertet wird, was ich an anderer Stelle (2002) ausdrücklich betont habe. Eine bekannte literarische Gestaltung des *Homo faber* hat Max Frisch vorgelegt. – Zum *Handeln* gehört nach Hannah Arendt auch das Schreiben und Lesen, was vielen Schülern von heute besondere Schwierigkeiten bereitet. Arendts Begriff der *Tätigkeit* ist noch weiter gefasst; er enthält auch Denken und Sprechen. – Hannah Arendts Buch *Vita activa – Vom tätigen Leben* sollte ursprünglich den Titel *Amor mundi* haben: Auch das passt gut zu den hier entwickelten Gedanken.

gen, und ich halte es für überaus nützlich, alle Barrieren gegenüber der Unbequemlichkeit des Fremdsprachigen abzubauen oder zumindest so weit zu mindern, dass die Fremdsprache kein Kommunikationshindernis mehr bildet.[17] Es ist lebenspraktisch nützlich, die historische Dimension der eigenen Lebenswelt kennen zu lernen (alte Gebäude aber auch Bauruinen, Inschriften, Denkmäler, Straßen und Plätze mit besonderer historischer Bedeutung usw.)[18], damit man darüber Auskunft geben kann, wenn mal Besuch kommt.[19] Das sind nur einige Andeutungen für die lebenspraktische Fundierung eines Geschichtsunterrichts, der sich als historische Lebenskunde profilieren will.

Und noch eins: In dem Maße wie Deutschkenntnisse fehlen, muss Geschichtsunterricht weitgehend zum Sprachunterricht werden. Das gilt nicht nur für so genannte Ausländer-Klassen, sondern prinzipiell für jeglichen Unterricht, auch den des Gymnasiums, wenn auch selbstverständlich in verschiedenen Stufen. In jeder Stunde gibt es neue Begriffe, die zu erklären und dann anzuwenden sind, wie überhaupt das Erklären und praktische Üben eine ganze wesentliche Dimension des lebenskundlichen Geschichtsunterrichts sind. Was nützen denn alle aufgenötigten Fach-Kenntnisse, wenn den Schülerinnen und Schülern später bei der Lebensgestaltung praktisch-nützliche Fähigkeiten fehlen, zu denen zum Beispiel auch die ebenso kritische wie zweckdienliche Nutzung des Internet gehört.

Handeln und praktisches Lernen sind auch für die Lehrenden wichtige Leitbegriffe. Wer nicht lebendig erzählen kann, der soll es unter fachkundiger Anleitung einüben, das kann man lernen. Wer engeren Kontakt zu seinen SchülerInnen sucht, aber nicht recht weiß, wie das gelingen kann, ohne aufdringlich zu sein, der nehme sich ein praktisches Projekt vor oder beteilige sich daran (Erkundung, Schulaufführung, Klassenfahrt). Meistens ergibt sich dabei fast „von alleine", was im Klassenzimmer nicht recht klappen will.

Ästhetisch-musische und literarische Beschäftigungen mit Geschichte (Musik und Lieder, Theaterspiel, bildende Kunst), fordern stärker zum Handeln und praktischen Lernen heraus als das Einseitig-Wissenschaftliche, Verbal-Kognitive, das die Studierenden während ihres Studiums verinnerlichen. Mancher Praktikant steht bei seinen Unterrichtsversuchen vor der Schulklasse wie ein vorzeitig gealterter Archivrat vor seinen Bücherregalen. Was man außer lesen und sprechen noch „machen" könnte, fällt ihm einfach nicht ein. Die Lehrerausbildung ist in dieser Beziehung

---

[17] Heft 1/2002 der Zeitschrift *Praxis Geschichte* ist dem Rahmenthema *bilingualer Geschichtsunterricht* gewidmet.

[18] Das *Handbuch der Geschichtsdidaktik* beginnt mit mehreren Abhandlungen über Geschichte „als" Lebenswelt. Wer die theoretisch abhebende Gedankenführung in die Lebenspraxis zurückzuholen versteht, wird ebd. etliche Anregungen finden.

[19] Die Erkundung des Heimatbezirks, aber auch anderer Örtlichkeiten, die bei Exkursionen, Wandertagen usw. besucht werden, ist für einen handlungsorientierten Unterricht gut geeignet (Schüler-Referate, Gruppenarbeit usw.) und keineswegs nur der Grundschule angemessen.

besonders überholungsbedürftig. Damit ist eine weitere kommunikative Dimension der Historischen Lebenskunde schon angedeutet.

Wer weitere Anregungen sucht, beschäftige sich mit dem Schülerwettbewerb des Bundespräsidenten, der eine Fundgrube für Handeln und praktisches historisches Lernen ist, auf allen Ebenen. Eine Übersicht über die bisher zur Bearbeitung aufgegeben Themen zeigt deutlich einen Übergang von traditionellen Geschichtsthemen in den siebziger Jahren (Beispiel: „Vom Kaiserreich zur Republik"), über Themen zur Sozialgeschichte des Alltags vom Ende der siebziger bis Mitte der achtziger Jahre (Beispiel: Alltag im Nachkriegsdeutschland) bis zu „Gegenwartsproblemen auf dem Prüfstein historischer Erfahrungen", als da u. a. waren: „Tempo, Tempo – Mensch und Verkehr in der Geschichte"; „Ost-West-Geschichten – Jugendliche fragen nach"; „Aufbegehren, Handeln, Verändern – Protest in der Geschichte"; „Weggehen – Ankommen: Migration in der Geschichte" u. a. m.[20] Die beiden letzten Themen dokumentieren besonders deutlich, dass es nicht nur um „Gegenwartsprobleme auf dem Prüfstein historischer Erfahrungen" geht, sondern auch umgekehrt um historische Probleme auf dem Prüfstein von Gegenwartserfahrungen – und dass individuelle SchülerInnen-Lebensgeschichten in diesem Prozess wechselseitiger Aufhellung eine gewichtige Rolle spielen können.

3.4 Körpersprache und Beziehungsstärke

Schülerinnen und Schüler registrieren genau (wenn auch nicht immer voll bewusst), *wie* jemand vor der Klasse steht, welche Gesten und Impulse er bevorzugt, was es mit seiner Freundlichkeit oder Unfreundlichkeit auf sich hat, inwiefern er beziehungsfähig und am Wohl der Lernenden wirklich interessiert ist und inwiefern nicht.

LehrerInnen sollen und können kein unbestechliches Vorbild sein. Das ist weder möglich noch nötig.[21] Sie sind den SchülerInnen aber unausweichlich täglich vor

---

[20] Der *Geschichtswettbewerb* wird in der Zeitschrift *Spuren suchen* propagiert und dokumentiert, die über die Körper-Stiftung, 21033 Hamburg, bestellt werden kann.

[21] Siegfried Lenz hat in seinem Roman *Das Vorbild* (1973) facettenreich erzählt und analysiert, welche Konflikte entstehen, wenn eine bestimmte Persönlichkeit bzw. Handlungsweise in einem Schullesebuch als vorbildhaft dargestellt werden soll. Von den drei mit dieser Aufgabe betrauten Pädagogen steigt einer wegen traumatischer Erfahrungen und heftiger Zweifel aus dem Projekt ganz aus, die beiden anderen einigen sich ohne rechte Überzeugung auf einen Kompromissvorschlag, der am Ende jedoch vom Verlagslektor glattweg abgelehnt wird. Die pädagogisch verbindliche Festlegung auf ein „Vorbild" im engeren Sinn des Wortes ist nach Lenz also nicht möglich. – *Ohne Leitbild* war ein auf Theodor W. Adorno (1903–1969) zurückgehendes Motto der 68er, die damit freilich anderes meinten, als Adorno (mit seiner Ablehnung ästhetischer Normen) formuliert hatte.

Augen und produzieren so innere Orientierungen („Vor-Bilder"), die für Kinder und Jugendliche durchaus entwicklungsrelevant sind, zumal das Elternhaus als Haupterzieher immer mehr an Bedeutung verliert. Der Verzicht auf eine Vorbild-Pädagogik und -Didaktik impliziert nicht den gleichzeitigen Verzicht auf eine Körper- und Gesprächshaltung, die sich der eigenen Dignität und Bedeutung bewusst ist.[22]

Da in der Fachdidaktik sozialpsychologische Forschungen und Erfahrungen weitgehend unbekannt sind, wird auch die Bedeutung der nonverbalen Kommunikation einschließlich ihrer Sozialisationseinflüsse unterschätzt. Ist der Lehrer ein lebensfroher, zuversichtlicher Mensch, teilt sich das auf die eine oder andere Weise den SchülerInnen mit, und sie profitieren davon. Ein Miesepeter wird dagegen miesepetrige Stimmung erzeugen und damit gleichzeitig die Zuwendung zum Fachlich-Sachlichen erschweren. Dasselbe gilt für die Miesepetra. Die Aufnahme, Entwicklung und Pflege von lebendigen Lehr-Lern-Beziehungen zu Heranwachsenden bleibt auch unter massiv erschwerten äußeren Bedingungen (überfüllte Klassen, potenziell oder reell verwahrloste Jugendliche), ja gerade wegen dieser schlechten Voraussetzungen und Aussichten, eine wesentliche Aufgabe des Lehrerberufs. Mit bürokratisch-funktionalen Vorschriften und erhöhten Lehrverpflichtungen ist diese Aufgabe nicht zu erfüllen, im Gegenteil. Es bedarf eines inneren Wandels der Einstellung auf allen Entscheidungsebenen. Es kommt nicht nur darauf an, was und wie wir lehren, sondern auch darauf, was wir sind.

4. Das „Was": Eckdaten und Lebensthemen

Wenn die Erfahrungen des 20. Jahrhunderts in den Geschichtsunterricht des 21. Jahrhunderts eingehen und die Arbeitsergebnisse im ersten und zweiten Teil dieses Buches so etwas wie Leitplanken des geschichtlich-curricularen Denkens bilden sollen, dann müssen auch die Inhalte und Themen so ausgewählt werden, dass zumindest die Chance einer zumindest indirekten Auswirkung besteht. Mehr als „die Chance einer zumindest indirekten Auswirkung" ist allerdings nicht ins Auge zu fassen; denn die Vorstellung eines direkten Extrapolierens von den Zielen zu den Inhalten, die dem Gesinnungsunterricht früherer Generationen zu Grunde lag, würde genau jenen autoritären Zwang erzeugen, der grundsätzlich zu vermeiden ist, was energische Maßnahmen in manchen Situationen und persönliche Signale von Seiten des Lehrenden selbstverständlich nicht ausschließt, wie mehrmals betont wurde.

---

[22] In Anlehnung an eine *Politik der Würde* (Margalit 1999) sind wir um eine *Pädagogik der Achtung* bemüht. Hentigs „sokratischer Eid für Pädagogen" sollte Pflichtlektüre in allen erziehungswissenschaftlichen und schulpädagogischen Einführungsveranstaltungen sein.

4.1 Vernunft: Menschenrechte contra Menschenentrechtung

Der Aufstieg der Menschenrechte zu einem global-normativen Maßstab verlief parallel zur massenhaften Entrechtung und Vernichtung von Menschen.[23] Die immer wieder auflebenden heftigen Debatten über „Werte" sind m. E. ein Symptom für die nicht bewältigte Erfahrung, dass bestimme Menschenleben als lebensunwert klassifiziert und daher auch getötet werden können. Die Parallelität von rechtlich kodifizierten Wertsetzungen auf der einen Seite und totalen Entwertungen, Entrechtungen auf der anderen Seite liefert uns die Eckdaten eines lebenskundlichen Geschichtsunterrichts, der von der Sorge um die Zukunft getragen ist.

Daten[24] der Emanzipation sowie des humanen Fortschritts auf der einen Seite und Daten der Repression und des humanen Rückschritts auf der anderen Seite gibt es in jeder Epoche und in jedem Jahrhundert. Wir beschränken uns im Folgenden auf einige Hinweise zur Neuzeit. Ein neuer, verbindlicher Inhaltskanon soll und kann ohnehin nicht erstellt werden. Jedes LehrerInnenteam müsste eine eigene Auswahl treffen: Erarbeitung und Diskussion der verschiedenen Fokussierungen wären Teil des Diskurses über Historische Lebenskunde.

Beginnen wir mit den Menschenrechten selbst, so sind als „Eckdaten" zuerst die Erklärung der Bürger- und Menschenrechte in der Französischen Revolution (4.8.1789) sowie die Allgemeine Erklärung der Menschenrechte durch die Vereinten Nationen (10. 12. 1948, von daher auch 10. Dezember als Tag der Menschenrechte) zu nennen. Diese Eckdaten wie prinzipiell alle Daten der Emanzipationsgeschichte sind selbstverständlich keine fleckenlosen Ruhmesblätter der Menschheit, sondern unvollkommene Versuche und erste Ansätze, die gröbsten Ungerechtigkeiten zu überwinden, ohne dass dabei alle Forderungen erfüllt, Kompromisse mit den Fortschrittsgegnern sowie Rückschläge vermieden werden konnten. Bekanntlich waren Sklaven und Frauen von den Menschenrechten zunächst ausgeschlossen. Olympe de Gouges (1745–1793) musste ihren Mut, für die Rechte der Frau einzutreten und dabei gleichzeitig das Blutvergießen der Revolutionsmänner zu kritisieren, bekanntlich mit dem Leben bezahlen.

---

[23] Eine den Leser erdrückende Fülle von Belegen für die dunklen Seiten der europäischen Geschichte, die maßgeblich zur Entfesselung des Nazi-Terrors beigetragen habe, als solche aber verdrängt werde, präsentiert Enzo Traverso 2003. Man kann nur hoffen, dass die Erweiterung des Blickfeldes von Deutschland auf Europa die hier eingeforderte Zukunftssorge bestätigt und nicht zu neuen projektiven Streitigkeiten über Urheber, Schuldige und „richtige" contra „falsche" Sichtweisen führt. Dass die von den Nationalsozialisten vollzogene verhängnisvolle „Synthese" aller irrational-regressiven Strömungen (von der Gegenaufklärung bis zur Eugenik) Menschenwerk war, dem andere Menschen Widerstand entgegensetzten, kommt bei Traverso kaum zum Ausdruck.

[24] „Daten" sind hier nicht nur bestimmte auf Jahreszahlen bezogene Ereignisse, sondern alle Informationen, die in der einen oder anderen Weise Einsichten eröffnen. Es kommen also auch Personen, Strukturen und Basistexte über Problemkonstellationen in Betracht.

Auch die Befreiung der Sklaven in den Vereinigten Staaten (1863) ist kein Endpunkt, sondern ein Anfang, aber eben deswegen wert, beachtet und reflektiert zu werden. Entsprechendes gilt für die Aufhebung der Leibeigenschaft in Russland (1861), die in blutigen Kämpfen erreichte Selbstbestimmung vormals kolonialistisch unterdrückter Länder (z. B. Algerien 1962) sowie die Ablösung des Apartheid-Systems in Südafrika (1994 erste freie Wahlen; Nelson Mandela erster farbiger Staatspräsident 1994–1999). Kolonialismus und Sklaverei bzw. Zustände, die der Sklaverei strukturell ähneln, gibt es leider nach wie vor auf der Welt. Die Fortdauer alter Ungerechtigkeiten in neuen Verkleidungen sollte die intensive Beschäftigung mit Emanzipationsdaten jedoch nicht hindern, im Gegenteil. Jedes Emanzipationsdatum enthält eine besorgte Anfrage an Gegenwart und Zukunft.

Große Teile der menschenrechtlichen Fortschrittsgeschichte sind vergessen und verdrängt oder im akademischen, meistens männlichen Gerede untergegangen. Wer kennt denn beispielsweise Elisabeth Selbert (1896–1986), eine der vier „Mütter" des deutschen Grundgesetzes, die größte Mühe hatten, sich gegen die 61 Grundgesetz-„Väter" durchzusetzen, am Ende aber doch erreichten, dass es im Artikel 3 Absatz 2 unserer Verfassung heißt: „Männer und Frauen sind gleichberechtigt." Wenn es nach den Männern gegangen wären, hätten die Frauen nur „staatsbürgerliche Pflichten" gehabt – wie in der Weimarer Republik. Weder Olympe de Gouges noch Elisabeth Selbert sind in meinem 24 Bände umfassenden Brockhaus von 1966–1977 zu finden. Menschenrechtliche Fortschrittsgeschichte verläuft weitgehend „unterirdisch" (vgl. oben, X. Kapitel).

Was die vorherrschende Tendenz zur Gewalt angeht (Kriege, Menschenrechtsverletzungen, Ausgrenzung und Benachteiligung von sozial Schwachen, Völkermord u. a. m.), so sollte erstens die unendliche Kette der Horrorereignisse strukturell verdichtet und zweitens nach Möglichkeit so dargestellt werden, dass eine kritische Distanzierung im Sinn der Historischen Friedensforschung möglich erscheint. Was mit „struktureller Verdichtung" gemeint ist, wird sofort klar, wenn wir an etwas weiter zurückliegende Ereignisse denken. Es wäre heutzutage m. E. ziemlich unsinnig, faktizistisch sämtliche Kriege zu unterrichten, die zum Beispiel Ludwig XIV. von Frankreich geführt hat.[25] Dagegen macht es durchaus Sinn zu klären, was Hegemoniestreben und Dynastieegoismus bedeuten, um dann zu diskutieren, ob diese Antriebskräfte gegenwärtig immer noch wirksam sind. Das Geschichtlich-Faktische wird in dem Fall der übergreifenden Deutung eingefügt und untergeordnet. Praktisch könnte der Unterricht dennoch exemplarisch bei einem konkreten Ereigniszusammenhang ansetzen.

---

[25] Einige Stichworte zu Erinnerung: Teilnahme am Siebenjährigen Krieg gegen Preußen 1756–1763, Krieg gegen die spanischen Niederlande 1667/68, holländischer Krieg 1672–1678, Pfälzischer Erbfolgekrieg 1688–1697, Spanischer Erbfolgekrieg 1701–1714, die sogenannten „Reunionen", koloniale Rivalitäten vor allem mit England usw.

Auf das 20. Jahrhundert bezogen ist es nicht undenkbar, die zwei Weltkriege, die schon als 30-jähriger Krieg zusammengefasst wurden, als Einheit zu behandeln und hier einige Akzente zu setzen. Ein chronologisches Abhandeln der kriegerischen Ereignisse hätte m. E. jedenfalls kontraproduktive Auswirkungen, weil die äußere Gewaltkette sich im Innern der Lernenden als schicksalhafte Zwangsläufigkeit gleichsam abbildet (vgl. oben, Kap. XIV.8). Ein kritisches Innehalten ist u. a. dadurch möglich, dass der sogenannte Befehlsnotstand vor allem im Zweiten Weltkrieg als Zwecklegende enttarnt und „Handlungsspielräume" aufgezeigt werden (vgl. oben, Kap. X.4).

Bei den Daten des menschlichen Rückschritts sind jedoch nicht nur die damaligen Handlungsspielräume – vor allem die der Täter – auszuloten, sondern auch die später nachfolgenden Modi der Verarbeitung bewusst zu machen. Was z. B. in Hiroshima am 6. August 1945 geschah, lässt sich mit wenigen Bildern und Informationen schnell darstellen. Das darf aber nicht alles sein. Ebenso wichtig wie die Geschichte selbst ist ihre historisch-politische Aufarbeitung sowie allgemein die Art und Weise, wie sie präsentiert, erzählt und vermittelt wird. In Amerika wird Hiroshima sicherlich anders erinnert als in Japan.

Entsprechendes gilt für den 11. September 2001 wie überhaupt für alle Terroranschläge, die humangeschichtliche Rückschritte markieren und gerade deswegen auf ihre Ursachen hin untersucht werden müssen. Wenn die jeweils einzige Antwort eine im wahren Sinn des Wortes besinnungslose Jagd auf die Attentäter ist und die Frage nach den Gründen für diesen mörderischen Hass auf den Westen kaum noch mehr gestellt werden darf, wenn die Personen-Jagd sich darüber hinaus zum Krieg gegen Staaten steigert (erst Afghanistan, dann Irak), dann sind wir vom deutschen Rachegeschrei nach dem Ersten Weltkrieg und vom oben erwähnten Hegemoniestreben Ludwigs XIV. nicht weit entfernt.

Der heutige Selbstmord-Terrorismus hat viele Vorläufer, u. a. in den japanischen Kamikaze-Fliegern, die zum Ende des Zweiten Weltkrieges die drohende Niederlage abwenden bzw. hinauszögern sollten. Lektüre und Erörterung ausgewählter Interviews mit ehemaligen Kamikaze-Fliegern kommen als Inhalte der Historische Lebenskunde durchaus in Frage, weil die Distanzierung von dem damaligen Wahnsinn und die Möglichkeit eines Lernens aus Geschichte hier gut dokumentiert wird.[26]

Was in männlichen Jugendlichen von heute mit den Terrorismus-Selbstmord- und-Kamikaze-Geschichten vielleicht angesprochen wird, das ist das Bedürfnis nach unbedingter, absoluter Hingabe, in der sich ja alle anderen Lebensprobleme auflösen würden. Wenn sich das Gespräch in derartige innere Regionen begibt, hat der Lehrer oder die Lehrerin besonders einfühlend und wachsam zu sein. Sind die

---

[26] Zu den Interviews siehe Scherer 2001. Zum Problematik im weiteren Sinn siehe Reuter 2002 und 1996.

Jugendlichen in Gefahr, von Gewaltfantasien und realen Einflüssen überwältigt zu werden? Wie stark sind ihre Ressentiments und das Rachebedürfnis? Was hat sie so verletzt und verwirrt, dass die Aggression sie selbst in den Abgrund zu reißen droht?

Nachrichten über Amok laufende Schüler (es sind meines Wissens wieder nur Schüler, keine Schülerinnen) sind leider keine Seltenheit mehr. Sie kommen besonders häufig aus den USA, wo ja ein Kult der bewaffneten Stärke zelebriert wird, der an derartigen Vorfällen zweifellos mit Schuld ist. Die Übernahme amerikanischer Strukturen scheint jedoch auch bei uns manche Schleusen zu öffnen. Europa sollte andere eigene Leitbilder entwickeln, Symbole und Sinnbilder der Mutualität, wie sie etwa in Deutschland bei der Flutkatastrophe im Spätsommer 2002 so eindrücklich zur Geltung kam. Eine Hilfsaktion zum Schutz eines von der Zerstörung bedrohten Deiches hat den daran beteiligten Schülerinnen und Schülern, wie zu lesen war, mehr gebracht als viele Belehrungsstunden. Produktive Erfahrungen sind der beste Schutz vor modernen Kamikaze-Fliegern und Amok-Läufern.

4.2 Geschichte in uns, Geschichte vor uns

„Lebensthemen", wenn sie denn zum Leben der Kinder und Jugendlichen wirklich passen sollen, können curricular im Grunde nicht vorgegeben werden, zu schnell ändern sich heutzutage bei den SchülerInnen Lebensweltstrukturen, Vorlieben und Konfliktlagen, zu groß sind die regionalen und gruppenspezifischen Unterschiede. Ich biete daher im Folgenden keine Liste von alternativen Themen an, sondern lenke die Aufmerksamkeit auf Themenmöglichkeiten und greife dabei auf schon Gesagtes zurück.

Mit *Geschichte in uns* sind vor allem jene bereits im XI. Kapitel behandelten Themen gemeint, die lebensgeschichtliche Erfahrungen und geschichtliche Tatsachen metaphorisch miteinander verbinden. Grenzen (Abgrenzungen, Mauern, Grenzüberschreitungen usw.) gibt es, wie wir sahen, sowohl im Äußerlich-Historischen als auch im Innerlich-Individuellen. Entsprechendes gilt für Themen wie Kolonialismus und „Besetzungen", persönlichen und politischen Protest, Hörigkeit, Macht-Ohnmacht, Emanzipation, Verdrängungen (politisch und ökonomisch, aber auch psychoanalytisch) Schutz (beschützen, Schutzlosigkeit, Schützling) u.a.m.

Bei manchen Begriffen, wie zum Beispiel dem letzten, lohnt es sich, erst einmal Vielfalt und Fülle der verschiedenen Wortbildung mit ein- und demselben Stamm zur Kenntnis zu nehmen und sprachlich zu bearbeiten. Das verbessert nicht nur (erstens) die Sprachkenntnisse (vgl. oben historische Lebenskunde als Deutschunterricht), sondern fördert darüber hinaus sowohl das integrierende historisch-politische Verstehen (Schutzwall, Schutz der Menschenrechte, „Eine feste Burg ist unser Gott" usw.) als auch die innere Symbolbildung, die ja in unser beziehungsgestörten, von Bildern überfluteten Welt in vielen Fällen zu kurz kommt. Was wurde und was wird „äußerlich" für den Schutz und die Sicherheit der Menschen getan? Wie sieht es „innerlich" mit Sicherheit und Geborgenheit aus? Wie sind die im katholischen Glauben an Schutzheilige und die Alltagsrede vom Schutzengel in diesem Zusammenhang zu beurteilen? Derartige Fragen stünden in dem hier entworfenen Unterricht parallel „im Raum". Wie die Vermittlung praktisch aussähe, kann und soll hier nicht vorab festgelegt werden; das käme auf die spezielle Lehr-Lern-Situation mit allen ihren verschiedenen Komponenten an.

Es gibt in dem Bereich der Innen-Außen-Korrespondenzen, Analogien oder Entsprechungen[27] noch eine Menge zu entdecken. Hilfreich und anregend sind dabei weniger die üblichen Quellensammlungen als vielmehr die Produkte der Kunst- und Literaturgeschichte.[28] Die mittelalterliche Abbildung einer Schutzgöttin könnte durchaus der Ausgangspunkt einer mehrstündigen Beschäftigung mit dem Thema „Schutz" sein. Dass die Schülerinnen und Schüler dabei noch ganz andere Themen entdecken, z. B. den Teufel (!), wäre dabei nicht abzuweisen, sondern willkommen zu heißen (vgl. oben: lenken und sich lenken lassen).

Sehen wir uns zum Beispiel die *Madonna del Soccorso* an (deutsch etwa: *heilige Madonna als Nothelferin*). Es zeigt, wie die Mutter Gottes einen Knotenstock gegen den Teufel erhebt, um so ein Kind, das dieser zu packen sucht, zu befreien und zu schützen. Die kleinere Frauenfigur ist die Mutter des Kindes, die die Madonna um Hilfe anfleht.

Dass in der historischen Lebenskunde das Historische sich in Selbstbespiegelungen oder Psychologie auflöse und zu kurz komme, wird man bei diesem Ansatz nicht sagen können. Was freilich nicht mehr (bzw. nicht mehr in der alten linearen Form) praktiziert wird, das ist die höchst künstlich konstruierte Chronologie der Ereignisgeschichte. Das Historische tritt noch deutlicher in Erscheinung, wenn man dieses Motiv mit ähnlichen Kunstproduktionen vergleicht; ich kann das hier mit Hinweis auf Käthe Kollwitz (Abb. 19) nur andeuten.

In der einen oder anderen Weise präsentiert, ist Geschichte immer „vor uns", als Bild, Text, Gegenstand usw. Die Kapitelteilüberschrift *Geschichte vor uns* meint jedoch eher die jeweilige in unser Denken und Fühlen eingreifende Aktualität, die in je eigener Weise mit Geschichte verknüpft ist. Das können Gedenktage, Filme, Aus-

---

27 Es ist schwierig, für das hier thematisierte Phänomen den richtigen Ausdruck zu finden, weil die beiden Bereiche, das lebensgeschichtlich-Innere und das geschichtlich-Äußere, nicht in „Übereinstimmung" sind sondern je eigene Strukturen präsentieren, deren Unterschiede bewusst bleiben müssen. Metaphern sind nie die Sache selber, sondern Bedeutungsvermittler, die ergebnisoffen zu behandeln sind.

28 Dementsprechend ist auch die Sensibilität für Unbewusstes in der Kunst- und Literaturgeschichte stärker als in der nur mit „harten" Tatsachen arbeitenden Geschichtswissenschaft, vgl. z. B. die wiederholte Nennung des Unbewussten, lange vor Freud, in den kunstgeschichtlichen Betrachtungen von Jacob Burckhardt 1997 (S. 110, 184, 175, 198, 355 f., 441, 446, 454). Burckhardt lebte von 1818 bis 1897.

Abb. 18: Tiberio d'Assisi (1486–1524), Madonna del Soccorso
(die heilige Mutter Gottes als Nothelferin).

Inhalt: Maria erhebt gerade einen Knotenstock, um den Teufel zu verjagen, der das Kind gepackt hat, während die Mutter des Kindes sie mit gefalteten Händen um Hilfe anfleht. – Das Bildmotiv hat mehrere Quellen. Eine liegt in der mittelalterlichen Novellistik, in der des Öfteren erzählt wird, wie Mütter ihre Kinder zum Teufel gewünscht haben, der dann auch leibhaftig erschien. Eine andere Inspiration für das Bild entspringt dem Kircheninteresse, dass Kinder frühzeitig der Taufe und dem Glauben zuzuführen seien, damit sie nicht der Teufel hole. Die Augustiner widmeten sich zu der Zeit dem Kampf gegen das Hinauszögern der Taufe, das wohl auch auf die mit dem Fest verbundenen Kosten zurückzuführen war.

Abb. 19: Käthe Kollwitz (1867–1945), „Saatfrüchte dürfen nicht vermahlen werden"
(Steindruck 1942).

stellungen, Feste und besondere Feiern wie zum Beispiel Karneval sein, leider aber auch Katastrophen und Unglücksfälle.

Nehmen wir zum Beispiel den Film *Good bye Lenin*, der ab Februar 2003 mit großen Erfolg in den Kinos gezeigt wurde. Er ermöglichte den ZuschauerInnen mit seiner ebenso geistreichen wie amüsanten Inszenierung, die DDR endlich zu beerdigen und erleichtert ad acta zu legen.[29] Das gelang durch die Parallelisierung des DDR-Untergangs mit der Agonie einer Frau, Mutter des Hauptdarstellers, die während der Wende mehrere Monate bewusstlos war und vor jeder Aufregung unbedingt abgeschirmt werden musste, daher auch nichts vom Untergang der DDR erfuhr. Die Liebe des Sohnes Axel zu seiner *DDR-Mutter*,[30] deren Asche schließlich mit einer kleinen Rakete in den Himmel geschossen wurde, lockte im Osten wie im Westen hunderttausende Besucher an, die sich auf diese Weise von der DDR verabschieden konnten, was die weitere geschichtsanalytisch-kritische Auseinandersetzung natürlich nicht ausschließt, im Gegenteil: Erst in einem derartigen Abstand ist das Durch- und Aufarbeiten der Vergangenheit wirklich effektiv.

In der Historischen Lebenskunde wäre dieser Film ein durchaus geeignetes Medium. Was an Sachkenntnissen über die DDR notwendig wäre, müsste der Lehrer / die Lehrerin ad hoc einbrin-

---

[29] Das galt und gilt selbstverständlich nicht für alle; viele Menschen blieben verbittert und kritisierten den Film als Verniedlichung einer Vergangenheit, die unerträglich gewesen sei.

[30] Über geschichtlich-kollektive Mutter-Imagines (Kirche, Nation, Partei u. a. m.) vgl. Schulz-Hageleit, *Leben in Deutschland 1945–1995*, S. 124 ff.

gen, unabhängig von der Schulbuch-Systematik. Im gängigen Geschichtsunterricht läge die Priorität dagegen bei der systematisierten Sachinformation und -erarbeitung, die durch einen derartigen Film allenfalls zu ergänzen wäre, wobei wesentliche Lernmöglichkeiten wahrscheinlich nicht zum Tragen kämen.

Ebenfalls gut geeignet, auch für jüngere Schülerinnen und Schüler, wäre der Film *Das Wunder von Bern*, der die Fußballweltmeisterschaft 1954 im Kontext der damaligen Zeitumstände mit filmisch-künstlerischen Mitteln rekonstruiert hat (ab September 2003 in den Kinos). Die Reaktionen und Rückfragen meiner Enkel (Joshua elf, Lucilla neun Jahre alt), mit denen ich den Film gesehen habe, bekundeten deutlich das Entstehen der geschichtlichen Dimension im kindlichen Fühlen und Denken. Der Umstand, dass ein fußballbegeisterter Junge im Film eine zentrale Rolle spielte, erwies sich dabei als besonders hilfreich. Aber auch das für die Kinder Fremd-Befremdliche der Kriegs-Heimkehrer, die mit ihren Familien nicht mehr zurecht kamen, konnte ansatzweise verständlich gemacht werden.

Zur *Geschichte vor uns* gehört die Olympiade wie überhaupt der Sport, der ja eine wechselhafte Vorgeschichte hat. Andere Themen stecken in der sichtbaren Technik und den Erfindungen, in Kultureinrichtungen und Mode, in regionalen Besonderheiten und Sehenswürdigkeiten, Kirchen und Friedhöfen, Straßenschildern Denkmälern usw. Es geht im Ganzen darum, die Augen und den Sinn für die Geschichtlichkeit der eigenen Lebenswelt zu öffnen und damit das Denken zu bereichern. Auch die *Lebenslust* in allen ihren Varianten, vom Spiel über das Reisen bis zum Sex, gehört zum Themenkatalog der Historischen Lebenskunde, die dabei viel von der Humanistischen Lebenskunde übernehmen könnte.[31]

Die vielen Geschichtsstunden vorangestellte Leitfrage *Wie haben die Menschen früher gelebt?* kann lebenskundlich ergänzt werden durch die Frage *Woran hatten Menschen früher ihren Spaß?* Antwort: U.a. an Komödien auf der Bühne, die keine Erfindung der Neuzeit sind, sondern schon in der Antike bekannt und beliebt waren. Während die Komödien des Aristophanes (etwa 445 v. Chr. bis 385) wegen ihrer inhaltlich-speziellen Anspielungen nur noch teilweise zu verstehen sind, hat der Till Eulenspiegel des Hermann Bote (geb. vor 1467, gest. nach 1520) zeitlose Gültigkeit, obwohl auch viele seiner Späße, zum Beispiel der Ulk mit der falschen Reliquie, dem Zeitgeist geschuldet und daher zum besseren Verständnis gleichsam übersetzt werden müssten. Was wurde damals verspottet? Worüber macht man sich heute lustig, etwa im Kabarett? Das inhaltlich-metaphorische „Vor uns" der Geschichte wird zum handfesten Plan für die nächsten Tage oder Wochen, wenn eins der Themen ästhetisch gestaltet werden soll, was nicht nur beim Thema Till Eulenspiegel zu machen wäre.

---

[31] Als „weltliche" Alternative zum Religionsunterricht ist die Humanistische Lebenskunde eine Berliner Besonderheit, die inhaltlich viel mit Philosophie/Ethik und dem Brandenburger Integrationsfach Ethik – Lebensgestaltung – Religionskunde (LER) gemeinsam hat, schulrechtlich aber wie alle Weltanschauungsangebote einen eigenen Status genießt. Zur Geschichte und aktuellen Konzeption der Humanistischen Lebenskunde s. Osuch 1999 und Adloff/Alavi 2001.

4.3 Unbewusstes auf der Inhaltsebene

Unbewusstes oder vorsichtiger: Unausgesprochenes und Vorbewusstes begegnet uns in allen Lehrveranstaltungen auf der Beziehungs- und Kommunikationsebene: als „Stimmung" in der Klasse; als plötzlicher Einfall, der scheinbar nicht zur Sache gehört; als Aggressivität oder Schweigen usw. Wie erläutert ist immer wieder zu entscheiden, ob und inwiefern wir darauf eingehen oder nicht (Wechsel von der Inhalts- auf die Kommunikationsebene).

Als Thema und Inhalt können und sollten Unbewusstheiten mit jenen Mechanismen zur Sprache kommen, die inzwischen zur Allgemeinbildung gehören und in der Alltagskommunikation häufig zu hören sind, ich nenne exemplarisch nur: *Verdrängung/Verleugnung, Projektion und Rationalisierung*. Diese Abwehrmechanismen sind in Geschichte und Politik so häufig anzutreffen, dass es m. E. wichtiger ist, sich anhand einiger Beispiel damit zu beschäftigen, anstatt die Endlosliste von militärischen oder ökonomischen Siegen und Niederlagen noch einmal zu verlängern. Die allgemeinen *Lernziele* dazu lauten: Die Schülerinnen und Schüler verstehen die (oben genannten) Begriffe; sie können diese anhand historischer Beispiele erklären und auf weitere historisch-politische Situationen übertragen. Sie werden für die Bedeutung der Begriffe in ihrer eigenen Lebenswelt und -geschichte sensibilisiert.

• Was *Verdrängung* (zunächst im weiteren, umgangsprachlichen Sinn[32]) ist, ist Schülerinnen und Schülern leicht zu vermitteln, wenn man ein ausgewähltes Ereignis der Geschichte relativ ausführlich erzählt und bearbeitet und dann ein Werk konsultieren lässt, in dem dieses Ereignis eigentlich vorkommen müsste, faktisch aber nicht vorkommt oder höchstens nebenbei erwähnt wird. Ein Paradebeispiel sind die gegen die Verhaftung ihrer jüdischen Männer protestierenden *Frauen in der Rosenstraße* (Februar/März 1943), die in deutschen Schulbüchern und Nachschlagewerken der fünfziger bis achtziger Jahre aber nicht vorkommen. Wir haben es hier mit einer doppelten Verdrängung zu tun: Dass die Nationalsozialisten kein Interesse daran hatten, dass das Ereignis Beachtung findet, hat eine eigene Logik, die nicht weiter erläutert werden muss. Dass die Schulbücher der Nachkriegszeit aber genauso verfuhren, ist schon etwas befremdlich, untertrieben formuliert.

Ein anderes Paradebeispiel ist die Verdrängung der deutschen Schuld am Ersten Weltkrieg nicht zuletzt durch die Zunft der Historiker. Das kann als bekannt vorausgesetzt werden und ist überdies in diesem Buch schon mehrmals angesprochen worden, so dass sich weitere Erläuterungen erübrigen.

Selbst- und Sachdarstellungen im Lichte spezieller, sachkundig-kritischer Rückfragen prüfen: das ist ein unendliches Feld für Verdrängungsforschung mit schulischen Möglichkeiten. Wie werden in den DDR-Selbstdarstellungen, als u. a. in den

---

[32] Zur Differenz zwischen dem weiteren umgangssprachlichen und engeren klinischen Begriff von Verdrängung s. oben IX. Kap. Über *verdrängte Geschichte* ferner Schulz-Hageleit 2002(a), *Grundzüge* ..., 5. Kapitel.

offiziellen Schulbüchern, die zahlreichen Republik-Flüchtlinge dargestellt und erklärt? Gibt es dazu überhaupt Angaben? Welche Rolle spielen in BRD-Selbstdarstellungen die politischen Prozesse gegen Systemkritiker, die Berufsverbote sowie die Korruptions- und Skandalfälle? Welchen Raum nimmt in katholischen Selbstdarstellungen das Paktieren mit den Nationalsozialisten ein? Welche Bedeutung hat die Sklaverei in den Geschichtsbüchern der USA? usw.

Es geht mir hier jedoch weder um ein denunziatorisches Entlarven noch um Gegengeschichten, die ja bei vielen Themen leicht zu haben sind.[33] Es geht vielmehr darum, sich ein Denkinstrument anzueignen, das die Leichtgläubigkeit vermindert und die Kritikfähigkeit stärkt.

• Im Unterschied zur Verdrängung, mit der ein Inhalt ganz aus dem Bewusstsein gelöscht wird, anerkennt die *Verleugnung* durchaus die Tatsache als solche, entzieht ihr aber ihre spezifische Bedeutung. Dieser Vorgang ist extrem häufig zu beobachten. Kein Amerikaner wird die Geschichte der Sklaverei prinzipiell abstreiten. Kein vernünftiger Deutscher wird die Tatsache des Holocaust negieren. Die Frage ist aber: Welche Bedeutung messen wir den jeweiligen Tatsachen zu? Welchen „Stellenwert" hat der Tatsachenzusammenhang in unserem Denken und Fühlen. Welche Geschichten erzählen wir über sie? Wie ist die jeweilige Geschichte komponiert? Ein amerikanischer Historiker beginnt seinen Essay über *Sklaven-Arbeitslager im frühen Amerika: Überwindung des Leugnens und Entdeckung des Gulag* mit folgenden Sätzen: „We live in a nation of denial. For all our openness to controversy and our fascination with violence, we Americans are still unable to grasp the full depth of huge collective wound that predated the country's founding and that haunted its infant and adolescent years."[34]

Diese kollektive Verleugnung (*denial*), diese Unfähigkeit, die ganze Tiefe der kollektiven Verwundung zu begreifen – sie gelten nicht nur für die USA und die Sklaverei, sondern mehr oder weniger schmerzhaft für alle Nationen und Kollektive. An welchem Sachverhalt die Einsicht eröffnet wird, ist m. E. nicht prinzipiell-dogmatisch, sondern nach Maßgabe der Bedingungen zu entscheiden. Es kommt ja u. a. darauf an, auf welchem Gebiet der Lehrer oder die Lehrerin so weit spezialisiert ist, dass er oder sie die konfrontative Präsentation (Traumatisierung contra Bedeutungsentzug) einbringen kann, ohne zu manipulieren oder belehrend zu moralisieren.

Tendenziell arbeiten alle Schul- und Handbücher mit der Neutralisierung von Bedeutung und Betroffenheit. Geschichtsunterricht soll ja in erster Linie (ähnlich wie der Baedeker bei Reisen) Sachkenntnisse und Überblickswissen vermitteln. Da

---

[33] Ein Beispiel: Karlheinz Deschners *Kriminalgeschichte des Christentums* umfasst inzwischen sieben Bände (geplant sind nach Internet-Informationen weitere drei), doch ich bezweifle, dass ihre Lektüre wirklich erbaulicher ist als etwa eine christliche Selbstdarstellung, ja man muss sich fragen, was Deschner selbst verdrängt und ausagiert, wenn er so verbissen, bis zu seinem Tod, diesem Thema nachgeht.

[34] Wood in Petana & Salinger 1999, S. 222.

verbietet sich eine tiefergehende Deutung, die Langzeitwirkungen und Problematisierungen einschließt. Dagegen setzt die Historische Lebenskunde kritisches Erklären und Aufklären, die den Widerstand gegen den Fortgang der besagten Mechanismen stärken. Ein notwendiges Substrat dieser Aufklärung sind eigene Erfahrungen mit Verdrängungen und Verleugnungen, die nicht eingefordert und zensiert, sondern behutsam angetippt sowie empathisch ohne Wertung akzeptiert werden. (Der Begriff „Leben" in der Historischen Lebenskunde ist also nicht nur auf Individuell-Existenzielles bezogen, sondern auch auf Gesellschaft und Politik. Beide Bereiche sind nicht voneinander zu trennen.)

• Was *Projektionen* sind, ist ebenfalls allgemein bekannt und aus der konkret-materiellen Bedeutung des Wortes leicht abzuleiten: Ein Bild oder Film wird aus einem Apparat von innen nach außen „geworfen", auf eine Leinewand projiziert und so als etwas Eigenständiges beobachtet. Im Film vergessen wir den Filmapparat, sondern verfolgen das Geschehen vor unseren Augen. Bei der Projektion als Übertragung ist es ähnlich. Wir nehmen etwas wahr, was in Wirklichkeit aus uns selbst stammt. Wir externalisieren eigene Vorstellungen und machen sie an Objekten oder Subjekten fest, die sich dafür anbieten. Das muss nicht immer abwertend und negativ sein. Auch das *Idealisieren* ist letztlich ein projektiver Vorgang. Im gängigen Sprachgebrauch wird der Begriff Projektion jedoch eher für Übertragungen mit negativem Inhalt verwandt. Dem Feind werden Eigenschaften zugeschrieben, die wir in uns selbst nicht akzeptieren wollen. Juden und „Neger" waren in den jeweiligen Ideologien triebhafte „Untermenschen", denen gegenüber man sich nicht menschlich-solidarisch zu verhalten brauchte. Die Zeit des Kalten Krieges war eine Zeit der gegenseitigen projektiven Verteufelung, die sicherlich nicht die einzige Gefahr für einen Atomkrieg darstellte, aber doch maßgeblich dazu beigetragen hat (u. a. Kuba-Krise).

Hysterisches Kampfgeschrei gegen einen Feind, dessen Realität nie mit dem jeweiligen Feindbild übereinstimmte, durchtönt die Weltgeschichte, wo immer man hinhört. Papst und Kaiser verfluchten sich mit diffamierenden Worten, Religionsgemeinschaften sahen im anderen Glauben die Teufelei auf Erden, die Franzosen waren der „Erbfeind" für uns Deutsche (und umgekehrt), „Schurkenstaaten" bedrohen den Weltfrieden, wenn man der aktuellen amerikanischen Propaganda folgt, die westliche Kultur wird sich gegen die Unkultur des Islam wehren müssen usw.

Projektionen sind durch die Vorurteilsforschung relativ gut erforscht, und ich denke, dass es auch im Schulunterricht gelingen kann, einige dieser Vorurteile sozusagen dingfest zu machen und abzubauen. Wichtiger als die inhaltliche Aufklärung im Einzelnen ist allerdings auch hier die Verinnerlichung einer Haltung der Vorsicht gegenüber allen Feindbild-Zumutungen, die konsequent durch *Realitätsprüfung* in Frage zu stellen sind. Sind die so genannten „Schurkenstaaten" (rogue-states) wirklich so bedrohlich, wie die US-Propaganda sie darstellt? Ist Mechmet wirklich so „böse", wie einige Schüler ihn beschreiben? Realitätsprüfung ist eine politische und persönliche Aufgabe.

Projektionen als Mechanismus verstehen und als Denkinstrument kritisch und selbstkritisch anwenden können, das trägt dazu bei, dass die Menge infantilisierter Menschen, die keine Verantwortung für ihr eigenes Leben übernehmen wollen, nicht noch weiter anschwillt. Ich rede dabei nicht von Lebenseinschränkungen, die aus eigener Kraft nicht zu überwinden sind, sondern von exzessiver Abwehr jeglicher Selbstreflexion und -kritik, die sich darin äußert, dass man sich selbst immer nur unschuldiges Opfer böser Machenschaften darstellt. Es wird schwer sein, diese Haltung einzudämmen, weil von allen Seiten routinemäßig bestätigt wird.

Auch Geschichtswissenschaft und Psychoanalyse sind nicht frei von Projektionen. Über die Geschichtskonstruktionen der Männer, die Frauen entweder verdrängt oder aber projektiv mit allem ausgestattet haben, was ihnen nicht ins eigene Selbstbild passte, ist ja inzwischen viel geschrieben worden. Dass Freud seine aus den Gegenwartserfahrung stammenden Mordfantasien den Urmenschen angehängt hat, ist dagegen weniger bekannt.[35] Was wissen wir eigentlich über die „Urmenschen"? Sie hatten Schwierigkeiten zu leben und zu überleben. Sie haben sicherlich auch andere totgeschlagen. Aber waren sie „Mörder" im heutigen Sinn des Wortes? Sich gegenseitig umzubringen, obwohl Ethik, Religion und Gesetze längst etwas anderes gebieten, das ist eine ganz moderne Vorstellung und Erfahrung, die wir zurückprojizieren, um uns gegenwärtig zu entlasten.

Die projektive Leidensvernichtung ist eine weit verbreitete Wahnvorstellung, die sowohl in persönlichen wie auch im historisch-politischen Konstellationen nachzuweisen ist. Wenn ich diesen Menschen oder diese Menschengruppe vernichte, dann ist das größte Übel aus der Welt geschafft, und wir können alle erleichtert aufatmen, so lässt sich dieser Mechanismus zusammenfassen, der anhand von Hexenverfolgungen (schon das Wort „Hexe" ist eine projektive Diffamierung!), Hass gegen Minderheiten und paranoiden Zwangshandlungen aufzeigen lässt.

• *Rationalisierungen* sind scheinbar vernünftige Erklärungen oder gar „Beweise", mit denen die Unvernunft oder Eigennützigkeit bestimmter Handlungen verschleiert werden soll. Auch das gilt sowohl für historisch-politisches wie auch für persönliches Agieren. Es gibt kaum einen Unsinn in der Weltgeschichte, der nicht seine Rechtfertigung mit scheinbar ganz rationalen Argumenten gefunden hätte, denken wir etwa an die Verteidigung der Sklaverei oder die Abqualifizierung von Frauen. Im Alltag begnügen wir uns oft mit *Ausreden*, z. B.: Ich war krank und konnte daher nicht kommen. Rationalisierungen sind im Vergleich dazu raffinierter, nicht so leicht zu durchschauen und haben einen weiteren Geltungsanspruch. Alle übertrieben in Szene gesetzten Lebensgewohnheiten (vegetarisches Essen, generelle Unpünktlichkeit, häufiger Partnerwechsel usw.) werden rational begründet, und es hat meistens gar keinen Zweck, diese Scheinrationalitäten aufklären zu wollen. Leider ist die Rationalisierung nicht immer so harmlos wie in den eben genannten Fällen.

---

[35] Vgl. oben Kap. III.5.

In der Rechtfertigung der Genforschung sind zum Beispiel vorgeschobene Argumente gang und gäbe. Man spricht zum Beispiel vom „therapeutischen Klonen", obwohl die Therapie bei diesem Verfahren direkt überhaupt keine Rolle spielt. Es werden vielmehr Embryonen serienweise vernichtet, um vielleicht ein gesunden Embryo zu erhalten. Historisch-politisch treten Rationalisierung oft als *Ideologien* in Erscheinung. Jede Lebensgemeinschaft brauche einen ihr angemessenen „Lebensraum", lehrten und „bewiesen" die Nationalsozialisten. Wer überleben will, muss sich seinen Lebensraum erobern ...[36]

Können Rationalisierung mit SchülerInnen anhand eigener Lebenserfahrungen dingfest gemacht werden? Ich denke ja, sofern die persönlichen Grenzen der Lernenden nicht verletzt und das pädagogische Gebot der Achtung beachtet wird. Als Einstieg sind z. B. geeignet: die Fabel vom Fuchs und den Weintrauben, scheinbar plausible Erklärungen auffälliger oder gar extremer Alltagsgewohnheiten,[37] Bemäntelungen krimineller Lebenspraktiken[38] und Verteidigungen kollektiver Paranoia, wie sie in den USA im Streit um den massenhaften Besitz von Waffen zu beobachten ist.[39]

Wenn der Mechanismus der Rationalisierung als solcher verstanden ist, kann der Denkimpuls lauten: Fallen Euch ähnliche Beispiele in Eurem eigenen Alltag ein? Inwiefern dabei schon selbstkritische Ich-Bezüge zur Sprache kommen sollen, hängt von der Vertrauensgrundlage und kann hier daher nur als Möglichkeit ins Auge gefasst werden. Ist das Thema im Horizont eigener Erfahrungen gesichert, werden historisch-politische Beispiele eingebracht, die den Kreis der unmittelbaren eigenen Erfahrungen durchbrechen. Historisch überlieferte Erklärungen („Quellen"!) zur Festschreibung von Gewalt, Ungerechtigkeit, Unterdrückung usw. dürften in diesem Bereich besonders ergiebig sein.[40]

---

[36] Zahlreiche Beispiele zum Mechanismus der *Rationalisierung*, sowohl im Alltag als auch in der Politik, finden sich bei Erich Fromm, *Die Furcht vor der Freiheit* (s. Index).

[37] Der Zeitmangel als vorgeschobene Begründung für die alltägliche Hast bei vielen Menschen erstreckt sich oft bis zu Essensgewohnheiten. Ein gemütliches Frühstück – das sei doch nur Zeitverschwendung ... Der Übergang von auffälligen Alltagsgewohnheiten zu Zwangshandlungen ist fließend.

[38] Ein bekannter englischer Drogendealer hat sein kriminelles Geschäft als „Sozialarbeit" bezeichnet, vgl. Howard Marks 2002.

[39] Für diesen Tatbestand liefert Michael Moore Film *Bowling for Columbine* (ab November 2002 in den Kinos) bedrückende Belege.

[40] Jede Emanzipationsbewegung (u. a. der Sklaven, Frauen, Leibeigenen, Arbeiterschaft, Kirchenmitglieder) stieß auf heftigen Widerstand bei jenen, die von dem System der Unfreiheit profitierten. Exemplarisch sei verwiesen auf das Auslieferungsgesetz von 1850 (*Fugitive Slave Law*), das u. a. bestimmte: Wenn ein Weißer vor dem Richter schwört, dass ein „Neger" sein Eigentum sei, wird dieser an ihn ausgeliefert. Der daraufhin prompt einsetzende Missbrauch willkürlichen Kidnappings war ein Motiv für Beecher-Stowes Roman *Onkel Toms Hütte* (1851/52).

4.4 Einige Thesen zur curricularen Umsetzung des Modernisierungsgedankens

• Der erste und wichtigste Modernisierungsschritt wäre die Reduktion der Stoffpläne um mindestens die Hälfte. Anders ist der „Spielraum" für praktisches historisches Lernen sowie für „Lebensthemen" und Aktualität nicht zu schaffen. Die quantitative Entschlackung ermöglicht die Flexibilisierung des didaktischen Handelns und eine inhaltliche Horizonterweiterung je nach Bedingungsfeld (z.B. Einbezug ethnologischer, globaler oder regionaler Themen).

• Die Chronologie wird „gedehnt" und aufgelockert, aber nicht aufgehoben. Eine thematische Gliederung über die Jahrhunderte hinweg entlang des oben skizzierten roten Fadens von Menschenrechten contra Menschenentrechtung ist auf die Klassenstufen fünf bis zehn zu projizieren, wobei dem historisch motivierten (oder gar begründeten) Gegenwarts- und Zukunftsbewusstsein mehr Raum als dem antiquarischen Sinn eingeräumt wird.

• Die geschichtstheoretisch so umstrittene Frage nach den Akteuren und Subjekten der Geschichte (Nation, Europa, Frauen-Männer, Arbeiterklasse, Ideen usw.) ist geschichtsdidaktisch-pragmatisch auf Menschen oder Menschengruppen zu fokussieren, die sich in der einen oder anderen Richtung entschieden und verhalten haben (Beispiel: Migranten und Migrantinnen).

• Leistungen werden wie in jedem anderen Unterricht gefördert und beurteilt. Besondere Aufmerksamkeit gilt jedoch der Transparenz des Bewertungssystems, das die Vertrauensbildung nicht unterlaufen darf.

• Geschichtsunterricht *oder* Sozialkunde? Politische Bildung *oder* Geschichtsbewusstsein? Gesellschaftskunde unter Einbezug historischer Inhalte *oder* umgekehrt: Geschichte mit Ausblicken auf die Gegenwart? Diese Alternativen sollten nicht noch einmal diskutiert werden; denn die Diskussion hat sich als unfruchtbar erwiesen; sie würde nur in neuen Grabenkämpfen enden und die Modernisierung des Faches torpedieren. Die lebenskundliche Dimension kann entfaltet werden, ohne dass der formale Rahmen des Faches zunächst tangiert wird, z.B. in Modellversuchen, schulinternen Reformprojekten oder kleineren Arbeitsgruppen, die Geschichtsunterricht z.B. nur für eine Jahrgangsstufe umgestalten wollen.

• Unterrichtsplanung und Lehrplangestaltung sind nicht nur eine Frage der Verteilung von Themen und Inhalten (Wann-Was?), sondern auch eine Frage der ästhetischen, lebensweltlich-praktischen und kommunikativen Zugänge, die zur organisieren sind (Wo – Wie?). Historische Lebenskunde lebt von „direkten Begegnungen", sinnlichen-konkreten Rekonstruktionen und konfrontativen Auseinandersetzungen, in denen sich alle, auch die Lehrenden, auf je eigene Weise als Lernende erfahren.

• Hinweis: Die Konzeptionierung des Geschichtsunterrichts als historische Lebenskunde ist ein *work in progress*. Wer sich an weiteren Entwicklungen durch Kritik, eigene Beiträge o.ä. beteiligen möchte, hat dazu auf einem Forum meiner Homepage www.schulz-hageleit.de Gelegenheit.

XVIII. Professionalität – Authentizität.
Ein Wort zur Ausbildung der GeschichtslehrerInnen[1]

1. Geschichtswissenschaftliche Qualifikation – das eine „Standbein"

Wer, wie eben gefordert, mit historischen Themen flexibel auf die Lernmöglichkeiten und Aufklärungsbedürfnisse seiner SchülerInnen eingehen will, muss historisch-inhaltlich viel im Kopf haben und wissen, wo er im Zweifelsfall schnell Informationen findet, das heißt: ein guter Fachmann bzw. eine gute Fachfrau sein. Wer wenig weiß und kann, muss sich an die Handreichungen des Lehrbuchs halten. Die hier ins Auge gefasste sachkundig flexible Professionalität entwickelt sich wohl erst im Laufe von mehreren Berufsjahren, in denen das Studium faktisch fortgesetzt wird. Als Grundlage des didaktischen Handelns sollte sie jedoch von vornherein bewusst sein und planmäßig ausgebaut werden.

Geschichte umfasst so unendlich viel, dass das Studium sich mit diesem einen „Fach" begnügen sollte, zumal dann, wenn es sich den Nachbargebieten (Kunstgeschichte, Literatur, Genderforschung, Philosophie) bereitwillig öffnet und interdisziplinär angelegt wird.[2]

2. Kommunikatives Können und persönliche Authentizität – das andere „Standbein"

Unter „kommunikativem Können" wird hier nicht nur wie bisher das an den Primat der Inhalte gebundene Vermittlungsgeschick („Methode") verstanden, sondern eine

---

[1] Die folgenden Überlegungen beziehen sich auf eine Basis-Qualifikation zur Lehrbefähigung („bachelor"?) bis zur Sekundarstufe I. Für die gymnasiale Oberstufe wären weitere Kompetenzen zu vermitteln wären, auf die ich hier aber nicht mehr eingehe.

[2] Was die organisatorische Verwendbarkeit von LehrerInnen im Schulalltag bei nur einem Fach anfangs einschränkt, kann später bei einer vernünftig angelegten Fort- und Weiterbildung nachgeholt werden (Zusammenhang von Bachelor- und Magister-Abschluss, Aufbau-Studium, Ergänzungsprüfungen). Das System der Lehrerbildung wird zur Zeit überprüft und umgebaut; die hier ins Auge gefasste Lösung ist nicht punktuell als Einschränkung, sondern im größeren Zusammenhang als Möglichkeit der Dynamisierung zu verstehen, die hier aber nicht weiter dargelegt werden kann.

in Selbsterfahrung und eigenem praktischem Tun erarbeitete Kompetenz im kreativ gestalterischen Umgang mit lebensweltlich-historischen Themen. An der Pädagogischen Hochschule Berlin gab es zum Beispiel die Möglichkeit, Schulspiel als zweites Fach zu studieren. Ich plädiere hier nicht dafür, diese spezielle Möglichkeit erneut zu eröffnen, auch wenn das durchaus sinnvoll wäre, sondern möchte allgemeiner auf die Bedeutung einer kommunikativen Professionalität verweisen, die auf mehrere Weisen zustande kommen kann.

• *Kunst, Handwerk, Technik* – Die ästhetisch-sinnliche Auseinandersetzung mit Geschichte („Handeln" – die Hände gebrauchen) ist in der Öffentlichkeit gang und gäbe, denken wir nur an die Museen. In der Schule findet sie praktisch nicht statt, von Einzelinitiativen und besonderen Projekten einmal abgesehen. Für die Fächer wie Kunst, Musik und Sport ist es unumstritten, dass die angehenden LehrerInnen sich nicht nur theoretisch-wissenschaftlich mit ihrem „Fach" beschäftigten. Das eigene künstlerische oder körperliche Tun ist ein integraler Bestandteil der geforderten Studienleistungen, und das ist gut so. Im Unterschied dazu muss die Geschichtslehrerin / der Geschichtslehrer wegen der Anbindung des Faches an die Wissenschaft praktisch überhaupt nichts können, und das ist eben nicht gut so. Theaterspiel und Sprecherziehung, handwerklich-technologisches Können, Musik und Performance könnten und sollten ein Gegengewicht zu der Kopflastigkeit des bisherigen Geschichtsunterrichts bilden.

In vielen Großstadt-Schulen ist es ja unter der Hand längst so, dass die Fachlehrer praktische Sozialarbeit machen. Sollte man aus dieser Entwicklung nicht Konsequenzen ziehen? Inspiriert von der mit Autorität daher kommenden Geschichtswissenschaft praktiziert der Unterricht seit vielen Generationen das sogenannte fragend-entwickelnde Gespräch, bei dem am Ende genau das herauskommt, was der Lehrer / die Lehrerin sich vorab an Lernzielen ausgedacht hat. Das ist ein ziemlich sicheres Mittel, das Interesse an der Geschichte zu drosseln.

• *„Gestalt", Gespräch, Authentizität.* – Das dialogische Verhandeln über Bedeutungen bestimmter Geschichtsinhalte (Sexualität, Gewalt, Kapitulation 1945, Mauerfall 1989, Krieg und Frieden usw.) unter Beachtung der verschiedenen emotionalen Resonanzen, die sowohl bei den SchülerInnen als auch im eigenen Ich des Lehrers oder der Lehrerin ausgelöst werden, ergibt sich nicht als Nebenprodukt aus dem Studium der Geschichtswissenschaft. Das muss extra gelernt und geübt werden, und zwar beizeiten, schon in den ersten Semestern. Entsprechendes gilt für die „äußere" Haltung oder „Gestalt", mit der gehandelt, gelehrt und verhandelt wird (vgl. oben 3.4). Der beste Weg, diesen Lernprozess in Gang zu bringen, ist die reflektierte Praxiserfahrung (früher in Berlin als „Didaktikum" institutionalisiert)[3], die vor allem im Hinblick auf die Sensibilisierung für die Psychodynamik in Schulklas-

---

[3] Das Berliner Didaktikum enthält immer noch ein beträchtliches Anregungspotenzial. Es ist jedoch zeitlich überholt und müsste daher in Form und Inhalt reformiert werden. Ausführlicher dazu Schulz-Hageleit 1999(a).

sen der sachkundigen Anleitung und der teilnehmenden Beobachtung bedarf. Wenn man in diesem Bereich nicht aufpasst, kann die Aufforderung zu mehr emotionaler Nähe zum gefährlichen Selbstläufer werden, der mehr schadet oder gar zerstört als er aufbaut.[4]

Die integrierte Praxiserfahrung ist gegenwärtig durch Fragmentierung und Entpersonalisierung des Studiums gefährdet. Man und frau sammeln *credit points* und haken funktionalisierte Leistungen ab, ohne dass diese erfahrungs- und praxisrelevant integriert werden. Dagegen soll hier die fundamentale Bedeutung intensiver persönlicher Lehr-Lern-Beziehungen in der Lehrerbildung in Erinnerung gebracht werden (Mentoren- oder Tutorensystem), die einerseits aufbauen und fördern, andererseits aber auch ungeeignete StudentInnen vom Lehrerberuf abhalten sollen.

Wer den letzten Abschnitt unter dem Aspekt der Sparnotwendigkeiten liest, wird möglicherweise denken: Ja, prima, so machen wir das: Wir nehmen einige examinierte aber arbeitslose sowie pensionierte LehrerInnen und vertrauen ihnen einen großen Teil der ersten Ausbildung an. Was braucht ein Student denn mehr als die Anleitung eines älteren, erfahrenen Lehrers...! Wahrscheinlich würde diese „Lösung" sogar einige erfolgreiche Zufallstreffer verzeichnen. Dass sie im Ganzen dennoch inakzeptabel wäre, wird gleichwohl niemand bestreiten. Vor allem die besondere Qualifikation und Eignung der Mentoren oder Tutoren darf in dem hier skizzierten Konzept nicht übersprungen werden. Wer StudentInnen beim Start in die Berufspraxis nicht nur punktuell beobachten, sondern etwas länger begleiten und intensiv beraten soll, der muss ein qualifiziertes Urteil über das Zusammenspiel mehrerer Komponenten abgeben können, zu denen auch die Fähigkeit des jeweiligen Studenten gehört, sich sozusagen als ganzer Mensch authentisch einbringen zu können. Diese Urteilsfähigkeit der Ausbilder ist ihrerseits theoretisch zu fundieren und psychologisch zu supervidieren.

3. Von der Ein-Weg-Belehrung zur authentisch-professionellen Interaktion

Nach dem 2. Weltkrieg bis in die fünfziger Jahre beherrschte die *Bildungstheorie* das didaktische Denken und somit auch die Lehrerbildung.[5] Sie war philosophisch-

---

[4] Der Mangel an spezieller Ausbildung sowie die Gefahr, die Intimsphäre der SchülerInnen grob zu verletzen, sind auch Themen bei Oser/Althoff (1992) anlässlich ihrer Kritik am Values-Clarification-Ansatz, der aus den USA kommt; zugespitzt S. 507: „... wer nicht sensibel für heikle und emotional aufgeladene Situationen ist, braucht über eine Atmosphäre des Vertrauens *unter den Kindern* erst gar nicht nachzudenken."

[5] Repräsentativ für die betont geisteswissenschaftlich argumentierende „Bildungstheorie" sind die Namen Hermann Nohl (1879-1960), Erich Weniger (1894-1961) und Wolfgang Klafki (geb. 1927).

geisteswissenschaftlich fundiert und konzentrierte sich ziemlich exklusiv auf die Inhalte des Unterrichts, insofern diese geeignet schienen, im „Zögling" bildende Wirkung auszulösen. Voraussetzungen und Bedingungen des Unterrichts, Organisation,
Ziele und Methoden wurden, vereinfacht zusammengefasst, kaum problematisiert.
Das änderte sich mit der *Berliner Lerntheorie*[6], die sich verstärkt den Unterrichts-
strukturen zuwandte und ihr Vorhaben empirisch-naturwissenschaftlich zu unter-
mauern suchte. Ein weiterer Umschwung war von einigen Jahren zu verzeichnen,
als Heinz Klippert sein vom Verkaufsdenken inspiriertes, auf praktisches Unter-
richtsmanagement ausgerichtetes *Methoden- und Kommunikationstraining* zur Lösung
der immer ärger ins Kraut schießenden Unterrichtsschwierigkeiten empfahl.

Eins droht in diesen hier nur flüchtig angetippten Ansätzen verloren zu gehen, das ist die lebendige, offene Dynamik der Beziehungen zwischen den Personen
und den jeweiligen Inhalten (bzw. Aufgaben), aber auch der Personen untereinan-
der, wobei Emotionen und verschiedene Unbewusstheiten zumindest hypothetisch
mit ihren jeweiligen Wünschen und Widerständen in Rechnung zu stellen sind. Sicher muss der Lehrer (erstens) selbst ein produktives Interesse an Bildung haben
und dementsprechend handeln; sicher gehört es (zweitens) zu seinem Job, dass er
zielbewusst und effektiv Lernprozesse organisieren kann und dabei (drittens) über
ein Arsenal von Techniken verfügt, die dem Alltag eine professionelle Sicherheit
verleihen. Ebenso sicher ist aber auch, dass diese professionellen Qualifikationen
nicht die intendierte Wirkung zeitigen, wenn sie schematisch, ohne das Bindemittel
persönlicher Authentizität, in Szene gesetzt werden.

In Fortführung früherer Darlegungen möchte ich hier abschließend nicht nur
für mehr Authentizität im Unterrichtgespräch einfordern,[7] sondern *professionelle Authentizität* reklamieren (bzw. umgekehrt *authentische Professionalität*), mit der einerseits
das Geschichtlich-Fachliche nicht vernachlässigt wird, andererseits aber auch die
berufliche Beziehungsfähigkeit des Lehrer und der Lehrerin intensiviert und profiliert wird. Die Zeit der Ein-Weg-Belehrungen ist vorbei. Zukunft hat m. E. die au-
thentisch-professionelle Interaktion, die in der Spannung zwischen Anleitung und
Autonomie entspringt und mit jeder Lehr-Lern-Situation neu zu bestimmen ist.

---

[6]   Der Begründer der lerntheoretischen Didaktik war Paul Heimann (1901–1967)
[7]   Vgl. Schulz-Hageleit 1988, 1989 (9. Kapitel) und 1992.

Verzeichnis der Erstveröffentlichungen

Hageleit (Hrsg.), Lernen unter veränderten Lebensbedingungen. Fachdidaktiken und Lehrerbildung auf dem Weg ins nächste Jahrhundert. Peter Lang, Frankfurt a. M. 1999.

XII.   *Geschichte und Erfahrung.* Vortrag im Historischen Seminar der Universität Dortmund am 16. Mai 2001. Erstmalige Veröffentlichung in: Marko Demantowsyk und Bernd Schönemann (Hrsg.), Neue geschichtsdidaktische Positionen. projekt verlag, Bochum 2002.

XIII.   *Zur Problematik des „Durcharbeitens" lebensgeschichtlicher Erfahrungen.* Vortrag im Historischen Kolleg München am 20.7.2001. Erstmalige Veröffentlichung in: Jürgen Reulecke(Hrsg.), Generationalität und Lebensgeschichte im 20. Jahrhundert. Schriften des Historischen Kollegs, Band 58. Oldenburg, München 2003.

XIV.   *Kriegsgeschichte(n) – Geschichtsdidaktik – Frieden.* Erstmalige Veröffentlichung in: Andreas Körber (Hrsg.), Geschichte – Leben – Lernen. Bodo von Borries zum 60. Geburtstag. Wochenschau, Schwalbach/Ts. 2003.

XV.   *Wenn es verboten ist zu fragen ... Söhne und ihre Väter in Deutschland nach 1945.* Erstmalige Veröffentlichung in: Bos, Marguérite / Vincenz, Bettina / Wirz, Tanja (Hrsg.): Erfahrung – Alles nur Diskurs? Zur Verwendung des Erfahrungsbegriffs in der Geschlechtergeschichte. Beiträge der 11. Schweizerischen HistorikerInnentagung vom 15. und 16. Februar 2002 an der Universität Zürich. Chronos, Zürich 2003.

XVI.   *Formen institutioneller Abwehr.* Erstmalige Veröffentlichung hier.

XVII.   *Geschichtsunterricht als historische Lebenskunde.* Erstmalige Veröffentlichung hier.

XVIII.   *Professionalität – Authentizität. Ein Wort zur Ausbildung der GeschichtslehrerInnen.* Erstmalige Veröffentlichung hier.

Abbildungsnachweise

Abb. 1: Frankfurter Rundschau 10.3.03 mit Hinweis auf Tan/ap.

Abb. 2: Paul Klee, Angelus Novus (1920). In: Gershom Scholem, Walter Benjamin und sein Engel. Vierzehn Aufsätze und kleine Beiträge. Suhrkamp, Frankfurt a. M. 1992 (mit Hinweis auf © VG Bild-Kunst, Bonn, 1992).

Abb. 3: Auguste Renoir, Die Quelle (1902/03). In: Götz Adriani: Renoir – Gemälde 1860 – 1917. Ausstellungskatalog, Kunsthalle Tübingen 1996.

Abb. 4: Picasso, Die Quelle (1921). In: Gertrude Stein: Picasso. Dover Publications, New York 1984.

Abb. 5: Protest gegen die Wehrmachtausstellung. In: Holocaust. Der Nationalsozialistische Völkermord und die Motive seiner Erinnerung. Katalog, hrsg. von Burkhard Asmuss im Auftrag des Deutschen Historischen Museums, Berlin 2002.

Abb. 6: Hubertus Giebe, Die Schuld (1980). In: IX. Kunstausstellung der Deutschen Demokratischen Republik. Dresden 1982/83 (Katalog, hrsg. vom Verband Bildender Künstler der Deutschen Demokratischen Republik).

Abb. 7: Youval Yariv, Erfahrungen (1994). In: Prospekt zu einer Ausstellung im Neuen Museum der Gedenkstätte Sachsenhausen, Oranienburg, 1998.

Abb. 8: Delacroix, Die Frauen von Algier in ihrem Gemach (1834). In: Alain Daguerre de Hureaux: Delacroix. Das Gesamtwerk. Stuttgart und Zürich 1994.

Abb. 9: Pablo Picasso, Die Frauen von Algier (1955). In: Carsten-Peter Warncke, Pablo Picasso 1881–1973. Hrsg. von Ingo F. Walther (zwei Bände). Benedikt Taschen Verlag 1991.

Abb. 10: Ebstorfer Weltkarte. In: Birgit Hahn-Woernle, Die Ebstorfer Weltkarte, hrsg. vom Kloster Ebstorf 1993.

Abb. 11: Wolfgang Mattheuer, Die verlorene Mitte (1982). In: Wolfgang Mattheuer, Retrospektive: Gemälde/Zeichnungen/Skulpturen. Kunstsammlung Chemnitz 2002 (Katalog).

Abb. 12: Der heutige Limes. In: Jean-Chistophe Rufin, Das Reich und die neuen Barbaren. Büchergilde Gutenberg, Frankfurt a. M. 1993.

Abb. 13: Jugendliche werfen Steine auf sowjetischen Panzer. In: Praxis Geschichte Heft 3/2003.

Abb. 14:   Die Geißler. In: Martin Erbstösser, Ketzer im Mittelalter. Büchergilde Gutenberg, Frankfurt a. M. 1987.

Abb. 14:   Youval Yariv, Erfahrungen (1994). In: Prospekt zu einer Ausstellung im Neuen Museum der Gedenkstätte Sachsenhausen, Oranienburg, 1998.

Abb. 15:   Max Beckmann, Die Kriegserklärung. In: Hermann Glaser, Die Kultur der Wilhelminischen Zeit. Topographie einer Epoche. Fischer, Frankfurt a. M. 1984.

Abb. 16:   Schau mir in die Augen. Luigi de Simoni. In: Umoristi per la Pace. Assisi 6–16 settembre 2001 (Ausstellungsprospekt).

Abb. 17:   Foto. Bronzetür des Hildesheimers Dom St. Mariä.

Abb. 18:   Tiberio d'Assisi (1486–1524), Madonna del Soccorso (die heilige Mutter Gottes als Nothelferin). In: Katalog des Stadtmuseums von Montefalco, Umbrien/Italien.

Abb. 19:   Käthe Kollwitz, Saatfrüchte sollen nicht vermahlen werden (1941/42). In: Käthe Kollwitz, Schmerz und Schuld. Eine motivationsgeschichtliche Betrachtung. Ausstellung aus Anlass des 50. Todestages von Käthe Kollwitz und zum Gedenken der 50. Wiederkehr des Endes des Zweiten Weltkrieges. Käthe-Kollwitz-Museum, Berlin 1995.

Literatur

Adloff, Peter / Alavi, Bettina (Hrsg.): Genau wie Schule, nur ganz anders. Didaktische Beiträge zur Humanistischen Lebenskunde. Humanistischer Verband, Berlin 2001.

Adorno, Theodor W. Erziehung zur Mündigkeit. Vorträge und Gespräche mit Helmut Becker 1959–1969, hrsg. von Geld Kadelbach. Suhrkamp, Frankfurt a. M. 1972.

Ders.: Was bedeutet Aufarbeitung der Vergangenheit. In: Ders. 1972, S. 10–28.

Ders.: Erziehung nach Auschwitz (1966). In: *Ders.* 1972, S. 88–105.

Ders.: Minima moralia. Reflexionen aus dem beschädigten Leben. Suhrkamp, Frankfurt a. M. 1997 (23. Auflage).

Ders.: Philosophische Terminologie. Zwei Bände. Suhrkamp, Frankfurt a. M. 1992.

Alavi, Bettina: Geschichtsunterricht in der multiethnischen Gesellschaft. Eine fachdidaktische Studie zur Modifikation des Geschichtsunterrichts aufgrund migrationsbedingter Veränderungen. IKO – Verlag für interkulturelle Kommunikation, Frankfurt a. M. 1998.

Alexijewitsch, Swetlana: Eine Chronik der Zukunft. Berlin-Verlag, Berlin 1997.

Aly, Götz: Macht – Geist – Wahn. Kontinuitäten deutschen Denkens. Büchergilde Gutenberg, Frankfurt a. M. 1997.

Anders, Günther: Die Antiquiertheit des Menschen. Über die Zerstörung des Lebens in der dritten indiustriellen Revolution. Zwei Bände. Beck, München 1985 und 1986.

Andersen, Henning: Odyssee des Gewissens. Die Entwicklung der freien Individualität von der Antike bis zur Gegenwart. Urachhaus, Stuttgart 1992.

Anno: Schulgeschichtsbuch in vier Bänden, hrsg. von Bernhard Askani und Elmar Wagener. Westermann, Braunschweig 1997.

Arendt, Hannah: Vita activa. Oder: Vom tätigen Leben. Piper, München 1992 (7. Auflage der Neuausgabe von 1981).

Dies.: Vom Leben des Geistes (1. Bd. das Denken; 2. Bd. das Wollen). Piper, München 2002 (2. Auflage).

Arendt, Hannah / Jaspers, Karl: Briefwechsel 1926–1969. Piper, München 2001. (2. Auflage).

Arnim, Bettina von: Ein Lesebuch, hrsg. von Christa Bürger und Brigitt Diefenbach. Reclam, Stuttgart 1994.

Assmann, Aleida: Funktionsgedächtnis und Speichergedächtnis. Zwei Modi der Erinnerung. In: Platt und Dabag 1995, S. 169–185.

Assmann, Aleida / Frevert, Ute: Geschichtsvergessenheit – Geschichtsversessenheit. Vom Umgang mit deutschen Vergangenheiten nach 1945. Deutsche Verlagsanstalt, Stuttgart 1999.

Augustinus: Bekenntnisse. Fischer, Frankfurt a. M. 1961.

Bar-On, Dan: Legacy of Silence. Encounters with Children of the Third Reich. Harvard University Press, Cambridge 1998 (deutsche Übersetzung im Campus-Verlag: Die Verschwörung des Schweigens).

Becher, Ursula / Bergmann, Klaus (Hrsg.): Geschichte – Nutzen oder Nachteil für das Leben (Sammelband zum 10 jährigen Bestehen der Zeitschrift *Geschichtsdidaktik*). Schwann, Düsseldorf 1986.

Becker, Hellmut / Carl Nedelmann: Psychoanalyse und Politik. Suhrkamp, Frankfurt a. M. 1983.

Beecher-Stowe, Harriet: Onkel Toms Hütte. Insel-Verlag, Berlin 1977.

Beier-de Haan, Rosemarie / Voltmer, Rita / Irsigler, Franz (Hrsg.): Hexenwahn – Ängste der Neuzeit (Begleitband zu einer Ausstellung des Deutschen Historischen Museums vom 3. Mai bis 6. August 2002), Berlin 2002.

Beland, Hermann: Umwälzungen gebären alte Geister neu: Das verunsicherte Europa. In: Psyche 4/1993, S. 378–396.

Benjamin, Walter: Über den Begriff der Geschichte. In: Gesammelte Schriften Bd. 1–2, S. 601–704. Suhrkamp, Frankfurt a. M. 1991.

Beradt, Charlotte: Das Dritte Reich des Traums. Suhrkamp, Frankfurt a. M. 1981.

Berghoff, Hartmut: Zwischen Verdrängung und Aufarbeitung. Die Bundesdeutsche Gesellschaft und ihre nationalsozialistische Vergangenheit in den Fünfziger Jahren. In: Geschichte in Wissenschaft und Unterricht (GWU) 2/1998, S. 96–114.

Bergmann, Klaus / Pandel, Hans-Jürgen: Geschichte und Zukunft. Didaktische Reflexionen über veröffentlichtes Geschichtsbewußtsein. Athenäum Fischer, Frankfurt 1975.

Bergmann, Klaus: Geschichtsdidaktik – Beiträge zu einer Theorie historischen Lernens. Wochenschau, Schwalbach/Ts. 2000 (2. Auflage).

Ders. u. a.: s. Handbuch.

Bergmann, Martin S. / Jucovy, Milton E.. / Kestenberg, Judith S. (Hg): Kinder der Opfer – Kinder der Täter. Psychoanalyse und Holocaust. Fischer, Frankfurt 1995.

Bergson, Henri: Oeuvres. Presses Universitaires de France, Paris 1984.

Bialas, Wolfgang: Vernunft und Gewalt. Zum Problem einer philosophischen Anthropologie des Nationalsozialismus. In: Mittelweg 36, 1/2003, S. 41–60.

Blasius, Dirk: Rezension der ersten beiden Bände der Reihe „Geschichte und Psychologie". In: Historische Zeitschrift Bd. 255 (August 1992).

Bloch, Ernst: Das Prinzip Hoffnung. Drei Bände. Suhrkamp, Frankfurt a. M. 1982.

Bloch, Marc: Apologie pour l'Histoire. Arman Colin, Paris 1974.

Bohleber, Werner: Nationalismus, Fremdenhaß und Antisemitismus. Psychoanalytische Überlegungen (zum „Phantasma der Nation"). In: Psyche 46 (August 1992).

Ders.: Transgenerationelles Trauma, Identifizierung und Geschichtsbewußtsein. In: Rüsen und Straub (1998), S. 256–274.

Ders.: Trauma, Trauer und Geschichte. In: Liebsch und Rüsen 2001, S. 131–145.

Borries, Bodo von: Umwelt und Natur-Mensch-Verhältnis im Geschichtsunterricht? Perspektiven historisch-ökologischen Lernens am Beispiel „Altchinesische Hochkultur". In: Niemetz 1992, S. 7–46.

Ders.: Imaginierte Geschichte. Die biografische Bedeutung historischer Fiktionen und Phantasien. Böhlau, Köln 1996.

Bourdieu, Pierre: Gegenfeuer. Wortmeldungen im Dienste des Widerstandes gegen die neoliberale Invasion. Büchergilde Gutenberg, Frankfurt a. M. 1998.

Ders.: Widersprüche des Erbes (über Vater-Sohn-Verhältnisse). In: Das Elend der Welt. Konstanz 1997, S. 651–658.

Bowlby, John: Das Glück und die Trauer. Herstellung und Lösung affektiver Bindungen. Klett-Cotta, Stuttgart 1982.

Bracher, Karl Dietrich: Geschichte als Erfahrung. Betrachtungen zum 20. Jahrhundert. Deutsche Verlagsanstalt, Stuttgart 2001.

Braudel, Fernand: Ecrits zur l'Histoire. Flammarion, Paris 1969.

Brooks, Libby: Do we care? In: The Guardian 4. 2. 2003, Beilage „G 2".

Brunner, Otto / Conze, Wener / Koselleck, Reinhart (Hrsg.): Geschichtliche Grundbegriffe. Historisches Lexikon zur politisch-sozialen Sprache in Deutschland. Klett-Cotta, Stuttgart 1979–1997.

Büchmann, Georg: Geflügelte Worte. Der klassische Zitatenschatz. 37. Auflage, bearbeitet von Winfried Hoffmann. Ullstein, Frankfurt a. M. 1986.

Bude, Heinz: Bilanz der Nachfolge. Die Bundesrepublik und der Nationalsozialismus. Suhrkamp, Frankfurt 1992.

Burckhardt, Jacob: Weltgeschichtliche Betrachtungen. Ullstein-Taschenbuch, Frankfurt und Berlin 1963.

Ders.: Die Kunst der Betrachtung. Aufsätze und Vorträge. Hrsg. von Henning Ritter. Dumont, Köln 1997.

Buschmann, Nikolaus / Carl, Horst (Hg.): Die Erfahrungen des Krieges. Erfahrungeschichtliche Perspektiven von der Französischen Revolution bis zum Zweiten Weltkrieg. Schöningh, Paderborn 2001.

Chamberlain, Sigrid: Adolf Hitler, die deutsche Mutter und ihr erstes Kind. Über zwei NS-Erziehungsbücher. Edition psychosozial, Gießen 1998.

Cicero: De oratore – Über den Redner. Lateinisch-Deutsch. Übersetzt und hrsg. von Harald Merklin. Reclam, Stuttgart 1986.

Cohn, Norman: Der Erwartung der Endzeit. Vom Ursprung der Apokalypse. Insel, Frankfurt a. M. 1997.

Conze, Werner / Faber, Karl-Georg / Nitschke, August (Hrsg.): Funk-Kolleg Geschichte. Zwei Bände. Fischer, Frankfurt a. M. 1981.

Coulanges, Fustel de: der antike Staat. Studie über Kultus, Recht und Einrichtungen Griechenlands und Roms. Athenaion Verlag, o.J. o.O.

Daniel, Ute: Clio unter Kulturschock. Zu den aktuellen Debatten der Geschichtswissenschaft. In: Geschichte in Wissenschaft und Unterricht (GWU), 4/97, S. 195–218.

Dehne, Brigitte: Geschichte zum Einmischen. In: Geschichte – Erziehung – Politik (GEP), Heft 7/1991, S. 613 ff.

Dies.: Geschichte für Mädchen und Jungen. Konzeption eines Geschichtsunterrichts, in dem Mädchen und Jungen sich gleichwertig und gleichzeitig mit Männern und Frauen der Vergangenheit auseinandersetzen können. In: Niemetz (Hrsg.) 1992, S. 74–107.

Dies.: Das lernende Ich in der Auseinandersetzung mit Geschichte. In: Geschichte – Erziehung – Politik (GEP) 6/98, S. 368–375.

Dies.: Schülerfragen als Leitfaden der Unterrichtsgestaltung. In: Geschichte – Erziehung – Politik (GEP) 2/1997, S. 108–116. Überarbeitete Fassung auch in: Geschichte in Wissenschaft und Unterricht (GWU) 11/2000, S. 661–680.

Dies.: Die Zeitzeugenbefragung im Unterricht. Druck in Vorbereitung für GWU 2003.

Delumeau, Jean: Angst im Abendland. Die Geschichte kollektiver Ängste im Europa des 14. bis 18. Jahrhunderts. Rowohlt, Reinbek bei Hamburg 1989.

Demantowsky, Marko / Schönemann, Bernd (Hrsg.): Neue geschichtsdidaktische Positionen. projekt verlag, Bochum 2002.

Demause, Lloyd (Hrsg.): Hört ihr die Kinder weinen? Eine psychogenetische Geschichte der Kindheit. Suhrkamp, Frankfurt a. M. 1980.

Ders.: Reagans Amerika. Eine psychohistorische Studie. Stroemfeld/Roter Stern, Frankfurt a. M. 1987.

Derrida, Jacques: Die Struktur, das Zeichen und das Spiel im Diskurs der Wissenschaften vom Menschen. In Engelmann (Hrsg.) 1999, S. 114–139.

Dettenhofer, Maria (Hrsg.): Reine Männersache? Frauen in Männerdomänen der antiken Welt. Dtv, München 1996.

Dieckmann, Friedrich: Fidelio als Weltzeichen. Ernst Bloch im Lichte unserer Erfahrungen. In: Frankfurter Rundschau 23. 4. 1992.

Djebar, Assia: Die Frauen von Algier. Unionsverlag, Zürich 1999.

Dorminger, Georg: Einleitung zu Homers Ilias. Taschenbuch-Ausgabe des Goldmann-Verlages, München 1960.

Dörr, Margarete: „Wer die Zeit nicht miterlebt hat..." Frauenerfahrungen im Zweiten Weltkrieg und in den Jahren danach. Drei Bände. Campus, Frankfurt 1998.

Drewitz, Ingeborg: Bettine von Arnim. Romtantik – Revolution – Utopie. Heyne, München 1984 (5. Auflage).

Duby, Georges: Unseren Ängsten auf der Spur. Vom Mittelalter bis zum Jahr 2000. Dumont, Köln 2000.

Dülffer, Jost: Im Zeichen der Gewalt. Frieden und Krieg im 19. und 20. Jahrhundert. Hg. von Martin Kröger u. a. Böhlau, Köln 2003.

Ebbinghaus, Angelika / Roth, Karl Heinz: Vorläufer des „Generalplans Ost". Eine Dokumentation über Theodor Schieders Polendenkschrift vom 7. Oktober 1939, in: „1999" – Zeitschrift für Sozialgeschichte des 20. und 21. Jahrhunderts 1/1992, S. 62–95.

Eckstaedt, Anita: Nationalsozialismus in der „zweiten Generation". Psychoanalyse von Hörigkeitsverhältnissen. Suhrkamp, Frankfurt a. M. 1989.

Einstein, Albert / Freud, Sigmund: Warum Krieg (Briefe aus dem Jahr 1932, mit einem Essay von Isaac Asimov). Diogenes, Zürich 1972.

Eissler, Kurt R.: Goethe. Eine psychoanalytische Studie 1775–1786. Zwei Bände. Stroemfeld / Roter Stern, Frankfurt a. M. 1986 (4. Auflage).

Engelmann, Peter: Postmoderne und Dekonstruktion. Texte französischer Philosophen der Gegenwart. Reclam, Stuttgart 1999.

Erdheim, Mario: Einleitung zur Taschenbuch-Ausgabe von Freuds „Totem und Tabu". Fischer, Frankfurt a. M. 1991.

Ders.: Psychoanalyse, Adoleszenz und Nachträglichkeit. In: Psyche Heft 10/1993, S. 934–950.

Erikson, Erik H.: Identität und Lebenszyklus. Drei Aufsätze. Suhrkamp, Frankfurt a. M. 1970.

Eschenhagen, Wieland (Hrsg.): Die neue deutsche Ideologie. Einsprüche gegen die Entsorgung der Vergangenheit. Luchterhand, Darmstadt 1988.

Evans, Richard J.: Fakten und Fiktionen. Über die Grundlagen historischer Erkenntnis. Campus, Frankfurt a. M. 1998.

Faber, Karl-Georg: Geschichte in unserer Gegenwart. In: Conze/Faber/Nitschke 1981, S. 15–32.

Fischer, Fritz: Griff nach der Weltmacht. Die Kriegszielpolitik des kaiserlichen Deutschland 1914/18. Droste, Düsseldorf 1984 Nachdruck der Sonderausgabe von 1967. Mit einem Begleitwort des Verfassers 1977.

Foedrowitz, Michael: Mit Gift, Strick und Pistole. In: DIE ZEIT 5. Mai 1995.

Frank, Niklas: Der Vater. Eine Abrechnung. Münster, Bertelsmann 1987 (als Taschenbuch mit einem Vorwort von Ralph Giordano bei Goldmann 20001).

Frei, Norbert: Vergangenheitspolitik. Die Anfänge der Bundesrepublik und die NS-Vergangenheit. Beck, München 2. Auflage 1997.

Freiligrath, Ferdinand: Werke in einem Band, ausgewählt und eingeleitet von Werner Ilberg. Aufbau-Verlag, Berlin und Weimar 1980 (4. Auflage).

Freud, Sigmund: Studienausgabe in zehn Bänden und einem Ergänzungsband mit Schriften zur Behandlungstechnik. Fischer, Frankfurt a. M. 1971–1975.

Bd. I: Vorlesungen zur Einführung in die Psychoanalyse. Hier u. a.:
– Neue Folge der Vorlesungen zur Einführung in die Psychoanalyse (1933), S. 448–608.

Bd. IX: Fragen der Gesellschaft, Ursprünge der Religion. Hier auch:
– Zeitgemäßes über Krieg und Tod (1915), S. 33–60.
– Das Unbehagen in der Kultur (1930), S. 191–270. Warum Krieg? (1932), S. 271–286.

Schriften zur Behandlungstechnik (Ergänzungsband). Hier u. a.:
- Ratschläge für den Arzt bei der psychoanalytischen Behandlung (1912) [über „gleichschwebende Aufmerksamkeit"], S. 169–180.
- Erinnern – Wiederholen und Durcharbeiten (1914) (Weitere Ratschläge zur Technik der Psychoanalyse II), S. 205–216.

Frevert, Ute: s. Assmann.

Freytag, Gustav: Gesammelte Werke, 17. Bd.: Bilder aus der deutschen Vergangenheit. Hirzel, Leipzig 1888. Auch als dreibändige (gekürzte) Lizenzausgabe, hrsg. von Heinrich Pleticha, in mehreren Verlagen und Buch-Gemeinschaften, mit Genehmigung des Albrecht-Knaus-Verlages, Hamburg o. J.

Fried, Johannes: Wissenschaft und Phantasie. Das Beispiel Geschichte. In: Historische Zeitschrift 263 (1996), S. 291–316. (publiziert auch im Jahrbuch des Historischen Kollegs [München] 1996, S. 23–47).

Ders.: Eröffnungsrede zum 42. Deutschen Historikertag. In: Zeitschrift für Geschichtswissenschaft 10/1998, S. 869–874.

Friedenberger, Martin: Das Berliner Finanzamt Moabit-West und die Enteignung der Emigranten des Dritten Reichs 1933–1942. In Zeitschrift für Geschichtswissenschaft Heft 8/2001, S. 677–694.

Frisch, Max: Homo faber. Ein Bericht. Suhrkamp, Frankfurt a. M. 1982.

Fromm, Erich: Die Seele des Menschen. Ihre Fähigkeit zum Guten und zum Bösen. Ulllstein, Berlin 1981.

Ders.: Die Furcht vor der Freiheit. Ullstein, Berlin 1983.

Füßmann, Klaus u. a. (Hrsg.): Historische Faszination. Geschichtskultur heute. Böhlau, Köln 1994.

Gadamer, Hans-Georg: Wahrheit und Methode. Grundzüge einer philosophischen Hermeneutik (Gesammelte Werke Bd. 1). Mohr, Tübingen 1990.

Gall, Lothar: Bürgertum in Deutschland. Siedler, Berlin 1989.

Ganguly, Martin: Gleichgeschlechtliche Lebensweisen als Thema im Schulunterricht. Eine didaktische Studie unter besonderer Berücksichtigung der Humanistischen Lebenskunde. Dissertation, Technische Universität Berlin, Fakultät I (Geisteswissenschaften), 2002.

Gauch, Sigfrid: Vaterspuren. Erzählung. Brandes & Apsel, Frankfurt a. M. 1996.

Gaudig, Hugo: Gibt es einen guten Sammelband?

Gay, Peter: Freud, Juden und andere Deutsche. Herren und Opfer in der modernen Kultur. Dtv, München 1989.

Ders.: Kult der Gewalt. Aggression im bürgerlichen Zeitalter. Beck, München 1996.

Geiler, Karl: „Vergiftetes Geschichtsbewusstsein wieder reinigen". In: Frankfurter Rundschau 29. Dezember 1995 (Nachdruck eines Artikels des Ministerpräsidenten „Großhessens" zum Jahresende 1945).

Gerlach: s. Goethe.

Geschichte in Quellen: Weltkriege und Revolutionen 1914–1945 (6. Bd.), bearbeitet von Günter Schönbrunn. Bayerischer Schulbuch-Verlag, München 1979

Geschichtsbuch (2). Die Menschen und ihre Geschichte in Darstellungen und Dokumenten. Hrsg. von Hans-Georg Hofacker und Thomas Schuler. Cornelsen-Velhagen & Klasing + Hirschgraben-Verlag, Berlin 1986. Dazu *Lehrerband 2*, Berlin 1992.

Geulen, Christian: Zwischen Wahn und Wirklichkeit. In: Frankfurter Rundschau 18. 12. 2002.

Geuss, Raymond: Weder Geschichte noch Praxis. Zur politischen Philosophie John Rawls. In: *Mittelweg 36* Februar/März 2003, S. 76–88.

Glaser, Herrmann: Deutsche Kultur 1945–2000. Büchergilde Gutenberg, Frankfurt a. M. 1999.

Goertz, Hans-Jürgen: Unsichere Geschichte. Zur Theorie historischer Referentialität. Reclam, Stuttgart 2001.

Goethe, Johann Wolfgang von: Werke (Hamburger Ausgabe in 14 Bänden). Christian Wegner Verlag, Hamburg 1948–1963.

Goldhagen, Vornamen: Hitlers willige Vollstrecker. Ganz gewöhnliche Deutsche und der Holocaust. Siedler, Berlin 1996.

Görlich, Bernard: Zur Erkenntnis des Unbewußten. Alfred Lorenzers Forschungen zu Freud und zur Psychoanalyse als Wissenschaft. Einleitung zu Lorenzer 2002.

Goethe erzählt sein Leben. Nach Selbstzeugnissen und Aufzeichnungen seiner Zeitgenossen zusammmengestellt von Hans Egon Gerlach und Otto Herrmann. Fischer, Fankfurt a. M. 1956.

Grass, Günter: Mein Jahrhundert. Steidl, Göttingen 1999.

Grass, Karl Martin / Koselleck, Reinhart: Emanzipation. In. Geschichtliche Grundbegriffe... (s. Brunner u. a.) 2. Bd. (1979), S. 153–197.

Grimm, Jacob und Wilhelm: Deutsches Wörterbuch. Reprint-Ausgabe im Deutschen Taschenbuchverlag, München 1984.

Gruen, Arno: Der Verlust des Mitgefühls. Über die Politik der Gleichgültigkeit. dtv, München 1997.

Günther, Inge: propaganda für den tod. In: Frankfurter Rundschau 27. Juli 2002 (Magazin).

Haar, Ingo: Deutsche „Ostforschung" und Antisemitismus. In: Zeitschrift für Geschichtswissenschaft 6/2000, S. 485–508.

Habermas, Jürgen: Was bedeutet Aufarbeitung der Vergangenheit heute? Bemerkungen zu einer verworrenen Debatte. In: DIE ZEIT, 3.4.1992.

Ders.: Die zweite Lebenslüge. Wir sind wieder „normal" geworden. In: DIE ZEIT 11. 12. 1992.

Ders.: Erkenntnis und Interesse. Suhrkamp, Frankfurt a. M. 1994 (elfte Auflage; erste Auflage 1973).

Hahn-Woernle, Birgit: Die Ebstorfer Weltkarte. Kloster Ebstorf (Hrsg.), 2. Auflage 1993.

Hamann, Christoph: 17. Juni 1953 – Steine gegen Panzer. In: Praxis Geschichte 3/2003, S. 57–60.

Hamburger Institut für Sozialforschung (Hrsg.): Vernichtungskrieg. Verbrechen der Wehrmacht 1941–1944. Katalog zur Ausstellung Hamburg 1996.

Dass.: Verbrechen der Wehrmacht. Dimensionen des Vernichtungskrieges 1941–1944. Begleitbroschüre zur (neu eröffneten) Ausstellung, Hamburg 2001.

Handbuch der Geschichtsdidaktik, hrsg. von Klaus Bergmann / Annette Kuhn / Jörn Rüsen / Gerhard Schneider: 1. Auflage (1979) und 2. Auflage (1980) in zwei Bänden, Pädagogischer Verlag Schwann, Düsseldorf; 3. völlig überarbeitete und bedeutend erweiterte Auflage (in einem Band), ebd. 1985; 4. Auflage, Kallmeyer, Seelze-Velber 1992; 5. überarbeitete Auflage , ebd. 1997.

Hardtwig, Wolfgang: Geschichtsreligion – Wissenschaft als Arbeit – Objektivität. In: Historische Zeitschrift (HZ) Bd. 252, H. 1 (Februar 1991), S. 1–32.

Hauer, Nadine: Die Mitläufer. Oder: Die Unfähigkeit zu fragen. Auswirkungen des Nationalsozialismus für die Demokratie von heute. Lesde+Budrich, Opladen 1994.

Hegel, Georg W. F.: Die Vernunft in der Geschichte (hrsg. von Johannes Hoffmeister). Meiner Hamburg 1955.

Heidegger, Martin: Über den Humanismus (ursprünglich ein Brief). Vittorio Klostermann, Frankfurt a. M. 2000 (10. Auflage).

Heil, Johannes: Claudius von Turin. Eine Fallstudie zur Geschichte der Karolingerzeit. In: Zeitschrift für Geschichtswissenschaft 5/1997, S. 389–412.

Heller, Agnes: Die Weltuhr stand still. In: DIE ZEIT 7. Mai 1993.

Hentig, Hartmut von: Paff. Oder: Wenn wir lieben. Hanser, München 1978.

Ders.: Die Schule neu denken. Eine Übung in praktischer Vernunft. Hanser, München 1994 (3. Auflage).

Ders.: Die Menschen stärken, die Sachen klären. Ein Plädoyer für die Wiederherstellung der Aufklärung. Reclam, Stuttgart 1995.

Ders.: Bildung. Ein Essay. Verlag, Darmstadt 1997.

Heinemann, Ulrich: Die verdrängte Niederlage. Politische Öffentlichkeit und Kriegsschuldfrage in der Weimarer Republik. Vandenhoeck, Göttingen 1983.

Herbert, Ulrich: Vergeltung, Zeitdruck, Sachzwang. Die deutsche Wehrmacht in Frankreich und in der Ukraine. In: *Mittelweg 36*, Zeitschrift des Hamburger Instituts für Sozialforschung, Heft 6/ 2002, S. 25–42.

Hering, Jochen: Geschichte erfahrbar – Die Wiederentdeckung des erzählenden Geschichtsunterrichts. Lierhaus, Dortmund 1985.

Hesse, Hermann: Politik des Gewissens. Die politischen Schriften 1914–1932. Suhrkamp, Frankfurt a. M. 1977.

Hilgers, Micha: Leidenschaft, Lust und Liebe. Psychoanalytische Ausflüge zu Minne und Mißklang. Vandenhoeck & Ruprecht, Göttingen 2001.

Hinrichs, Ernst / Stehling, Jutta (Hrsg.): Wir machen Geschichte. Bd 1 (Von der Urzeit bis zum Ende des Römischen Reiches). Diesterweg, Frankfurt a. M. 1996.

Hobsbawm, Eric: Das Zeitalter der Extreme. Weltgeschichte des 20. Jahrhunderts. Lizenzausgabe der Büchergilde Gutenberg, Frankfurt a. M. 1996.

Hofacker: s. Geschichtsbuch.

Hofmannsthal, Linda: Eine glückliche Stunde. In: Westermanns Pädagogische Beiträge 7–8/1984, S. 374–375.

Hohls, Rüdiger / Jarausch, Konrad H.(Hrsg.): Versäumte Fragen. Deutsche Historiker im Schatten des Nationalsozialismus. Deutsche Verlagsanstalt, Stuttgart und München 2000.

Horkheimer, Max / Adorno, Theodor W.: Dialektik der Aufklärung. Philosophische Fragmente. Fischer, Frankfurt a. M. 1996.

Huch, Ricarda: Die Romantik. Blütezeit, Ausbreitung und Verfall. Wunderlich, Tübingen 1985.

Dies.: Das Zeitalter der Glaubensspaltung. Deutsche Geschichte Bd. 2. Manesse, Zürich 1987.

Ders.: Geschichte für die Zukunft. In: Pandel / Schneider2001, S. 156–164.

Huhn, Jochen: Georg Siegfried Kawerau. In Quandt 1978, S. 280–303.

humanismus aktuell: Zeitschrift für Kultur und Weltanschauung (ab 1997). Hrsg.: Humanistische Akademie Berlin c/o Humanistischer Verband. Heft 10 (Frühjahr 2002), Rahmenthema: Säkularisierung; Heft 12 (Frühjahr 2003), Rahmenthema: 200 Jahre Säkularisation.

Huntington, Samuel, P.: Der Kampf der Kulturen. Die Neugestaltung der Weltpolitik im 21. Jahrhundert. Europa-Verlag, München 1997.

Ide, Robert: Seitenwechsel. Zwei Männer werfen am Leipziger Platz Steine auf Panzer – ein historisches Bild und seine Geschichte. In: Der Tagesspiegel, 15. Juni 2003, S. 5.

Internationale Erich-Fromm-Gesellschaft: Die Charaktermauer. Zur Psychoanalyse des Gesellschaftscharakters in Ost- und Westdeutschland. Eine Pilotstudie bei Primarschulehrerinnen und -lehrern. Vandenhoeck & Ruprecht, Göttingen 1995.

Internationaler Militärgerichtshof Nürnberg: Der Nürnberger Prozess gegen die Hauptkriegsverbrecher vom 14. November 1945 bis 1. Oktober 1946 (24 Bände einschließlich mehrerer Indices [=Bd. XXIII/XXIV]. Nürnberg 1947.

Jäckel, Eberhard / Blänsdorf, Agnes: Eine Erwiderung an Martin Kröger und Roland Thimme. In: GWU 12/1997, S. 744–747.

Jacobs, Harriet: Incidents in the Life of a Slave Girl. Signet Classic, New York 2000.

Jank, Werner.: Erfahrungsbezogener Unterricht. In: Enzyklopädie der Erziehungswissenschaft in 11 Bänden und einem Registerband, hrsg. von Dieter Lenzen. 3. Band, hrsg. von Hans-Dieter Haller und Hilbert. Meyer. Klett-Cotta, Stuttgart 1986, S. 594–600.

Jansen, Christian / Mergel, Thomas (Hrsg.) Die Revolutionen von 1848/49. Erfahrung – Verarbeitung – Deutung. Vandenhoeck & Ruprecht, Göttingen 1998.

Jarausch, Konrad H. / Sabrow, Martin (Hrsg.): Die historische Meistererzählung. Deutungslinien der deutschen Nationalgeschichte nach 1945. Vandenhoeck & Ruprecht, Göttingen 2002.

Jaspers, Karl: Die Schuldfrage. Ein Beitrag zur deutschen Frage. Artemis-Verlag, Zürich 1946.

Jeismann, Karl-Ernst: „Geschichtsbewußtsein". Überlegungen zur zentralen Kategorie eines neuen Ansatzes der Geschichtsdidaktik. In: Süssmuth (Hrsg.) 1980, S. 179–222.

Joly, Maurice: Macht contra Vernunft. Gespräche in der Unterwelt zwischen Machiavelli und Montesquieu. Dtv, München 1968.

Jonas, Hans: Das Prinzip Verantwortung. Versuch einer Ethik für die technologische Zivilisation. Insel, Frankfurt a. M. 1983 (vierte Auflage).

Jung, Carl Gustav: Grundwerk in neun Bänden, hrsg. von Helmut Barz u. a. Walter, Olten und Freiburg im Breisgau 1984 ff.

Jüttemann, Gert (Hrsg.): Die Geschichtlichkeit des Seelischen. Der historische Zugang zum Gegenstand der Psychologie. Psychologie Verlags Union / Beltz, Weinheim 1986.

Keller, Rosemary: Patriotism and the Female Sex. Carlson, Brooklyn 1994.

Kershaw, Ian: Antisemitismus und Volksmeinung. Reaktionen auf die Judenverfolgung. In: Bayern in der NS-Zeit. Herrschaft und Gesellschaft im Konflikt. Hrsg. von Martin Broszat und Elke Fröhlich. Oldenbourg, München 1979.

Keßler, Eckhard.: Historia magistra vitae. Zur Rehabilitierung eines überwundenen Topos. In: Schörken 1981, S. 11–33.

Kestenberg, Judith S.: Prägenitale Grundlagen des moralischen und des korrupten Über-Ich sowie Vermutungen über das Wesen des nationalsozialistischen Über-Ich. In: Tas und Wiese 1995, S. 93–117.

Kindlers Literatur-Lexikon in 25 Bänden. Dtv, München 1974.

Kingreen, Monica: Wie sich Museen Kunst aus jüdischem Besitz aneigneten. Das Beispiel Frankfurt a. M. In: Frankfurter Rundschau 9. Mai 2000.

Kipphardt, Heinar: Bruder Eichmann. Schauspiel. Aufbau-Verlag, Berlin 1985.

Kirchberger: s. Haag.

Kittsteiner, Heinz D.: Die Entstehung des modernen Gewissens. Wissenschaftliche Buchgesellschaft, Darmstadt 1992 (2. Auflage).

Klafki, Wolfgang: Didaktische Analyse als Kern der Unterrichtsvorbereitung. Erstdruck in: Die deutsche Schule 50 (1958), S. 450–471.

Ders.: Neue Studien zur Bildungstheorie und Didaktik. Beiträge zu einer kritisch-konstruktiven Didaktik. Beltz, Weinheim/Basel 1985.

Klaus, Georg / Buhr, Manfred (Hrsg.): Marxistisch-leninistisches Wörterbuch der Philosophie. Drei Bände. Rowohlt, Reinbek bei Hamburg 1972.

Klewitz, Marion: Fragen im Geschichtsunterricht. In: Geschichte – Erziehung –Politik (GEP) 2/1997, S. 100–107.

Klippert, Heinz: Methoden-Training. Übungsbausteine für den Unterricht. Beltz, Weinheim 1998 (achte unveränderte Auflage).

Klüger, Ruth: weiter leben. Eine Jugend. Wallstein, Göttingen 1993.

Kluge, Friedrich: Etymologisches Wörterbuch der deutschen Sprache. 22. Auflage, bearbeitet von Elmar Seebold. Walter de Gruyter, Berlin 1989.

Konrád, György: Die Freiheit des Erinnerns. In: DIE ZEIT 22. 12. 1998.

Körber, Andreas (Hrsg.): Interkulturelles Geschichtslernen. Geschichtsunterricht unter den Bedingungen von Einwanderung und Globalisierung – Konzeptionelle Überlegungen und praktische Ansätze. Waxmann, Münster 2001.

Ders. (Hrsg.): Geschichte – Leben – Lernen. Bodo von Borries zum 60. Geburtstag. Wochenschau, Schwalbach/Ts. 2003.

Korn, Karl: Lange Lehrzeit. Ein deutsches Leben. Dtv, München 1979.

Koselleck, Reinhart: Standortbildung und Zeitlichkeit. Ein Beitrag zur historiographischen Erschließung der geschichtlichen Welt. In: Koselleck/Mommsen/Rüsen (Hrsg. 1977), S. 17–46.

Ders.: Vergangene Zukunft. Zur Semantik geschichtlicher Zeiten (Aufsätze). Suhrkamp, Frankfurt a. M. 1995.

Ders.: Historia magistra vitae. Über die Auflösung des Topos im Horizont neuzeitlich bewegter Geschichte. In: Ders. 1995, S. 38–66.

Ders.: Nachwort zu Beradt 1981 (s. dort).

Koselleck, Reinhart / Mommsen, Wolfgang / Rüsen, Jörn (Hrsg.): Objektivität und Parteilichkeit in der Geschichtswissenschaft. Dtv, München 1977.

Kraushaar, Wolfgang: Die Protest-Chronik. Vier Bände (I: 1949–1952; II: 1953–1956; III: 1957–1959; IV: Registerband). Rogner & Bernhard bei Zweitausendeins, Hamburg 1996.

Kröger, Martin / Thimme, Roland: Karl Dietrich Erdmann im „Dritten Reich". Eine Antwort auf Eberhard Jäckel und Agnes Bläsdorf. In: GWU 7–8/1997, S. 462–478.

Dies: Karl-Dietrich Erdmann. Utopien und Realitäten. Die Kontroverse. In: Zeitschrift für Geschichtswissenschaft (ZfG) 7/1998, S. 603–621.

Krovoza, Alfred: Psychoanalyse und Geschichtswissenschaft. Anmerkungen zu Stationen eines Projekts. In: Psyche Heft 9v–10/2003 (Sonderheft zum Rahmenthema: Vergangenheit in der Gegenwart – Zeit – Narration – Geschichte), S. 904–934.

Krüger, Horst: Das zerbrochene Haus. Eine Jugend in Deutschland. Fischer, Frankfurt 1985.

Krüger, Heinz-Hermann / Lersch, Rainer.: Lernen und Erfahrung. Perspektiven einer Theorie schulischen Handelns. Leske und Budrich, Opladen 1993 2. aktualisierte und erweiterte Auflage).

Krüger, Peter: Versailles. Deutsche Außenpolitik zwischen Revisionismus und Friedenssicherung. Dtv, München 1986.

Küchenhoff, Joachim (Hg.): Selbstzerstörung und Selbstfürsorge. Psychosozial, Gießen 1999.

Kuhn, Annette: Einführung in die Didaktik der Geschichte. Kösel, München 1974.

Dies.: Didaktik der Friedenserziehung. In: Handbuch der Geschichtsdidaktik, hrsg. von Klaus Bergmann u. a., Auflage 1985, S. 304–307.

Lamprecht, Karl: Alternative zu Ranke. Schriften zur Geschichtstheorie. Hrsg. von Hans Schleier. Reclam, Leipzig 1988.

Landmann, Charles A.: Leben ist ihnen nichts wert. In: Der Tagesspiegel 22. Juni 2002.

Ders.: Die verlorenen Söhne. In: Der Tagesspiegel 21. August 2002.

Langbein, Hermann: Der Auschwitz-Prozess. Eine Dokumentation in zwei Bänden. Büchergilde Gutenberg, Frankfurt a. M. 1995.

Langewiesche, Dieter: Reich, Nation und Staat in der jüngeren deutschen Geschichte. In: Historische Zeitschrift Bd. 254 (April 1992). S. 341–381.

Laplanche, J. / Pontalis, J.-B.: Das Vokabular der Psychoanalyse. Suhrkamp, Frankfurt 1986.

Laub, Dori: Kann die Psychoanalyse dazu beitragen, den Völkermord historisch besser zu verstehen? In: Psyche, Heft 9–10/2003 (Rahmenthema: Vergangenheit in der Gegenwart – Zeit – Narration – Geschichte), S. 983–959.

Lexikon für Theologie und Kirche, begründet von M. Buchberger, dritte völlig neu bearbeitete Auflage, hrsg. von Walter Kasper. Freiburg 1995.

Lenz, Siegfried: Das Vorbild. Roman. Hoffmann und Campe, Hamburg 1973.

Ders.: Geschichte erzählen – Geschichten erzählen. In: *Ders.:* Werkausgabe in Einzelbänden. Hoffmann und Campe, Hamburg 1999. 20. Bd. (Essays 2, 1970–1997), S. 165–182.

Leuzinger-Bohleber, Marianne: Alfred Lorenzer – inspirierender Vordenker interdisziplinärer Diskurse der heutigen Psychoanalyse. Einführung zu Lorenzer 2002.

Levin, Phyllis Lee: Abigail Adams. A biography. St. Martin's Press, New York 1987.

Liebe und Ehe: Rahmenthema der Zeitschrift Praxis Geschichte (Westermann), Heft 1/1998.

Liebsch, Burkhard / Rüsen, Jörn (Hrsg.): Trauer und Geschichte. Böhlau, Weimar 2001.

Lifton, Robert J.: Das Ende der Welt. Über das Selbst, den Tod und die Unsterblichkeit. Klett-Cotta, Stuttgart 1994.

Le Goff: Eine mehrdeutige Geschichte. In: Raulff 1989, S. 18–32.

Lipp, Carola: Aktivismus und politische Abstinenz. Der Einfluß kommunalpolitischer Erfahrung und lebensweltlicher Strukturen auf die politische Partizipation in der Revolution 1848/49. In: Jansen und Mergel (Hrsg.) 1998, S. 97–126.

Lipp, Karlheinz: Friedensinitiativen in der Geschichte. Aufsätze – Unterrichtsmaterialien – Service (Geschichte und Psychologie Bd. 11). Centaurus, Herbolzheim 2002.

Loewy, Hanno: Faustische Täter? Tragische Narrative und Historiographie. In: Gerhard Paul (Hrsg.) 2002, S. 255–264.

Lorenzer, Alfred: Die Sprache, der Sinn, das Unbewußte. Psychoanalytisches Grundverständnis und Neurowissenschaften. Hrsg. von Ulrike Prokop. Klett-Cotta, Stuttgart 2002.

Makarenko, Anton Semjonowitsch: Der Weg ins Leben. Ein pädagogisches Poem. Aufbau-Verlag, Berlin 1953.

Mandela, Nelson: Der lange Weg zur Freiheit. Autobiographie. Fischer, Frankfurt a. M. 1998 (dritte Auflage).

Mann, Thomas: Nietzsches Philosophie im Lichte unserer Erfahrungen. In: Gesammelte Werke in zwölf Bänden, Fischer-Verlag 1960, Band IX (Reden und Aufsätze 1), S. 675–712.

Ders.: Deutsche Hörer. Radiosendungen nach Deutschland aus den Jahren 1940 bis 1945. Fischer, Frankfurt a. M. 1995.

Ders.: Herr und Hund. Novelle. Fischer, Frankfurt a. M. 1957.

Margalit, Avishai: Politik der Würde. Über Achtung und Verachtung. Fischer, Frankfurt a. M. 1999.

Marks, Howard: Mr Nice. Autobiographie. homegrow publishing, Darmstadt 2002 (6. Auflage).

Mazower, Mark: Gewalt und Staat in Zwanzigsten Jahrhundert. In: Mittelweg 36, 2/2003, S. 21–44.

McNamara, Robert S. / VanDeMark, Brian: Vietnam. Das Trauma einer Großmacht. Spiegel-Buchverlag, Hambuerg 1996.

Meinecke, Friedrich: Kausalitäten und Werte in der Geschichte. In: Historische Zeitschrift (HZ), 137 (1928), S. 1–27.

Mentzos, Stavros: Der Krieg und seine psychosozialen Funktionen. Fischer, Frankfurt a. M. 1993.

Ders.: Interpersonale und institutionelle Abwehr. Suhrkamp, Frankfurt a. M. 1996 (4. Auflage).

Metzler, Dieter: PURUNPACHA – die Vernichtung historischer Erinnerung durch den Sieger. In: Schneider 1988, S. 41–48.

Meyer, Kurt: Geweint wird, wenn der Kopf ab ist. Annäherungen an meinen Vater – „Panzermeyer", Generalmajor der Waffen-SS. Herder-Spektrum, Freiburg 1998.

Minois, Georges: Geschichte des Selbstmords. Artemis & Winkler, Düsseldorf 1996.

Ders.: Geschichte des Atheismus. Von den Anfängen bis zur Gegenwart. Böhlau, Weimar 2000.

Mitscherlich, Alexander und Margarete: Die Unfähigkeit zu trauern. Grundlagen kollektiven Verhaltens. Piper, München 1967 (1977).

Mittag, Detlef (Hrsg.): Kriegskinder '45. Zehn Überlebensgeschichten. Landeszentrale für politische Bildung, Berlin 1995.

Moser, Tilman: Politik und seelischer Untergrund. Aufsätze und Vorträge. Frankfurt a. M. 1993.

Mout, Nicolette (Hrsg.): Die Kultur des Humanismus. Reden, Briefe, Traktate, Gespräche. Von Petrarca bis Kepler. Beck, München 1998.

Mühlen, Irmgard und Bengt von zur: Geheimarchive. Sperrgebiete. Mit der Kamera auf den Spuren der Geschichte. Chronos, Berlin-Kleinmachnow 1995.

Müller-Hohagen, Jürgen: Geschichte in uns. Psychogramme aus dem Alltag. Knesebeck, München 1994.

Müller-Münch, Ingrid: Fremde im eigenen Haus. Nach Enteignung und KZ – Die Rückkehr der Jüdin Marianne Stern nach Hemmerden. In: Frankfurter Rundschau 21. August 1999.

Mütter, Bernd: Strukturgeschichte als Erfahrungsgeschichte. Arbeit mit Quellen zur Industrialisierung. In: Geschichte, Politik und ihre Didaktik, Heft 1 – 2/1991, S. 81 – 92.

Mütter, Bernd / Uffelmann, Uwe (Hrsg.): Emotionen und historisches Lernen. Forschung – Vermittlung – Rezeption. Schriftenreihe des Georg-Eckert-Instituts, Bd. 76, Redaktion Rainer Riemenschneider. Frankfurt a. M. 1992.

Neumann, Wolfgang: Spurensuche als psychologische Erinnerungsarbeit. Die Suche nach und die Verarbeitung von seelischen Spuren der deutschen NS-Vergangenheit im psychologischen Beratungskontext an der Hochschule. Verlag der deutschen Gesellschaft für Verhaltenstherapie, Tübingen 1999.

Niemetz, Gerold (Hrsg.): Vernachlässigte Fragen des Geschichtsunterrichts. Metzler, Hannover 1992.

Niethammer, Lutz: Die volkseigene Erfahrung. Eine Archäologie des Lebens in der Industrieprovinz der DDR. Rowohlt, Berlin 1991.

Nietzsche, Friedrich: Vom Nutzen und Nachteil der Historie für das Leben. Reclam, Stuttgart 1970.

Nürnberger Prozess, der: s. Internationaler Militärgerichtshof.

Nussbaum, Martha C.: Gerechtigkeit oder Das gute Leben. Gender Studies. Suhrkamp, Frankfurt a. M. 1999.

Pandel, Hans-Jürgen / Schneider, Gerhard (Hrsg.): Was weiter. Zur Zukunft des Geschichtsunterrichts. Wochenschau-Verlag, Schwalbach/Ts. 2001.

(Der) Nürnberger Prozess gegen die Hauptkriegsverbrecher vom 14. November 1945 bis 1. Oktober 1946 vor dem Internationalen Militärgerichtshof. 23 Bände Nürnberg 1947.

Oser, Fritz / Althof, Wolfgang: Moralische Selbstbestimmung. Modelle der Entwicklung und Erziehung im Wertebereich. Ein Lehrbuch. Klett-Cotta, Stuttgart 1992.

Osman, Nabil (Hrsg.): Kleines Lexikon untergegangener Wörter. Wortuntergang seit dem Ende des 18. Jahrhunderts. Beck, München 1997 (9. Auflage).

Ostrowski, Nikolai: Wie der Stahl gehärtet wurde. Verlag Neues Leben, Berlin 1947 (Lizenzausgabe für den Weltkreis-Verlag, Dortmund 1973, 3. Auflage 1975).

Osuch, Bruno: „Humanistische Lebenskunde" – eine weltanschauliche Alternative zum Religions- und Ethikunterricht in der Berliner Schule. In: Schulz-Hageleit 1999(a), S. 251 – 275.

Otto, Walter: Eine antike Kriegsschuldfrage. In: Historische Zeitschrift (HZ) 145 (1932), S. 489 – 516.

Paul, Gerhard (Hrsg. und Einleitung): Die Täter der Shoah. Fanatische Nationalsozialisten oder ganz normale Deutsche? Dachauer Symposien zur Zeitgeschichte, Bd. 2. Wallstein, Göttingen 2002.

Paul, Hinrich: Brücken der Erinnerung. Von den Schwierigkeiten, mit der nationalsozialistischen Vergangenheit umzugehen. Centaurus, Pfaffenweiler 1999.

Pestana, Carla Gardina / Salinger, Sharon V. (editors): Inequality in early America. University Press of New England, Hanover and London 1999.

Petri, Horst: Das Drama der Vaterentbehrung. Chaos der Gefühle – Kräfte der Heilung. Herder/Spektrum, Freiburg 1999.

Platt, Kristin / Dabag, Mihran (Hrsg.): Generation und Gedächtnis. Erinnerungen und kollektive Identitäten. Leske + Budrich, Opladen 1995.

Plutarch: Große Griechen und Römer (vergleichende Lebensbeschreibungen). 6 Bände. Dtv, München 1979 – 1980.

Pollack, Detlef: Die religiös-kirchliche Situation in Deutschland – eine Bestandsaufnahme. In: Kirche unter den Soldaten. Beiträge aus der Evangelischen Militärseelsorge 2000, hrsg. vom Evangelischen Kirchenamt für die Bundeswehr, Bonn 2000, S. 7 – 22. Auch in: Zweimal Deutschland: Auf dem Weg zur Einheit? Hrsg. von der Ruprechts-Karls-Universität Heidelberg, Heidelberg 2001, S. 21 – 41.

Posner, Gerald: Belastet. Meine Eltern im Dritten Reich. Gespräche mit den Kindern von Tätern. Verlag Das Neue Berlin, Berlin 1994.

Prévand, Jean-François: Voltaire – Rousseau. Ein Theaterstück (Uraufführung Paris 1999, auf Deutsch Berlin 2000).

Quandt, Siegfried (Hrsg.): Deutsche Geschichtsdidaktiker des 19. und 20. Jahrhunderts. Wege, Konzeptionen, Wirkungen. Schöningh, Paderborn 1978.

Radebold, Hartmut: Abwesende Väter. Folgen der Kriegskindheit in Psychoanalysen. Vandenhoeck &Ruprecht, Göttingen 2001.

Ranke, Leopold von: Geschichten der romaischen und germanischen Völker von 1494 bis 1514. Zur Krtik neuerer Geschichtsschreiber (Rankes sämtliche Werke, 33. und 34. Bd). Leipzig 1885.

Rathenow, Hanns-Fred / Weber, Norbert H. (Hrsg.): Erziehung nach Auschwitz. Centaurus, Pfaffenweiler 1990.

Raulff, Ulrich (Hrsg.): Mentalitäten-Geschichte. Zur historischen Rekonstruktion geistiger Prozesse. Wagenbach, Berlin 1989.

Ders.: Die Annales E.S.C. und die Geschichte der Mentalitäten. In: Jüttemann 1986, S. 145–166.

Rauschenbach, Brigitte (Hrsg.): Erinnern – Wiederholen – Durcharbeiten. Zur Psycho-Analyse deutscher Wenden. Aufbau-Taschenbuchverlag, Berlin 1992.

Reemtsma, Jan Philipp: Über den Begriff „Handlungsspielräume". In: *Mittelweg 36,* Heft 6/2002, S. 5–23.

Reich, Jens: Abschied von den Lebenslügen. Die Intelligenz und die Macht. Rowohlt, Berlin 1992.

Reich, Wilhelm: Charakteranalyse. Kiepenheuer & Witsch, Köln 1998.

Reuter, Christoph: Mein Leben ist eine Waffe. Selbstmordattentäter – Psychogramm eines Phänomens. Bertelsmann, München 2002.

Ders.: Sie morden aus Verzweiflung. In: Stern 27/2002.

Richter, Horst E.: Flüchten oder Standhalten. Rowohlt, Hamburg 1976.

Ders.: Ist eine andere Welt möglich? Über die Bedeutung sozialer Sensibilität und die Abwehr in Zeiten der Bedrohung. In: Frankfurter Rundschau 4. 12. 2002.

Ritter, Moritz: Deutschland und der Ausbruch des Weltkrieges. In: Historische Zeitschrift (HZ) 121 (1920), S. 23–90.

Roberts, Ulla: Starke Mütter – ferne Väter. Töchter reflektieren ihre Kindheit im Nationalsozialismus und in der Nazizeit. Fischer, Frankfurt a. M. 1994.

Rohlfes, Joachim / Jeismann, Karl-Ernst: Geschichtsunterricht – Inhalte und Ziele (Beiheft zur GWU). Stuttgart 1974.

Rohlfes, Joachim: Gegenwartsbezug als Kategorie der Geschichtswissenschaft und des Geschichtsunterrichts. In: Schörken 1981, S. 59–83.

Ders.: Deutschland seit 1945. Historisch-politische Weltkunde, Kursmaterialien Geschichte – Sekundarstufe II / Kollegestufe. Ernst Klett Schulbuchverlag, Stuttgart 1995.

Ders.: Sammelrezension über verschiedene geschichtsdidaktische Neuerscheinungen, u. a. Schulz-Hageleit, Leben in Deutschland, Bd. I, in: GWU 1/1997, S. 53 f.

Ders.: Geschichtserzählung (Stichworte zur Geschichtsdidaktik). In: GWU 12/1997, S. 736–743.

Roos, Peter: Hitler lieben. Geschichte einer Krankheit. Reclam, Leipzig 2000.

Rosenthal, Gabriele (Hg.): Der Holocaust im Leben von drei Generationen. Familien von Überlebenden der Shoah und von Nazi-Tätern. Edition psychosozial, Gießen 1997.

Roth, Heinrich: Die „originale Begegnung" als methodisches Prinzip. In: Ders., Pädagogische Psychologie des Lehrens und Lernens. Schrödel, Hannover 1970 (12. Auflage), S. 109–118.

Rufin, Jean-Christophe: Das Reich und die neuen Barbaren. Büchergilde Gutenberg, Frankfurt a. M. 1993.

Rüsen, Jörn: Was ist Geschichtskultur? Überlegungen zu einer neuen Art, über Geschichte nachzudenken. In: Klaus Füßmann u. a. (Hrsg.) 1994, S. 3–26.

Ders. / Straub, Jürgen (Hrsg.): Die dunkle Spur der Vergangenheit. Psychoanalytische Zugänge zum Geschichtsbewußtsein. Suhrkamp, Frankfurt a. M. 1998.

Ders.: Zerbrechende Zeit. Über den Sinn der Geschichte. Böhlau, Köln 2001.

Russell, Bertrand: Eroberung des Glücks. Neue Wege zu einer besseren Lebensgestaltung. Suhrkamp, Frankfurt a. M. 1978 (zweite Auflage).

Schabowski, Günter: Der Absturz. Rowohlt, Berlin 1991.

Ders.: „Ich empfinde Schuld und Scham beim Gedanken an die Mauertoten" (Erklärung vor dem Berliner Landgericht, zitiert nach Frankfurter Rundschau, 28. 2. 1996).

Scherer, Klaus: Kamikaze. Todesbefehl für Japans Jugend. Überlebende berichten. Iudicium, München 2001.

Schieder, Theodor: Erneuerung des Geschichtsbewußtseins. In: Ders.: Staat und Gesellschaft im Wandel unserer Zeit. Studien zur Geschichte des 19. und 20. Jahrhunderts. Oldenbourg, München 1958, S. 188–207.

Ders.: Ohne Geschichte sein? Geschichtsinteresse, Geschichtsbewußtsein heute. Veröffentlichung der Walther-Raymond-Stiftung, Köln, 1973.

Ders.: Geschichtsinteresse und Geschichtsbewußtsein heute. In: Burckhardt, Carl J.: Geschichte zwischen Gestern und Morgen. List, München 1974, S. 73–102.

Ders.: Politisches Handeln aus historischem Bewusstsein. In: Ders.: Einsichten in die Geschichte. Essays. Ullstein-Propyläen, Frankfurt a. M. 1980, S. 485–510 (erschienen auch in HZ 1975, Bd. 220, S. 4–25).

Schleier, Hans: Der Kulturhistoriker Karl Lamprecht, der „Methodenstreit" und die Folgen. In: Lamprecht 1988, S. 7–37.

Schmeidler, Bernhard: Zur Psychologie des Historikers und zur Lage der Historie in der Gegenwart. In: Preußische Jahrbücher Bd. 202 (1925), S. 219–239 und 304–327.

Schmid, Wilhelm: Philosophie der Lebenskunst. Eine Grundlegung. Suhrkamp, Frankfurt a. M. 1998.

Schneider, Christian / Stillke, Cordelia / Leineweber, Bernd: Das Erbe der Napola. Versuch einer Generationengeschichte des Nationalsozialismus. Hamburger Edition, Hamburg 1996.

Schneider, Christian: Schuld als Generationenproblem. In: Mittelweg 4/1998, S. 28–40.

Schneider, Gerhard (Hrsg.): Geschichtsbewusstsein und historisch-politisches Lernen. Jahrbuch für Geschichtsdidaktik. Centaurus, Pfaffenweiler 1988.

Ders.: Für's Leben lernen? Bemerkungen zum Geschichtsunterricht in der Hauptschule. In: Pandel/Schneider 2001, S. 68–97.

Ders.: Neue Inhalte für ein altes Unterrichtsfach. Überlegungen zu einem alternativen Curriculum Geschichte in der Sekundarstufe I. In: Demantowsky/Schönemann 2002, S. 119.142.

Schneider, Michael: Über die Außen- und Innenansicht eines Selbstmörders. Notwendige Ergänzungen zu Berward Vespers Die Reise. In: Literatur konkret, Herbst 1980. Abermals abgedruckt in: Michael Schneider, Den Kopf verkehrt aufgesetzt. Oder. Die melancholische Linke. Aspekte des Kulturzerfalls in den siebziger Jahren.

Schönwälder, Karen: Historiker und Politik. Geschichtswissenschaft im Nationalsozialismus. Campus, Frankfurt a. M. 1992.

Schoeps, Julius H. (Hg): Ein Volk von Mördern? Die Dokumentation zur Goldhagen-Kontroverse um die Rolle der Deutschen im Holocaust. Hoffmann und Campe, Hamburg 1996.

Schörken, Rolf (Hrsg.): Der Gegenwartsbezug der Geschichte. Klett, Stuttgart 1981.

Ders.: Luftwaffenhelfer und Drittes Reich. Die Entstehung eines politischen Bewußtseins. Klett-Cotta, Stuttgart 1985.

Ders.: Nicht nur Opa war kein Nazi – Kritische Anmerkungen zu Harald Welzers Analysen des Familiengedächtnisses. In: Körber (Hrsg.)2003, S. 47–58.

Ders.: Das Erlebnis der Niederlage. Neuere Autobiografien des 45er-Generation. In: GWU 7–8/2003, S. 399–411.

Scholem, Gershom: Walter Benjamin und sein Engel. Vierzehn Aufsätze und kleine Beiträge. Hrsg. von Rolf Tiedemann. Suhrkamp, Frankfurt a. M. 1992.

Schreiber, Waltraud: Reflektiertes und (selbst-)reflexives Geschichtsbewusstsein durch Geschichtsunterricht fördern – ein vielschichtiges Forschungsfeld der Geschichtsdidaktik. In: Zeitschrift für Geschichtsdidaktik. Wochenschau-Verlag, Jahresband 2002, S. 18–43.

Schultheis, Franz/ Vester Michael: Soziologie als Beruf. Hommage an Pierre Bourdieu. In: *Mittelweg 36* Heft 5/2002, S. 41–58.

Schultz, Alwin: Deutsches Leben im XIV. und XV. Jahrhundert. Große Ausgabe, zwei Halbbände. Prag-Wien-Leipzig 1892.

Schultz, Uwe (Hrsg.): Mit dem Zehnten fing es an. Eine Kulturgeschichte der Steuer. Frankfurt a. M. 1986.

Schulze, Winfried/ Oexle, Otto Gerhard (Hrsg.): Deutsche Historiker im Nationalsozialismus. Fischer, Frankfurt a. M. 2000.

Schulze, Winfried / Jäckel, Eberhard / Blänsdorf, Agnes: Karl Dietrich Erdmann und der Nationalsozialismus. Drei Stellungnahmen in: GWU Heft 4/1997.

Schulz-Hageleit, Peter: Wie lehrt man Geschichte heute? Quelle und Meyer, Heidelberg 1977 (2. Aufl.).

Ders.: Geschichte – erleben, lernen, verstehen. Ein Lese-, Bilder und Arbeitsbuch, nicht nur für die Schule. Schwann, Düsseldorf 1987.

Ders.: Geschichte, Psychologie und Lebensgeschichte. Fünf Aufsätze. TUB-Dokumentation, Berlin 1988 (hier u. a.: Von der „didaktischen Analyse" zum „authentischen Gespräch").

Ders.: Was lehrt uns die Geschichte? Annäherungsversuche zwischen geschichtlichem und psychoanalytischem Denken. Centaurus, Pfaffenweiler 1989.

Ders.: Ist die Forderung nach mehr „Authentizität" eine Überforderung des Politikunterrichts? In: Gegenwartskunde 2/1992, S. 251–254.

Ders.: Geschichte, Psychologie und Lebensgeschichte. Acht Aufsätze. TUB-Dokumentation, Berlin 1995.

Ders.: Leben in Deutschland. Geschichtsanalytische Reflexionen. Drei Bände. Centaurus, Pfaffenweiler 1994, 1996, 1998.

Ders.: Geschichte – erfahren, gespielt, begriffen. Hahner Verlagsgesellschaft, Aachen 1995 (unveränderter Nachdruck der Erstausgabe von 1982 bei Westermann, Braunschweig).

Ders.(Hrsg.): Lernen unter veränderten Lebensbedingungen. Fachdidaktiken und Lehrerbildung auf dem Weg ins nächste Jahrhundert. Frankfurt a. M. 1999(a).

Ders.: Lebensstrom und Rationalität. Ein Essay über Humanismus in Zeiten des Krieges. Humanistischer Verband Berlin, 1999(b).

Ders.: Grundzüge geschichtlichen und geschichtsdidaktischen Denkens. Peter Lang Verlag, Frankfurt a. M. 2002(a)

Ders.: Am „Jungbrunnen" des Lebens. Eckwerte humanistischen Denkens. Peter Lang Verlag, Frankfurt a. M. 2002(b)

Schümer, Dirk: Gott ist rund. Die Kultur des Fußballs. Suhrkamp, Frankfurt a. M. 1997.

Schwan, Gesine: Politik und Schuld. Die zerstörerische Macht des Schweigens. Fischer, Frankfurt a. M. 1997.

Schweitzer, Albert: Die Ehrfurcht vor dem Leben. Grundtexte aus fünf Jahrzehnten. Beck, München 1991(a).

Ders.: Aus meiner Kindheit und Jugend. Beck, München 1991(b)

Schwilk, Heimo / Schacht, Ulrich (Hrsg.): Die selbstwusste Nation. „Anschwellender Bocksgesang" und weitere Beiträge zu einer deutschen Debatte. Ullstein, Frankfurt und Berlin 1994.

Sellin, Volker: Mentalität und Mentalitätengeschichte. In: Historische Zeitschrift Bd. 241 (1985).

Sennett,Richard: Der flexible Mensch. Die Kultur der neuen Kapitalismus. Aufbau-Verlag, Berlin 1998.

Sereny, Gitta: Das Ringen mit der Wahrheit. Albert Speer und das deutsche Trauma. Büchergilde Gutenberg, Frankfurt a. M. 1996.

Sichrovsky, Peter: Schuldig geboren. Kinder aus Nazifamilien. Kiepenheuer & Witsch, Köln 1987.

Sievritts, Manfred: Lied-Song-Chanson, Band 2: „Politisch Lied, ein garstig Lied". Capella, Wiesbaden 1984.

Smith, Gary / Emrich, Hinderk M. (Hrsg.): Vom Nutzen des Vergessens. Akademie-Verlag, Berlin 1996.

Späth, Thomas: „Frauenmacht" in der frühen Kaiserzeit? Ein kritischer Blick auf die historische Konstruktion der „Kaiserfrauen". In: Dettenhofen 1996, S. 195–205.

Speer, Albert: Erinnerungen. Ullstein-Tb. Nr. 33003, Frankfurt a. M. 1982.

Spuren suchen. Geschichtswettbewerb des Bundespräsidenten. Hrsg. von der Körper-Stiftung Hamburg, 16. Jahrgang 2002.

Steffahn, Harald: Albert Schweitzer (mit Selbstzeugnissen und Bilddokumenten). Rowohlt, Reinbek bei Hamburg 1996.

Strittmatter, Erwin: Der Laden. Roman. Drei Bände. Aufbau-Verlag, Berlin und Weimar 1983 (Lizenzausgabe für die Büchergilde Gutenberg, Frankfurt a. M. 1993).

Süssmuth, Hans (Hrsg.): Geschichtsdidaktische Positionen. Bestandsaufnahme und Neuorientierung. Schöningh, Paderborn 1980.

Suttner, Bertha von: Die Waffen nieder. Roman (zwei Bände, 1889).Knaur, München o.J.

Tas, Louis M. / Wiese, Jörg Hrsg.): Ererbte Traumata. Vandenhoeck & Ruprecht, Göttingen und Zürich 1975.

Terhart, Ewald (Hrsg.): Perspektiven der Lehrerbildung in Deutschland. Abschlussbericht der von der Kulturministerkonferenz eingesetzten Kommission. Beltz, Weinheim 2000.

Thoß, Bruno / Volkmann, Hans-Erich (Hg): Erster Weltkrieg – Zweiter Weltkrieg. Ein Vergleich. Krieg, Kriegserlebnis, Kriegserfahrung in Deutschland. Schöningh, Paderborn 2002.

Tillich, Paul: Der Mut zum Sein. Walter de Gruyter, Berlin 1991.

Traverso, Enzo: Moderne und Gewalt. Eine europäische Genealogie des Nazi-Terrors. ISP-Verlag, Köln 2003.

Tuchmann, Barbara: Die Torheit der Regierenden. Von Troja bis Vietnam. Fischer, Frankfurt a. M. 1991.

Vander Vat, Dan: Der gute Nazi. Leben und Lügen des Albert Speer. Henschel, Berlin 1997.

Vesper, Bernd: Die Reise. Romanessay. Rowohlt, Reinbek 1983.

Vinke, Hermann (Hrsg.): Christa Wolf -Zerrspiegel und Dialog. Eine Dokumentation. Luchterhand Literaturverlag, Hamburg 1993.

Vogt, Rolf: Psychoanalyse der deutschen Seele. Rainer Fassbinders Der Müll, die Stadt und der Tod. In: Psyche Heft 4/1995.

Vogt, Rolf / Vogt Barbara: Goldhagen und die Deutschen. Psychoanalytische Reflexionen über die Resonanz auf ein Buch und seinen Autor in der deutschen Öffentlichkeit (Entlehnte Schuldgefühle der deutschen Nachkriegsgenerationen). In: Psyche Heft 6/1997, S. 494–569.

Volkan, Vamik D.: Das Versagen der Diplomatie. Zur Psychoanalyse nationaler, ethnischer und religiöser Konflikte. Psychosozial, Gießen 2000 (2. Auflage).

Wacquant, Loïc: Bourdieu ins Feld mitnehmen. Ein Gespräch zwischen Ivan Deyanov und Loïc Wacquant. In: Mittelweg Heft 5/2002, S. 58–64.

Walz, Rainer: Geschichtsbewusstsein und Fachdidaktik. Eine Kritik der didaktischen Konzeptionen von Jörn Rüsen und Hans-Jürgen Pandel. In: GWU 5–6/1995, S. 306–321.

Wangh, Martin: Die genetischen Ursprünge der Meinungsverschiedenheit zwischen Freud und Romain Rolland über religiöse Gefühle. In: Psyche 1/1989, S. 40–66.

Wehler, Hans-Ulrich (Hrsg.): Geschichte und Psychoanalyse. Ullstein, Berlin 1971.

Ders.: Alltagsgeschichte – Königsweg zu neuen Ufern oder Irrgarten der Illusionen? In: *Ders.*: Aus der Geschichte lernen? Essays, München 1988, S. 130–151. (Nachdruck eines ZEIT-Artikels vom 3.5.1985)

Ders.: Deutsche Gesellschaftsgeschichte. Bisher vier Bände. Beck, München 1987–2003.

Ders.: Nationalsozialismus und Historiker. In: Schulze und Oexle 2000, S. 306–339.

Weinrich, Harald: Lethe. Kunst und Kritik des Vergessens. Beck, München 2000 (dritte überarbeitete Auflage).

Weischedel, Wilhelm: Die philosophische Hintertreppe. 34 große Philosophen in Alltag und Denken. Dtv, München 1975.

Weiss, Peter: Hölderlin. Stück in zwei Akten. Suhrkamp, Frankfurt a.M. 1971.

Ders: Die Ästhetik des Widerstandes. Roman. Dreibändige Ausgabe in einem Band. Suhrkamp, Frankfurt a.M. 1986 (2. Auflage).

Weizmann, Ezer: Mit dem Rucksack der Erinnerung und dem Stab meiner Hoffnung. Die Rede des israelischen Staatspräsidenten Ezer Weizmann im Deutschen Bundestag. In: Frankfurter Rundschau 17 Januar 1996.

Welzer, Harald / Moller, Sabine / Tschuggnall, Karoline: „Opa war kein Nazi". Nationalsozialismus und Holocaust im Familiengedächtnis. Fischer, Frankfurt a.M. 2002(a).

Ders.: Wer waren die Täter? Anmerkungen zur Täterforschung aus sozialpsychologischer Sicht. In: Paul (Hrsg.) 2002(b), S. 237–254.

Wenzel, Birgit: Gespräche über Geschichte. Bedingungen und Strukturen fruchtbarer Kommunikation im Unterricht. Schäuble Verlag, Rheinfelden und Berlin 1995.

Dies.: Reflexivität im Geschichtsunterricht. In: Geschichte in Wissenschaft und Unterricht (GWU) 11/200, S. 681–693.

Westernhagen, Dörte von: Die Kinder der Täter. Das Dritte Reich und die Generation danach. Kösel, München 1987.

Wette, Wolfram: Geschichte und Frieden. Aufgaben historischer Friedensforschung. In: Reiner Steinweg (Redaktion), Lehren aus der Geschichte? Historische Friedensforschung. Suhrkamp, Frankfurt a.M. 1990.

Ders.: Wunsch nach Weltmacht. In: DIE ZEIT, 30. Juli 1993.

White, Hayden: Auch Klio dichtet. Oder: Die Faktion des Faktischen. Studien zur Tropologie des historischen Diskurses. Klett-Cotta, Stuttgart 1991.

Winnicott, Donald W.: Vom Spiel zur Kreativität. Klett-Cotta, 1987 (4. Auflage).

Wirth, Hans-Jürgen (Hrsg.): Geschichte ist ein Teil von uns – Geschichtsbewusstsein und politische Identität. In: *psychosozial* Nr. 67, Heft 1/1997.

Ders.: Von der Unfähigkeit zu trauern zur Wehrmachtausstellung. Stationen der Auseinandersetzung mit der nationalsozialistischen Vergangenheit. In: *psychosozial* 67, S. 7–26.

Wolf, Christa: Akteneinsicht. Zerrspiegel und Dialog. Eine Dokumentation, hrsg. von Hermann Vinke. Luchterhand Literaturverlag, Hamburg 1993, S. 298–299.

Wolf, Ursula: Die Philosophie und die Frage nach dem guten Leben. Rowohlt, Reinbek bei Hamburg 1999.

Wolfrum, Edgar: Die Kultur des (Un-)Friedens vom 17. bis 19. Jahrhundert. Dimensionen einer Gesamtansicht. In: Zeitschrift für Geschichtswissenschaft (ZfG) 10/2000, S. 894–908.

Wood, Peter H.: Slave labor camps in early America: Overcoming denial and discovering the Gulag. In: Pestana & Salinger 1999, S. 222–238.

Wurmser, Léon: Flucht vor dem Gewissen. Analyse von Über-Ich und Abwehr bei schweren Neurosen. Springer, Berlin 1993 (2. Auflage).

Index der inhaltlich relevanten Namen und Begriffe

Reihe »Geschichte und Psychologie«

Kornbichler, Thomas (Hg.)
Klio und Psyche
Bd. 1, 1989, 236 S., ISBN 978-3-89085-231-7, 29,65 € (vergriffen)

Schulz-Hageleit, Peter
Was lehrt uns die Geschichte? Annäherungsversuche
zwischen geschichtlichem und psychoanalytischem Denken
Bd. 2, 1989, 185 S., 7 s/w Abb., ISBN 978-3-89085-291-1, 17,90 €

Reuter, Martin (Hg.)
Black Box Psyche? Texte zur historischen Psychologie I
Bd. 3, 1990, 192 + IX S., ISBN 978-3-89085-372-7, 29,65 €

Loewenstein, Bedrich
Geschichte und Psychologie. Annäherungsversuche.
Bd. 4, 1992, 300 S., ISBN 978-3-89085-580-6, 19,43 € (vergriffen)

Sonntag, Michael (Hg.)
Von der Machbarkeit des Psychischen. Texte zur
Historischen Psychologie II
Bd. 5, 1990, 256 S, 9 s/w Abb., ISBN 978-3-89085-359-8, 29,65 €

Weber, Klaus
Vom Aufbau des Herrenmenschen. Philipp Lersch – eine Karriere
als Militärpsychologe und Charakterologe
Bd. 6, 1993, 153 S., ISBN 978-3-89085-834-0, 12,68 €

Schulz-Hageleit, Peter
Leben in Deutschland 1900 – 1950.
Historisch-psychoanalytische Betrachtungen
Bd. 7, 1994, 24 s/w Abb., 222 S., ISBN 978-3-89085-848-7, 20,35 €

Schulz-Hageleit, Peter
Leben in Deutschland 1945 – 1995. Geschichtsanalytische Reflexionen
Bd. 8, 1996, 24 s/w Abb., 294 S., ISBN 978-3-8255-0095-5, 19,43 €

Paul, Hinrich
Brücken der Erinnerung. Von den Schwierigkeiten, mit der
nationalsozialistischen Vergangenheit umzugehen
Bd. 9, 2. Auflage 2001, 298 + X S. ISBN 978-3-8255-0139-6, 19,43 €

Schulz-Hageleit, Peter
Leben in Deutschland. Geschichtsanalytische Reflexionen
über Gegenwart und Zukunft
Bd. 10, 1998, 186 S., 8 Abb., ISBN 978-3-8255-0175-4, 20,35 €

Lipp. Karlheinz
Friedensinitiativen in der Geschichte.
Aufsätze – Unterrichtsmaterialien – Service
Bd. 11, 2002, 220 S., 4 Abb., ISBN 978-3-8255-0391-8, 18,90 €

Geschichte bei Centaurus

Berliner Landesinstitut für Schule und Medien (Hg.) / Lipp, Karlheinz
Pazifismus im Ersten Weltkrieg. Ein Lesebuch
2004, 130 S., ISBN 978-3-8255-0492-2, 13,90 €

Cybalski, Manfred
Ab nach Sibirien. Bericht einer Reise in die Gegenwart
2004, 140 S., ISBN 978-3-8255-0462-5, 12,95 €

Dörr, Bea / Kaschuba, Gerrit / Mauerer, Susanne
„Endlich habe ich einen Platz für meine Erinnerungen gefunden"
Kollektives Erinnern von Frauen in Erzählcafés zum Nationalsozialismus
Forschungen zum Nationalsozialismus, Bd. 1, 2. Auflage 2000,
176 S., Abb., ISBN 978-3-8255-0245-4, 12,68 €

Kinnebrock, Susanne
Anita Augspurg (1857-1943). Eine kommunikationshistorische
Biographie im Kontext der deutschen Frauenbewegung und der
internationalen Frauenfriedensbewegung
Frauen in Geschichte und Gesellschaft, Bd. 39, 2004,
ca. 680 S., Abb., ISBN 978-3-8255-0393-2, ca. 30,– €

Kiesewetter, Hubert
Irreale oder reale Geschichte? Ein Traktat über
Methodenfragen der Geschichtswissenschaft
Reihe Geschichtswissenschaft, Bd. 50, 2002, 200 S.,
ISBN 978-3-8255-0378-9, ca. 21,– €

KZ-Gedenkstätte Mannheim-Sandhofen /
Association des déportés de Mannheim, Saint-Dié (Hg.)
Die Männer von Saint-Dié. Erinnerungen an eine Verschleppung
Reihe Geschichtswissenschaft, Bd. 47, 2000, 336 S., ca. 100 Abb.,
ISBN 978-3-8255-0297-3, 24,54 € (zweisprachige Ausgabe)

Marcello-Müller, Monica (Hrsgin.)
Frauenrechte sind Menschenrechte! Die Schriften der
Revolutionärin und Literatin Amalie Struve
Frauen in Geschichte und Gesellschaft, Bd. 37, 2002, 280 S.,
ISBN 978-3-8255-0341-3, 19,90 €

Meyer-Schoppa, Heike
Zwischen „Nebenwiderspruch" und „revolutionärem Entwurf".
Emanzipatorische Potentiale sozialdemokratischer Frauenpolitik 1945-1949
Frauen in Geschichte und Gesellschaft, Bd. 40, 2004, 312 S.,
ISBN 978-3-8255-0485-4, ca. 25,– €

Centaurus Verlag

MIX
Papier aus verantwortungsvollen Quellen
Paper from responsible sources
FSC® C105338

If you have any concerns about our products,
you can contact us on
ProductSafety@springernature.com

In case Publisher is established outside the EU,
the EU authorized representative is:
Springer Nature Customer Service Center GmbH
Europaplatz 3, 69115 Heidelberg, Germany

Printed by Libri Plureos GmbH
in Hamburg, Germany